U0936303

珍藏本

纪念版

汉译世界学术名著丛书

什么是所有权

或

对权利和政治的原理的研究

〔法〕蒲鲁东 著

孙署冰 译

2017年·北京

本书原名“Quést-ce que la Propriété?”，包括论文两篇，第一篇论文译自巴黎马塞尔·里维叶书店（Marcel Rivière）1926年版《蒲鲁东全集》，第二篇论文译自伦敦威廉·里夫斯书店（William Reeves）本杰明·塔克（Benjamin Tucker）的英译本。

汉译世界学术名著丛书
（120 年纪念版·珍藏本）
出 版 说 明

2017 年 2 月 11 日，商务印书馆迎来 120 岁的生日。120 年前，商务印书馆前贤怀揣文化救国的理想，抱持“昌明教育，开启民智”的使命，立足本土，放眼寰宇，以出版为津梁，沟通中西，为中国、为世界提供最富智慧的思想文化成果。无论世事白云苍狗，潮流左右激荡，甚至战火硝烟弥漫，始终践行学术报国之志，无改初心。

逐译世界各国学术名著，即其一端。早在 20 世纪初年便出版《原富》《天演论》等影响至今的代表性著作，1950 年代后更致力于外国哲学和社会科学经典的译介，及至 1980 年代，辑为“汉译世界学术名著丛书”，汇涓为流，蔚为大观。丛书自 1981 年开始出版，历时三十余年，迄今已推出七百种，是我国现代出版史上规模最大、最为重要的学术翻译工程。

丛书所选之书，立场观点不囿于一派，学科领域不限于一门，皆为文明开启以来，各时代、各国家、各民族的思想与文化精粹，代表着人类已经到达过的精神境界。丛书系统译介世界学术经典，引领时代思想,为本土原创学术的发展提供丰富的文化滋养,为推动中国现代学术和现代化进程做出了突出的贡献。

为纪念商务印书馆成立120周年,我们整体推出“汉译世界学术名著丛书”120年纪念版的珍藏本,寄望既利于文化积累,又便于研读查考,同时向长期支持丛书出版的译者、编者和读者致以敬意。

两甲子后的今天,商务印书馆又站在了一个新的历史时间节点上。我们不仅要铭记先辈的身影和足迹,更须让我们的步伐充满新的时代精神。这是商务人代代相传的事业,更是与国家和民族的命运始终紧密相连的事业。我们责无旁贷,必须做好我们这代人的传承与创造,让我们的努力和成果不仅凝聚成民族文化的记忆,还能成为后来人可以接续的事业。唯此,才能不负前贤,无愧来者。

商务印书馆编辑部

2017年10月

出版说明

蒲鲁东(1809—1865)是法国小资产阶级思想家，无政府主义者。他写过许多理论性著作，其中重要的有：《贫困的哲学》(中译本第一卷已由本馆出版)、《论人类秩序的建立》、《社会问题的解决》、《一个革命者的自白》、《战争与和平》等。《什么是所有权或对权利和政治的原理的研究》是他的一部成名作，初版发表于1840年。

在这本书里，他用新鲜的文体对私有制和维护私有制的各种论据给予了尖锐的批判。他认为，人类在权利方面是生而平等的，人人有权享有自己劳动的产品。因此，一个工人即使领取了工资，对自己的劳动产品仍然有自然的所有权。地主和资本家以地租、利息等形式扣留了劳动者的一部分产品，就是侵犯了他们的这种权利，就是一种盗窃行为。据此，他借用法国大革命时期布里索的一句话对所有权下了一个定义：“所有权就是盗窃！”这里所说的所有权指的只是资产阶级的财产私有权，而不是泛指一切财产的所有权。作为小资产阶级利益的代表，他对于小资产阶级的财产私有权却极力加以维护。他认为小资产阶级私有财产是一种“个人的占有”，而“个人的占有是社会生活的条件；……是一种权利”，取消资产阶级的财产私有权而保留“占有”，就可以从地球上消除资本主义的一切祸害。他从小资产阶级的观点出发，对共产主义制度也进行了攻击，他说“私有制不能使平等和法律得到满足”，共产制则“反对独立性和相称性”，“压制智力上和情感上的自发性、行动和思想的自由；……用相等的美好生活来酬报劳动和懒惰、才干和愚蠢、甚至邪恶和德行”。他所追求的“第三种社会形式”，就是一种“综合”共产制和私有制的“自由”，也就是使一切人“平衡起来”的小资产阶级私有制。

马克思曾经在写给施维泽的信里称赞过蒲鲁东的这部书，认为“他的第一部著作《什么是所有权》，无疑是他最好的著作。这部著作若不是由于内容的新颖，至少是由于新鲜大胆讲述旧东西的风格而起了划时代的作用”。但是马克思也指出了，“在政治经济学的严格科学历史中”，这部书“未必值得一提”。因为蒲鲁东在这部书里，对于资产阶级所有制的问题只是从一般权利观点来考察，而不是从政治经济学的角度，把财产关系“就其现实形态即作为生产关系总和”来进行分析的，这样就不可能揭露资产阶级所有制的真正性质。在《论蒲鲁东》一文中，马克思还指出蒲鲁东在本书中已开始暴露出小资产阶级所固有的一种矛盾：“一方面蒲鲁东通过法国占有小块土地的农民的观点（后来通过小资产者的观点）来批判社会，另一方面他却对社会使用他从社会主义者借来的尺度。”本书发表后数年，蒲鲁东在《贫困的哲学》中曾试图从政治经济学上阐明他所提出的问题，但是由于他的小资产阶级的立场，他不能正确地认识资本主义的发展规律，他不但没有解决这个问题，而且把他的理论发展成一种错误的矛盾体系，使自己深深地陷入了小资产阶级社会主义的迷宫。对此，马克思在《哲学的贫困》一书中作了全面、深刻的说明。

蒲鲁东的理论曾经在拉丁语系各国的劳动人民中发生过重大的影响，在政治经济学史和社会主义思想史上占有一定的地位，研究蒲鲁东的著作在今天仍然具有实际意义。因此我们在出版他的主要著作《贫困的哲学》以后，又把他的这部重要著作组译出版，作为我国学术界研究蒲鲁东思想的参考材料。

商务印书馆编辑部

1963年2月

目　　录

第一篇论文

第一篇论文

（1840）

“对于敌人，要求是永恒的”。

（Adversus hostem æterna auctoritas esto）

——十二铜表法

序　　言

蒲鲁东在写作他的那篇《关于星期日的讲话》时，已经看到一个关于探讨和研究的整个计划呈现在他面前。问题正是要去“发现并证实那些为了维持地位之间的平等而限制所有权和分配劳动的经济法则”。如果要缔造平等，首先就必须打倒所有权。他就立即着手进行这个工作。1839 年 12 月间，在他写给他的一个朋友的信中，他就隐约地谈到他这项新的工作。1840 年 2 月，他正处在热衷于编著的高潮中。他给贝尔格曼指明了什么是他未来的工作计划和方法：

“请看我工作的简要进程：全部著作的主题：确定正义的观念、它的原理、它的性质和它的公式。

“方法。确定所有权中的正义观念；并且 1. 关于占用权，我通过分析证实了哲学家、法学家等等所想象的一切理论都不言而喻地把平等当作是必要的。平等是必然的定律，绝对的形式；在一切关于所有权的学说中，所有的人，甚至在背离它的时候，都不知不觉地在服从着它。

“2. 确定以劳动为基础的所有权中合乎正义的东西。我用同样的分析方法证明，经济学家们所谈的劳动权，无论他们对它具有何种方式的理解，并且按照他们自己的论据，它的结果是平等。但是现在平等并不存在，甚至有人主张它是不可能的。我却证明不可能的是所有权本身;它的不可能不是因为它被滥用了(per abusum rei),而是由于它的本质(in se);我证明所有权是荒谬的、毫无价值的,它在它的名词中包含着矛盾,它导致无数的形而上学的胡说和不可能的事;总之,它是事实上的,但它是不可能的。

“这里是:按照以上所获得的一切真理,关于社会性、平等、自由、正义和法权的原理所作的陈述。

“随后是:通过那种方法而得到的形而上学的定律或公式在政治经济学、民法、政治学上的应用以及对这些科学的批判。

“最后是:对历史哲学和人类进程的研究。

“第一次在哲学上采用了一种真实的方法并且用一种适当的分析法真实地说明了用直觉或摸索所永远找不到的事理,因为直觉和摸索是什么也不能证明的。

“总之,在这一切之中,我一点也没有把属于我的东西放进去;我寻觅,并且为了寻觅得更好,我给我自己造成了一个工具,给我自己制造了一个向导,在我将深入到它里面去的迷宫的门上,我系上了一根线。然后,我绝不争论,我对谁也不加驳斥,我认可一切的见解,我但求找到这些见解中所含有的东西。而在所有这些见解中所必然都含有的东西,对我来说,就是一个真实的原理、一个定理;我就在一个生理上的或者自然界的事实中去确实地找出这个原理的理由,然后我就从这个原理出发,以我起先曾经为了确定那个原理而从事归纳时的同样严格精神,从事推理来进行我的科学研究。

“……至于这本著作的写作方式,虽然我绝对抽象地(in abstracto)来推论一切事物,可是我希望文体和理论的发挥既不至于缺乏生气，也不至于失去独特性。这一切，在一个为大家所热烈讨论的问题上，必然会造成一本奇特的著作。”①

几天以后，他给阿盖尔曼写信说：

“今天我写完了构成全部作品十分之一的第一章……

“著作的文体将是粗犷的、激烈的；这种文体将使人感到过多的讥讽和愤怒；这是无可救药的毛病。当狮子饿的时候，它是会吼叫的。此外，我要尽可能避免掉到雄辩和文雅的文体中去；我推论、我总结、我区别、我驳斥：我不必再求助于修辞学，主题本身必然会引起一切人的兴趣，即使是万事不关心的人也会如此，不管他们愿意与否。在哲学上，毫不存在像我这样的著作。但愿所有权遭到不幸！遭殃吧！

“……在一场激烈的决斗中，我必须消灭不平等和所有权。如果我不是瞎了眼，我相信所有权在我快要给它的打击之下，一定会一蹶不振，永远也起不来了。”②

我们在这几句话里可以听到一种浪漫的、马靴后跟上的刺铁的铿锵声；这说明最独特的思想家也不能完全避免他们那个时代的影响，而且他当时正在全力以赴地写作，所以写信的措辞比较随便，这也是一个原因。蒲鲁东急于要把他认为已经体会的真理向全世界呼喊出来，他拼命赶写。那本手稿只用了六个月就写成了。5月3日，他好像一个快乐的伙伴似的把那束花朵高插在屋顶上，用他自己的话来说，他得意万分。

---

① 1840年2月9日的信，《通信集》第1卷第177页。——原编者

② 1840年2月12日的信，同上书第183页。——原编者

“我的著作已经完成并且我坦白说，我对它感到满意……

“你在看到我这样非常的自信时，你大概会发笑吧。我的朋友，这是因为我觉得，在科学上，从来没有一个发现，能够产生像读了我的著作所产生的那种效果。我并不是说只要它能被人领会，我仅是说只要它被人阅读，旧社会就从此完蛋……”①

6月底，他就分送了只印了二百本的那一版的最初的印本。蒲鲁东猜测他的书会不会使他成名，会不会不被注意或者会不会使他受到检察机关的起诉。它使他赢得少数的读者，其中很少是友好的，很多是敌对的。在后者中间，应该把他的母校贝桑松学院列在第一位。

为了甘言讨好学院还是为了给它开玩笑——我们不大清楚，姑且说两者都有，这也不过是多一个矛盾罢了——蒲鲁东用一封刊载在前言的前一部分的信写明他那篇论文是呈献给那个学院的。这种使资产阶级和那省立学院的重要官员受到牵累的做法惹起了他们的恼怒并促使他们通过了一些严厉的决议。他们声明同那本著作毫无关系并要求在以后的版本中取消那封信上的题词。我们将要在第二版的前言中看到蒲鲁东是以怎样傲慢的态度答复他们的。但是还不止此；学院的一部分人员建议停止继续给他奖学金。学院要求他解释理由，于是蒲鲁东就寄去了一封信，这是一篇答辩和一次解释，同时也是一种还击和恐吓。我们可以在附件中看到那篇原文。

可是，在巴黎，在内阁会议上，人们讨论要不要命令没收这本

① 1840年5月3日给贝尔格曼的信，《通信集》第1卷第213页。——原编者

著作并对作者进行起诉。这一次，他得到了经济学家布朗基[①]的拯救；后者不仅向道德和政治科学学院提出了一个报告，承认那篇论文具有科学研究的性质，并且还在司法部大臣维弗扬面前进行说项，劝他免予追究。像在1841年7月19日的信中可以看到的那样，他还曾向商业部大臣库能一格里台讷进行说项；在蒲鲁东方面，他写信给内政部大臣杜夏台尔[②]，希望"当局了解他，不去为难他"。从1840年8月到1841年7月，差不多有一年工夫，他是在威胁之下度过的，并且冒着很严重的危险。

蒲鲁东的每本著作，尤其是开始的部分，对于还没有习惯的读者来说，总是极为复杂的，因为他不但没有简化他的提纲和为了明晰起见而牺牲多余的部分，他反而采纳了类推、演绎和那些对立面所能使他插进去的一切东西。具有异常禀赋的蒲鲁东标榜他是十分轻视文学这个职业的，他不允许对文艺工作者来说是应有的那些删节。他要把他所想到的一切都放到他的著作中去，不怕重复，甚至不怕矛盾。

在这第一篇论文中，这点特别显著；这篇文章具有很多年轻作品的特征。在发表《关于星期日的讲话》以前，人们曾经责备这位初出茅庐的作家的文字有点"累赘"，并且他曾经"自加谴责"。这一次，批评家没有对他提出意见。但是我们不必对此有所抱憾；虽然读者在这里不得不比平常稍稍多费一些劳累，但他们可以从书中那些卓越而丰富多彩的插曲以及论战的激昂中得到补偿。这是

① 见本书第31页原书编者的注释。——译者
② 见本书第239页原书编者的注释。——编者

一种荷马史诗式的战斗，其中不乏对于敌方的训诫，甚至谩骂。

但是阅读第一篇论文的主要困难在内容过多方面还是比较小的，更大的困难是由于我们通用的语言中的一些名词如所有权、占有、租金等等，在书中都改变了它们寻常的意义而著者却没有在适当的时候把一些相当精确的定义告诉我们。

“所有权就是盗窃；——所有权是不能存在的；——它是杀人的行为；——如果它存在，社会就将自趋灭亡；——在消费它的收益时，它丧失了它们；在把它们储蓄起来时，它消灭了它们；在把它们用作资本时，它使它们转过来反对生产……”当人们读了这些显然透露出要使资产阶级感到惊愕和恐惧的愿望的用语时，就会引起人们想离开一个喜欢吵闹和讲前后矛盾的怪论的狂热分子的意图。坦白说吧，这本书的编写并不是为了争取胆小的读者的。

但是，蒲鲁东曾经对一些人写道：“我的姓名像你们的一样，是真理的追求者”；人们如果是在这些人中间的话，那么只要跟着他走几步路，就不能再离开他了。人们就被卷了进去，并且不能立即觉察到，在这个思想意识的争论中，他们是脱离了实际的；他们必须使自己苏醒过来，才能注意到，在他被战斗中飞扬起来的尘土迷糊了视觉，在他被他的沸腾的狂热所激动的时候，他也会把他的那些朋友狠狠地打几下的，并且也会用他的武器使他自己受伤的。〔例如，〕他确信有一些应该由理智去发现的社会规律存在着并以此作为他的行动基础，可是他却毫不迟疑地指出：“人类只有在努力观察之下才会变得能干……在思考时，他会有错觉；在推理时，他会弄错而自以为是对的……”他又说：“我不应该隐瞒这样的事实：在私有制或共产制〔这是他无论如何不愿意要的〕以外，谁也没有认为可能有其他的社会……”矛盾？这好像是难以否认的，虽然不是无法加以解释。但是自相矛盾是那些以这样多的真诚和同样多的热情去追求真理的人的命运。米盖尔·德·乌纳穆诺[①]在谈到帕斯卡[②]时注意到有这种情况，同时也影射到蒲鲁东：“……他的逻辑（这是指帕斯卡的）不是一种辩证法，而是一种争论；他在正题和反题之间不去找出一个合题来；他是像蒲鲁东那样处于矛盾之中；后者是一个具有他自己的风格的帕斯卡派。”[③]可是，为了从矛盾中解脱出来，蒲鲁东有一种方法：斗争，为了求得真理而战斗，既不对休息的需要让步，也不对怀疑让步，怀疑是具有聪明头脑的人会在它上面安睡的、柔软的枕头。蒲鲁东的这种态度使得人们在阅读他的著作时感到兴趣盎然并且可以有所收获；但它们却不能使这种阅读变得容易理解。

在这里，我们愿意给那些对于泄露秘密的向导人并不抱有不可克服的厌恶成见的读者指出几点标记，以便让他们更快地、并不那么疲劳地到达终点；当然这种向导可以节省读者的时间，但是他

① 米盖尔·德·乌纳穆诺（1864—1936），西班牙作家、哲学家和政论家。——译者

② 帕斯卡（1623—1662），法国哲学家及物理学家。——译者

③ 见米盖尔·德·乌纳穆诺：《垂死的基督教》，第117页。巴黎里台书店1925年版。——艾米尔·法盖❶在那部《十九世纪的政治学家和道德学家》的第三辑（第164页）中写道：“在蒲鲁东的思想上，各种观念的搬弄是这样的诱人，所以互相对立在他说来是一种娱乐、一种剧烈的并且稍许有点粗鲁的欢乐、一种狂热的魔术家的陶醉。”这里面也许有些是真实的，但是蒲鲁东具有这样的一种真诚，所以德·乌纳穆诺先生的注解就显得更加深刻了。如果把蒲鲁东看成是一个卖弄学问的人，那就是没有了解他。——原编者

❶ 艾米尔·法盖（1847—1916），法国文艺批评家。——译者

也会妨碍他们自由地领会游览过程中的一切奇遇；总之，我们愿意为他们服务，如同在几年以前，贝尔多先生的那本著作给我们服务一样①。

蒲鲁东的著作是没有教条性的。由于他的爱好战斗的性格，他写作时差不多总是针对着某一个人的。在这第一篇论文中，他所攻击的是那些保卫私人财产基本原理的理论家。也有几页、几句恶言是反对圣西门②派和傅立叶③派的社会主义者的。但是因为他们受到的抨击，主要是在第二篇论文中，所以这里我们只谈那些对于保守分子的斗争。

作为平等的保卫者和拥护者，蒲鲁东曾经看到摆在他面前的所有权是一切不平等的根源。他曾研究那些法学家和经济学家过去怎样以为可以证明所有权是正当的。他在他们的著作中所发现的东西不无理由地使他感到愤怒；于是他就以一种天真的热情——照经济学家布朗基说就是“以一种可怕的戆直”——对他们的学说发动进攻。

所以，第一篇论文主要给我们说明的，就是蒲鲁东反对了保卫所有权的理论家。但是为了和他们作战，他自然就不得不来到他

① 见爱美·贝尔多：《比埃尔·约瑟夫·蒲鲁东和所有权。一种对农民的社会主义》，巴黎奇阿尔和勃里埃尔书店 1910 年版。——贝尔多先生把说明蒲鲁东关于所有权的观念的进展过程作为他的任务，他曾经设法把后期的作品来解释起初的几篇论文；如果孤立地阅读一本初期的著作的话，就会对蒲鲁东思想中含糊或错误的地方更加感到明显，这个蒲鲁东思想只是通过不断的努力才慢慢地得到开展和明确起来的。所以在着手研究蒲鲁东关于所有权的许多著作以前，阅读贝尔多先生的那本书是一定会有益处的。——原编者

② 圣西门(1760—1825)，法国空想社会主义者。——译者

③ 傅立叶(1772—1837)，法国空想社会主义者。——译者

们的场地上，并且这就说明了这种才气横溢的在形式上往往是很有趣的论战主要是给我们提供了一种历史性的兴趣。

最早的经济学家、十九世纪三十年代的法学家未曾给所有权一个很严格的批评。对他们来说，所有权是他们那个时代的社会基础，他们还曾给它杜撰了一些称号而未曾想到这些称号会遭到物议。像蒲鲁东所写的那样，他们理应受到那种对任意制定的法律过于顺从的责备。而且他们对于法律有一种完全抽象的看法。他们把它当做绝对的、概括的和一成不变的。总之他们还是同大革命时代的立法者和《民法法典》的编纂者很相近；这些立法者和编纂者欣然地认为他们是为了所有的时代和所有的人类而从事立法的。

在大革命后渴望着休息和社会安定的资产阶级为了歌颂所有权曾经采用了一些词句；要使我们对这些词句得到一个概念，如果去翻阅他们所写的册数众多的巨著，那是不可能的。一篇转载的文件就够我们看的了。在达尔布里埃奇先生的《试论所有权》[1]中，就可以找到一张满载着摘句的一览表。这些摘句说明了在第一帝国和王室复辟时期[2]那些把脖子缩在他们围成三道的领带中的法国人昏庸到怎样的地步。当时，关于所有权，人们至少可以说的是它具有“神圣”的性质。可是对于德莫隆布来说，这还不够：它

① 达尔布里埃奇:《试论所有权》,第 2 章,巴黎奇阿尔和勃里埃尔书店 1904 年版。——原编者

② 第一帝国指拿破仑称帝至退位这段时期(1804—1815),王室复辟时期则指拿破仑退位后至大革命前统治法国的波旁王朝复辟这段时期(1815—1848)。——译者

是“出自神授”的。巴斯夏①以一种动人的天真写道：“那些富有和闲散的人呀……人们叫你们交出财产来，而使你们更加恐惧的，那就是替你们申辩的辩护者们含蓄地承认，霸占是显然的，但它是必要的。至于我，我却说：不，你们并没有掠取上帝所赐予的东西。也许你们只是为了自己着想，但是你们的个人利益本身就是那无限先知和无限明智的天意的一种手段……”对于拉布赖②来说，也是“所有权是神的制度”。还有，对埃罗③来说，“所有权的观念是这样的光辉灿烂，所以它像太阳一样，照耀着那些辱骂它的光明的人。”

所以，甚至不许可加以讨论。国民公会在1793年3月16—22日已经发布过命令：“凡提出土地改革法或提出其他一切推翻土地的、商业的和工业的所有权的法案的均处死刑。”出版法曾经重复了相同的禁令，埃罗赞成这个不准讨论的禁律。“当立法者认为一个原则是根本原理时，他就应当使它不受到争论并用刑事制裁来保障它，他没有比这更加合法的权力和更加神圣的责任了……反对所有权的学说是犯罪的并且是属于刑法范围的。”

因为蒲鲁东敢于使所有这些不同的证言都受到一次科学的分析，回答他的是一片愤然不平的谴责声。梯也尔④为了要上升到最高座位上去曾不得不把蒲鲁东的那本关于所有权的著作作为他

① 巴斯夏(1801—1850)，法国经济学家。——译者

② 拉布赖(1811—1883)，法国法学家。——译者

③ 埃罗(1828—1885)，法国哲学家和文艺批评家。——译者

④ 路易·阿道夫·梯也尔(1797—1877)，法国政治家、历史家，他在1871年血腥镇压了巴黎公社后担任法兰西第三共和国的第一任总统。——译者

自己的踏脚石，他谴责说："这些谬误是人类智慧的永恒的羞耻。"德莫隆布宣称："在历史面前，对于近来法国社会堕落在精神错乱中的状态，没有再比我们刚才所见到的那些丑恶的争论可以证实得更好的了。"对于埃罗来说，"精神错乱"还嫌不够，他写道："在它的任何一个思想上的谬误中，有智慧而自由的人类还从来没有给自己蒙上过这样深重的耻辱。"

这里可以看到蒲鲁东的敌手是怎样的一些人。从他们的概念的薄弱、他们的论据的空洞无物和他们的以神秘主义为假象的功利主义，就可以知道并且谅解——如果愿意这样说的话——为什么蒲鲁东的几本论文会具有那样严格的逻辑和激烈的语调。我们现在容易认为，为了拆穿这些外强中干的草包，只须挖苦几句也就够了。实则因为我们很难想象到和蒲鲁东肉搏的人当时享有怎样大的权威。他们是律师、法学院教授、哲学家、学院院士。他们的确是代表当时那个社会发言的，但是一个非常博学的普通工人[①]就使他们丑态毕露了。

此外，我们自己也要谦虚一点，我们可以回想一下，那些历史观点深入到法学家的思想中去的时间还并不很长；我曾经是一个省立法学院的学生，这个学院的院长是当时民法学的教授，当人们在他跟前谈论罗马法的演变时，他还带有嘲讽式的微笑呢。法制史的课程完全是现在才新开的课。在几年中，我们对法律的观点有了不少的改变。像马克西姆·勒鲁阿先生所指出的那样，"现在立法者趋向于制定一些法规，而声明其中大部分仅仅是暂时性的；

① 指蒲鲁东。——译者

他把制定公共行政法令的权力授予行政机关;这些法令可以变更他的命令;他不肯轻易决定一种适用于一切场合的、不变的法规,一种一成不变的教条;他寻找一种有伸缩性的方式,这种方式由于获得应用而随时随地发生变动,这样他就可以预先纠正他所制定的、权力范围已被缩减的法规;他给他的错误开了一个方便之门,在他的原则后面安上一个像也许那样的保留。"[1]如果说得不客气一些,我们几乎可以说议会是以短期放账的方式在从事立法。法律变成某种可以变更的流动性的东西、一些随风飘荡的字句了。

特别是关于所有权,我们曾经看到那种自由游牧制——土地的共产主义的最后形式和强制的公有状态的消失,这就使人们可以说私有制变得更为严格了。但是,相反地,对于所有权的绝对制度所施加的限制则更为严重,更为常见了。关于滥用权利的学说、邻居的起诉权、赔偿责任的扩大、危险的分担,尤其是公用征收、战争时期的禁律和征税、关于房屋租金的立法等等已经把《民法法典》对所有权所规定的定义缩减到只成为一种形式上的原则规定了。[2] 我们早已没有习惯把所有人的权利当作一种随意使用和滥用的绝对权利,以至于我们在今天看来,蒲鲁东有时好像是和空气甚至好像是和风车在作斗争似的了。[3] 我们不要忘记他写作的时期是在1840年,也不要忘记对于现代的法律观点的形成上,他也确有贡献。虽然他不是头一个,也不单单是他一个人把所有权仅

① 马克西姆·勒鲁阿:《法律,试论民主制度下的法权的学说》,巴黎奇阿尔和勃里埃尔书店1908年版。——原编者

② 参阅约瑟夫·夏尔蒙:《民法的变革》,巴黎高兰书店1912年版。——原编者

③ 这里指蒲鲁东好像是堂吉诃德式的人物。——译者

是一种相对的、受限制的和受控制的观念灌输到世人的头脑中，但无可争议，他是引导我们去以所有权的目的来辩明所有权是正当的那些人之一——像在他死后所发表的那部《所有权的学说》中所说的那样——，即要用所有权对于社会的功用来证明它是正当的，按照较为现代化的说法，就是要考虑到所有权对于公共利益所作的贡献使我们不得不忍受它的流弊并促使我们去纠正这些流弊。1858 年，在他的那部《正义》的第一册中，他写道："当法理还没有注入到所有权中去的期间，当正义还没有使所有权受到尊重的时期，它是一种模糊的、矛盾的、能够不分彼此地做一些好事或一些坏事的事实。"这种观点自然就会使他去探求那些可以改善所有权、可以用一些保障把它包围起来、可以用一些抗衡力和像齿轮那样的联动制度把它"平衡"起来的方法。在 1840 年，他的工作主要是批评。在建设以前，他要进行破坏。这就是从头做起，并且也就是从最容易的地方着手。

第一部分，就是理论上的破坏工作，是以一种生气勃勃的精神来完成的，这种精神连很多的敌手也曾加以承认。所有权的根源，即辩明所有权是正当的理由既不是来自法律的创造，也不是由于那个完全假设的所谓"大家的公认"，既不存在于先占人以经常不断的方式合法地占领土地的事实中，也不是由于劳动，因为即使不再劳动的人也依然是所有人。而且，在这种理论中，没有一个可以证明分配的不平等是合理的；不仅如此，这些理论全都使我们不得不肯定这样一个原则：每个人对于财产都有平等的权利，所有其他的人在必要时都须给这个人挤出地位来。

至于把所有权当做历史上的随着经济和技术的情况而变化的

偶然的事实来考虑，通过立法机关根据这些情况而加以改变或当所有人掌握了立法权时加以维持来反对穷人，关于这个观点，除了圣西门主义者以外，蒲鲁东并不比他同时代的人知道得更多，或者毋宁说这是他所不愿采取的观点。对他来说，有关的是建立一种学说而不是去解释一些事实。他说，“对我们来说，研究古老民族的所有权的历史，只是一种增加学识和满足好奇心的工作。事实不能产生权利，这是法学上的一个法则；要知道所有权也不能离开这个法则；所以普遍承认所有权的事实并不能使所有权合法化。像对气象变化的原因……犯过错误那样，人类对社会的构成、权利的性质和正义的应用也曾经犯有错误；……印度人被划分为四个等级；……对于我们有什么关系呢？……特权形式的多样性不能使非正义成为正义；……”

就是这种主张抽象权利的哲学家的立场给我们说明了蒲鲁东对于所有权所提出的批评的本质。他说，所有权是“不能存在的”。我们要明白他这种说法首先是针对那些巧言令色的人的一次有力的反击，这些人承认地位平等是他们很希望有的，然而紧跟着就说它不幸是不可能的。平等不可能！这真是闭眼说瞎话，不可能的正是所有权！蒲鲁东当头一棒就把所有人的这位选手将了军，他对于这一记打击感到非常得意，因此他无意中就回转身来向着观众，等待着鼓掌：“那么您，本书的读者，对于这个反驳，您以为如何？”读者却感到有些为难了：为了说明他的警语，他作了一些数学上的例证、一些定理、一些论题以及对这些东西的推论和附录，但在这个说明中读者不会看不出所有权不是在“物理上和数学上”不可能；那些不可能性更多是属于以尊重正义和平等为基础的道义方面的。

但是如果要听懂那个讨论，读者就尤其不应当忘记，对于蒲鲁东来说，“所有权”具有一种特殊的意义：这是“所有人对于盖上了他的印鉴的物件所归属给他自己的那种收益权。”①照现在的说法，我们可以说它是一种不劳动而可以取得利益的权利。并且就是因为这个，仅仅因为这个而说它是盗窃。作为给布朗基的来信的答复，在这本书的前言中人们可以读到：“布朗基先生承认在所有权的行使上存在着很多流弊，而且是一些可恨的流弊；在我这方面，我却专门把所有权称作这些流弊的总和。”

人们立即会提出抗议说，在一个正式的讨论中，歪曲文字的惯用意义是不许可的，如果按照特殊的意义来谈事物，就必须找寻一些别的名词来代表它们，并且，只研究一种制度的谬误和流弊而保存着这个制度的属性名词，那就是随意引起混乱。人类的一切事业都是有好有坏的，如果仅就它坏的方面来加以说明，那么任何事业都是经不起批评的。我们能够解释：收益权就是盗窃。要主张所有权就是收益权，那就不大恰当了；但是，按照正确的逻辑，不应该不立即声明所谓所有权仅仅就是指不劳动而可以取得一种收入

① 我们在这里把蒲鲁东在这段引文后立刻给予的解释重新抄录下来，不是没有益处的：“按照产生收益权的东西的不同，这种权利具有一些不同的名称：对于土地是地租；对于房屋和动产是租金；对于永久性的存款是年金；对于金钱是利息；在商业上是盈利、红利、利润（不可以把这三种收益与工资或劳动的合法代价混同起来）。

“收益就是一种租税，是具体的和可供消费的收入，它根据所有人名义上的和抽象的占用而依法归他所有：东西已盖上了他的印鉴；这就足以使任何人不得到他的许可就不能使用这个东西。

“所有人可以把这个使用许可权毫无代价地授予别人，通常他是把它出卖的。”（第4章）。——原编者

这一所有权的后果而言，因此就把盗窃和所有权等同起来。

另外，因为总是不难找到蒲鲁东自相矛盾的地方，所以不必等他完成他的思想发展，就可以在他的第一篇论文中找到一些像这样的按语："在一个财产分散而拥有小型工业的国家中，各人的权利和要求起着互相抗衡的作用，侵吞的力量就互相抵消了。在那里，老实说，所有权是不存在的，因为收益权几乎是无法行使的。"[①]这就等于说：当所有权离开那个武断地给它下的定义时，它就被当作无足轻重的不存在的东西了。

另一方面，人们可以注意，在整个第一篇论文中，所有权是指土地的所有权而说的。所讨论的，仅是这一点。可是，不能不令人感到惊讶的是，在距离以上所引证的按语不多几行的地方，人们可以读到："所有权的吞噬作用主要是发生在工业上的。我们通常说商业恐慌而不说农业恐慌；因为农民是慢慢地被收益权所侵蚀的，而工业生产者却是被一口吞下的。"

矛盾？这是无可争辩的。怎样来解释这些矛盾呢？关于这一点，蒲鲁东在他写给维洛默的信中，自己曾经说明过；这封信必须看全文，但是现在至少应当知道下列几行：

"……从 1839 到 1852 年，我的研究工作纯粹是争辩，这就是说，我只去研究那些观念就它们本身来说曾经是些什么，曾经有过什么样的价值，它们曾经具有什么样的意义和范围，它们曾经向哪方面发展，它们没有向哪些方面发展；总之，我曾设法使我对那些原理、制度和体系得到正确和全面的看法。

① 第 4 章第 5 个论题的末段。——原编者

"……所以我曾开始或遇到新的困难时重新开始一种对事实、观念和制度的一般认识的探讨工作，不抱成见，并且除了逻辑本身之外不用别的评价原则。

"这个工作并不总是被谅解的，在这里面，一定存在着我的错误。在讨论一些主要涉及道德和正义的问题时，我总是不能保持冷静和有涵养的置身事外的态度，尤其是当我遇到一些有利害关系的和抱有恶意的反对者的时候。因此，虽然我只想做评论家，我却被当做专事抨击的小册子的作家；当我所要求的仅仅是正义时，我却被当做捣乱分子；当我的愤怒只是去反对一些没有根据的主张时，我却被当作抱有偏见和仇恨的人；最后因为我迅速而毫不容情地同样指出在那些自命为我的朋友的人们身上存在着的矛盾和在我的敌人身上存在着的矛盾，我就被当作反复无常的作家。"①

所以，要想看到一种比对于事实的精确观察多得多的对于观念和制度的批评，就应当到蒲鲁东关于所有权的初期著作中去找寻。可是不能说其中完全缺乏建设性的意见。贝尔多先生曾经很好地指出，在蒲鲁东关于所有权的全部思想中，存在着积极的一面，这种积极的方面无疑是被他的那种评论家的声名掩盖得看不见了。但是在他工作的这一阶段，蒲鲁东仅仅指出，在推翻了别人的理论之后，他想到什么地方去找寻重新建设的方法。

他把所有权与占有区别开来。前者是万恶之源，后者则是无可谴责的。我们说无可谴责，是因为他是完全按照他个人的方式来描写占有的特征的，是因为他给占有描绘了一幅画像，其中画家

① 1856年1月24日的信，《通信集》第7卷第8页。——原编者

的风格多于模特儿的特点。

对于法学家来说，所有权与占有之间存在着这样的区别，就是前者是一种完整的、绝对的、永久的、可以移转的权利，而后者则是一种事实现象，即离开所有权本身而独立行使所有权的行为。所有权和占有可以混合在一起，但在理论上它们是被区别得很清楚的。一个所有人可以保留他的所有权而把权利的行使或占有出让给别人。这时，在公众看来，那个占有人就以所有人的面貌出现，并且在法律上，直到提出反证为止，他都可被认为是所有人，反证应由向占有人要求恢复所有权的本人提出。甚至只要占有人保持占有满三十年并在这个期间没有承认所有人的权利，就可以使这个权利趋于消灭，使它因时效而消失。因此，事实上，占有人具有一种强有力的地位；举证的责任应由对占有人提出争议的人们负担。哪怕占有人是出于恶意，虽然他明知他没有任何所有权的证件，他可以由于时间的效果而成为所有人；只要他证明在三十年中他曾继续不断地、公然地、和平地是事实上的占有人并且没有承认过一个所有人就够了。在习惯上，经常是用一纸契约来证明存在于所有人和那当时就被认为是善意占有人之间的区别的。这个占有人作为别人让他占有这一事实的代价，付给所有人一些被蒲鲁东指称为收益的东西。所以如果把占有与所有权加以比较，就可以说占有是存在于别人的东西之上的一种相对的、暂时的权利；这种权利在不得毁损这件东西并保存它的本质的条件下容许去享受这件东西。

在蒲鲁东的过于匆促的法学研究的过程中，使他对于占有发生好感的，一定就是这两个特征：有限的期间和占有人在使用托付

给他的东西时不得滥用的义务。但是把占有和所有权这两个名称对立起来，那就使读者陷于混乱，只有阅读后来的那些著作，才能帮助读者从这些混乱中解脱出来。当读者只看到第一篇论文时，他们难以了解为什么在道德、正义和平等上，占有比所有权较为高尚。占有，像所有权那样，是专属的，它从那些除了具有工作的愿望以外一无所有的人那里夺去自由享受劳动手段的权利，它容许占有人剥削一无所有的人，它不能消除工资制，它并不能实现公有财物的平分，它不是以正义为基础，它并不强制占有人对公共利益有任何尊重，而只是强制他遵守对所有人所负的义务。

为了真正了解蒲鲁东的思想，就必须十分注意他著作中的两三段话，但这些话并不像我们所希望的那样明明白白。占有人从所有人那里得到占有权，所有人可以限制这个占有权，可以监督它，在遇到使用不当的场合，可以宣告收回占有；我们必须了解，蒲鲁东心目中的这个所有人就是"社会"。"我所耕种的土地，"他在第2章第3节中说，"我可以这样地加以占有：1. 以先占人的名义；2. 以劳动者的名义；3. 根据在分割时把这块土地分配给我的社会契约。但是所有这些名义的任何一种都没有给我所有权……社会怎么会去承认一种于它本身有害的权利呢？社会在许可占有时，怎么会赋予所有权呢？"还有，在几页之后："人从社会的手中得到他的用益权，只有社会可以永久地占有。"

可是，既然蒲鲁东是赞成遗产制的，既然他承认"社会"只能从犯罪或不劳动的占有人手中把占有撤回，实际上占有就因此是永久的和可以移转的，所以还不如依旧把它叫做所有权，但它是由"社会"来限制、监督和分配的所有权，这样可能比较清楚些。

由于所使用的词句含糊不清，也更加使得那个建设性体系欠缺精密性，这个体系的计划和大纲在第一篇论文中只是稍稍被提到一些。如果继承人不能同时继承几笔遗产，那么遗嘱自由权将变成什么样了呢？蒲鲁东说，在继承人已经规定可以得到几笔遗产的继承权的场合，他必须进行选择；不应当一并接受；不然的话，分配中的不平等很快就会重新出现。姑且认为平等可以因此而得到保障。但是立遗嘱人的自由就受到了限制。他不能随意指定继承人。并且，就动产而言，这个不许一并接受的规定将如何遵守呢？

对于从事分配占有的“社会”，应当作何理解呢？是国家么？是不是整个的人类呢？他没有给予精确的回答。在第3章第4节中，他曾经指出，国家和个人是一样的：它们是使用者和劳动者。“使用权和滥用权既不属于个人也不属于国家；将来总有一天，为了制止一个国家滥用土地而发动的战争要被看成是一种神圣的战争。”这无疑是说，一个人口过多的国家有权向它的邻邦要求生存的地位，并且它有合法使用武力的权利。

假如承认占有制或那种由“社会”来限制、监督和分配的所有权能够在人们之间维持平等，那么，为了重建那个已被破坏的平等，还必须找到一个体系。必须找到一种过渡的体制。在这一点上，我们得不到任何答复。

对于那些被他的批评所震动的、用忧虑的口气向蒲鲁东叩问：怎么办？到哪里去？的人，他在第一篇论文中仅仅指出一些方向、一些诱人的途径的端倪，但是对于为了达到目的而必须加以克服的那些阻碍的情况和艰巨性，他并没有加以说明。

这一点，他自己在第5章第1部分中表示得很清楚，在这一部分中，他给正义下了一些定义："支配着我们的社会本能"，"承认别人具有一种和我们平等的人格"，他并且在这一部分中宣称："社会、正义和平等是三个相等的名词。"他说："我的工作应当到此为止。我已证明了穷人的权利，我已指出了富人的霸占行为。我要求审判；判决的执行与我无关。"并且，在第二版前言的末段中，他又承认了这一点："据我看来，这样巨大的工作需要二十个孟德斯鸠同心协力才能完成；可是，如果说这不能单独由一个人来完成的话，他还是可以着手进行的。他必须经历的道路足以指出最终的目标并保证获得成果。"

所以仅在人们就将加以阅读的这本著作中揭发一些实际上不可能的事，那是一种很容易的游戏，并且在这个游戏中，每一次都可能赢得阿谀逢迎的观众的掌声。一位学院院士、最高法院检察官在几年前曾经这样做过。① 他抱了不求了解、只想谴责的态度，按照宁愿保证有势力者的自由而不愿使全体都得到正义的保障的人的意见，写了一部书来控诉蒲鲁东。他以一种细致的热忱举出了蒲鲁东思想中的矛盾。他未曾加以解释。他不愿意去注意，的确有一种发生在对自由的爱好和对平等的热情之间的冲突折磨着那位极端渴望发现真理的人。阅读蒲鲁东的著作，那就是和他一起处身于矛盾的忧虑不安中。

米歇尔·奥奇埃-拉里贝

---

① 阿尔都尔·台夏尔登：《比埃尔·约瑟夫·蒲鲁东，他的一生、他的著作、他的学说》，上下两册，巴黎贝兰书店1896年版。——原编者

前　　言

人们就将阅读的下列信件曾被用来作为这篇论文初版①的前言。

“此致贝桑松学院各位院士：

“诸位先生：

“1833 年 5 月 9 日在你们讨论胥阿尔夫人所捐赠的定期为三年的奖学金的议程中，你们曾经表示过下列愿望：

“‘本学院要求得奖人在每年 7 月上半月内向本学院提出一篇关于他在过去一年中所进行的各项研究工作的论文，内容要简洁而且合乎逻辑’。

“现在，诸位先生，我拟履行我的这项义务。

“当初，我请求你们投我的选票的时候，我曾确切地说明我将致力于发现某种能够改善人数最多而且最穷困的阶级的身体上、道德上和文化上的状况的方法。② 不管这个想法看起来好像和我所谋求的那笔奖学金的目标是多么毫无关联，它却顺利地被你们接受了；并且由于你们把那宝贵的荣誉见惠，你们就使我把这庄严

① 第一版是在 1840 年 6 月出版的，第二版则在 1841 年 8 月。——原编者

② 蒲鲁东在这里引证了在他申请胥阿尔奖金的信中的一句话，但不是原文。当时他曾许愿为了“那些我乐于把他们叫做我的弟兄和伙伴的人在道德上和文化上的改善”而工作。——原编者

的诺言变成神圣不可侵犯的义务了。从此以后，我认识到我要与它打交道的是一个何等尊严和何等荣誉的团体：我对于它的开明作风的尊敬、对于它的恩惠的感激、对于它的光荣的热情就变得是无限的了。

“首先，我深信，如果要摆脱思想和制度方面的老路，就必须用科学的方法和严正的态度来进行我那对于人和社会的研究工作，我用一年的工夫专心研究语言学和文法；在所有的学科中，和我的思想性格最投合的是语言学，或者也就是语言的自然史；它和我现在就将开始进行的研究工作有着最密切的关系。有一篇在这期间写成的关于比较文法中一个最有意义的问题的论文①，虽然它未能显露出辉煌的成就，至少它能证明我这项研究确是花了心血的。

“从这个时候起，形而上学和道德学就成为我唯一的研究对象了；我所得到的经验是，虽然就这两门科学的内容来说，它们的对象并不明确，它们的范围也划分得不清楚，可是它们却像自然科学那样，是能够验证的并且是可以确信的；这个经验已经使我的努力得到了收获。

“但是，诸位先生，在所有我请教过的老师中，没有一个人给我的教导是比得上你们的。你们的协助、你们的提纲、你们的指导都与我的私愿和最殷切的期望相符合，它们不断地启发了我并给我指出了应走的道路；这篇关于所有权的论文就是你们思想的产物。

① 比埃尔·约瑟夫·蒲鲁东著的《对于文法分类的研究》。这是一篇于1839年5月4日在文史学院得奖的论文。未出版❶。

❶ 这篇论文并不完全是没有刊行的。它曾在《法国语文汇刊》第3期第2、3册上开始发表过，但是当这个刊物停刊时，它还没有登完。——原编者

“在 1838 年，贝桑松学院提出过下列问题：应该把自杀事件的不断增加归诸什么原因呢？有什么有效的方法可以制止这种精神上的传染病的后果呢？

“如果问题提得不那么笼统，就是：社会的祸害的根源是什么？这种祸害的救药是什么？诸位先生，这是你们自己承认过的，当你们的委员会宣称，参加考试的人已经确切地列举出自杀的直接的和个别的原因，以及防止每一原因的方法的时候；但是，从这多少用一些技巧记载下来的细单中，无论是对于这种祸害的最初的原因或对于救治的方法，都得不到任何具体的说明。

“你们那种在学院式的表述上永远是别出心裁的、多种多样的提纲，在 1839 年变得较为确切。1838 年的会试曾经指出，对于宗教和道德原则的忽视、发财的欲望、对于享受的热心以及政治上的紊乱是社会病态的各种原因或者毋宁说是它的各种症候。你们把所有这些论据用单一的命题体现出来：星期日举行宗教仪式对于卫生、道德以及家庭和社会关系的好处。

“诸位先生，你们曾经用一个基督教徒的口气询问：真正的社会制度是什么。有一个参加考试的人[①]敢于主张并相信他曾证明：每个星期休息一天的制度是和一种以地位平等为基础的政治制度必然地联系在一起的；如果没有平等，这个制度就将成为一种变态，一种不可能的事；只有平等才能复兴这个古老和神秘的第七日的例假守则。这个论证没有得到你们的赞许，因为你们虽然并

① 比埃尔·约瑟夫·蒲鲁东著的《论星期日举行宗教仪式的好处等等》，贝桑松，1839 年，12 开本；第二版，巴黎，1841 年，18 开本。

不否认这个参加考试的人所指出的两者间的关系，然而你们断定，——并且，诸位先生，有理由地断定，地位平等的原则并没有得到证明，那个作者的想法只不过是假设。

“最后，诸位先生，你们把平等的这个基本原理用下列词句在会试中提出：**关于子女平分遗产的立法迄今在法国经济上和道德上所产生的后果以及将来在这些方面可能产生的后果。**

“除非把自己狭隘地和不开展地限制在老生常谈里面，我以为你们的试题应作如下的发挥：

“如果法律能使遗产权成为同一父亲的所有子女的共同权利，为什么它就不能使它也成为这个父亲的所有孙子、孙女和曾孙、曾孙女的共同权利呢？

“如果法律已不再承认在家庭中次子不得继承父业的规定，为什么它就不能通过继承权而使种族、部族、民族中不再有这种长幼贵贱之分呢？

“能否通过继承权，在公民与公民之间，像在堂兄弟和兄弟之间那样，把平等确保得一样好呢？总之，继承权的原则是不是可以变为平等的原则呢？

“把所有这些思想在一个概括的问题中总结起来，就成为：遗产继承的原则是什么？不平等的基础是什么？所有权是什么？

“诸位先生，这就是我今天呈献给你们的论文的内容。

“如果我很好地掌握了你们的思想内容；如果我能够阐明一个无可争辩的、但由于一些我敢说已经得到解释的原因而长期被误解的真理；如果通过一种绝对可靠的调查方法，我确立了地位平等的学说；如果我确定了民法的原则、正义的本质和社会的形式；如果我能永远消灭所有权，那么，诸位先生，一切光荣将归诸你们，因为幸而有你们的帮助和启发，我才获得这种光荣的。[①]

“我这项工作的宗旨在于把方法应用到哲学问题上去；一切其他的意图是与我无关的，甚至对我是一种侮辱。

“我曾经以不很敬重的态度来讨论法学：我有权这样做；但如果我不把这种所谓科学和实践这种科学的人区别开来，那我就会是不公道的。我们那些专心于这种辛勤而严格的研究工作的法学家，由于他们的学问和口才，在一切方面是值得他们的同胞们的尊敬的，可是他们应当受到一种责备，即对于一些武断的法律过于顺从。

“我曾经对于那些经济学家进行了无情的批评：因为老实说，一般地讲，我对他们是没有好感的。他们著作内容的大言不惭和空洞无物，他们不客气的自傲，以及他们无法形容的谬论，使我感到厌恶。凡是认识他们因而原谅他们的人，可以去阅读他们的著作。

“我曾严厉地谴责了学究气的基督教会；我是应当这样做的。这个谴责来自我提醒人们注意的一些事实：为什么教会对自己不懂的事情作出规定呢？教会在教条上和道德上犯了错误；物理学和数学证实了它的错误。也许我是不应该把这话说出来的；但毫无疑问，对于教会来说，不幸的是事实如此。诸位先生，要想复兴宗教，就必须谴责教会。

“诸位先生，也许你们会表示遗憾，说我只顾方法和证据而过

① 蒲鲁东要迫使他的学院表示态度，同时也以陷学院于窘境为乐。——原编者

于忽略了形式和文体；我本来是想做得更好一些，可是没有成功。[①] 我是没有在文字上下工夫的希望和信心的。在我的心目中，十九世纪是一个树立新原理的创生时代，在这个时代中，产生了一些新的原理，但是任何著述都是不会经久的。据我看来，这就是为什么如今法国拥有这么许多有才智的人而举不出一个伟大作家的缘故。据我看来，在一个像我们这样的社会中，追求文字上的荣誉是一件不合时宜的事情。[②] 在一个文艺女神诞生的前夕，去发动一个年老的女巫又有什么用呢？我们是一幕悲剧快终场时的可怜的演员，我们应该做到的是如何加速结局的到来。把这个角色扮演得最好的，就是我们中间最有功劳的。可是，我不再想望这种不幸的成就了！

“诸位先生，为什么我不把这一点坦白说出来呢？我曾希望得到你们的选票，追求过你们的奖学金，同时仇恨着现有的一切并满怀着毁灭这一切的计划；我将抱着镇静的心情和有涵养的耐心去完成我的研究工作。由于认识了真理，我从中所得到的心情的宁静超过了压迫的感觉所给我的愤怒；我希望从这篇论文收获的最宝贵的果实将是我的读者们在心神安宁状态下所得到的启发；这种安宁状态是由于对祸害及其根源有了明确的认识而产生的，它

---

① 他在1840年2月12日写给阿盖尔曼的信中说道：“著作的文体将是粗犷的、激烈的。”——原编者

② 1839年8月18日，蒲鲁东写信给他的合伙人莫里斯说：“您坚持要用**文人**的称号来侮辱我；我警告您，如果说这是为了开玩笑，那么这个玩笑开的时间未免有些太长了。**文人等于工业的骑士**，请您好好记住吧……如果您认为必须给我一个头衔的话，您可以随意写上：**印刷工人或校对工人**。我永远只是这样的人，我现在还是这样的人，并且这将永远是我的真正职业，至少是名誉上的职业。——原编者

比喜怒哀乐和热忱有力得多。我过去对于人的特权和权力的愤恨是无限的；也许我在愤怒之下，有时犯了把人和事混为一谈的错误；现在我只有蔑视和愁叹；我只要了解了，愤恨就平息了。

“现在，诸位先生，你们的任务和地位是宣告真理；应当由你们来启迪人民，告诉他们什么是他们应该希望的和什么是应该畏惧的。人民还没有能力去明智地判断什么是对他们最有利的，因此对于一些极端相反的意见，只要他们在这些意见中稍稍尝到一点奉承的味道，他们就会不分皂白地一律赞许；对于他们来说，思想的一些定律就像是可能事物的界限似的；今天，他们不能把一个学者和一个诡辩家区别开来，正如过去他们不能识别魔术家和物理学家一样。‘他们不加考虑就轻易相信，把一切新闻搜集起来并堆积在一起，把所有的报告都当作是真实的和确凿无疑的，因此，只要闻到新鲜事物一点气息或听到它的一点响声，他们就会像蜜蜂在听见一只洗脸盆的响声时一样会集拢来。’①②

“诸位先生，但愿你们像我一样地渴望平等；但愿你们为了我们祖国永恒的幸福，成为平等的传布者和先驱；但愿我是你们的奖学金的最后一个得奖人！在我所能作出的愿望中，诸位先生，这对

---

① 夏隆❶：《论智慧》第18章。

② 不知道是否有必要提起，毕丰❷曾把蜜蜂叫做采蜜的蝇子，以及我们的农民在追赶飞走的蜂群时有一种敲打瓶罐和锅镬的习惯，因为他们认为这样就可以迫使蜂群停落下来。——原编者

❶ 比埃尔·夏隆(1541—1603)，法国天主教神学家和哲学家，著有《三个真理》、《论智慧》等书。——译者

❷ 若尔日·毕丰(1707—1788)，法国博物学家，与人合编《博物学》四十四卷。——译者

你们是最适当的，同时对我是最荣誉的。

“我是你们的怀着最深切的敬意和最诚挚的感激之忱的

“得奖人，

“比埃尔·约瑟夫·蒲鲁东。1840年6月30日于巴黎。”

接到了这封信的两个月之后，在该学院8月24日的那次会上，它用一纸通知向它的那个奖学金得奖人作了答复，现在我就把通知的原文抄录如下：

“我们的一位成员要求本学院注意胥阿尔奖金的那个得奖人于本年6月发表的一本小册子，题目是：《什么是所有权？》，而且作者写明是呈献给本学院的。这位成员认为，本学院为了对正义、示范和它自己的尊严负责起见，应该公开表示对这个出版物所包含的反社会的学说不负一切责任。因此他要求：

“1.本学院以最严正的态度否认并谴责胥阿尔的得奖人的这部著作，因为这是不经本学院的同意而发表的，并且因为那些诿诸于本学院的见解是和本学院任何一位成员所信守的原则完全相反的；

“2.要求那位得奖人在他再版这本书时把书上给本学院的题词删去；

“3.本学院的这个决定应记入会议记录。

“这三个提案均经表决通过。”

作出这个裁决的人以为给了它否认的形式就可以使它具有威力；对于这个可笑的裁决，我只有请求读者不要按照我们这个学院的智慧去衡量我的同胞们的智慧。

在我的那些社会和政治科学的赞助人怒斥我的小册子的同时，有一个不是弗朗歇-孔戴地区的人，他并不认识我，他可能还自认为是受到我对经济学家们所作的过于尖锐的批判的直接打击的对象，他是一位既博学而又谦虚的政论家，他受到他深感其疾苦的人民的爱戴，他受到他不用谄媚或令人鄙弃的方式而努力使其变得明智的当权者的尊敬，他就是布朗基①先生，学院院士、政治经济学教授、所有权的保卫者，他起来在他同事面前、在大臣面前给我辩护，并且把我从一个由于一向的愚昧而永远是黑暗的司法机关的迫害中解救出来。②

我想读者一定会乐于细读布朗基先生在我发表第二篇论文后寄给我的那封信，这封信对写信人来说是值得尊敬的，正如对受信人来说是使人感奋的一样。

“先生：——

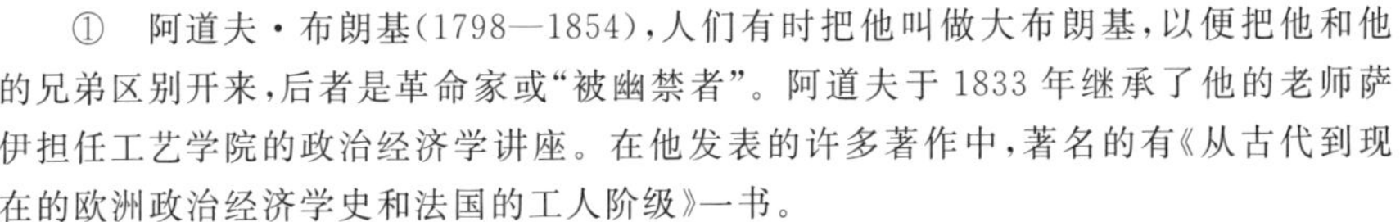

① 阿道夫·布朗基(1798—1854)，人们有时把他叫做大布朗基，以便把他和他的兄弟区别开来，后者是革命家或“被幽禁者”。阿道夫于1833年继承了他的老师萨伊担任工艺学院的政治经济学讲座。在他发表的许多著作中，著名的有《从古代到现在的欧洲政治经济学史和法国的工人阶级》一书。

布朗基的关于蒲鲁东论文的报告是向道德和政治科学学院8月29日的会议提出的。它曾发表于1840年9月27日(并不是《通信集》第1卷第259页所载的9月7日)的《通报》上。这是一个聪明的汇报，引证了一些经过好好地挑选过的原文，它是为了吸引读者并使论文的作者避免受到可怕的追诉而提出的。报告上有着这样的结论：“简言之，我们曾经注意地阅读了这本使人产生一种激动的好奇心的著作。根据它的哲学研究、它的措辞和它的逻辑，如果它不是专向一些有高度智慧的人或有文化修养的人提出的话，那么我们看来就好像具有危险性了。看到把这样高深的学问用来发挥这类怪僻的理论是可悲的；所以对于我们来说，虽然这篇著作具有科学上的价值，但我们不能对它所申论的内容表示同意。”——原编者

② 布朗基像蒲鲁东于1841年7月19日的那封信中所说的那样，作了两次说项，起先是向司法大臣维弗扬，后来是向库能-格里台讷。——原编者

“接到了您寄给我的关于所有权的第二篇论文，我向您谨致谢意。我以我自己由于熟悉了第一篇论文而油然产生的最大兴趣读完了这篇论文。您已稍稍改变了那种粗犷的形式，我对此感到非常高兴；这种形式曾使如此严肃的著作具有了一种专事攻讦的小册子的格调和外表；因为，先生，您确是把我吓倒了，而只是由于您的才华才使我对您的意图感到放心。一个人是不会为了激怒自己的同胞而浪费这样多的真才实学的。所有权就是盗窃！这是一个多么生硬的命题。倘使您坚决要保持它的那种简单直率的笔调，那么这个命题就甚至会使那些不根据外表下判断的严正的人也厌恶您那本著作的。但如果您已使形式趋于温和，您依然可以忠实地说明您的学说的实质；并且虽然承您建议要我分任提倡这种危险理论的工作，我也不能接受这种协作，因为就才华方面来说，这种协作的确对我是个光荣，可是在其他一切方面，它都会使我受到牵累。

“只有在一件事情上，我的意见和您一致；这就是，在这个世界上，各种各类的所有权被滥用的情况实在太多。但我不能从滥用所有权作出废除所有权的结论，这个猛药和可以治愈一切病害的死亡太相像了。我还愿意更进一步。我愿意坦白说，在所有的弊端中，我认为最可恨的就是所有权的流弊；但是再重复一遍，有一种救药可以医治这个祸害而不必对它实施强暴，尤其是不必加以消灭。如果现行的法律纵容滥用所有权，那么我们可以加以修订。我们的民法并不是《可兰经》；把它审查一下，并不算错。所以，可以改变那些规定行使所有权的法律条文，但是不要诅咒；因为，从逻辑上讲，两手完全清白的诚实人在哪里呢？您是否认为一个人可以是强盗而自己并不知道、并不希望如此、或者自己连想都没有想到的呢？您难道不承认在现状下的社会，像每个人一样，在它的组织中就存在着从我们祖先遗留下来的各种德行和恶习吗？您竟以为财产是如此简单和如此抽象的东西，以致您可以在您的形而上学的碾磨中（如果我可以这样说的话）重新混合并加以平分么？先生，在您这两篇充满着诡辩的兴之所至的美妙作品中，您曾经谈到这么许多切合实际的东西，可见您不是一个纯粹的、刚愎的空想家。您十分熟悉经济学和文学上的用语，决不至于去玩弄那些可以引起骚乱的粗暴词句。所以我以为您的论所有权，正像八十年前卢梭论文学那样，是学识和才气的一种绝妙的、含有诗意的表现。至少这是我个人的看法。

"这就是我对您的书提出报告时向学院说的话。我早知道人们要到法院去告您；您也许不知道我是利用了怎样的机会侥幸地阻止住他们的。① 如果王室法律顾问，也就是思想问题上重要工作的执行人，在我之后来攻击您的著作并使您感到苦恼，我将悔恨无穷！我可以对您发誓，我曾经因此度过了两个可怕的夜晚，并且只是经我说明了您的著作是一篇学院式的论文，不是煽动性的宣

① 司法部大臣维弗扬先生在开始对《关于所有权的论文》进行起诉之前，征求了布朗基先生的意见；并且他就是根据这位可敬的院士的按语，才放过一本已经惹起了法官们的怒火的著作的。自从我第一次发表这个作品以来，在帮助和保护方面，我应当感荷的官员固然不只维弗扬先生一人，但是在政治范围内，这样宽大的精神是很少见的，所以我可以诚恳地和毫不拘束地加以承认。在我这方面，我总以为坏制度造成了坏官吏；同样地，某些团体的怯懦和虚伪完全是由那种支配着它们的精神所造成的。例如，虽然在学院内部不乏有德行和才能的人，可是为什么它们却总是成为压迫思想、愚蠢和卑鄙阴谋的中心呢？这个问题值得由一个学院提出，作为会试的试题，参加会试的人是不会少的。

言,我才能够抑制那个世俗的权力。您的措辞过于高深,所以永远不致被那些在讨论我们社会秩序的最严重的问题时用铺路石当作武器的疯子所利用。但是,先生,请您当心,他们也许不久就会不管您的意愿如何而到这个可怕的兵工厂里来找寻弹药,您那强有力的形而上学也许会落到十字街头的某个诡辩家的手里,他会当着一群饥饿的听众讨论这个问题:那时我们就会得到劫掠作为我们的结论。

“先生,我和您一样深切地感到您所揭露的那些流弊;但是我深爱秩序——并不是警察当局感到满意的那种庸俗的、使人感到苦恼的秩序,而是人类社会的庄严而严肃的秩序——因此我在攻击某些弊端时有时感到为难。每当我被迫用一只手去摧毁的时候,我愿意用另一只手去实行重建。在修剪一棵老树的时候,我们要多么小心,免得损坏那些能开花结实的嫩芽!对于这一点,您知道得比谁都清楚。您是一个聪明而博学的人;您具有能够深思的头脑。您用来形容当今的狂热分子的措辞十分强烈,足以使疑虑多端的富于想象力的人们对您的意图感到安心:可是您最后的结论却是主张废除所有权!您要取消那个推动人类智慧的最有力量的原动力;您打击到慈父情感中最甜蜜的幻想;您用一句话来阻止资本的形成,从此以后我们将在沙地上而不是在岩石上进行建设。那是我不能表示同意的;为了这个缘故,我才批评您的那本充满着美丽篇幅的、放射着热情和学问光辉的著作!

“先生,我希望我的差不多已经衰弱的身体容许我和您一起逐页地研究那篇承您公开地送给我个人的论文;我相信我会提出一些重要的批评意见。此刻,我只能为了在承您提起我的时候您所用的那些亲切的词句而向您致谢。我们彼此都怀着应有的真诚；我另外还希望采取应有的慎重态度。您知道劳动人民是在多么沉重的困境中遭受折磨；我知道有多少高尚的心在那些粗陋衣服之下跳动着，我对于这些成千上万的、一清早就起来劳动的、为了缴纳捐税并为了我国的富强而工作着的善良的人们怀有一种不可克制的兄弟般的同情。我力图为他们服务并使他们明白道理，而某种力量却正在把他们引入歧途。您没有直接为他们写作。您发表了两篇卓越的宣言，第二篇比第一篇较为慎重；如果您写出比第二篇更加慎重的第三篇文章来，您就会在科学界占据崇高的地位，而科学的首要要求则是沉着和大公无私。

“再见吧，先生！任何人对于另一个人的敬意不会超过我对您的敬意。

“布朗基

“1841 年 5 月 1 日，于巴黎。”

当然，我对于这封高贵而雄辩的书信是会有某些保留的；但是我坦白说，与其给我自己不必要地多树敌人，我还更愿意去实现这封信的末尾所说的预言。这么许多的争论使我感到厌倦和烦恼。消耗在笔墨战中的智力是和用在战争中的智力一样：这是浪费掉的智力。布朗基先生承认在所有权的行使上存在着很多流弊，而且是一些可恨的流弊；在我这方面，我却专门把所有权称作这些流弊的总和。对我们两个人来说，所有权好像是一个需要敲掉尖角的多边形，但是在这样做了以后，布朗基先生却认为那个图形将仍然是一个多边形（这是一个数学上已被承认但并没有得到证明的假设），而我呢，我却主张这个图形将是一个圆形。对诚实的人说来，即使分歧再大一些，也还是可以互相谅解的。

此外，我认为，处于问题的现阶段，在决定赞成废除所有权以前，思想上可能理应有所踌躇。的确，要使自己的主张得到胜利，仅仅去推翻一个被一般人所承认的原理是不够的，因为这个原理具有系统地总结我们的各种政治学说的无可争辩的价值；还须建立相反的原理，并扼要地说明从这原理产生出来的体系。此外，还必须证明这个新的体系如何能够满足所有那些促使先前那个体系得以建立起来的道德上和政治上的需要。因此，我以上的论证是否正确，要看有待以后证明的下列条件而定：

求得一个绝对平等的体系，在这个体系之下，除去所有权或所有权流弊总和之后的一切现有的制度不但可以存在，而且它们本身还可以用来作为平等的工具；这些制度包括：个人自由、权力的分立、检察机关、陪审制、行政和司法的组织、教育的统一和完整、婚姻、家庭、直系或旁系的继承权、买卖权和交易权、立遗嘱权、甚至长子继承权——一个比私有制更能保证资本的形成并维持一切人的积极性的体系；它能根据一个优越的观点去解释、纠正或补充从柏拉图和毕达哥拉斯①起到巴贝夫②、圣西门和傅立叶为止至今所提出的各种关于社团的学说；最后，一个用作过渡手段的立即可以实行的体系。

据我看来，这样巨大的工作需要二十个孟德斯鸠同心协力才

① 毕达哥拉斯(约前582—前500)，古希腊哲学家。——译者

② 巴贝夫(1760—1797)，法国空想社会主义者。见本书第167页注释。——编者

能完成;可是,如果说这不能单独由一个人来完成的话,他还是可以着手进行的。他必须经历的道路足以指出最终的目标并保证获得成果。

第一章　这本著作所采用的方法。——一次革命的想法

如果我必须答复下列问题：**什么是奴隶制**？而我只用**这就是谋杀**一句话来回答，我的意思就会立刻被人所了解。用不着更多的论证来说明：剥夺一个人的思想、愿望和人格的权力是一种生杀之权；使一个人成为奴隶就等于是杀死他。那么，为什么对于这另一个问题：**什么是所有权**？我就不能同样用**这就是盗窃**①这句话来回答，而没有把握不被误解呢？虽然这第二个命题不过是上述

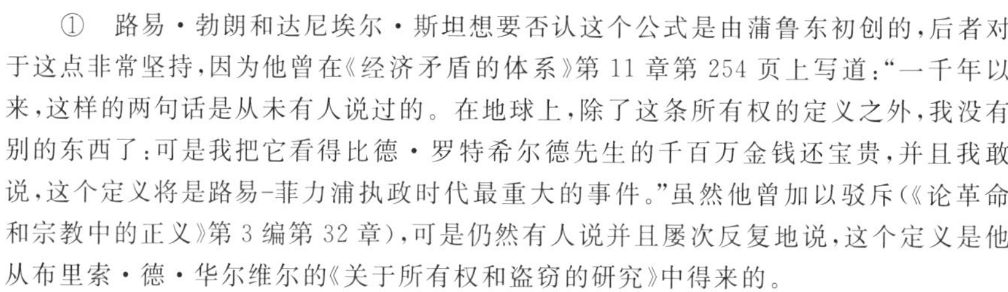

①　路易·勃朗和达尼埃尔·斯坦想要否认这个公式是由蒲鲁东初创的，后者对于这点非常坚持，因为他曾在《经济矛盾的体系》第11章第254页上写道："一千年以来，这样的两句话是从未有人说过的。在地球上，除了这条所有权的定义之外，我没有别的东西了：可是我把它看得比德·罗特希尔德先生的千百万金钱还宝贵，并且我敢说，这个定义将是路易-菲力浦执政时代最重大的事件。"虽然他曾加以驳斥（《论革命和宗教中的正义》第3编第32章），可是仍然有人说并且屡次反复地说，这个定义是他从布里索·德·华尔维尔的《关于所有权和盗窃的研究》中得来的。

但是在蒲鲁东之前，把所有人比作盗贼的那些人仅仅是指财产分配中的不平等现象而说的；而在蒲鲁东，正如我们在下文就将见到的那样，他所注意的是所有人不劳而获的那种行为。如果要在这个关于先后的争论上作进一步的探讨，把盗窃和所有权两个词并列在同一语句中的，可以举出很多政治学的作家。例如卢梭："坐食不是他自己挣来的东西，就是盗窃"（《爱弥儿》，1826年版第3册第389页）；或巴贝夫："在个人应得的那一份之外，占有社会的任何财物是盗窃和霸占：所以从他那里收回这个财物是合法的"（《人民论坛报》第33期）；或者圣西门主义者："为什么这个东西是我的呢？是不是因为它是我的劳动所生产出来的呢，还是因为它是我父亲造成的或盗窃得来的呢？"（《圣西门学说》，1829年，蒲格来和哈来维版，第315页）在教会的长老的著作中，人们也许可以比较可靠地找到那些给予蒲鲁东启发的人，这些著作是他在贝桑松

第一个的转化。

我要着手讨论有关我们国家政权和我们制度的重要原则，即所有权；在根据我的研究工作所得出的结论中，我是可能有错误的：我有这个权利；我愿意把我著作的最后思想放在前面作为开端：我有这个权利；我始终是在我的权利之中的。

有的作家宣称所有权是一种公权，它是从占用产生的并得到法律的核准；另外有些作家则主张它是一种自然权，它的根源是劳动：这些学说虽然看起来是完全相反的，却都得到了鼓励和赞许。我认为能够造成所有权的，既不是劳动，又不是占用，也不是法律；它是一个无因之果：我就应该受到责备吗？

多少的怨言都起来了！

所有权就是盗窃！这是1793年的口号！这是革命的信号！……

读者，请您放心：我绝对不是一个挑拨离间分子，也不是叛乱的煽动者。①我仅仅是把历史提前了几天：我暴露了一个真理，我们想设法去阻止它的出现是徒劳无功的；我写出了我们未来的宪

出版过的。人们知道这些著作曾经以何等的毅力注释了基督轻蔑财富的教义："富人是小偷"（圣巴西勒）——"富人是强盗"（圣让-克里索斯多姆）——"富裕永远是盗窃的产物"（圣祁罗姆）——"自然建立了共产制；霸占造成了私有制"（圣安布鲁阿士）——"在良好的正义之下，一切应属于全体所有。私有制是邪恶所造成的"（圣克来门）。——并且包胥埃还响应他们说："穷人的怨言是正当的。为什么要有这种地位的不平等呢？"但是这一切都是谴责不平等，并没有像蒲鲁东那样去解说所有权是用怎样的机构来剥夺那些对公共财物应该有份而在这些财物的分配中被排除在外的人的。——原编者

① 蒲鲁东重复这句话不下一百遍。在《经济矛盾的体系》的开端，他写道：Destruam et œdificabo，这句话可以毫不牵强地译作：我破坏，但是为了重新建设。"我不

法的前言。如果我们的偏见容许我们考虑这个真理，那么这个在您看来是冒渎神明的命题——所有权就是盗窃——就会被承认是保护我们不受雷击的避雷针；但是有多少有势力的方面、多少偏见在反抗它！……唉！哲学是丝毫不能更改事件的进程的：命运将不受预言的影响而自行完成。而且，难道正义不应该实现吗？我们的教育不应该结束吗？

所有权就是盗窃！……这是人类思想上多么大的转变啊！所有人和盗贼一向是两个相反的用语，正像它们所指的那两种人是极不相容的那样；各种语言文字都规定这两个词的涵义是正相反的。所以，您有什么权力去攻击普遍一致的意见并证明人类是虚妄的呢？您是谁，竟敢这样来怀疑历代各民族的判断呢？

读者，我这卑微的个人地位于您何足轻重呢？我像您一样，生活在理智只受事实和证据的支配的时代里；我的名字，像您的名字一样，是真理的追求者①；我的使命是写在法律上的这句话：你发言时不要含有仇恨，也不要害怕；把你所知道的说出来。我们这类人的事业是缔造科学的庙堂，这个科学包括人和自然。要知道，真理显现给所有的人；今天它显示给牛顿和帕斯卡，明天它会显示给山谷中的牧羊人，显示给车间中的伙伴。每个人都可以给这大厦

是一个打手。”“我是一个说明者。”“当我所要求的仅仅是正义时，我却被当作是捣乱分子；当我的愤怒只是去反对一些没有根据的主张时，我被当作抱有偏见和仇恨的人。”——原编者

① 希腊文是 σκεπτικοs，调查员；一个专门寻求真理的哲学家❶。

❶ 德·乌纳穆诺先生也是这样说的：“scepsis”的意义是寻求而不是怀疑，除非按照笛卡儿的那种用法，把它理解为思想方法上的怀疑主义（《垂死的基督教》，第112页）。——原编者

加上一块砖石，并且在他的任务完成后，他就消逝了。永恒在我们之前，永恒在我们之后：在两个无限之间，个人的地位有什么重要，值得时代来了解他呢？

所以，读者，请您不必理会我的资格和我的性格，而请您只注意我的论证。我打算根据普遍一致的同意来纠正普遍的谬误；我是把人类的意见诉诸人类的信仰的。请您鼓起勇气跟着我走吧；如果您的意志是不受拘束的，您的良心是自由的，您的智慧能把两个命题结合起来并由此推断出第三个命题，那么我的意见就一定会变成您的意见。在开始时我就把我的最后一句话放在您的面前，那是我要预先通知您而不是藐视您；因为我确信，只要您阅读我所写的东西，您就必然会表示同意。我要讲起的事情非常简单，非常容易捉摸，因此您会觉得奇怪，为什么您以前竟没有觉察到，并且您会说："我以前一点也没有考虑过这些事情。"有些人会让您看到一个天才，他夺取了自然的秘密，把它的高超的信息展现在您的面前；在这里，您只能找到一系列对于正义和公理的实验，一种衡量您的良心的验证方法。实验的过程将在您的眼前进行；并且要由您来衡量结果。

然而，我并不想建立体系：我要求特权的消灭、奴隶制的废止、权利的平等和法律主宰一切。正义，再没有别的东西，这就是我的论证的始末；我把治理世界[①]的事务留给别人去做。

有一天，我曾问我自己："为什么社会上有这么多的痛苦和苦

① 这就是说提出一种组织上的和过渡的体系，一些可以实行的解决办法。——原编者

难呢？难道人类应该永远是不幸的吗？”由于我不满意改革者的圆滑的解释——他们把一般灾难的责任，有的诿诸于政府的软弱无能，有的诿诸于阴谋和叛乱，有的则诿诸于无知和普遍的腐化——同时由于我对论坛上和报纸上的一些无止无休的争论感到厌倦，我就想亲自去探索这个问题。我征求过科学大师们的意见，我读过上百本哲学、法律学、政治经济学和历史的书籍：但愿上帝喜欢我生活在一个读了这么多的书竟然毫未得益的时代里！我曾不遗余力地求得一些正确的知识，同时比较了各派学说，答复了责难，不断地用论证构成方程式并加以分解，在最严谨的逻辑的天平上衡量成千条的推论。在这艰辛的工作中，我收集了许多有意义的事实，等我有空，我将立即把它们告诉我的朋友和公众。但我必须说明，首先我以为我们从来就没有懂得这些如此通俗和如此神圣的名词的意义：正义、公道[①]、自由；关于这些原理的每一项，我们的观念一向是极端模糊的；并且最后以为这种愚昧无知的情况就是置我们于死地的贫困和人类所遭受的一切灾难的唯一原因。

在这个奇怪的结果面前，我的内心曾经感到恐慌；我曾怀疑我的理智。什么！我说道，目所未睹的、耳所未闻的、悟力所未参透的东西，竟被你发现了！不幸的人啊，不要把你那有毛病的头脑中的幻觉当做科学的真理吧！难道你不知道（伟大的哲学家们曾经这样说过），在实用的道德学上，普遍的谬误就是矛盾吗？

因此，我便决定来检验我的论证。在进行这项新的工作以前，

① 在较远的地方（第5章第3节），他将提起公道或社会的相称性。所以在这里，这就是平等的意思。——原编者

我力求对下列问题作出解答：在道德原理的适用上，人类居然这样长期地和普遍地发生错误，这是可能的吗？怎样和为什么会弄错的呢？人类的这个普遍的谬误怎样才能克服呢？

我的种种观察的结果是否正确，有赖于这些问题的解决，而这些问题是经不起长期的分析的。在这篇论文的第五章中，人们可以看到，在道德学方面，正如在其他各门学问方面一样，最严重的谬误是科学上的等级；甚至在司法工作中，犯错误是一种可以使人变得高贵的特权；至于可以归功于我的哲学上的成就，那是极其渺小的。给事物确定名称是容易的，困难的是在它们出现以前就能加以辨识。当我表明一种思想——一种弥漫于所有聪明人的心中的、如果我今天不把它提出来明天就会有另一个人加以宣告的思想——的最后阶段时，我除了比别人先发表以外是没有什么功劳可言的。对于一个最先看见日出的人，能给他表扬吗？

是的，所有的人都相信并且反复说，地位的平等是和权利的平等相同的；所有权和盗窃是同义词；在卓越的才能或卓越的服务的借口下所给予的、或者毋宁说是被霸占的社会上的一切优越地位，都是罪恶和强夺。所有的人，我说，在他们的内心里都可以证明这些真理，问题仅仅在于要使他们觉察到这一点。

在讨论具体内容以前，有必要稍稍提到我即将遵循的道路。当帕斯卡研究一个几何学上的问题时，他先给他自己创造一个解答的方法；要解决一个哲学上的问题，方法也同样是必要的。唉！从结果的重大性来说，难道哲学所讨论的问题，不比几何学上的问题重要得多吗？由此看来，为了得到解决，难道它们不更加迫切地要求一种深刻而严格的分析方法吗？

现代的心理学家说，从今以后，一个毫无疑问的事实是：心灵所感受到的每一种知觉，是由支配心灵的某些一般的规律决定的；这个知觉可以说是按照某些早已存在于我们悟性中的模式铸成的，并且这些模式就成为这个知觉的根本的条件。因此他们说，如果心灵没有先天的概念，它至少具有先天的形式。所以，例如，一切现象都必然是被我们设想为发生在时间和空间中的——这就迫使我们去推断这个现象所从而发生的原因；一切存在着的事物都含有实质、形态、数目、关系等等概念；总之，我们不能构成任何一种与理性的一般原理中某一原理不相关联的概念，离开这些原理，什么都是不存在的。

那些心理学家又说，悟性上的这些定理，就是基本模式，在学术上叫做范畴，我们所有的判断和概念必然是由这些模式形成的，而我们的感觉不过是起了说明这些模式的作用罢了。这些范畴最初就存在于心灵上这一事实，现在已经获得证明；它们只需要加以系统化和确定数目。亚里士多德计算它们有十个；康德把数目增加到十五个；古尚[①]把它们缩减为三个、两个、一个[②]；这位教授的无可争辩的光荣起因于这样的事实，即：如果他没有发现关于范畴的真实的理论，他至少比任何人都更懂得这个问题的高度重要性；这是整个形而上学中最重要的、也许是唯一的问题。

我坦白地说，我不但不相信概念的先天性，而且也不相信我们

---

① 维克多·古尚(1792—1867)，法国哲学家，曾任巴黎大学讲师，研究德国哲学，著有《哲学零篇》、《十八世纪哲学史》等。——译者

② 参阅《经济矛盾的体系》的前言。——原编者

悟性的形式或规律的先天性；我认为雷德[①]和康德的形而上学比亚里士多德的形而上学距离真理更远。但是，因为我不想在这里深入讨论理性的问题（这是公众不感兴趣的需要长期研究的工作），所以我就通过假设把时间、空间、本质、原因这样一些最普遍、最必要的概念当作是原先就存在于我们的心灵中的，或者至少是直接从它的构成中产生的。

但是，有一个不大为哲学家所注意的同样真实的心理现象，这就是习惯，它像一种第二天性那样，能把属于范畴的新的形式固定在人们的心中；这些新的形式是从使我们获得深刻印象的表面现象产生的，并且常常因此而丧失了客观真实性，但它们对于我们的判断力所发生的先定的影响不下于原先就存在的范畴。因此我们在推理的时候所依据的，是我们理智的永恒的和绝对的规律，同时还有由不完全的观察提供给我们的通常是错误的次要的法则。这就是错误偏见所由产生的最丰富的泉源，并且也就是多种多样的谬误的永久而往往不能克服的原因。这些偏见在我们身上所造成的先入为主的作用十分强烈，甚至当我们在对一个我们思想上认为是错误的、我们理智所反对的、我们良心所谴责的原理进行斗争时，我们竟会不知不觉地去为这个原理作辩护，按照它去推理，在我们攻击它的时候遵从它。我们的思想好像是束缚在一个圈子里

① 托马斯·雷德（1710—1796），哲学家，苏格兰学派的领袖。他的全集和茹弗洛阿[❶]所写的一篇引言是用法文发表的（六卷，巴黎，索特莱书店，1818—1836年版）。蒲鲁东一到巴黎，就和茹弗洛阿相交往。——原编者

❶ 泰奥多尔·茹弗洛阿（1796—1842），法国哲学家，著有《哲学杂论》和《美学教程》。——译者

似的，环绕着它自己在旋转，直到一种能在我们身上产生新概念的新的观察使我们发现一个外在的原理为止，这个原理把我们从控制着我们想象力的错觉中解救出来。

所以，我们今天知道，由于一种其原因尚不可知的地球磁性吸力的定律，两个不受任何阻碍牵制的物体具有通过一种加速的推动力而互相结合起来的倾向；这种推动力就叫做万有引力。正是这种万有引力，它使失去支撑的物体跌落到地面上来，使它们具有重量，并把我们维系在我们所居住的地球之上。由于不知道这个原因，古人就无法相信在地球的相对地区存在着人。圣奥古斯丁[①]模仿拉克坦歇斯[②]说："你们怎么会不知道，如果你们脚底下有人的话，他们的头就会朝下，他们就会落到天空中去？"这位希波的主教，因为在他看来地球是扁平的，便认为确是这样，因而他就推定，如果我们从不同地点用直线把天顶和天底连接起来，这些直线将是彼此平行的；并且他认为一切自上而下的运动都是按照这些直线的方向进行的。因此，他自然就不能不得出如下的结论：星星是像一些转动着的火把那样，维系在天空的穹顶上的；如果放任不管，它们就会像一阵火雨似的落到地面上来；地面是一张构成宇宙下部的广大无边的桌子，等等。如果当时有人问他土地本身是支撑在什么上面的，他就会回答说，他不知道，但是对于上帝来说，没有不可能的事。这就是圣奥古斯丁那时关于空间和运动的想法，

① 圣奥古斯丁(354—430)，初期基督教主教和哲学家，著有《天城论》和《忏悔录》。——译者

② 拉克坦歇斯，基督教学者，约于306年应罗马皇帝君士坦丁之邀，为其子克里斯普斯讲学。——译者

也就是根据外表现象而得到的偏见使他产生的想法，并且这个偏见对于他来说已成为从事判断的一般而绝对的法则。至于物体为何下落，在他的思想上是罔无所知的；关于这一点，他除了能够说一个物体下落就是因为它下落之外，说不出别的话来。

对于我们来说，下落的概念是比较复杂的：除它所包含的空间和运动的一般概念以外，我们还加上那种引向或导向一个中心的概念，而后者则给我们以较高的原因概念。但是，虽然物理学在这方面已经充分地纠正了我们的判断，我们在习惯上却还保存着不少圣奥古斯丁关于这方面的偏见；当我们说一件东西已经落下的时候，我们还不是简单地和概括地想到发生了引力作用的效果，而专门地和特殊地想到那件东西是自上而下地趋向地面的，并且认为这种运动已经发生了。我们的智慧徒然受到启发；想象占着优势，我们的语言还始终是改不过来的。从天而降的说法并不比一步登天的说法更为真实；可是，只要人们仍旧使用语言，这种说法还会继续存在下去。

所有这些自上而下、从天而降、从天上掉下来等等说法，今后不再是危险的了，因为我们懂得怎样在实践上去纠正它们了：但是只要稍为想一想，就可以看到它们如何妨碍了科学的进步。如果说我们是否知道物体下落的真正原因以及我们关于空间的一般运动的概念是否正确，事实上对于统计学、机械学、水力学、弹道学的关系不大，那么当我们要解释宇宙的体系、潮汐的原因、地球的形状和它在天空中的位置时，情形就不同了。我们必须离开表面现象的圈子，才能了解这些事情。从古至今，曾经有过巧妙的机械师、极高明的建筑师、能干的炮手；他们关于地球的圆形和万有引力所犯的错误并不妨碍他们技艺的发展;建筑物的坚固性和射击的准确性丝毫不因此而受到影响。但是,他们迟早要被迫设法解决一些现象,这些现象是那种假定从地面向上的一切垂直线都是平行的学说所无法解释的:所以,那个时候,在千百年来充斥于日常实践中的偏见和同肉眼所见的证据似乎相矛盾的前所未闻的思想之间,就必然开始发生斗争。

因此,一方面,不论是以孤立的事实或仅以表面现象为基础的最错误的判断,总包含一些真理,这些真理的范围不论大小,都有容许作某些推论的余地,如果越出这个范围,我们就陷于荒谬的境地了。例如,在圣奥古斯丁的看法中包含下列真理:物体是朝着地面落下的,它们是成直线落下的,太阳或地球在移动着,天空或地球在旋转着,等等。这些概括的事实始终是真实的;我们的科学对它们丝毫未曾有所增益。但是,在另一方面,既然有必要对一切事物作出解释,我们就不得不寻找内容愈来愈广泛的原理:所以我们必须首先放弃那种认为地球是扁平的见解,然后放弃那种认为地球是宇宙的静止的中心的学说等等。

如果我们现在从物理学的自然界转移到精神世界,我们就会发现自己仍然受制于只顾外表现象的同样的谬见,受制于习惯和自发性的同样的影响。但是,使我们这第二部分的知识体系显得突出的,一方面是我们的见解给我们带来的利或害,另一方面是我们在回护那种使我们受苦的、杀害我们的偏见时所表现出来的固执性。

关于重量的原因和地球的形状,无论我们信奉怎样的理论,都无损于地球的实体;并且对我们来说,我们的社会经济并不因此而有所损益。可是我们道德上的规律却要在我们身上并通过我们发生作用:要知道,如果没有我们有意识的参与,因而除非是我们了解这些规律,它们是无法贯彻的。所以,如果我们的关于道德规律的科学是错误的话,那就显而易见,当我们想对自己有利的时候,我们却在做着对自己有害的事情;如果这门科学仅是不够完善,那么在某一个时期内,它还可以满足我们社会进步的需要,但是时间长了,它就会使我们误入歧途,最后把我们推到灾难的深渊中去。

所以,我们有必要运用我们最高超的学识;并且必须说明,这些知识从来没有缺乏过,这一点是我们的光荣。但因此也就在陈旧的偏见和新的观念之间开始了一种顽强的斗争。这是一些混乱和苦恼的日子!人们回想起过去在同样的信仰和同样的制度之下,大家好像都很幸福:怎么可以埋怨这些信仰、怎么可以摒弃这些制度呢?人们不愿承认这个幸福的时期恰恰就是被用来发展社会中所蕴藏着的邪恶的原理的;人们怨天尤人,谴责地球上有权势的人和自然界的力量。人不到他自己的头脑和心中去寻找邪恶的根源,反而责备他的老师、他的对手、他的邻居和他自己;所有的国家武装起来,互相厮杀和互相消灭,直到由于人口大量减少而重新获得平衡,以及从战士的骸骨中重新产生和平为止。人类多么厌恶去触犯祖先遗留下来的习惯,更改城市的始创者所规定的并经历代忠实的奉行者所证实了的法律。

狄特·李维①曾经高呼说:你们应当反对一切改革(Nihil motum ex antiquo probabile est)。对于人来说,当然最好是永远没

① 狄特·李维,古罗马历史学家。——译者

有需要更改的东西:但是,如果人生下来是无知的,如果他的生存条件是逐步地实行自我教育,那他就必须因此而拒绝知识、放弃他的理智并听凭命运的摆布吗?完全的健康比复元期间的病体更好:难道这是使病人拒绝接受医治的理由吗?施洗的约翰和耶稣高呼过,改革!改革!五十年前我们祖先高呼过,改革!改革!并且我们还将长期高呼:改革!改革!

身为我们这个时代的苦难的见证人,我曾经想:在作为社会基础的那些原则中,有一个是社会所没有了解的,社会的愚昧已经毁坏了这个原则,因之它造成了一切恶果。这个原则是所有原则中最古老的;因为革命的特点是推翻时代最近的原则而尊崇历史最悠久的原则;可是这个折磨我们的祸害是存在于一切革命之前的,这个被我们的愚昧所毁损的原则得到尊敬并为一般人所奉行;因为如果它不为一般人所奉行的话,它就对谁也不会发生危害,就不会发生影响。

但是这个原则,其目的固然正确,却遭到了误解。这个原则和人类的历史一样久远,它究竟是什么原则呢?是否就是宗教呢?

所有的人都相信上帝:这个信条是属于他们的信仰,同时也是属于他们的理智的。对于人类来说,上帝像原因、本质、时间和空间这些绝对观念之对于我们的悟性一样,是一个原始存在的事实,一个必然的概念,一个必要的原则。上帝像太阳在物理学的一切论证产生以前就被感官的见证给我们证实的那样,是在思想上尚未有任何推理以前就被信仰给我们证实了的。我们凭观察和经验发现现象和规律;只有这种较深刻的意识才能给我们揭露事物的存在。人类相信上帝是存在的;但是,他们在相信上帝的时候,究竟相信的是什么呢？一句话，上帝是什么呢？

这个关于神的观念，即我们人类的这种与生俱来的原始的普遍的观念，其性质如何，人类的理智还没有能够加以明确。在我们认识自然和原因的过程中，每前进一步，上帝的观念就得到扩大并提高：我们的科学愈进步，上帝就显得愈加伟大，愈加广阔。神人同形同性论和偶像崇拜必然构成了人类幼年时代内心的信仰，即幼年时代的神学和韵文。如果人们没有企图使这一谬误成为行为的准则，如果人们懂得尊重信仰自由，那么这只会是一种无害的谬误。但是人在按照他自己的形象造成了上帝之后，还想进一步把他据为己有；由于不以丑化全能之神为满足，他还把他当作自己世袭的产业、自己的财物、自己的物件来看待。被人用一些丑恶的形状来代表的上帝曾经到处成为人们和政府的财产。这就是道德被宗教所腐蚀的根源，也就是以宗教为口实的争执和神圣的战争的起源。侥天之幸，我们懂得让各人保持他自己的信仰；我们到宗教的范围以外去寻找道德律。为了对上帝的本质和属性、神学的教条、我们灵魂的命运作出决定，我们明智地等待科学来告诉我们，什么是我们应当放弃的，什么是我们应当相信的。上帝、灵魂、宗教是我们孜孜不倦的默想和我们最不幸的迷误的对象，是一些可怕的问题。人们始终在设法求得这些问题的解决，但始终没有完成：在这一切问题上，我们可能还会犯错误，但至少我们的错误是不至于有什么影响了。有了信仰的自由和宗教与政治的分离，宗教观念对于社会进步的影响就纯粹是消极的，没有一条法律、一种政治和民事制度是以宗教为基础的了。忽视宗教所强使人们承担的责任，能够助长一般的腐化现象，但这不是根本的原因，它不过

是一种副作用或后果。就一切来说，特别是在我们所从事研究的问题中，这个观察结果具有决定性的作用，人与人之间地位的不平等、贫困、普遍的苦难、政府的窘迫的原因不能再认为与宗教有关了：必须追溯得更远，挖得更深。

但是在人的身上，还有什么比宗教感情更久远和更深刻的呢？

还有人的本身，这就是说，还有永久处于对立状态中的意志和良心、自由意志和法律。人和自己在进行着战争：那是为什么呢？

神学家们说："人类在开始的时候犯了罪；我们的属类是由于上古时代一项邪恶的行为而变成有罪的。为了这个罪过，人类失去了神的恩宠：谬误和无知就成为它所应得的了。如果阅读历史，你们就会在许多国家的永久的苦难中普遍找到这种必然会产生邪恶的证据。人类现在受苦并将永远受苦；他们的毛病是遗传的，生来就有的。你们可以使用一些缓和的药剂，采用一些止痛剂；可是没有什么救药。"

这种议论也不仅仅是神学家所专有的；在唯物主义哲学家方面，在无限至善性的学说的拥护者的著作中，我们可以找到同等词句所表达的上述的议论。德斯杜特·德·特拉西①正式提倡说，贫困、犯罪、战争是我们社会状态的不可避免的条件，是必然会产生的邪恶，对此而起反感是愚蠢的。所以，不管你叫它是邪恶的必然性还是原始的罪恶，实质上这是相同的哲理。

"人类的第一个犯了罪。"如果《圣经》的信徒忠实地加以解释，

① 德斯杜特·德·特拉西（1754—1836）：《思想意识的原理》（1815和1818）；《孟德斯鸠：〈论法的精神〉注释》（1819）。——原编者

他们就会说：人最初就犯了罪，这就是说，犯了错误；因为犯罪、堕落、犯错误都是指同样的事情。

“亚当的犯罪的后果是由他的种族遗传下来了；第一种后果就是愚昧无知。”的确，人类像个人一样，生来就是无知的；但是，在无数的问题上，甚至在属于道德和政治的问题上，人类的这种无知已经被消除了：谁说它不会完全消逝呢？人类不断地走向真理，光明总能战胜黑暗。所以，我们的毛病不是绝对不能治好的，神学家们的解释比不充分还糟得多；它是可笑的，因为它可以归结为这种没有意义的重复语：“人犯错误，因为他犯错误。”而真实的说法却应当是：“因为人想知道，所以他犯错误。”可是，如果人终于能够知道他所需要知道的一切，那就可以相信，他不会再犯错误，同时也不会再受苦了。

如果我们向那些宣传这条据说已经深入人心的规律的专家提出问题，我们立刻就可以看到，他们将对自己毫无所知的一件事情发生争执；关于一些最主要的问题，有多少作者，差不多就有多少种见解；关于最好的政治形式、权能的原则、公理的本质等问题，可以说找不到两个能够投合的见解；大家都在一个无边无际、深不可测的海上冒险航行，听凭他们个人的见解的指导，而各自谦逊地把这种指导当做真正的理性。在看到这些互相矛盾的混乱的见解时，我们说：“我们钻研的对象是规律，是社会原则的规定。而现在政治学家们、即社会科学家们并不互相了解；因此错误就在他们身上；并且，由于一切错误都是以一个实际的事物为对象的，我们就必须翻阅他们的著作，去寻找他们在不知不觉中放进去的真理。”

那么，法学家和政论家所讨论的是什么呢？讨论的是正义、平等、自由、自然法、民法等等。但是，什么是正义？它的原则、特征、公式是什么？对于这个问题，我们的专家们显然什么也说不出来了：因为，不然的话，他们的从一个明确的原则出发的科学就可以离开盖然性的领域，而一切的争论都会结束了。

什么是正义？神学家们回答说：一切正义都来自上帝。这是真实的，但我们并不比以前知道得更多。

哲学家们应该具有较高的学识；他们对于正义和非正义已经争论得不可开交！不幸的是，一经检验，他们的学问是空空如也，而且他们有些人就像只是“喔！——喔！”地向太阳祈祷的野蛮人一样——这是赞叹、爱慕和热情的呼声，但是野蛮人并不知道太阳和“喔！”这种叫喊在意义上是连不起来的！这恰好就是我们在正义问题上所看到的哲学家们的情况。他们说，正义是上天的女儿，一种照耀着每一个降生到世界上来的人的光明，我们天性中的最美好的特性，使我们有别于禽兽并使我们和上帝相像的东西，以及成千种的其他类似的东西。我要问，这种虔诚的恳求式的祈祷等于什么呢？等于野蛮人的祈祷：喔！

所有人类智慧关于正义所作的最合理的解释包含在这句有名的格言中：应当对别人做你愿意别人对你做的事情；不要对别人做你不愿别人对你做的事情。但是这条实用上的道德律是非科学的；我有什么权利要求别人对我做什么或不做什么呢？如果不同时把我的权利向我解释清楚，仅仅同我说我的义务和我的权利相等的话是毫无用处的。

让我们想法说得比较确切和比较具体些吧。

正义是位居中央的支配着一切社会的明星，是政治世界绕着它旋转的中枢，是一切事务的原则和标准。人与人之间的一切行动，无一不是以公理的名义发生的，无一不是依赖于正义的。正义决不是法律的产物；相反地，在人们容易发生接触的一切情况中，法律永远不过是正义的表示和应用。所以，如果我们对正义和公理所形成的概念不明确，如果这个概念是不完全的甚或是错误的，那么显而易见，我们在立法上的一切措施就会是有害的，我们的制度就会是有缺点的，我们的政治就会是谬误的：因而就会产生骚动和社会的混乱。

如果人们对于正义的概念和对于怎样应用它的见解不是一成不变的，如果在各种不同的时期，这些见解已经有过一些修正，总之，如果在概念上已经有了进步，那么上述这个在我们理解上，并且作为一种必然的结果，在我们行为上曲解正义的假设，就会是一个证明了的事实。而这正是历史通过最鲜明的事例给我们证实了的。

一千八百年以前，在罗马皇帝的统治下，这个世界在奴隶制、迷信和荒淫中耗竭了。这一被长期的狂欢弄得如醉如狂的、好像发昏似的民族甚至忘记了权利和义务的基本概念：战争和淫乐轮流地毁灭了这个民族的大部分；同时高利贷和工具（即奴隶）的劳动使他们丧失了谋生的手段，妨碍了他们的蕃衍。从这个庞大的腐化过程中，重新兴起来的是那种丑恶的野蛮主义，它像破坏一切的麻风病似的在人口减少的各省中蔓延开来。有见识的人早就预见到帝国的灭亡，但想不出挽救的办法。的确，他们能想出什么来呢？如果要挽救这个衰老的社会，就必须改变那些为公众所重视和尊敬的对象，废止那些被极为古老的正义概念所确定的权利；当时有人这样说:“罗马是由于它的政治和它的保护神而取得胜利的;因此要对信仰和公众思想作任何改革,乃是荒唐的想法和亵渎。罗马对于战败的民族是宽大的,它虽给他们拴上了锁链,却饶赦了他们的生命:奴隶是它财富的最丰饶的来源;如果解放那些民族,那就是否定它的权利和破坏它的财政。总之,浸沉在欢乐中的、剥夺全世界来供养自己的罗马不外是利用胜利和政权来维持的;它的奢侈和它的欢乐都是它征服别人的代价:它既不能放弃,又不能好好地安排自己。”因此所有的理由都是在罗马这方面的。它的主张是被全世界的习惯和国际法证明为正当的。宗教上的偶像崇拜、国内的奴隶制度、私生活中的享乐主义构成了它的制度的基础;如果去触动它们,那就是去动摇社会的基石,按照现代的说法来讲,那就是去揭开革命的深渊。所以谁也没有想到这个念头;然而当时人类却在流血和奢侈中奄奄待毙。

突然,一个人出现了,自称是上帝的发言人。直到如今,人们还没有弄清楚他是谁,他是从哪里来的,他的那些观念是谁提示给他的。他曾到处宣告说:现有的社会就要结束了,世界就要经历一次新生了;传教士是阴险的人,律师是无知无识的人,哲学家是伪君子和说谎者;奴隶主和奴隶是平等的,高利贷和一切类似的东西是盗窃,财产所有人和游手好闲的人有一天将被烧毁,同时穷人和心地纯洁的人将找到安息之所。他还说了很多同样不同凡响的话。

这个人——上帝的发言人——被人告发并被逮捕,传教士和律师认为他是公敌,他们甚至能唆使人民起来要求处以死刑。但是这种使他们的罪行达到极点的依法执行的暗杀,并没有扼杀上帝发言人所传播的学说。在他死后，他的初期的信徒分散到各处去，宣扬他们称之为福音的道理，他们也培养了成百万的传教士，并且，当他们的任务似乎就要完成的时候，他们死在罗马司法机关的刀剑之下。这个顽强的宣传工作，一场刽子手和殉道者之间的战争，持续将近三百年，终于全世界的信仰发生了变化。偶像崇拜被摧毁了，奴隶制被废除了，严肃的风气代替了过去的放荡，对于财富的轻视有时甚至达到自甘赤贫的地步。社会由于否定了它自己的原则、推翻了它的宗教并侵犯了它的最神圣的权利而获救。在这次革命中，正义的观念传播到至那时为止人们从来没有想到过的范围，并且永远不再退回到它的原来的限度。过去，正义只是为了奴隶主而存在的①，从此它开始为了奴隶而存在了。

可是新的宗教那时还远没有收到它全部的效果。固然在公共道德方面得到了某种改善，压迫方面有了某种程度的减轻；但是，除此以外，撒在偶像崇拜者的心中的人类之子所播的种子只产生了一种几乎是诗意的神话和无数的分歧。人们不去关心上帝发言人所发挥的关于道德和政治的原则的实际结果，却从事考察他的出生、他的来历、他的为人和他的行动；人们讨论他的譬喻，对于无法解决的问题和他们所不懂的经文就产生了各种极为荒诞的意见。由于这些意见的冲突，就产生了神学，一门可以称之为无限荒谬的学问。

① 宗教、法律、婚姻是自由民的特权，但在最初，仅仅是贵族的特权。Dii maorum gentium 是指贵族家庭的神；jus gentium 是指国际公法，即家族或贵族的法律。奴隶和平民不能组织家庭；他们的子女被当作新添的小牲口。他们生下来是牲口，他们就必须像牲口那样活着。

十二使徒时代以后，流传下来的基督教的真理并不多；那本由希腊人和罗马人注释的、象征化了的并载有异教徒的寓言的《福音》，已经十足成为矛盾的大杂烩了；直到今天为止，永不谬误的教会的统治只造成了一段漫长的黑暗时期。人们说，地狱之门不会总是有效的，上帝的发言人将要回来，总有一天人们将懂得真理和正义；但是到了那时，希腊和罗马的天主教主义就将完结；同样，在科学的光辉照耀下，反复无常的见解就会消失。

使徒们的后继人一心要加以摧毁的那些怪物恐慌了一个时期之后，由于愚蠢的宗教狂并且有时也由于传教士和神学家的有意纵容，它们又慢慢地重新出现了。尽管国王、贵族和教会共谋破坏，法国自治市镇的解放史经常地说明了在人民中间确立起来的正义和自由。在1789年，被等级所分裂的、穷困的和受压迫的法兰西民族在君主专制、封建主和议会的虐政以及传教士的不容异说的三重罗网之下从事挣扎。那时存在着国王的权利和传教士的权利，贵族的权利和平民的权利；存在着出身、省、自治市镇、行会的和职业团体的特权；而在这一切的背后是暴力、不道德和苦难。在一个时期内，人们曾谈论到改革；但那些表面上希望最切的人要求改革，只是为了想从中得利，而应该从改革中得到一切好处的人民却对它期望不大，并且不发一言。这些可怜的人民或者是由于猜疑，或者是由于不信任，或者是由于绝望，长期不敢要求得到他们自己的权利：似乎是奴役的习惯已经把中世纪时代那样引以自豪的老自治市镇的勇气夺走了。

终于出现了一本著作，它把整个问题归纳为下列两个命题：什

么是第三等级？——什么也不是。它应该是什么？——一切。有人以注解的方式接着说：国王是什么？——人民的公仆。

这好像是一个突如其来的启示：一幅宽阔无边的帷幕被撕破了，蒙在所有的人的眼睛上的一条厚的布带落下来了。人民开始推论起来：

如果国王是我们的公仆，他就应当向我们报告；

如果他应当向我们报告，他就可以受到监督；

如果他可以受到监督，他就负有责任；

如果他负有责任，他就可以受到处罚；

如果他可以被处罚，他就应当按照他的过错而受处罚；

如果他应当按照他的过错而受处罚，他就可以被处死刑。

在西哀耶斯①的那本小册子发表的五年之后，第三等级就是一切了；国王、贵族、教会都已不存在了。1793 年，人民不满足于宪法上虚拟的国家元首的不可侵犯性，把路易十六送上了断头台；1830 年，他们把查理十世从显尔堡赶出国去。如果在这两个事件上，人民在犯罪行为的衡量方面发生错误，那是一种事实上的错误；但是从公理上讲，使他们这样做的逻辑是无可责备的。人民在处罚他们的元首时，他们所做的，恰好就是七月王朝政府在斯特拉斯堡事变之后由于不愿将路易·波拿巴②处死因而深受批评的事：人民打击到了真正的罪人。这是应用了普通法，亦即属于正义

① 艾曼纽尔·约瑟夫·西哀耶斯（1748—1836），法国政治家，著名的《什么是第三等级？》一书的作者。——译者

② 路易-拿破仑·波拿巴（拿破仑三世）于 1836 年在斯特拉斯堡发动政变，企图推翻当时七月王朝的统治者，政变失败后仅被处以驱逐出境的处分。——译者

的庄严的判决①。

产生1789年运动的思想是一种喜欢标新立异的思想；这就足以说明，用来代替旧社会秩序的那些新事物本身丝毫不是有组织的和经过思考的；这个从恼怒和怨恨中产生出来的秩序，不可能具有以观察和研究为根据的一种科学的效果；总之，它的基础不是由于对自然和社会的规律有何深刻的了解而产生出来的。所以，人民发现，在所谓新的制度中，那个共和国正在按照他们过去所反对的原则办事，并且受到他们过去打算消除的一切偏见的影响。人们以一种轻率的热忱自庆光荣的法兰西革命、1789年的更生、已经实施的重大改革以及制度的更改：真是异想天开！异想天开！

当我们对于自然界的、精神上的或社会上的任何问题的看法，由于经过新的观察而彻底改变时，我把这种思想上的运动叫做**革命**。如果那些看法仅仅有了发展或修改，那只是**进步**。所以，天动说是天文学上的一个进步，而哥白尼的地动说则完成了一次革命。同样，在1789年有了斗争和进步！但并未发生革命。我们研究一下当时试图实行的改革，就可证明这一点。

在长时期充当君主自私心的牺牲品以后，当人民宣告他们是国家的唯一的主人的时候，他们以为从此就永远得到解放。但是，君主政体是什么呢？主权属于一人。民主政体是什么呢？主权属于人民，或者说得更恰当些，属于全国人民中的大多数。但是在两者的任何一方面，这总是用人的主权来代替法律的主权，用意志的

① 如果行政元首有责任的话，议会议员也应负责。奇怪的是，谁也没有这样想过；这将是一个很有意义的论题。但是我声明，我决不愿意去写这篇论文；人民现在仍然很会推理，大可不必由我来向他们提供论证。

主权来代替理智的主权；总之，是用人的偏见来代替正义。当然，当一个民族从君主政治过渡到民主政治时，那是有了进步，因为在把国家的元首由一个变为许多时，可以使理智有较多的机会来代替意志；但实际上在政治方面并没有发生革命，因为原则仍然是相同的。今天我们可以证明，在最完善的民主制度下，人们可能仍然是不自由的①。还不仅如此，变成国王的人民自己不能行使主权；他们不得不把这个主权委托给一些代理人：这就是那些要想得到人民的宠爱的人当心地、殷勤地反复说给他们听的话。这些代表可能是五个、十个、一百个、一千个，人数的多寡又有什么关系呢？代表采取什么名义又有多大出入呢？这永远是人的政治，意志和任性的统治。请问这种所谓革命究竟革掉了些什么呢？

而且，人们知道，这个主权是怎样被行使的；起初是由国民公会②、后来是由督政府行使的，往后就被执政所独揽。至于那位强有力的、这样被人民所崇拜和惋惜的皇帝③，他从来就绝对不愿从属于人民：但是他好像故意要藐视人民的主权似的，他竟敢要求人

① 参阅德·陶克维尔：《论美国的民主》❶和米歇尔·歇瓦利埃：《北美通讯》❷。在普卢塔克所著的《贝里克利斯传》中可以看到，雅典的老实人在研究学问时不得不躲藏起来，以免被认为是希望建立君主专制的。

❶ 陶克维尔（1805—1859）所著《论美国的民主》的第1册是在1835年发表的，第2册则在1840年。——原编者

❷ 米歇尔·歇瓦利埃（1806—1879），综合工程技术学院毕业生，采矿工程师，圣西门主义者，《地球报》的主编，1832年7月被判处监禁一年，后来任政府派往美国的专使，他就在那里著述了他的《北美通讯》，这是在1836年发表的。他在1850年被选为学院院士。——原编者

② 指1792—1795年法国大革命时代的国民公会。——译者

③ 执政和皇帝都指拿破仑一世。——译者

民投票选举他，也就是要求人民让位给他，也就是要求人民出让这个不能转让的主权；他竟如愿以偿。

但什么是主权呢？有人说，这就是立法权。① 这是另一个改头换面的专制主义的谬论。人民早已看见国王们以下列方式发布他们的敕令：因为这是我们乐意做的；人民也想尝一尝立法的乐趣。五十年以来，他们已产生了无数的法律，当然总是通过代表们制定的。这种游戏还决不会就此结束。

此外，主权的定义本身是从法律的定义而来的。人们说，法律是国家元首的意志的表示：所以，在君主制度下，法律就是国王意志的表示；在一个共和国中，法律是人民意志的表示。除了意志在数字上的差别之外，那两种体系是完全相同的：在两方面，谬误是相等的，这就是说，当法律应该是一个事实的表现时，它却成为一种意志的表示。可是，人们确是追随了一些称职的向导人：人们曾把日内瓦的那位公民②当作预言家，把那本《社会契约论》当作《可兰经》。

每走一步，成见和偏见就在新的立法者的笔下表现出来。人民曾经忍受过各种各样的排斥和特权；他们的代表就发表了下列

---

① 按照杜利埃❶的说法，“主权是人类的万能的权力”。唯物主义者的定义是：说到主权，那是一种权利，而不是一种力量或一种能力。那么，人类的万能的权力是什么呢？

❶ 杜利埃是一个法学家，1752 年出生于道尔地方，1835 年死于雷纳城，他是下列这部在法学界闻名的著作的作者：《按照法典上的次序的法国民法，一部试图把理论和实际结合起来的写作》。第 1 到第 8 册的初版是在 1811 年至 1819 年之间出版的；随后于 1830 至 1834 年间又出版了十五册，汇编工作是由杜韦尔热继续完成的。有人这样说过，在这部著作中，哲学第一次被介绍到法学研究中去。——原编者

② 指卢梭。——译者

声明：所有的人生来和在法律面前都是平等的；这是一个含糊而冗长的声明。人生来是平等的：是否就是说，他们具有同样的身材、同样的相貌、同样的禀赋、同样的德性呢？不是，因此所指的是公民权和政治上的平等。那么，只要说所有的人在法律面前都是平等的就够了。

但什么叫做法律面前的平等呢？1790年的宪法、1793年的宪法、钦定的宪章①、由人民同意接受的宪章②都没有加以明确规定。它们却都以财富和等级上的不平等为前提，由于存在着这种不平等，所以权利上的平等连影子也找不到了。在这方面，可以说我们所有的宪法都忠实地表达了人民的意志；我就要对此提出证明。

过去，人民是受到排斥，不能担任文官和军官的；当下列这条响亮的条文被插入《人权宣言》的时候，人们认为这是一件了不起的事情："一切公民都可以平等地担任公职；各国自由的人民在他们选择官吏时，除了德性和才干之外是不承认有别的优先任用的理由的。"

当然，人民本来应当赞美这样的妙举；实际上他们却只是赞美了一件蠢事。什么！身为国家主人、立法者和改革者的人民，在公职中所注意到的只是报酬，说得更确切一些，只是一些收益！他们所以对公民的被任用权有所规定，那是因为他们把这些公职当做一种财源！因为如果其中毫无所得的话，这个预防措施有什么用处呢？人们很少会想到作出规定，不是天文学家或地理学家就不

① 指路易十八在1814年颁布的宪章。——译者

② 指七月王朝路易-菲力浦于1830年颁布的宪章。——译者

得充当领航员，也不会想到禁止一个有口吃毛病的人去上演悲剧和歌剧。在这里，人民依然是在效法那些国王：像他们那样，人民想把有利可图的职位给予自己的朋友和阿谀者；不幸的是，这个最后的特点补足了那个相似之处，人民并不掌握俸禄单；它是在人民的代理人和代表人手里。在另一方面，他们当心地不去违背他们宽厚的国家元首的意志。

在1814和1830年的宪章中保存下来的《人权宣言》的这条具有启发性的条文，是以几种公民权的不平等为前提的；这就是说，几种法律面前的不平等：等级的不平等，因为人们只是为了公职能带来名利才加以追求的；财富上的不平等，因为如果要求得到财富上的平等，那么公职就应该被看作是一种义务而不是报酬；选拔上的不平等，因为法律没有明确规定什么叫做才干和德性。在帝国时代[①]，德性和才干只不过是军事上的勇敢和对皇帝的忠诚：当拿破仑建立他的贵族并设法使他们和旧的贵族结合起来时，就表明了这一点。如今，凡是缴纳税款达到二百法郎的人就是有德性的人；凡是能公然盗窃的人就是能干的人；从此，这就成为一些平凡的真理了。

最后，人民承认了所有权……上帝会宽恕他们的，因为他们不知道自己做了什么事。他们为了这个不幸的糊涂行为已经吃了五十年的苦。但是，据说人民的言语就是上帝的言语，人民的良知是不会错的，那么他们怎么会犯错误的呢？他们在寻求自由和平等的时候，怎么会重新堕落到特权和奴役中去的呢？始终是由于模

① 指第一帝国，史称拿破仑称帝后的统治时期为第一帝国。——译者

仿旧制度的结果。

从前，贵族和教会只是在自愿资助和无偿赠与的名义下分担国家的费用的；它们的财产，即使是由于负债的缘故，也不得扣押：而平民在捐税和劳役的重压下，却不断地遭到折磨；折磨他们的有时是国王的收税人员，有时是封建主和教会的收税人员。受永管产业权支配的人既不能遗赠也不能继承财产；他们被当作牲畜一样看待，他们的劳役和子女根据附加权是属于主人所有的。人民要使所有的人都能同样获得所有人的地位；他们认为人人都应享受并随意支配他的财产、他的收入、他的劳动和勤勉的成果。所有权并不是人民发明出来的；但是，由于人民对于财产所享有的权利与贵族和传教士享有的不同，人民就规定了这种权利的一致性。所有权的原有的那些讨厌的形式——劳役、永管产业权、行会行东的特权、公职的专属性——就消失了；享受财产的方式发生了变化，但原则仍旧不变。在权利的支配上有了进步，但没有发生革命。

因此，这就是1789和1830年两次运动先后确立的现代社会的三个基本原则：1. 人的意志的主权，如果把词句加以缩减的话，那就是专制制度；2. 财富和等级的不平等；3. 凌驾于永远被人看作是元首、贵族和所有人的保护神的正义之上的所有权；而正义则是一切社会的一般的、原始的、绝对的定律。

我们必须弄清楚，专制、公民权的不平等和所有权这些概念是否与正义的原先的概念相调和，它们是不是从这个正义的概念演绎出来的、按照人与人之间的情况、地位和关系而有不同表现的一个必要的结论；或者更恰当地说，它们会不会是不同事物的混乱状态、一种不幸的联想所产生的不纯正的结果。既然正义主要是在政治中、在人们的身份中和在对物的占有中得到确定的，所以我们就必须按照普遍的意见和人类思想上的进步来判断，在什么条件下，政治是合乎正义的，公民的身份是合乎正义的，物的占有是合乎正义的；然后，在去掉一切不具备这些条件的因素之后，其结果就会立刻告诉我们，什么样的政治是合法的，什么样的公民地位是合法的，什么样的关于物的占有行为是合法的；最后，归根到底，也就会说明什么是正义。

人对人的权力是不是合乎正义的？

大家都回答说："不是的；人的权力不过是法律的权力，后者应该就是正义和真理。"在政治上，个人的意志是无足轻重的。政治首先在于发现真理和正义，以便制定法律[①]；第二在于监督这个法律的执行。目前，我暂时不去研究我们的立宪政治的形式是否具备这些条件：例如，大臣们的意志是否会影响法律的宣告和解释；我们的议会议员在他们的辩论中是否打算靠论证而不是靠他们的多数来取得胜利：对我来说，只要我的关于良好政治的定义被认为是正确的，那也就够了。这种想法是正确的。但我们知道，对于东方的民族来说，没有再比他们的君主专制更合乎正义的了；在古人的心目中，在那时哲学家自己的见解中，奴隶制是合乎正义的；在中古时代，贵族、修道院院长和主教认为拥有农奴是合乎正义的；路易十四在说"朕即国家"这句话的时候，他以为这是真理；拿破仑认为不服从他的意志就是政治上的犯罪行为。所以，在历史上和

① 在《关于星期日的讲话》中，已经可以看到蒲鲁东如何坚决地相信有一门绝对的、严格的社会科学，不应该创造而应该发现。——原编者

政治上所应用的关于正义的概念不同于今天的概念;它曾不断地向前发展并且愈来愈精确,终于达到我们现在所见到的程度。但它是否已达到它的最后阶段了呢?我认为还没有:不过,由于它必须加以克服的最后的障碍是从我们保存下来的所有制产生的,所以,如果要结束政治上的改革和完成革命,我们应当加以攻击的就是这个制度。

政治上的和公民权的不平等是否合乎正义呢?

有些人说是合乎正义的;另外一些人说是不合乎正义的。对于前面的那些人,我将提醒他们,当人民废除了出身和等级的一切特权时,他们认为这是好的,也许这是因为他们由此而得到了利益;那么为什么他们不愿意使财富上的特权也像等级和种族的特权那样趋于消灭呢?他们会说,因为政治上的不平等是所有权的结果,而没有了所有权,就不可能有社会。因此,我们刚才所提出的问题就成为所有权的问题。对于后面的那些人,我只想提出这个意见:如果你们要享受政治上的平等,你们就应当废除所有权;不然的话,你们埋怨些什么呢?

所有权是否合乎正义呢?

大家都毫不犹豫地答复说:是的,所有权是合乎正义的。我说大家,是因为直到现在为止,凡是彻底了解这句话的意思的人都没有作否定的答复。① 要聪明地回答这样的问题不是一件容易的

① 蒲鲁东并未想说,在他之前,谁也没有揭发过私有制的非正义性,他只是说,谁也没有对此提出系统的说明。虽然抱有这样温和的态度,他仍然自以为有独创之见。这种说法是有讨论余地的。即使不是圣西门本人,圣西门主义者也可能对蒲鲁东的思想发生过影响。——原编者

事；唯有时间和经验才能提供解答。现在，这个解答已经得到了；就是要我们去加以体会。我试图作一些说明。

我们将按下列次序进行论证。

Ⅰ. 我们绝对不争论，我们对谁都不加驳斥，我们什么也不否认；我们承认一切为所有权辩护的理由是对的，我们仅仅去探讨所有权的原则，以便验证这个原则是否被所有权忠实地表达出来。的确，既然只有把所有权当作是合乎正义的，才能为它辩护，[1]那么正义的观念或者至少是正义的意图就应该是一切为所有权作辩护的论证的必要基础；另一方面，既然只有对那些可以捉摸的东西才能行使所有权，那么，可以说是在暗中自行具体化的正义就必然会在一个纯粹代数的公式下表现出来。通过这个研究方法，我们立即可以看到，人们为了给所有权辩护而想象出来的一切理论，不管它们是怎样的理论，总是必然会推论到平等上去的，也就是说，必然会推论到对所有权的否定上去的。[2]

这第一部分包括两章：一章论占用，即我们权利的基础；另一章论劳动和才干，它们被当作所有权和社会地位不平等的根源。

这两章的第一章将证明，占用权妨碍所有权；第二章将证明，劳动权摧毁所有权。

Ⅱ. 既然所有权必然是在平等的绝对的理由之下才能设想的，

---

① 在他思想进展的最后阶段，蒲鲁东终于主张所有权是有用的。——原编者

② 这里必须回忆一下前言中所说的话："布朗基先生承认在所有权的行使上存在着很多流弊，而且是一些可恨的流弊；在我这方面，我却专门把所有权称作这些流弊的总和。"如果所有权是相等的，如果所有的人都是所有人，那么所有权的暴虐性就将消失；平等可以摧毁这篇论文所攻击的那种意义的"所有权"。——原编者

我们就必须说明，虽然存在着这种逻辑上的必然性，为什么平等却是不存在的。这个新的研究工作也包括两章：在第一章中，当我们研究所有权本身的事实时，我们要探讨这个事实是否真实，它是否存在，它是不是可能的；因为，如果两种相反的社会形式——平等和不平等——两者都是可能的话，那就会含有矛盾。在这个探讨中，我们发现了一件怪事，就是在实际上，所有权可能表现为一种偶然的事实，但是，作为制度和原则，它却是绝对不可能的。因此，学说上的这个自明之理——有事实就有可能性，这个推论是正确的——(ab actu ad posse valet consecutio)，在所有权上就不适用了。

最后，在末尾的一章中，我们借助于心理学并对人的本质进行彻底的了解，从而将展示正义的原则、它的公式和它的特征；我们将确切地说明社会的根本的规律；我们将解说所有权的根源、它产生的原因以及它长久存在和行将消灭的原因；我们将确定地证明它和盗窃的同一性；并且我们将指出这三种偏见——人的主权、地位的不平等、所有权——不过是三位一体的东西，它们彼此可以被等同看待，并且它们是可以互相转化的；然后，我们就不难通过矛盾的原理从中推论出政治和权利的基础。我们的研究工作就将到此为止，同时我们要保留那种在新的论文中继续加以讨论的权利。

我们所讨论的主题的重要性吸引了所有的思想家。

“所有权，”艾奈肯[①]先生说，“是创造并保持文明社会的原

① 安都昂·路易·玛丽·艾奈肯(1786—1840)，律师和政治家，曾经发表过一篇《抵押制度的分析》(1822)和一部《论判例和立法》(1838—1841)，两册，8开本。——他的儿子维克多·安都昂·艾奈肯(1816—1854)是《立法研究的引言》的作者；他后来成为傅立叶主义者并变为降神论的信徒。——原编者

则……对于一些根本的理论，那些自称新颖的解说是不会过早地出现的，而所有权就是这类理论之一；因为我们永远不应当忘记的并且政论家和政治家必须深信不疑的是，决定人类制度的整个威权是从属于下面这个问题的：就是要弄清楚所有权究竟是社会秩序的原理还是它的结果，以及是否应当把它看做是原因或者结果。”

这些话是对所有抱着希望和信心的人的一种挑衅；虽然平等的运动是个光荣的运动，可是谁也没有接受过所有权辩护人所作的挑战，谁也没有觉得自己具有足够的勇气去应战。那种自以为了不起的法学上的虚假知识以及由所有权所造成的那些政治经济学上的荒谬的金科玉律在具有最勇敢的思想的人中造成了混乱；平等只是妄想！这是关心人民利益和自由的有力人物之间所承认的一个口号。有这么许多极端虚妄的学说和极端无谓的类推影响了一些虽然是优秀的、但不知不觉被大众的偏见所控制的思想家。其实平等是天天在发生着的，是像水一样流动着的（fil æqualitas）；自由的战士们，难道我们要在胜利的前夕离开我们的旗帜吗？

作为平等的保卫者，我既不怀恨又不恼怒，而是要以那种适合于一个哲学家的独立精神和那种适合于一个自由人的镇定和坚决的态度来发言。但愿在这次庄严的斗争中，我能把那深入到我内心的光明带到大家的心中去，并通过我的论证的成功能够说明，如果平等不能凭武力获胜，那就是因为它应该用言论来取得胜利！

第二章　被当作天然权利的所有权。作为所有权的有效基础的占用和民法

定　义

罗马法明定所有权是在法律所许可的程度内对于物的使用权和滥用权(jus utendi et abutendi re suâ,quatenus juris ratio patitur)。人们曾经试图给滥用一词辩解说,它所指的不是狂妄和不道德的滥用,而仅是绝对的支配权。这是为了要使所有权神圣化而想象出来的无谓的区别,这种区别对于它并未加以预防和压制的狂热的享受欲是不发生效力的。土地所有人可以决定让树上的果实烂掉,可以在他的田里撒上盐,可以把他的母牛放牧到沙地上去,可以把葡萄园变成荒地,还可以把他的菜园变成游猎的园林:这些事情是否构成滥用呢?在所有权问题上,使用和滥用必然是会互相混同的。

按照1793年宪法头一段中发表的《人权宣言》的说法,所有权是"享受和随意支配自己的财物、自己的收益、自己的劳动和勤勉的果实的权利。"

《拿破仑法典》第544条说:"所有权是以最绝对的方式享受和

支配物件的权利，但不得对物件采用法律和规章所禁止的使用方法。”

这两个定义可以追溯到罗马法的定义：它们全都承认所有人对于物件有一种绝对的权利；至于《法典》所增加的限制——但不得对物件采用法律和规章所禁止的使用方法——它的目的不是限制所有权，而是防止一个所有人的支配权去妨碍另一个所有人的支配权。这是确认那个原则，而不是加以限制。[①]

所有权可以区别为：1.单纯的所有权，就是对一件东西的领主式的支配权，或者像人们所说的没有任何负担的所有权；2.占有。“占有，”杜兰东[②]说，“是一种事实上的而不是法律上的现象。”杜利埃[③]则说：“所有权是一种权利，一种法定的权力；占有是一个事实。”房屋承租人、土地租用人、无偿借用人、用益权人都是占有人；出租和出借的主人以及只有在用益权人死亡时才能享受的继承人都是所有人。如果我敢于采用这种比喻的话，那么情人就是占有人，丈夫就是所有人。

所有权的这个双重定义——一方面是支配，一方面是占有——具有十分重大的意义；如果要理解我们将来论述的内容，就

---

① 蒲鲁东认为法律定义中所规定的限制是指比邻的所有人之间的关系而说的，这个见解是有根据的，但是当他肯定这个定义没有限制所有人的绝对权时，他是错误的。法律和规章所禁止的使用方法愈来愈多，在限制那种以最绝对的方式享受和使用物件的权利的问题上，判例的作用也已经和法律一样重要了。——原编者

② 亚历山大·杜兰东(1782—1866)，法学家，在1819年发表过《契约和债概论》，共四册，8开本，并从1825至1837年发表了《以民法为根据的法国法律教程》，共二十一册，8开本。——原编者

③ 见第62页注释❶。——原编者

有必要对这个定义作深入的了解。

从占有与所有权的区别中产生了两种权利：及物权（jus in re），根据这个权利，我可以要求归还我既得的财产，无论我发见它是在谁的手中；还有对物请求权（jus ad rem），根据这个权利，我可以要求成为所有人。所以配偶之间对于人身的权利是及物权；而在未婚夫妇之间的权利还只能是对物请求权。在第一种场合，占有与所有权是结合在一起的；而第二种场合只含有没有任何负担的所有权。我以劳动者的资格，有权去占有自然界和我自己勤劳的产物，然而由于我的无产阶级的地位，我什么也享受不到，所以我要根据对物请求权要求恢复我的及物权。

及物权和对物请求权的这个区别，就是请求占有之诉和确认所有之诉的著名的划分的基础；这两种起诉权是法学上两个实有的范畴，在它们广大的适用范围内，它们涉及整个的法律学。确认所有之诉是指与所有权有关的一切事项说的；请求占有之诉则指与占有有关的一切事项说的。在写作这篇反对所有权的论文的时候，我是对整个社会提起确认所有之诉的；我证明今天一无所有的人是和占有财产的人具有同样名义的所有人；但我并不由此推论说财产应归所有的人共享，而是要求彻底废除所有权，作为一项普遍安全的措施。如果我的起诉失败，那么我们无产阶级和我自己就只有自刎了：我们没有别的事情可以向各国的司法机关提出要求的了；因为像《诉讼法法典》第 26 条以它的那种有力的笔调所规定的那样，原告在确认所有之诉中的请求被驳回后，不得再提起请求占有之诉。相反地，如果我的起诉得到胜利，我们就必须重新开始一个要求占有的诉讼行为，以便恢复我们已被所有权所剥夺的对于财富的享受权。我希望我们不致被迫趋于极端;但是这两种起诉是不能同时进行的,因为同样根据那本《诉讼法法典》来说,请求占有之诉和确认所有之诉永远不得同时提起。

在进入到问题的实质部分以前,在这里先提出几点初步的观察结果不是没有用处的。

第一节 作为天然权利的所有权

《人权宣言》把所有权列为人们的天然的和不因时效而消灭的权利之一,这类权利共有四种:自由权、平等权、所有权、安全权。1793年的立法者在列举这些项目时所采取的是什么方法呢?什么方法都没有。他们正像讨论主权和法律条文那样,以一种概括的看法并按照他们的见解提出了一些原则。一切都是他们胡乱地或匆忙地制订的。

假定我们可以相信杜利埃所说的话:"绝对的权利可以归结为三种:安全权、自由权、所有权。"平等权被这位雷纳城的教授取消了;为什么呢?是不是因为自由权包含平等权,还是因为有所有权就不能有平等权呢?这位《民法释义》的作者对此只字不提:他甚至没有想到这里存在着须加讨论的问题。

但是,如果我们把这三种或四种权利互相比较一下,我们就可以看出,所有权和其他几种权利是毫不相像的;对于大部分的公民来说,它只是一种潜在的东西,好像是一种处于睡眠状态的、未经行使的权能;对于享有所有权的人来说,所有权是一种可以进行某种交易和改变的权利,这是与天然权利的观念相矛盾的;实际上,政府、法院和法律并不尊重它;最后,大家自发地和异口同声地认为它是虚妄的。

自由是不可侵犯的，我既不能出卖又不能出让我的自由；一切旨在出让或停止行使自由权的契约或条款是无效的；当奴隶一旦踏上自由的国土，他就立刻成为自由人。当社会逮捕一个坏人并剥夺他的自由时，这是正当防卫的问题：凡是以犯罪的行为破坏社会契约的人都是公敌；在侵犯别人的自由时，他迫使被害人剥夺他的自由。自由是人的地位的首要条件：如果没有自由，我们怎么能够完成人的行为呢？

同样，在法律面前的平等既不能受限制，也不能有例外。所有的法国人都有平等地担任职位的资格：因此，面对着这种平等，在许多场合下是由抽签和资历来解决优先任用的问题的。最穷的公民可以向司法机关控告最有地位的人物，并从那里得到公正的裁判。如果百万富翁亚哈在拿伯①的葡萄园里盖上一座别墅，法院有权根据情况命令那位富翁把别墅拆掉，虽然他已经花费了一笔巨款；命令他恢复葡萄园的原状并赔偿损失。法律要使合法地得到的财产不分价值，不管是谁，都得到尊重。

固然宪章要求人们具有财产上和资格上的某些条件②，才能行使某些政治权利；但是所有的政论家都知道，立法者的意图并不是要建立一种特权，而是要得到一种保障。只要具备了法律所规定的条件，一切公民都可以取得选举人的资格，并且全部有选举权

① 《旧约列王纪略上》第 21 章。——原编者

② 在 1831 年 4 月 19 日的法律所规定的选举制度之下，要取得被选举权和选举权，必须至少分别缴纳五百法郎和二百法郎的直接税。对退休军官和学院院士酌减为一百法郎。——原编者

的人都可以当被选举人;权利一经获得,对于所有的人都是不分轩轾的:法律既不比较人,也不比较选票。我现在并不来考究这个制度是不是最好的;对我来说,只要在宪章的精神中和大家的心目中,法律面前的平等是绝对的,并且像自由那样,平等不能作为任何交易的对象,那也就够了。

关于安全的权利,情形也是如此。社会所答应给予它的成员的,不是不彻底的保障或虚伪的保卫;而是整个地对他们负责,如同他们对它负责那样。它并不对他们说:"如果不用我花费什么,我就给你们保障;如果我不必冒险,我就保护你们。"它是说:"我决定保卫你们不受任何人的侵害;我决定救护你们并给你们报仇,否则我就自行毁灭。"国家拿出它全部的力量来为每一个公民服务;把它们双方联系起来的义务是绝对的。

在所有权问题上,情形就多么不同!大家都羡慕所有权,却没有一个人是承认它的:法律、风俗、习惯、公众的或个人的良心,都在策划着它的死亡和崩溃。

政府必须维持它的军队、进行一些建筑工程、支付公务员的薪金;为了偿付这些费用,它就必须征收捐税。但愿大家都来负担这些费用,没有比这更好的了。但是为什么有钱的人要比穷人负担较多呢?据说,这是合乎正义的,因为他们有更多的财富。坦白地说,这样的正义不是我所能了解的。①

为什么要缴纳捐税呢?为了要保证每一个人能够行使他的天然权利——自由权、平等权、安全权和所有权;为了要在国内维持

① 在蒲鲁东的《捐税的理论》(1861)中,他对于累进税制保持着反对的态度:"那种所谓累进税率至多也只能使慈善家饶舌不休并使民众煽动家夸夸其谈而已,它缺乏诚意和科学上的价值。"(第5章第1节)——原编者

秩序；为了要建设一些有关公共利益的和福利的事业。

可是，保卫富人的生命和自由，是不是比保卫穷人的生命和自由要花费更多呢？在外寇侵略、饥荒和疫疠的时期，谁造成更多的困难呢？是那不必由国家帮助就能避开危险的豪富的所有人呢，还是那待在挡不住任何灾难的茅屋中的农民呢？

予秩序以更大的威胁的，是善良的资产阶级分子呢，还是工匠和技工呢？事实是警察对几百个失业工人所费的力量，比用来应付二十万个选民的更大。

最后，对于国家的节日、清洁的街道、美丽的古迹……享受得较多的，是拥有巨额存款的存户呢，还是穷人呢？当然，对前者来说，他喜欢乡间的别墅，而不喜欢一切群众性的娱乐；当他需要娱乐时，他是不必等待五月柱的。

所以，比例税或者是对较大的纳税人的特权提供更多的保障，或者本身就是一个不公正的现象，两者必居其一。因为，如果所有权像 1793 年的宣言所宣布的那样，是一种天然的权利，那么根据这个权利而属于我的一切东西就应该和我的人身一样是神圣的；这是我的血，我的生命，我自己：谁触犯它，谁就等于是伤害我的眼珠。我的十万法郎的收入和女工每天的七十五生丁工资同样是不可侵犯的，我的公寓房间和她的阁楼同样是不可侵犯的。税额既不是按照体力、高矮，也不是按照才干分摊的：它就更不应该按照财产的多寡来分摊。

所以，如果国家向我征收得多一些，那就让它多偿还我一些，否则它就不必再来对我说什么权利平等了；因为，不然的话，社会的建立就不是为了保护所有权而是为了摧毁所有权了。国家通过比例税，变成匪帮的首领；它树立了有组织的劫掠的榜样；应当把它列为那些可恶的强盗、那些下流的匪徒之首而带到刑事法庭的被告席上去，而这些强盗匪徒正是它由于同行嫉妒而命令执行死刑的。

可是，有人说，法院和军队正就是为了对付这种匪徒而设立的：政府是一个公司，确切地说，不是一个保险公司，因为它是不保险的，而是一个报复和镇压的公司。这个公司课税所得的税金是按照财产的多寡而分派的，即按照每份财产使那些由政府出资雇来的复仇者和镇压者所费辛劳的多寡而分派的。

这决不是绝对的、不可出让的所有权。在这种制度下，穷人和富人互不信任，彼此斗争！他们为什么要互相斗争呢？为了财产；因此财产就必然伴有对财产的斗争！……富人的自由和安全是不受穷人的自由和安全的妨害的：相反地，它们互相巩固，互相支持：另一方面，富人的所有权却必须不断地采取防卫措施来对付穷人对于财产的本能上的爱好。多么矛盾啊！

在英国，存在着一种济贫税：有人要我去缴纳这种税。但是，在我那自然的、不因时效而消灭的所有权与一千万可怜虫的饥饿之间存在着什么样的关系呢？当宗教告诫我们要帮助我们的弟兄时，它规定的是一种慈善的戒律而不是一个立法的原则。慈善是基督教使我负担的一种道德义务，但不能为了任何人的利益而成为一种可以强加于我的政治负担，更不能把它当作一种求乞制度的根据。如果我乐意，如果我同情别人的痛苦，我就可以去施舍；那就是哲学家所谈起的而我对它信心不大的同情心：我不愿意人家来勉强我。不能强制任何人比下列格言所说的更公正：在不侵犯别人权利的限度内可以尽量享受自己的权利，这是关于自由的一个真正的定义。要知道，我的财物是属于我的，谁也不能对它有丝毫的要求：我反对把神学上的第三种道德提到议事日程上来。①

在法国，大家都要求发行利率较低的新公债券去倒换利率百分之五的公债券；人们所要求的是完全牺牲一种财产。如果国家有急迫的需要，人们是有权这样做的；但是宪章所答应的公平的预付的补偿金在哪里呢？不但没有，甚至这种补偿金是不可能的：因为，如果补偿金等于所牺牲的财产，那么这种倒换措施就是无益的了。

在公债持有人的心目中，政府现在的处境就像加来城被爱德华三世包围起来时它的士绅认为它所处的情况一样②。那个战胜的英国人答应保全居民，但他们必须把资产阶级中最有地位的人交出，由他随意处理。尤斯塔歇和另外几个人自我牺牲地献出了生命；在他们说来，这是高贵的行为；我们的那些大臣应该把他们提出来给公债持有人作为榜样。但是那个城市有没有权利把他们交出去呢？肯定说是没有的。安全权是绝对的；国家不能要求任何人牺牲自己。对于这个原则，站在敌人射程之内的哨兵并不例外；一个公民在哪里站岗，国家就和他一起在哪里冒着危险：今天轮到一个人，明天就会轮到另一个人；当危险和忠诚是共同的时

① 在《关于星期日的讲话》（第2章）中，人们就已经可以读到："慈善、人道、施舍等名词在希伯来文中是没有的；所有这一切都是用正义这个名称来代表的。"——原编者

② 此处指百年战争中的史实。——译者

候，脱逃是极大的罪行。没有一个人有权逃避危险，没有一个人可以被当作替罪羊：该亚法[①]的格言——**一个人为整个民族而死是正确的**——是乱民和暴君的格言，他们是社会堕落的两个极端。

有人说，一切永久性的证券基本上是可以收回的。这个民法的原理应用于国家，对于那些希望回到劳动和财产的天然平等状态的人来说是有利的；但是，从所有人的立场和主张倒换公债的人的意见来看，这是宣告破产的论调。国家不仅是借债人，它是所有权的保证人和保护人；由于它能在可能范围内提供最可靠的安全，它可以保证那种最巩固的和最不可侵犯的收益权。那么，它怎么可以强制那些对它表示信任的债权人作出牺牲，并在以后对他们谈起公共秩序和财产的保障呢？如果这样做法，国家就不像是一个还债的债务人，而像是一个股份公司的发起人，这个公司把股东诱进骗局，违背它正式的诺言而强迫这些股东放弃他们资金的利息的百分之二十、三十或四十。

还不仅是这样。国家是在一条共同的法律之下通过结社行为而结合在一起的公民的一个大学校。这个结社行为保证所有的人能占有他们的财产；对于一个人所保证的是他的田地，对于另一个人是他的葡萄园，对于第三个人是他的地租，对于本来自己可以买进一些不动产而他却更乐于支援国库的公债持有人，则是他的公债。除非给予适当的补偿，国家不能要求公民牺牲一垅田地或一角葡萄园，它更无权降低地租的租率；它怎么有权减低公债的利息呢？如果要使这个减息的权力得以公正地存在，那就必须让公债

① 该亚法是古代犹太人的大祭司，他曾判处耶稣死刑并迫害信徒。——译者

持有人能够给他的资金另外找到一个同样有利的投资场所;但是,既然他不能走出那个国家,既然倒换公债的原因、即以较低的利息借得款项的权力纯由国家所掌握,那么这个公债持有人能到哪里去投资呢?所以一个以所有权原则为基础的政府如不得公债持有人的同意,就不能收回它的公债。在其他各种所有权受到尊重的情况下,存放给共和国的资金是无权加以触犯的财产;如果强制偿还,就公债持有人的关系来说,那就是撕毁社会契约,就是把他们摒诸于法律保护之外。

关于倒换公债的一切争论可以归纳如下:

问:使持有一百法郎或一百法郎以下的公债券的四万五千户陷于贫困,是不是合乎正义?

答:当七八百万的纳税人只须各缴纳三法郎的捐税时,却要强迫他们各缴纳五法郎,这是不是合乎正义?

首先,明显的是,答非所问;但是,为了使问题的症结表现得更加清楚,我们不妨把问题改变一下:当我们把一百个人交付给敌人就可以拯救十万人的时候,还让十万人去冒生命的危险是不是合乎正义?读者,请您决定吧!

所有这一切,是主张维持现状的人所完全懂得的。但是,倒换的措施迟早是要实现的,所有权是会受到侵犯的,因为不可能有别的办法;因为那个不是权利而被当作权利的所有权必然会通过权利而趋于消灭;因为事物的力量、良心守则、物理的和数学的必然性最后一定会把我们思想上的这个错觉摧毁掉。

我扼要地总括说一下。自由权是一种绝对的权利,因为它对于人正像不可知性之对于物质那样,是生存的必不可缺的(sine

qua non)条件;平等权是一种绝对的权利,因为没有平等权就没有社会;安全权是个绝对的权利,因为在每个人的心目中,他的自由和他的生命是和别人的一样珍贵的:这三种权利是绝对的,这就是说,它们既不能增加,也不能减少,因为在社会中,每个成员给出多少,就得到多少,以自由换自由,以平等换平等,以安全换安全,以肉体换肉体,以灵魂换灵魂,永远如此。

但是所有权,按照它语源上的意义和法学上的定义来说,是社会以外的一种权利:因为显然可以看出,如果每个人的财富是社会的财富,一切人的地位就会是平等的,因此说所有权是一个人可以随意支配社会财产的权利,那就不言而喻是矛盾的了。所以,如果我们为了自由、平等、安全而联合起来的话,我们为了财产就不是这样;所以,如果所有权是一种天然权利,那么这种天然权利就不是社会的,而是反社会的。所有权和社会是两件绝对不相容的事。团结两个所有人和把两块磁铁通过它们两个同性电极而接联起来是同样不可能的事。不是社会必须灭亡,就是它必须消灭所有权。

如果所有权是一种天然的、绝对的、不因时效而消灭的和不可出让的权利,那么为什么人们在一切时代中对它的起源会众说纷纭呢?因为这是它的与众不同的特征之一。一种天然权利的起源!我的老天爷!谁曾查究过自由、安全或平等的权利的起源呢?它们是由于我们生存这一事实而存在的:它们和我们一起出生、一起生存和一起死亡。的确,对于所有权来说,情况就大不相同。按照法律,所有权甚至是可以没有所有人而存在的,像一个没有主体的官能那样。对于一个还没有受胎的人类生命,以及对于一个已经死去的八十来岁的老人,所有权都可以存在。然而,虽然它具有这些好像是从永恒和无限中得来的奇妙的特点，人们却从来就没有能够说出所有权究竟是从哪里来的；博学之士对于所有权的起源问题还在互相争论。只有在一点上，他们的意见好像是一致的：即所有权的确定性从属于它的来源的可靠性。但是这种意见的一致是对于他们全体的谴责。为什么他们在没有弄清起源问题以前就承认了这种权利呢？

某些人极不喜欢别人对所有权的所谓根据进行调查和对它的荒唐无稽的并且也许是可耻的历史进行研究。他们希望别人同意下列有关的意见：所有权是一种事实，它一向是存在的，将来也永远会存在下去。有一位学者蒲鲁东[①]在他的《论用益权》中就是从这点出发的，他认为所有权的起源问题是一个迂腐的毫无用处的问题。我愿意相信他们的愿望是由一种值得称道的爱好和平的情感所引起的；如果我看到我的所有的同胞都能享有足够的财产，也许我会同意这种愿望，但是……不……我是不愿同意的。

人们认为可以当作所有权基础的根据有两个：**占用**和**劳动**。我将先后从它们的各个方面详细地加以研究，并且我要提醒读者，无论人们引据的是两者中的哪一个，我将从它那里得出无可置辩的证据，证明当所有权是合乎正义和可能的时候，它一定是以平等为必要条件的。

---

① 让-巴蒂斯特一维克多·蒲鲁东（1758—1838），比埃尔·约瑟夫·蒲鲁东的六等亲的从兄，第戎法学院院长，曾发表过《关于人的身份和关于民法法典绪论的研究，论用益权、使用权、居住权和地面权，论公产或主要是与公产有关的财产分类》。——原编者

第二节 作为所有权的基础的占用

值得注意的是,在参政院①为了讨论《法典》而举行的会议上,对于所有权的起源和原则没有发生争议。在通过《法典》第二章第二节的一切关于所有权和附加权的条文时,没有反对的意见,也没有修正。拿破仑在其他问题上使他的立法者吃了不少苦头,可是关于所有权,他什么也没有提起。对于这一点,我们不必感到惊奇:他是一个前所未有的最自私和最固执的人;在他的心目中,像服从对于权力来说是各种义务中最神圣的那样,所有权应该是各种权利中最首要的。

占用权或先占人的权利是从对于一件东西的实际的、有形的、有效的占有产生的权利。我占据着一块土地,在没有证明相反的情况以前,我就被认定为这块土地的所有人。人们觉察到,在开始的时候,这样的一种权利只有在彼此互惠的情况下才是合理的,法学家们也表示同样的意见。

西塞罗②把土地比作一个广大的戏院:正如在戏院中的那些公共的座位那样,谁占据的地位就被当作是他的(Quemadmodum theatrum cum commune sit,recte tamen dici potest ejus esse eum locum quem quisque occuparit)。

关于所有权的起源,在古代留传给我们的一切言论中,这是最有哲学意义的一段话。

---

① 参政院,法国起草法律建议案及在法律方面备政府咨询的机关,同时又是最高行政法院,司法大臣兼该院院长。——译者

② 西塞罗(前106—前43),古罗马执政官,当时最著名的演说家。——译者

那个戏院，西塞罗说，是大家所公有的；但每个人在那里占据的座位则被称为他自己的：这显然就是说那个座位是被他所占有的座位而不是归他所有的座位。这个对比就消灭了所有权；而且它还意味着平等。在一个戏院中，我是否可以同时在正厅占据一个座位，再在包厢占据另一个座位，又在顶层楼座占据第三个座位呢？不能，除非我像奇里庸①那样有三个身体或者像人们传说的魔术家阿波洛尼乌斯②那样可以同时在三个地点出现。

按照西塞罗的说法，谁也无权得到超过他所需要的东西：这就是他那著名的定理的如实的解释：把属于各人的东西给予各人(suum quidque cujusque sit)，这个定理后来被人应用得很不对头。其实，属于各人的东西并不是各人可以占有的东西，而是各人有权占有的东西。那么，什么是我们有权占有的呢？就是我们的劳动和消费所需要的东西；西塞罗就土地与戏院所作的对比证明了这一点。根据他的说法，各人占了一个座位以后，可以在他的位子上任意安排自己，如果他能够的话，他可以美化它、改善它，他是被许可这样做的：但是他的活动决不能越出那个把他和别人分隔开来的界限。西塞罗的学说可以直接推论到平等上去；因为占用既然是一种纯粹的容忍，如果容忍是相互的话(并且它也不能不是这样)，占有物就会是相等的。

格老秀斯③从历史观点去研究所有权的起源；但是首先，到自

① 奇里庸，希腊神话中具有三个身体的巨人。——译者

② 台阿纳地方的阿波洛尼乌斯，纪元前一世纪希腊新毕达哥拉斯派哲学家，许多同时代人目为魔术家。——译者

③ 格老秀斯(1583—1645)，荷兰法学家，著有《论战争与和平法》，后世称他为“国际法的鼻祖”。——译者

然界以外去找寻一种所谓天然权利的根源，这是什么样的推理方式呢？这十足是古人的方法：事实既然存在，它就是必要的，它就是合乎正义的，因而它的先例也是合乎正义的。可是，让我们来仔细研究一下。

“在原始时期，所有的东西都是共有的和不分的；它们是全体的财产……”我们不必再往下抄了。格老秀斯告诉我们，这个原始共产社会是怎样由于野心和贪婪而瓦解的，在黄金时代之后，怎样接着就是堕落时代，等等。所以所有权最初是以战争和征服为基础，后来则以条约和契约为基础的。但是，或者这些条约和契约像原始共产制那样，把财富分成相等的份数（这是原始人类所熟悉的唯一的分配方法，也是他们关于正义所能想到的唯一的形式；那么起源问题就采取这样的形式：后来平等是怎样消失的呢？），或者这些条约和契约是强者用暴力强迫弱者接受的，在这种情况下，它们是无效的；后代的默诺并不能使它们生效，于是我们便经常生活在一种非正义的和欺诈的状态中。

我们永远不能想象，地位的平等起初既然存在过，后来又怎么不存在了。怎么会发生这种退化现象的呢？动物的本能，和族类的差别一样，是不会改变的；假定在人类社会中存在过一种原始的、天然的平等关系，那就是无形中承认现今的不平等是这个社会的本质的退化，这是所有权的辩护人所无法解释的。但是我却由此可以推断：如果造物主曾使原始的人类处于平等的地位，那就是他自己给予他们的一种指示，一种要他们在其他方面也去实现他的愿望的典型，正如他深植在他们心中的宗教感情已经以各种各样的方式发展和显现出来一样。人只有一种坚定和不变的本性；

他通过本能遵从它，他由于思考而离开它，又通过理智而回复到本性；谁敢说现在我们不正在回到它那里去呢？按照格老秀斯的说法，人已经放弃了平等，我却认为人将回到平等中去。他怎么会放弃平等呢？他为什么不会回到它那里去呢？这些问题我们以后还要加以研究。

茹弗洛阿先生所翻译的雷德的著作第6卷第363页上说：

“所有权并不是天然的，而是获得的；它决不是从人的构造中产生出来的，而是从他的行为中产生出来的。法学家对它的起源所作的解释可以使一切具有正直意识的人感到满意。——土地是造物主的仁慈为了人们生活上的用途而给予他们的一种公共财物；但是分割这个财物和它的产物则是人的行为：每个人都从造物主得到一切必要的力量和一切必要的智慧去把一部分的土地据为私有而对其他人并无妨害。

“古代的道德学家曾经正确地把一切人在土地尚未被占用并成为某一个人的财产以前对于土地产品的共有权，与人们在戏院中所享受的那种共有权作了对比；每个人在来到戏院时可以占据其中的一个空的座位，从而获得了一直把它保留到戏剧演毕时为止的权利，但是谁也没有权利去赶走已经坐好在那里的观众。——土地是一个广大的戏院，全能之神为了整个人类的娱乐和工作，以完美的明智和无限的仁慈对这个戏院作了安排。这里每一个人像观剧者一样，都可以在它那里找到安置自己的地位，并在那里像演员一样完成自己所扮演的角色，但不得妨碍别人。”

由雷德的学说可以得出如下的结论：

1. 要使每个人据为自有的部分不致妨害别人，这个部分就必

须等于用财产总额除以参加分割的人数而得出的商数;

2. 座位的数目既然应该永远与观众的人数相等,所以一个看客就不能占据两个座位,犹如一个演员不能同时扮演几个角色一样;

3. 每当一个看客进出剧场时,所有的座位就相应地缩减或增加:因为,雷德说,所有权并不是天然的,而是获得的;因此,这种权利不是绝对的,因此,构成所有权的占有行为既然是一个偶然的事实,它就不能把它本身所没有的不变性赋予所有权。爱丁堡的那位教授在说下面这一段话时也好像曾经体会到这一点:

"生存的权利包含着获取必需的生活资料的权利,因此那个规定无辜者的生命应受尊重的正义的法则也同样要求别人不去夺取他的那些可以维持生命的资料:这两件事同样是神圣的……妨碍别人劳动,这就是对他做了一个非正义的行为,这个行为在本质上是和给他戴上刑具或把他关进监狱的行为相同的;后果是属于同一类的,并且会引起同样的反感。"

这样,那位苏格兰学派的领袖根本没有考虑才干或劳动上的不平等就先验地规定了劳动工具的平等,然后就按照"谁干得好,谁就过得好"这句永恒的格言,让每个劳动者去安排他自己的生活。

哲学家雷德所缺乏的,不是对于原则的了解,而是追根究底地研究原则的勇气。如果生存权是平等的,那么劳动权就是平等的,因而占用权也就是平等的。如果一个岛上的居民以所有权为借口,用钓竿把一些掉在海里的企图爬到海岸上来的不幸遭难者赶下水去,他们会不会构成犯罪呢?仅仅想到这样的残暴行为就叫人恶心。然而所有人却像鲁宾孙在他的岛上那样,用长枪和枪弹驱逐那个被文明的浪潮推送到岸上来的、想在财产的岩石上面获得立足点的无产者。后者拼命地向财产所有人叫喊："给我工作吧，不要驱逐我，我愿意以任何代价为您工作。"那个所有人则举起他的枪尖或他的枪口回答说，"我用不着你的劳力。""至少您可以减低我住房的租金。""我需要我的收入来维持生活。""如果我没有工作，我怎能付钱给您呢?""这是你的事情。"于是那个不幸的无产者就被急流冲走了；或者，如果他企图在财产的海岸上登陆，所有人就把枪口对他瞄准，将他杀死。

我们刚才倾听的是一位唯灵论者的言论，现在我们要请教一位唯物主义者，然后再请教一位折衷主义者；在绕完了哲学的圈子之后，我们再向法律请教。

按照德斯杜特·德·特拉西的说法，所有权是我们本性上的一种必需品。这种必需品引起一些不愉快的后果，除非是瞎子才会加以否认；但这些后果是一种不可避免的祸害，这种祸害不足以证明那个原则是没有用处的：所以，如果因所有权产生弊端而对它愤然指责，那就和因为生命的结果必然是死亡而对生活抱怨一样，是极不合理的。他这个粗暴而无情的哲理至少会保证提出一种坦率的、严正的推理来；让我们看这个保证是否得到实现。

"有人曾经庄严地倡议对所有权进行诉讼……好像在这个世界上应该有或者不应该有所有权是可以由我们来决定似的……。听了某些哲学家和立法者的言论之后，好像觉得人们是在某一个确切的时刻，自发地、毫无理由地说出**你的**和**我的**这两个词来的；觉得他们本来是可以甚或应该不用这两个词的。但是**你的**和**我的**从来就不是由人制造出来的。"

你自己是个哲学家，你未免太现实主义了。你的和我的并不一定像我说你的哲学和我的平等时那样，是指那种同一的关系而说的：因为你的哲学是指从事思考的你而言；我的平等是指宣传平等的我而言。你的和我的在更多的场合下是指一种关系：你的家乡，你的教区，你的裁缝，你的挤奶妇；旅馆中我的房间，戏院中我的座位，国防军中我的连，我的营。在第一种意义下，有时人们可以说我的工作，我的技能，我的德性，却永远不能说我的伟大或我的尊严；而只有在第二种的意义下，才能说我的田地，我的房屋，我的葡萄园，我的资本，正像一个银行职员说我的金库一样。总之，你的和我的都是个人的、但是是平等的权利的符号和表示；在被应用于我们身外的事物时，它们指的是占有、职能、使用，而不是所有权。

如果我不引录一些最明显的原文来加以证明，人们就永远不会相信我们这位作者的整个理论是建立在可怜的、模棱两可的词义上的。

“在一切公约缔定以前，人们不像霍布斯①所说的那样处于纯粹敌对的状态中，而是处于一种不相往来的状态中。在这种情况下，人们不知正义和非正义为何物；一个人的权利同另一个人的权利不发生关系。每个人有多少需要就有多少权利，并且都感到有责任利用一切方法去满足这些需要。”

我们姑且接受这个理论；它的真伪是没有什么关系的：因为德斯杜特·德·特拉西不能避开平等不谈。依据这个理论，人们在处于不相往来的状态期间，彼此并无任何应尽的义务；他们都有权

① 霍布斯（1588—1679）：《自然法则和政治法则的原理》。——原编者

利去满足他们的需要而不必考虑到别人的需要，因此，各人都有按照自己的体力和才能对大自然施展他的力量的权利。这在人与人之间就必然产生了财富上的最大不平等。所以，在这里，地位的不平等是不相往来的状态或野蛮状态所独有的特征：这恰好同卢梭的思想相反。我们再看下文：

“只有在订定了一些默契的或正式的公约时，才开始对这些权利和这个义务规定了一些限制。仅仅在那个时候，才产生了正义和非正义，即产生了一个人的权利和另一个人的权利之间的平衡；直到那时为止，这些权利必然一直是平等的。”

我们应当这样理解他的话：权利曾经是平等的，这就意味着每个人都曾经有权去满足他自己的需要而不顾别人的需要。换句话说，所有的人都同样有互相侵害的权利；除了诈骗或暴力之外，不曾有过别的权利。他们不仅用战争和掠夺而且还用强取豪夺和据为私有的手段互相侵害。可是，为了消除这种使用暴力和诈骗的平等权，这个互相侵害的平等权，这个财富不平等和祸害的唯一根源，人们才开始订立一些默契的或正式的公约，并建立起一种平衡关系：因此这些公约和这个平衡关系的目标是保证全体都能平等地享受美好生活；根据反推的定律，如果不相往来的状态是不平等的根源，社会生活的结果就必然是平等。社会的平衡是强者和弱者的平等化；因为，只要他们之间还没有平等，他们就是互不相关的；他们决不能订立盟约，他们永远是敌对的。因此，如果地位不平等是一种不可避免的祸害，那么不相往来的状态也是如此，因为社会生活和不平等是互相矛盾的；所以，如果说人类必然要营社会生活，那么他们必然也要平等：这个严格的结论是绝对站得住的。

既然如此，为什么自从建立了平衡之后，不平等的现象还不断地增加呢？正义的时代为什么永远就是不相往来的时代呢？德斯杜特·德·特拉西是怎样回答的呢？他说：

“需要和资料、权利和义务是意志的产物。如果人什么也不要，这一切就全都没有了。但是，有一些需要和一些资料，有一些权利和一些义务，这就意味着拥有和占有某种东西。如果就财产的最广泛的意义来说，那就是说有很多种的财产：它们是属于我们的东西。”

这是一种说不过去的模棱两可的说法，即使为了概括起见也不允许有这种说法。propriété 一词有两个意义：1. 它所指的是一件事物之所以是这件事物的特性，也就是这件事物所特有的、使它特别不同于其他事物的属性。当我们说三角形的特性、数字的特性、磁石的特性等等，我们就是按这种意义来用的。2. 它表明一个有智慧而自由的人对于一件东西的支配权；法学家所采用的就是这种意义。所以在铁获得了磁铁的特性这句话和我获得了这块磁铁的所有权这句话中的 propriété 一词所表达的概念是不同的。如果因为一个穷苦的人具有两条手臂和两条腿，就说他有财产；如果说他所遭受的饥饿和他能露天睡觉的本领都是他的财产，那就是玩弄字眼，嘲笑之外还加上了不人道。

“所有权的观念只能建立在人格的观念上。一旦有了所有权的观念，这个观念就必然地、无可避免地、完全地产生出来了。一个人一旦认识了他自己，他的精神人格，他的享受、受苦和活动的能力，他必然也就懂得这个自己就是他可以使之活跃起来的身体、器官及其力量和机能等等的专属的所有人。既然存在着人造的和约定的财产，当然也有天然的和必需的财产：因为在艺术的创造中，无有不是从自然中得到它的根源的。”

我们应当叹赏哲学家们的真诚和理智。人具有一些特性；也就是说，按照这个词的第一种涵义来讲，具有一些官能。他具有这些官能的所有权；也就是说，按照这个词的第二种涵义来讲，具有对这些官能的支配权。因此就可以说：人具有成为财产所有人的特性的财产。如果我在这里只想到德斯杜特·德·特拉西的权威的话，我将对于举出这样一些愚蠢的话感到多么难以为情！但是，当形而上学和辩证法随着原始的观念和原始的语言产生出来时，整个人类都犯有这种幼稚的思想混乱的毛病。凡是人能称之为他自己的东西，在他的思想上都和他本人等同起来了；他把这个东西当做他的财产、他的财富、他自己的一部分、他身上的一个肢体、他精神上的一种能力。把对物品的占有看作是同自己身体上和思想上具有某种官能或优点一样；而所有权就是以这种虚妄的类推为根据的，就像德斯杜特·德·特拉西说得如此漂亮的“艺术创造摹仿自然”。

但是这位很精明的思想家怎么没有注意到人甚至不是他自己的官能的所有人呢？人具有一些力量、一些德性、一些才能；大自然赋予他这些东西，使他可以生存、求知和恋爱；他对它们并没有绝对的支配权，他只有使用权；并且他只能按照自然的法则去行使这种权利。如果他是他自己的官能的最高主宰，他就能使自己不会饿，也不会感到寒冷；他将能够毫无节制地吃东西并能在烈火中走动；他将能举起高山，一分钟走八百里地，不服药而只用他意志的力量就可以治好病，并且可以使自己长生不老。他可以说，“我要生产，"于是他的工作就应声完成了；他可以说："我要知道，"于是他就知道了；"我爱，"于是他就享到爱情的幸福了。什么！人对自己本身尚且不能主宰，而他却自以为是不属于他的事物的主人！让他去利用自然界的财富吧，因为他只能在利用它们的条件下才能生存：但是他要丢掉以所有人自居的妄想，并且要记住这个所有人的名称只是一种譬喻罢了。

扼要地说：德斯杜特·德·特拉西在同一的用语下，把自然和艺术的外在的产物和人的能力或机能都叫做财产，使二者混淆起来了。他就是利用这种含糊的词义希望以一种无可动摇的方式来证实所有权的。但在所有这些财产中，有的是先天的，例如记忆力、想象力、气力和美貌；其他的则是后天的，例如田地、河流和森林。在原始时代或不相往来的时代，最能干和最强有力的人、即在先天本质方面具有最好禀赋的人有最多的机会去得到后天的财产专供自己享用。现在，就是为了预防这种侵占以及由此而来的战争，人们才发明了一种平衡（正义），才缔结了一些默契的或正式的公约，以便尽可能地用后天的财产上的平等来纠正先天本质上的不平等。只要分割是不平等的，参加分割的人就会一直是互相敌对的，而公约的目的就在于改变这种情况。因此一方面是不相往来、不平等、对立、战争、劫掠、屠杀，另一方面是社会生活、平等、友谊、和平和爱：让我们选择吧。

约瑟夫·杜当[①]先生是一个物理学家、工程师、几何学家、一

① 杜当（1765—1848），旧派经济学家或重农主义学派的保卫者，曾在1804年发表一本《对于政治经济学的进展的推理分析》，并于1835年发表了《政治经济学的哲学》。——原编者

个很不高明的法学家而根本不是哲学家，他著了一本《政治经济学的哲学》。在这本著作中，他认为自己有责任为所有权进行辩护。他的形而上学好像是从德斯杜特·德·特拉西那里抄袭来的。他一开始就给所有权下了一个斯加纳列尔①式的定义："所有权是可以使一件东西归属于某一个人所独有的权利。"照字面来解释：所有权就是所有权。

他在书中对意志、自由、人格等问题纠缠不清地说了半天之后，就把财产分为天然的、无形的财产和天然的、有形的财产，这等于德斯杜特·德·特拉西所说的先天的特性和后天的财产；然后约瑟夫·杜当先生就推论出下列两个一般性的命题：1. 对于每一个人来说，所有权是一种天然的和不能让与的权利；2. 财产上的不平等是自然的必然结果；这两个命题可以变为另一个比较简单的命题，即：所有的人都有享受不平等财产的平等权利。

他责备德·西斯蒙第②先生，因为后者曾经写道，除了法律和惯例外，土地所有权并无别的根据；他自己在提到人们对所有权的尊重时说："他们的良知给他们揭示出社会和所有人之间所订立的原始契约的本质。"

他把所有权和占有、共有和平等、正义的事物和天然的事物、天然的事物和可能的事物等概念混淆在一起：有时他把这些不同的概念当作是相等的，有时他好像又加以区别，乱成一团，以至于批驳他倒比了解他容易得不知多少。起先，《政治经济学的哲学》

① 斯加纳列尔，法国十七世纪大戏剧家莫里哀喜剧中的人物，他专说尽人皆知的庸俗的话。——译者

② 德·西斯蒙第，关于他的注文见本书第103页。——译者

的书名引起了我的注意，但在作者的那些费解的内容中，我却只得到一些庸俗的观点；所以我不拟再加论述。

古尚先生在他的《道德哲学》第15页中教导我们说，一切道德、一切法律、一切权利是连同下列的训诫一起交给我们的：自由的人始终是自由的！好极了！大师；如果我能做到的话，我要保持自由。他又接着说：

“我们的原则是正确的；它是好的，它是合乎社会的。不要害怕把它推到极端。

“1.如果人身是神圣的，他的整个天性也就是神圣的；特别是他的内在的活动，他的情感，他的思想，他的意志的判断。因而就须尊重哲学、宗教、艺术、工业、商业以及自由的一切产物。我说的是尊重，并不仅仅是容忍；因为人们不是容忍权利，而是尊重权利的。”

我对这一套哲学完全拜服。

“2.我的神圣的自由，在外界有所活动时，需要一个我们称之为身体的工具：所以身体就分享着自由的神圣性；所以它本身是不可侵犯的。这是个人自由原则的基础。

“3.我的自由，在外界有所活动时，需要一个场地，或者一种物质，换句话说，需要一份财产或一件东西。所以这件东西或财产自然也就分享着我的人身的不可侵犯性。例如，我占据了一个为我的自由向外发展所必需的和有用的工具；我说：既然这个物件不属于别人，它就是我的；因此，我对它的占有是合法的。所以，占有的合法性是以两个条件为依据的。首先，我只能在我是自由人的条件之下占有；如果你抑制自由的活动，你就是摧毁我的劳动的能力；可是，只有通过劳动，我才能够利用这个财产或物件，并且只有在我利用它的时候，我才占有它。所以自由活动是所有权的原则。但是这并不足以使占有合法化。所有的人都是自由的，大家都能通过劳动而利用一项财产；这是不是说所有的人都有权享受一切财产呢？完全不是这样。要想合法地占有，我不但必须以自由人的资格从事劳动和生产，而且还必须首先占用那个财产。总之，如果劳动和生产是所有权的原则，那么首先的占用就是它的不可缺少的条件。

"4. 我合法地占有了；所以我就有权随意去使用我的财产。我也有权把它送给别人。我也有权把它遗传下去；因为，既然一个自由的行为可以使我的赠与行为成为神圣的，所以在我死后，这个赠与行为仍然像我活着的时候一样是神圣的。"

总之，按照古尚先生的说法，要成为所有人，你就必须通过占用和劳动而取得占有：我再补充一句，还必须来得及时，因为如果先占者已占用了一切，新来的人还有什么可以占用的呢？他们虽然有着用以工作的工具，却没有施工的材料，怎么办？难道他们之间必须互相吞噬吗？这是谨慎的哲学家所料想不到的可怕的极端；因为伟大的天才总是不大理会小事的。

我们也应当注意到古尚先生不承认占用或劳动能够独自产生所有权，他认为这是从两者的结合中产生出来的。这就是古尚先生所爱好的折衷主义的手法的一种；古尚先生比任何人都更加不应当采用这种手法。

他不是从分析、比较、淘汰和缩减的方法（在形形色色的思想和古怪的见解中去发现真理的唯一手段）入手，而是把所有的体系杂凑在一起，然后宣称每个体系既是正确的，又是错误的，并且说：那就是真理。

但是我曾声明在先，我将不予驳斥；相反地，我将从一切想象出来的有利于所有权的假设中找出那种不利于所有权的平等原则。我已经说过，我的整个的论证方法是这样：指出一切理论实质都无可避免地具有平等这个大前提；同时我希望有一天能够指出，所有权的原则正在损害着经济学、法律学和政治学的原理，从而把它们引入歧途。

好吧！如果人的自由是神圣的，那么根据同样的理由，它对于所有的人应该同样是神圣的；如果它为了能够在外界活动、即为了生活而需要一份财产，那么物品的这种私有化对于所有的人也同样是必要的；如果我想使我的私有权受到尊重，那么我也就必须尊重别人的这种权利；因此，在无限的范围内，一个人的私有化的权力只受他本身的限制，而在有限的范围内，这个同样的权力却将按照人数和他们所占用的空间之间的数学关系而受到限制，这些，依照古尚先生的观点来说，不都是正确的吗？因此，是不是由此可以推论，一个人不能阻止与他同时代的另一个人去把相等于他自己的东西据为私有，他更不能剥夺将来的人去行使这个权能，因为个人固然会死亡，全体却是继续存在下去的，并且永恒的规律是不能由一种对于它们的现象的局部观察来决定的呢？最后，人们不就可以由此得出下列的结论：每逢出生一个享有自由的人，别人就必须挤得更紧一些，并且，按照义务的相互性来说，如果这个新来的人后来被指定为继承人，那么继承权就不能使他享有兼有权而只能给他选择权呢？

我在上面分析古尚先生的思想时，甚至连他的语调也照样采用了；我因此感到羞惭。难道我们要用这样华丽的文字和这样动听的话语来说明这样一些简单的事情么？人为了生活，需要劳动；因此他需要生产工具和生产资料。这个从事生产的需要造成他的生产权利。这个权利是由他的同类给他保证的；他对他们也负有同样的保证责任。举例说，如果在一处像法国这样大的、空无居民的土地上安置十万个人，每个人就享有十万分之一的土地权。如果占有者的人数增加，每个人应得的部分因而就要相应地减少，所以如果居民的人数增高到三千四百万，那么每个人的权利就将是三千四百万分之一。现在，如果你把警察系统和政府、劳动、交换、继承等等作这样的安排，使劳动工具能够永远由所有的人平分，并且使每个人都自由，那么这将是一个完善的社会。

在所有权的全部辩护人中，古尚先生是把所有权的基础阐述得最好的。和经济学家们相反，他主张除非事先存在着占用，劳动是不能产生所有权的，并且和法学家们相反，他主张民法可以确定并实行一种天然的权利，但是它不能创造这种权利。事实上，如果说，“仅仅由于财产的存在，所有权就已经得到说明；民法的作用纯粹是宣告性的”，这是不够的。说这种话，就等于承认无法答复那些对事实本身的合法性表示怀疑的人们。每一种权利必须由它本身或者某一种先已存在的权利来证明它是合法的；所有权并不例外。由于这个缘故，古尚先生力求把人格的**神圣**以及意志赖以同化一件东西的行为作为所有权的根据。古尚先生的一个门徒说过：“物品一旦被人所接触，就从他那里得到一种使它们转化并赋以人性的特征。”我坦白地说，在我这方面，我根本不相信这种魔术，并且我以为没有再比人的意志更不神圣的了。这个学说尽管从心理学和法学来看都是脆弱的，却比那些以劳动或法权作为所有权的根据的学说较有哲理和较为深刻。现在，我们已经看到我们所谈起的那个学说会得出什么结论，——结论就是平等，在它全部的词句中，它都涉及平等。

但是，也许哲学凡事总是从高处着眼，所以不大切合实际；也许从思辨的极高峰来看，这位形而上学的理论家觉得人太渺小，辨别不出他们之间的差别；最后，也许地位平等是这样的一些原则之一，这些原则作为一般的通则是真实的和高超的，但是如果要把它们严格地应用到生活习惯和社会事务中去，那就会是可笑的，甚至是危险的。无疑地，在这种情况下，就需要效法道德学家和法学家的明智的保留态度；他们警告我们不要把任何事物推向极端，劝告我们要小心翼翼地对待任何的定义，因为据他们说，如果从揭露定义的灾难性的后果入手，没有一条定义是不能根本推翻的（Omnis definitio in jure civili periculosa est：parum est enim ut non subverti possit）。地位平等，在所有人听来，这是一个可怕的教条，在穷人的病榻边是一个令人得到安慰的真理，在解剖学家的解剖刀之下是一个可怖的事实；搬到政治、民法和工业的范围内，地位平等只是一种欺人的不可能的事、一块真正的诱饵、一句恶魔的谎话。

我决不想使读者大吃一惊；我像厌恶死亡一样厌恶那种在他的言行中使用一套诡计的人。从这本著作的头一页起，我就很清楚地和很坚决地表明了我的态度，使大家都能知道我的思想和希望的倾向；他们会天公地道地说，实在不容易找到比我的态度更直

爽大胆的。因此，我胆敢说，不久我们就可以看到，为哲学家所十分钦佩的这种保留态度——就是道德学和政治学的教授们所竭力劝告采取的这种适可而止的精神——将只能被看做是一种没有原则的科学所具有的可耻的特征，只能看做是这种科学受到驳斥的明证。在法制和道德学方面，正如在几何学上一样，定理是绝对的，定义是无疑的；如果一项原则的各种结论是按逻辑推断出来的，它们就都是可以接受的。可悲的骄傲！对于我们的本性，我们一点也不了解；我们却把我们的谬误全归罪于本性，并且我们憨性大发，居然高呼说："真理就在于怀疑，最好的定义就是什么也不要加以确定。"总有一天，我们会知道法学上的这种可怜的不确定性究竟是从它的对象身上来的，还是从我们的偏见中来的；我们还会知道，在解释社会现象时，是否也像哥白尼当他从反面攻击托勒密的体系时所做的那样，应当更换我们的假设。

但是，如果我现在立刻来指出我们上面所说的那种法学也在不断地引据平等来证实所有权是正当的，人们会说些什么呢？会提出什么论证来反驳呢？

第三节　作为对所有权的承认和它的基础的民法

包梯埃[①]好像认为所有权完全和王权一样是神授的权利：他把它的根源一直追溯到上帝本身(Ab Jove principium)。他就是这样谈起的：

① 包梯埃(1699—1772)，有名的法国法学家。在他很多的著作中，这里可以特别指出：《论财产支配权，论占有权的续篇》。——原编者

"上帝对宇宙和一切包含在宇宙中的事物具有最高支配权(Domini est terra et plenitudo ejus,orbis terrarum et universi qui habitant in eo)。为了人类,他创造了世界和世界所包含的一切生物,并给予人类对这些生物一种从属于他们的支配权:'你派世人管理你双手所造的东西,使万物都伏在他们的脚下,'《诗篇》的作者这样说。① 上帝创造世界完毕后,在把它交给人类时向我们最初的祖先说了这几句话:'你们要生养众多,遍满了地,'等等。②"

在这个庄严的开端之后,谁能不相信人类是像一个大家庭那样,在一个尊严的父亲保护之下,过着友爱团结的生活呢?可是,老天爷!多少兄弟在互相敌对啊!有多少不慈的父亲和多少挥霍浪费的子女啊!

上帝把世界给予人类:为什么我什么也没有得到呢?他使万物都伏在我的脚下,而我连睡觉的地位都没有!他通过他的解释者包梯埃的器官给我们说:你们要生养众多。啊,博学的包梯埃!您认为做和说一样容易;但是您必须给鸟一些青苔,好让它去做窠。

"在人类蕃殖起来以后,人们就在他们之间分配土地和地面上大部分的东西;从那时起,分给每个人的东西就专门属于他的了:这就是所有权的起源。"

还是请您谈谈占有权吧。人们曾经生活在一种共产主义的社会中;这种共产主义究竟是积极的还是消极的,关系不大。那时没

① 参看《旧约·诗篇》第 8 篇。——译者

② 见《旧约·创世记》第 9 章。——译者

有所有权，甚至也没有私人占有。由于占有的产生和发展慢慢地迫使人们从事劳动以增加生活必需品，人们就正式地或默认地（这与本题无关）协议规定，唯有劳动者才是他的劳动成果的所有人；这就是说，人们只是宣布了这样一个事实：以后任何人不劳动就不能生活。因此，必然的结果是，要想在生活必需品上得到平等，就必须提供相等的劳动；并且，要求得劳动相等，就必须有相等的劳动工具。凡是不劳动而凭暴力或策略攫取别人的生活必需品的人就破坏了平等，他就自居于法律之上或法律之外。无论是谁，如果借口比较勤劳而霸占了生产手段，也是摧毁了平等。在那时，平等既然是权利的表现，凡是侵犯平等的人就是非正义的。

因此，劳动产生了私人占有，即及物权。可是这个权利适用在什么东西上呢？显然是生产品而不是土地。阿拉伯人始终对此抱着这样的见解；并且根据凯撒和塔西佗的报告，古代的日耳曼人也是这样来体会的。“阿拉伯人”，西斯蒙第[①]先生说，“承认各人对他自己所豢养的牲畜的所有权，他们对于耕种一块土地的人可以取得收获物这一点，也无异议；但是他们不明白为什么另一个人、即和他同等的人就不能轮流地去耕种那块土地。在他们看来，先占人的权利所造成的不平等不是以任何正义的原则为基础的；而当所有的土地落入某些居民的手中时，这些居民就取得了对那些土地的独占权，这种独占权是有利于他们而不利于他们所不愿向

①　西斯蒙第（1773—1842）是日内瓦一个耶稣教传教士的儿子；起初，他是亚当·斯密学派正统派的经济学家。他发表过《商业财富论》（1803）；后来面对着大工业“危机时期”工人们悲惨的景象，他在他的《政治经济学新原理》（1827）中有力地揭穿了人剥削人的情况。——原编者

其屈服的本国其余的居民的……”

在别的地方，人们已经分享了土地。我承认在劳动者之间因此产生了一种比较巩固的组织，并且这种固定而长期的分配方法可以提供更多的便利①，但是这种分配怎么会在大家原先享有不能出让的占有权的物品上面给每个人造成一种可以移转的所有权呢？就法学的用语来说，从占有人变为所有人在法律上是不可能的；这个变化无形中承认了在原始时代的审判中可以同时进行请求占有和确认所有权；而那些分享土地的人相互之间的租让行为，就等于是把天然的权利进行交易。原始时代的农民，同时也就是原始时代的立法者，不像我们的法学家那样的博学，这点我是同意的；并且，如果他们真是那样博学的话，他们也不会做得更坏：所以他们当时没有预料到私人占有转变为绝对所有权的后果。但是，为什么那些后来规定及物权和对物请求权的区别的人没有把它应用到所有权原则的本身中去呢？

让我提醒法学家注意一下他们自己的原理吧。

所有权的原因，即使是有的话，也只能是一个(Dominium non potest nisi ex una causa contingere)。我可以用几种不同的名义实行占有；我只能根据一个名义而成为所有人(Non，ut ex pluribus causis idem nobis deberi potest，ita ex pluribus causis idem potest nostrum esse)。那块我已开垦并耕种的、我已在上面盖了房屋的、养活着我自己、我的家属和我的牲口的土地，我可以这样

① 这里指出了私有财产因为对社会有益而被证明为合理的这一点，但作者的注意力并不局限于此；在几页以后，作者将提出遗产继承权是一种保持平等分享的合乎自然的和正义的手段。——原编者

地加以占有:1. 以先占人的名义;2. 以劳动者的名义;3. 根据在分割时把这块土地分配给我的社会契约。但是所有这些名义的任何一种都没有给我所有权。因为,如果我企图以占用为依据,社会就可以对我说:“我在你以前就占用了它”;如果我提出我的劳动作为有利于我的根据,那么社会就会说:“只有在这个条件之下,你才能占有”;如果我提起契约,社会就会反驳说:“这些契约所确切规定的,只是用益权人的资格。”可是,所有人所能举出来的,就只是这样的一些根据;他们从来没有能够找出别的根据来。事实上,每一种权利——这是包梯埃这样说的——都可以在享有权利的人身上得到一个产生它的原因;但是,在这个有生有死的人身上,在这个会像影子那样消逝的大地之子的身上,就身外之物来说,只存在着一些占有的根据,而不存在任何所有权的根据。所以,既然产生权利的原因并不存在,社会怎么会去承认一种于它本身有害的权利呢?社会在许可占有时,怎么会赋予所有权呢?法律怎么会核准这种权力的滥用呢?

德国人昂西雍[①]对此作了答复:

“某些哲学家主张,人在把他的力量施加于一件自然物(例如一块地、一棵树)的时候,只能在他对这物体所作出的改变上,在他给予这个物体的形状上,而不是在物体的本身上获得一种权利。这是多么无谓的区别!如果形状能够和物体分离开来,也许还可以有怀疑的余地;但是由于这种情况几乎总是不可能的,所以把人

① 昂西雍(1767—1837),生于柏林,牧师,作家,政治家,保守思想的辩护人和折衷主义的哲学家。——原编者

的力量施加于可见世界的各个部分的行为就是所有权的根据，即财物的最初的起源。”

这是多么无谓的借口！如果形状不能和物体分开，所有权也不能和占有分开，那就必须均分占有：无论如何，社会总还保留着对所有权规定一些条件的权利。我假定一块被私有的土地能够产生总额为一万法郎的收益；并且这块土地是不能分割的（很少有这种情况）。我还假定，按照经济上的计算，每个家庭每年消费的平均额是三千法郎；这块土地的占有人应当负责以善良家长的态度加以经营，他应当缴纳给社会一笔等于一万法郎的款项，其中除去经营的一切费用和维持家庭所需的三千法郎。这笔上缴的款项并不是地租，这是一种补偿。

那么，如果有一个司法裁判机关作出下列的判决，那成了什么样子呢？

“既然劳动把一件东西的形状改变得如此厉害，以致除非把物体毁掉就无法把形状和原物分开，所以必须或者剥夺社会或者使劳动者丧失他的劳动果实。

“既然在其他一切场合，对于原材料的所有权能使人获得在除去成本后所剩下的增加到物体上去的附属物；而在这个场合，对于附属物的所有权却应该使人获得对基本财产的所有权；

“因此，靠劳动而取得财产的那个权利，决不能对个别的人行使；它只能对社会发生效力。”

这就是法学家推论所有权时所用的固定方式。法律的制定是为了确定人们的相互之间的权利，即确定各人对每一个人和各人对全体的权利；好像比例式可以不必有四项就能构成似的，法学家总是不注意最后的一项。只要人和人相对抗，财产就成为财产的抗衡力，并且这两种力量相互之间就能建立起平衡来；等到人处于孤立状态，即当他和他自己所代表的社会相对抗时，法学就立刻不能发生作用了：西密斯[①]的天平上就失去了一个称盘。

请您听听雷纳城的那位教授、博学的杜利埃的话吧：

"由于占用而获得的这种优先权怎么能够变成固定和永久的所有权的呢，为什么这个所有权在先占人停止占有之后仍旧继续存在，并且人们可以要求收回呢？

"农业是人类蕃殖的一个自然的结果，而农业反过来又有利于人口的增长并使人们有必要建立一种永久性的所有权；因为如果一个人没有把握得到收获，他怎肯辛苦地去耕耘和播种呢？"

如果要安定种田人的心，那么保证他对于收获物享有占有权就够了：我们甚至可以答应，在他自己继续从事耕种的期间，维持他对土地的占用权。这就是他有权希冀的全部内容，这就是文明进步所需求的一切。但是所有权啊所有权！既然一个人既不占用又不耕种土地，谁有权力让他享有这种收回土地的权利呢？谁可以要求享有这种权利呢？

"如果要取得永久的所有权，仅仅耕种是不够的；必须要有一些具体的法令和执行这些法令的官吏；总之，要有文明的国家。

"人类的蕃殖曾使农业成为必要；有必要保证耕种者得到他的劳动果实这一点，使人们感到必须建立一种永久的所有权并制定

① 西密斯，希腊神话中代表司法的女神，手持天平。——译者

保障这种所有权的法律。所以我们应当把文明国家的确立归功于所有权。”

是的，说到我们的文明国家，像您所创造的那样，它最初是专制政治，后来是君主制，后来是贵族特权制，如今是民主制，但始终是暴政。

“如果当初没有所有权这一纽带，就永远也不可能使人们服从法律的有益控制；如果当初没有永久性的所有权，地面可能继续是一片广阔的森林。所以我们应当同意那些最审慎的作者的说法，即：如果说暂时性的所有权或由占用所产生的优先权在建成文明社会以前就已存在，那么像我们今天所知道的那种永久性的所有权却是民法的产物。民法规定了以下的原则：所有权一旦获得之后，除非由于所有人的个人自愿行为，永远不会丧失，并且甚至在所有人失去了对物的占有或持有之后而该物处于第三者的手中时，所有权仍然可以得到保持。

“所以所有权和占有在原始时代是混淆在一起的；通过民法，它们才变成彼此不同的和独立的两件事；按照法律的用语来说，两者毫无共同之处。从这里我们可以看到在所有权方面发生了多么奇妙的变化，民法使自然受到了多么大的改变。”

因此，在确立所有权的时候，法律并不是一种心理事实的表现、一项自然法的发展、一种道德原理的应用。它已经逾越了它的职权范围而真正地**创造了**一种权利。它使一个抽象观念、一个譬喻、一种虚拟现实化了；并且在这样做的时候，不去预料可能发生的情况，没有注意流弊，没有考虑它所做的是好事还是坏事。它保障了自私心；它赞成了荒谬的主张；它接受了邪恶的愿望，好像它有权去填满一个无底洞和把地狱充实起来似的！盲目的法律，愚人的法律，不能称为法律的法律；争吵、说谎和流血的语言。这种法律像社会的守护神似的，始终在被重新采用、恢复名誉、改头换面和加强起来；它扰乱各民族的良心，迷糊法学大师们的思想，造成各国的一切灾难。它正就是基督教义所谴责的，但也正是被基督教的无知的教士们看作是神一样的。这些传教士对于自然和人缺乏研究的兴趣，正和他们没有能力阅读他们的经文一样。

但是，法律在创造所有权的时候是以什么为指导的呢？是受什么原则支配的呢？它的标准是什么呢？

万万料想不到：这就是平等。

农业曾经是土地占有的基础，是所有权的起因。如果不在同时保证农民能得到生产工具，那么保证他得到他的劳动果实这句话就毫无意义。为了保护弱者不受强有力者的侵犯，为了消灭掠夺和欺诈，人们觉得有必要在占有人与占有人之间确立一些永久性的分界线、一些不能逾越的障碍。人口一年年的增多，农民的贪欲一年年的增长：人们就认为最好是树立起一些使野心不能逾越的界线，从而可以把野心控制住。这样，由于需要得到为维持公共安全和每个人的安乐所必要的平等，土地就被私有化了。当然，这种分割从未有过地理上的平均；许多权利，有些是以自然为根据的，但解释不当而应用得更不恰当，例如继承、赠与、交易等等便是；其他一些权利，像出身和地位的特权，是一些愚蠢和暴力的不正当的产物，它们都起了防止绝对平等的作用。但是，原则仍旧不变：平等曾经认可了占有，平等又认可了所有权。

既然每年必须给农民一块可供播种的田地，对于当时的野蛮人来说，与其每年发生争吵和打架，与其把他们的房屋、家具和家属不断地从一个地方搬到另一个地方，还有什么办法比把一份固定而不得出让的产业指派给每一个人来得更方便和更简易呢？

既然必须使远出作战的人在征战结束归来时不致由于为祖国服务而变得一无所有，并且必须使他能够恢复他的产业；所以习惯上就规定了：所有权仅凭意图（nudo animo）就可以得到确保；它只有在所有人表示同意和自愿放弃时才会丧失。

既然必须使分割时的平等能够一代一代地保持下去，免得每逢一家有人死亡的时候就须重新把土地分配一次，所以由子女和亲属按照血缘和亲戚的等级来继承他们的先人就显得是合乎自然和正义的了。因此起初只产生了仅仅承认一个继承人的封建的和家长制的习惯，后来则由于应用了和平等原则完全相反的办法，承认所有的子女都能分享父亲的遗产，而永远废止了长子继承的特权，一直到我们最近仍是如此。

但是在这些属于本能性的组织的粗野发端和真正的社会科学之间有什么共同之处呢？这些从来不知道统计、估价或政治经济学为何物的人怎么会把一些立法原则留传给我们呢？

“法律，”一位现代的法学家说，“是社会的一种需要的表示、一种事实的宣告：它不是立法者制定的，而是由他陈述的。”这个定义并不正确。法律是一种借以满足社会需要的方法；它不是由人民来表决的，不是由立法者表达出来的：它是由学者发现并规定下来的。但是法律，正如孔德①先生专门用了半本书来解说的那样，最初不过是一种需要的表示和满足这个需要的方法的指示；直到如今，它依然仅仅是如此。法学家们由于抱着机械的忠诚，充满着顽固的精神，敌视一切哲学，一味喜欢咬文嚼字，所以总是把那些仅仅是善良的但缺乏远见的人们的轻率的愿望当作科学的最后结论。

土地所有权的过去的奠基人没有预料到，这种能够保留一个人的产业的永久的绝对权，这种在他们看来既是大家都能享受的因而也就是公允的权利，包含着转让、出卖、赠与、取得和抛弃等等的权利；因而这种权利恰恰有助于摧毁平等，而他们当初却正是为了保持平等才确立这种权利的。即使他们曾经预料到这一点，他们也毫不在意；眼前的需要占据了他们的全部注意力，并且像在类似情况下常常发生的那样，缺点起初并不太大，而且是难以觉察到的。

这些天真的立法者没有预料到，如果所有权仅凭意图就可以得到保持，那它还带有出租、租佃、在借贷时收取息金、靠交易获利、授予年金以及对于一块有意保留但并未耕作的田地征收租税等等的权利。

我国法学界的这些前辈没有预料到，如果继承权决不是自然所给予的保持财富平等的方法，那么各个家庭很快就会变成具有最大灾难性的排斥作用的牺牲者；并且，社会由于受到它的一个最

① 弗朗斯瓦·沙尔·路易·孔德(1782—1837)，萨伊的女婿，于1814年和杜奴瓦耶一起创办了活叶周刊《评论》，后来改为合订本；在1834年，他发表了一部《财产论》，两册，8开本。——原编者

神圣的原则的沉重打击，将因豪富和穷困日趋极端化而自取灭亡①。

他们没有预料到……但是难道我有必要再多说么？结果是显而易见的；并且现在也不是去批评全部法典的时候。

所以，对我们来说，研究古老民族的所有权的历史只是一种增

① 特别是在这里，我们的祖先把他们十分简单的头脑充分地表现出来了。既经规定了在没有婚生子女的场合可以由堂弟兄来参加继承，他们竟不能利用这些堂弟兄来平衡两个不同支系的分割份，使同一家庭中不致同时存在贫富不均的两个极端。例如：

甲死的时候有两个儿子，乙和丙是他的遗产的继承人：这两个继承人平分死者的财物。但乙只有一个女儿，而他的兄弟丙却遗有六个儿子。显而易见，如果要同时遵守平等原则和继承原则，就应该由乙和丙的子女按七份来分享那两份产业；因为不是这样的话，一个外人可以和乙的女儿结婚，并且通过这个婚姻关系，甲遗留的财产的半数将移转到另一个家族中去，这是和继承原则相违背的。而且，丙的儿子由于人数多，他们将成为穷人，同时他们的堂姊则将非常富有，因为她是独生女：这是与平等原则相违背的。只要把这两种表面上看来是彼此对立的原则结合起来，推广它的适用范围，就可以使人相信在我们今天遭到愚蠢反对的继承权并不妨碍平等的维持。

无论我们生活在哪一种形式的政权之下，死者控制着生者这句成语永远是适用的，这就是说，无论被认可的继承人是谁，遗产和继承永远是存在的。但是圣西门主义者希望由官员来指定继承人❶；其他一些人则希望由死者来选择继承人，或者由法律来假定死者所选择的继承人：主要的问题是希望在平等的定律所允许的范围之内，自然的愿望能够得到满足。现在，遗产继承的真正调节者是偶然的机会或任性的行为；可是，在立法方面，偶然的机会和任性行为都不能被认为是指导原则。大自然在把我们平等地创造出来之后，其所以给我们指出了继承的原则，就是为了要避免偶然的机会所引起的种种纠纷；这个原则就像是社会要我们在我们全部的弟兄中推选出我们认为最有才干的人来完成我们的未竟之业一样。

❶ 这里，蒲鲁东对于圣西门主义者的见解解释得不够清楚。他们是遗产的仇敌，他们责成一些特设的官员来把财物分配给最有能力去利用它们的人："财产的移转，无论是生前或死后，只能在一种新租约的形式下进行，这个新租约的一方就是一个新的管理人，买卖、拍卖、遗嘱、转让、典质、抵押、征用等等都不应存在。"（《圣西门学说》，1829年，第12次演讲会，蒲格来和哈来维版，第396页。）——原编者

加学识和满足好奇心的工作。事实不能产生权利，这是法学上的一个法则；要知道所有权也不能离开这个法则；所以普遍承认所有权的事实并不能使所有权合法化。像对气象变化的原因和天体运动犯过错误那样，人类对社会的构成、权利的性质和正义的应用也曾经犯有错误；因此不能把他们的旧的见解当作信条。印度人被划分为四个等级；尼罗河和恒河两岸的土地以前是根据血统和地位分派的；希腊人和罗马人曾把财产放在天神的保护之下，在他们之中，划界和丈量的工作是和宗教仪式一起举行的；这一切对于我们有什么关系呢？特权形式的多样性不能使非正义成为正义；对于主神朱匹忒[①]的信奉并不能作为反对公民平等的证据，同样，关于浪漫的维纳斯[②]的那些宗教剧也丝毫不能证明夫妇之间可以不守贞操。

作为支持所有权的证据，人类的权力是无效的，因为这个必然从属于平等的权利是和它的原则相违背的；许可所有权的宗教裁断是无效的，因为教士向来总是为君主服务的，天神说的话总是符合政客的愿望的。据说所有权给了社会一些利益，但这并不能减轻所有权的罪过，因为这些利益实在是由平等占有的原则产生的。

因此，在阐明以上各点以后，下列关于所有权的热情的赞歌又有什么价值呢？

“所有权的制定是人类最重要的一种制度……”

是的，像君主政体是人类最光彩的制度一样。

① 朱匹忒，罗马神话中的主神，即希腊神话中所称的宙斯。——译者

② 维纳斯，希腊神话中主管美和爱的女神。——译者

“地球上人类昌盛的首要原因。”

因为人类以为正义是他们的原则。

“所有权成为他们的志愿的正当目标、他们的生存的希望、他们的家属的庇护物；总之，它成为家庭、城市和政治国家的基石。”

所有这一切纯粹是由生产产生的。

“永恒的原则。”

所有权像一切否定那样是永恒的。

“它是属于一切社会制度和公民制度的。”

由于这个缘故，一切以所有权为基础的制度和法律都将消亡。

“这是一种和自由同样可贵的恩物。”

对于发了财的所有人才会是这样。

“的确，它是可供居住的地区所以被开垦的原因。”

如果农民不再是佃户，难道田地就会耕耘得更坏些么？

“它是劳动的道德和保证。”

在所有权的制度下，劳动不是一个条件，而是一种特权。

“它是正义的应用。”

如果没有财富上的平等，正义是什么呢？是一具使用假砝码的天平而已。

“完全是合乎道德的。”

挨饿的肚子是不知道什么叫道德的。

“整个的公共秩序。”

当然，那就是确保所有权。

"都是以所有权为基础的。"①

所有权确是一切现存事物的基石，但它又是一切应该存在的事物的绊脚石。

以下是我的摘要和总结：

占用不但可以导致平等；它还可以防止所有权。因为，既然每一个人只要生存就有权占用，并且为了要生活，就不能没有经营和劳动的手段；另一方面，既然占用者的人数不断地因出生和死亡而发生变动，因而每个劳动者所能要求的物质的定量也随着占有者的人数多寡而有所不同，因此占用总是由人口来决定的；最后，既然在法律上占有永远不能保持不变，在事实上它就不可能变为所有权。

所以一切占用人必然是占有人或用益权人，而这种职能就使他不能成为所有人。要知道，用益权人的权利是这样一种权利：对于托付给他的东西，他要负责；他应当以符合公共利益的方式，按照保全并发展那件东西的目的而加以使用；他不得自作主张来改变它、减损它或使它变质；他不能分割用益权，使另一个人从事劳动而由他自己来收取利益；总之，用益权人是处于社会监督之下，服从劳动的条件和平等的法则的。

罗马法上的所有权的定义因此就被推翻了；定义中所说的使用权和滥用权是从暴力中产生出来的不道德的行为，是民法加以批准的一种最荒谬的主张。人从社会的手中得到他的用益权，只

① 奇洛：《对于罗马人的所有权的研究》❶。

❶ 奇洛(1802—1881)，在1835年发表过：《从历史的角度评介海奈克栖乌斯的〈罗马法原理〉》，同年又发表了蒲鲁东所引证的那本著作。——原编者

有社会可以永久地占有:个人会死亡,社会是永远不灭的。

当我讨论这样简单的真理时,我的内心感到多么痛切的厌恶!难道我们今天对它们还有怀疑吗?难道为了它们的胜利,必须再度武装起来吗?并且,如果没有理智,单靠暴力能够把这些真理引到我们的法律中去吗?

占用权对于一切人是平等的。

占用的尺度既然不是由意志而是由空间和人数的可变的条件来决定的,因此所有权就不能形成。

这个说法是任何法典所没有规定过的,也不是任何宪法所能采纳的!这些是民法和国际法所拒绝采纳的原理!

但是我听到了拥护另一种体系的人们的主张:“劳动!这是所有权的基础!”

读者,请您不要受骗吧。所有权的这种新的根据比先前的根据更坏,我现在就要不揣冒昧地指出一些比您至今所看到的更为明显的事情和驳斥更加不合乎正义的主张。

第三章　劳动是所有权的动因

现代的法学家因为受到了经济学家的影响，差不多都放弃了太不可靠的原始占用学说，而专门采用那种认为劳动产生所有权的学说了。他们在这方面自欺欺人并以循环论法从事推理。古尚先生说，为了劳动，就必须占用。因此，我接着说，占用权是一律平等的，要想劳动就必须服从平等。卢梭曾经高呼说，"富人们尽管说，'这道墙是我修建的，这块土地是凭我的劳动得来的。'人们可以反问：'请问，你占地的界限是谁指定的呢？我们并没有强使你劳动，你凭什么要我们来负担你劳动的报酬呢？'"[①]所有的诡辩在这个论证面前都被粉碎了。

但是拥护劳动来源说的人没有觉察到他们的体系是和《民法法典》根本矛盾的，这部《法典》的全部条文和规定都假定所有权是以原始占用的事实为根据的。如果劳动通过它所产生的私有化作用而单独产生所有权，《民法法典》就是在说谎，宪章就成为一种妄语，我们整个的社会体系就成了一种侵犯权利的行为。我们在进行本章和下一章的讨论时将得出这个结论；在这两章中，我们将就劳动权和私人占有这一事实本身一并加以讨论。我们将在那里同

---

① 卢梭：《论人类不平等的起源和基础》，商务印书馆 1962 年版，第 127 页。——译者

时看到，一方面我们的立法是自相矛盾的；另一方面，我们的新法学是既和它本身的原则又和我们的方法相反的。

我已经说过，以劳动作为所有权的基础的学说和把占用作为它的基础的学说一样，无形中都包含着财富上的平等；读者一定迫不及待地要知道我将怎样从才能上和禀赋上的不平等中推断出这个平等的定律：他等一会儿就将得到满足了。但我应当先让读者注意一下争论中的这个显著的特征，即以劳动代替占用作为所有权的原则，并且我应当迅速地看一看某些偏见；这些偏见是惯常被所有人所主张的，并且是被规定在立法中的，但却被劳动学说彻底推翻了。

读者，您有没有旁听过对被告的讯问？您有没有注意到他的狡辩、绕弯子、遁词、指东说西和支吾其词？他被驳倒，他的一切陈述都被推翻，他像一只野兽那样被那丝毫不肯放松的法官追逐着，他被一个接一个的假设网罗住；他肯定、抵赖、否认、自相矛盾；他用尽了雄辩术的一切策略，他比那个发明了三段论法的七十二种方式的人要更加诡谲和更加巧妙一千倍。所有人在被要求为他的权利辩护时，他就有这样的表现。起首，他拒绝答复，他叫嚷，他威胁，他藐视；后来，在被迫进行辩论时，他就用狡辩把自己武装起来，在他的四周安排了强大无比的炮兵阵地，交叉地开火，轮流地和同时地把占用、占有、时效、契约、有史以来的习惯和普遍的承认摆出来进行反抗。在这个阵地上失败以后，所有人像一只受伤的野猪一样，对他的追逐者反扑过来。他激昂慷慨地叫喊着说：“我做的事情还不仅是占用，我已经进行过劳动、生产、改进、改造和创造。这所房屋、这些田地、这些树木都是我双手的成绩；我把这些荆棘变成一个葡萄园，把这个矮树丛变成一棵无花果树；今天我收获我的辛勤劳动的果实。我已用我的汗水弄肥了这块土地，我曾把工钱支付给我的工人，他们如果得不到我所给他们的工作，早就饿死了。既然谁也没有分担我的劳苦和开支，因此谁也没有权利来分享我的利益。”

所有人呀，你曾经劳动过！那么你为什么又提起原始占用呢？什么！是不是你对于你的权利没有信心？还是你企图欺骗人们并迷惑司法机关呢？因此，赶快提出你的答辩理由来吧，因为这将是最后的判决，并且你知道这是一个将原产退还的问题。

你曾经劳动过！但是在你的义务所促使你做的劳动和把公物私有化的行为之间有什么共同之处呢？难道你不懂得土地支配权和对空气与阳光的支配权一样，是不能因时效而归消灭的吗？

你曾经劳动过！你从来没有使别人劳动过吗？那么，他们在为你劳动的时候，怎么就会丧失掉你在不为他们劳动的情况下获得的东西呢？

你曾经劳动过！很好；但是让我看看你劳动的产物。我们来核算、衡量和丈量一下。这个判决将成为对伯沙撒[①]的判决；因为我可以对着天平、秤杆和曲尺发誓，如果你曾经不论以何种方式把别人的劳动据为己有，你必须把最后的一分钱都退出来。

这样，占用的原则就被放弃了；人们已经不再说：土地归先占人所有。被迫退进第一道防线中去的所有权，抛弃了它的旧的说

① 伯沙撒，巴比伦末代国王，因渎神罪而受神罚，一日尽失所有，国破家亡（见《旧约·但以理书》第5章）。——译者

法；自感羞愧的正义取消了她的理论，而悲哀则拉下她的面幕来遮盖她那羞得发红的面颊。社会哲学上的这个进步不过是从昨天才开始的：根除一句谎话要经过五十个世纪！在这一段可悲的时期，有多少霸占的行为得到了批准；有多少侵略的行动被人视为荣耀；有多少次征战受到了庆祝！财富剥夺了离乡背井的人的权利，驱逐了穷人，排斥了挨饥受饿的人们，它干得那么干脆和大胆！在各国之间，有多少嫉妒、多少战争、多少煽动、多少屠杀！但从今以后，由于时代不同和受时代精神的影响，我们必须承认，土地并不是竞走的奖品；除非存在着其他的阻碍，大家在这个世界上都有他们的地位。每个人都可以把他的山羊系在篱笆上，把他的母牛赶到牧场上去，播种一角土地，并在自己的炉灶上烤他的面包。

但是不然，每个人都不能做这些事情。我听到各方面都在呼喊："光荣属于劳动和勤勉！各尽所能，按劳取值！"但是我看到四分之三的人类重新又遭到掠夺，因为某些人的劳动成为其余的人的劳动的灾难。

"问题已经得到解决，"艾奈肯先生高呼说，"所有权是劳动的产物，只有在法律保护之下，它在今天和将来才能为人们所享受。它的根源是自然法；它的权力是从民法得来的；而成文法是从劳动和保障这两个观念的结合中产生出来的……"

啊！问题已经得到解决！所有权是劳动的产物！如果成为所有人的权利不是由单纯的占用得来的，那么添附权、继承权、赠与权等等应如何解释呢？如果你们的关于成年、监护的解除、监护、禁治产等等的法律不是已成为劳动者的人取得或丧失占用权、即所有权的种种条件，那么这些法律是什么呢？……

由于此刻我还不能就《法典》进行详尽的讨论，我只能去考查三种通常被用来为财产辩护的论证：1. 私有化，或通过占有而形成所有权；2. 人们的承认；3. 时效。然后我将进一步探讨劳动对劳动者的相应的地位和所有权发生什么影响。

第一节　土地是不能被私有的

“可以耕种的土地似乎应该被当作天然的财富，因为它们不是人类所创造的，而是大自然无偿地赠送给人的；但由于这种财富不是像空气和水那样流动的，由于一块田地是一个固定的、有限度的空间，而这个空间可以在某些人排斥了所有其他的人之后归他们所私有，同时其他的人对于这个据为私有的行为又已表示同意，那么土地虽然以前是天然的和无偿的礼物，现在却已变成社会的财富，我们必须付出代价才能加以使用（萨伊：《政治经济学》）。”

在这一章开始的时候，我曾说过，经济学家们在法学和哲学问题上是最低劣的权威，我这样说难道错了么？这里就是这一类学者的泰斗，他清楚地提出了这个问题：大自然的供给物，上帝所创造的财富，怎么能变成私有财产呢？并且他就用这样粗率的、模棱两可的语句对此作了答复，以致我们不知道这位作者究竟是缺少判断力，还是缺少诚意。请问，土地所具有的那种不变的和稳固的性质与私有化的权利又有什么关系呢？我可以懂得，一种像土地那样有限度的和不动的东西比水或阳光提供更多的被私有化的机会；对土地行使支配权比对大气容易；但问题并不在于容易或不容易，而萨伊却把可能性当作是权利了。我们并不追问为什么土地比海水和空气更多地被据为私有；我们要知道的是，人根据什么权利把**他所没有创造的而是大自然无偿地赠与他的财富**据为私有。

所以萨伊并没有解决他自己提出来的问题。但是即使他已经解决了，即使他给我们的显然缺乏逻辑性的解释是令人满意的，我们还同以前那样不知道谁有权利对于土地的使用、即对于这种不是人所造成的财富的使用要求付给代价。土地的田租应该付给谁呢？当然应当付给创造土地的人。谁曾经创造了土地呢？上帝。在这种情形下，土地所有人呀，请你走开吧！

但是土地的创造者并不出卖土地，他是把它送人的，并且他在赠送时并不考虑受赠人的身份问题。那么为什么他有些孩子被认为是嫡子，其他的孩子却被当作私生子看待呢？如果份地的平均分派是由原始的权利而来的，那么怎么后来又会有一项权利规定地位的不平等呢？

萨伊使我们领会到，如果空气和水不具有**不固定的**性质，它们早就被私有化了。让我顺便指出，这不完全是假设，这是合乎实际的。空气和水也往往被私有化了，我不是说人们只要办得到就往往这样做，而是说人们在被许可这样做的时候就往往这样做了。

葡萄牙人在发现了经好望角到印度去的航线之后，主张唯有他们拥有这条航线的所有权；荷兰人不愿意承认这个权利，便去向格老秀斯请教；后者为了证明海洋不应据为私有，特地写了一本《海洋自由论》。

渔猎权过去一向是专属于封建主和土地所有人的：现在它由政府或自治市镇租给缴纳枪支执照捐和渔场捐的纳税人。但愿人们对渔猎有所规定，没有再比这样做更好的了；但如果用拍卖的方式来分派的话，那就会造成水上和空中的专利权。

护照是什么？这是关于旅客身份的一种带有普遍性的介绍，一张保障旅客及其财产的安全的凭证。税收机关具有那种糟蹋最好的事物的倾向，它使护照变成进行谍报工作和征收税款的工具。这岂不就是出卖行路权和通行权吗？

最后，没有得到土地所有人的许可，不得在坐落于另一个人的庭园里的井中汲水，因为如果没有相反地他人占有，那么根据添附权，那个水源就属于土地占有人所有；如果不缴纳租税，也不得在他的房屋里度过一天；未经土地所有人同意，也不得去看他的庭院、花园或果园；也不得违反主人的意愿而在一个猎园或圈起来的土地上散步；可是法律许可每个人把自己关闭起来，把自己圈起来。所有这些禁例都是一些不仅是对于土地而且也是对于空中和水上的绝对的权利限制。只要我们属于无产阶级，所有权就把我们全都从土地上、水上、空中和火中驱逐出来（Terrâ，et aquâ，et aere，et igne interdicti sumus）。

如果不把四行中的其他三种据为私有，那么人们就不能把最稳定的一种据为私有；因为按照法国法和罗马法，地面的财产所有权包括地面以上和地面以下的财产所有权——谁的土地直到天空都是谁的（Cujus est solum，ejus est usque ad coelum）。要知道，如果水、空气和火的使用排斥所有权，土地的使用也就起这样的作用。孔德先生在他的《论财产》第五章中好像已经提出过这一连串的推理。

“一个人吸不到空气，只要隔几分钟就会死亡，而部分的缺乏空气会使他感到剧烈的痛苦;食物的部分或全部的缺乏也会对他产生类似的结果,虽然没有那么快;完全缺乏衣服和住所也会发生同样的情况,至少在某些地带是如此……。所以为了维持生命,人有必要不断地把各种不同的东西据为私有。但是这些东西的数量不是比例相等的。有些东西,像星星发出的光、大气层的空气、海洋中的水等等,其数量之大使得人们看不出有任何显著的增加或减少;每个人可以按照自己的需要尽量取用,而丝毫不会妨碍别人的享受,也不至于对别人发生丝毫的损害。这一类的东西可以说是人类共有的财产;在这方面,每个人应负的唯一义务就是丝毫不要去妨碍别人的享用。”

让我们来补充一下孔德先生的论证。如果禁止一个人在大道上通行、在田野中休息、在洞穴中躲避风雨、点火、拾取野生果实、采取药草并在一个陶器里加以煮熟,这个人是活不下去的。所以土地——像水、空气和阳光一样——是一种首要的必需品,每个人只要不妨害别人的享用就应该可以自由地加以利用。那么为什么要把土地私有化呢?孔德先生的答复是奇怪的。萨伊主张,这是因为它不是不稳定的;孔德先生则肯定说,这是因为它不是无限的。土地在数量上是有限的;所以,按照孔德先生的说法,它是应该被私有的。相反地,他似乎应该说:所以它是不应该被据为私有的。因为,不论任何人占用的空气或阳光数量多大,谁也不致因此遭受损害;因为其余的部分总是够所有的人使用的。至于土地,那就不同了。谁要或者谁能够占有多少阳光、多少吹过去的风和多少海上的波涛,我可以允许他去占有多少,并且可以原谅他的恶劣的意图。但是,如果一个活着的人主张把他的土地占有权改变为所有权,我就要对他宣战并进行殊死的斗争。

孔德先生的论证和他的论题是反对的。“在那些为我们的生存所必需的东西中,”他说,“有些东西数量很多,可以取之不尽,用之不竭;其他的东西数量较少,只能满足某一数字的人们的需要。前者被称做共有的,后者被称做私有的。”

这样的推理不是严格地合乎逻辑的。水、空气和阳光之所以成为公有的东西,并不是因为它们是用之不尽的,而是因为它们是不可缺少的,并且不能缺少到这样的程度,以致大自然在创造它们的时候好像使它们的数量几乎达到无限,以便使它们不能作为任何私有化的对象。土地同样是我们生存所不可缺少的东西,因而它是公有的,因而它是不能被私有化的;但在四行中,土地的数量比其他几项的数量要少得多,所以它的使用应该受到节制,这并不是为了少数人的利益,而是为了所有的人的利益和安全。总之,权利的平等是被需要的平等所证明的;可是,如果一种物品的数量有限,那就只能通过占有的平等来实现权利的平等。孔德先生的那些理论在实质上就是一种土地改革法。

无论从哪一方面来观察这个所有权的问题,如果我们深入研究,我们都会归结到平等。关于那些可能或者不可能被私有化的东西的区别,我不想再多说了;在这方面,经济学家和法学家是在竞赛他们的愚蠢。《民法法典》给所有权下了定义,但对于什么东西是可以或不可以据为私有,却只字未提;并且当它提到那些可以进行交易的物品时,它就始终没有加以确定也没有加以解释。可是这一方面并不缺乏启示。像下列这些话都是浅显的格言:皇帝可以支配所有的人,个人只能支配他自己的财产。皇帝可以支配一切东西,个人只是一家之主(Ad reges potestas omnium pertinet,ad singulos proprietas. Omnia rex imperio possidet,singula dominio)。社会的主权与个人的所有权是对立的!人们不就可以说这是一种平等的预言、一种共和主义的天启吗?甚至存在着无数的前例;从前,教会的财物、王室的土地、贵族的封地是不得出让的,是不因时效而消灭的。如果制宪议会[①]不废除这种特权,反而把它扩展到每一个公民身上,如果这个议会宣告劳动权和自由权一样,是永远不能丧失的话,那么在那个时候,革命就已经成功了,我们现在就能专心从事于其他方面的改进工作了。

第二节　普遍的承认不能证明所有权是合乎正义的

在上述萨伊的引文中,人们不能清楚地看出这位作者究竟要使所有权决定于土地的稳定的性质,还是决定于他认为所有的人都已承认这种私有化的事实。他的话既可以作这样的解释,也可以作那样的解释,甚至同时可以作两种的解释;所以人们可以认为作者所要说的是:所有权最初是从意志的行使而产生的,土地的稳定性使这种意志可以应用于土地方面,而从此以后,普遍的承认就核准了这种应用。

不论怎样解释,难道人们通过他们相互的承认就可以使所有权合法化吗?我否认这一点。这样的一种契约,哪怕它的起草人是格老秀斯、孟德斯鸠和卢梭,哪怕它上面有全人类的签字,从正义的观点来看是当然无效的,而缔结这个契约的行为是非法的。

① 指法国大革命时代的制宪议会。——译者

正如不能放弃自由权[①]那样，人也不能放弃劳动权。要知道，承认土地所有权就是放弃劳动权[②]，因为这就等于放弃劳动的工具，这就是买卖一种天然的权利，也就是抛弃做人的资格。

但是我就算承认人们以之为资本的那种默示的或正式的承认行为确实存在过；其结果又会怎样呢？显然，那些抛弃行为是相互的：如果得不到一种作为代价的等值权利，人们是不肯抛弃一个权利的。所以我们又回到平等上来了，平等是一切私有化所不可缺少的条件；因此，在用普遍承认、即平等来证明所有权是正当的之后，我们又不得不用所有权来证明不平等是正当的。我们将永远跳不出这个进退两难的处境。的确，如果按照社会契约来说，所有权是以平等为条件的，那么到了不再有平等存在的时候，契约就告破裂，一切所有权就都成为霸占了。因此，用这个所谓普遍的承认来说明所有权，是什么也说明不了的。

第三节　所有权永远不能因时效而取得

所有权曾经是世间祸害的根源，是人类从出生起就被束缚在身上的这条犯罪的和苦难的长锁链的第一环。关于时效的谎话是为了阻止人类走向真理和为了维持对错误的偶像崇拜而散布在思

---

① 卢梭说过："抛弃他的自由，就是抛弃他做人的资格，甚至就是抛弃受到人道待遇的权利，抛弃他的责任。对于抛弃一切的人来说，任何赔偿都是不可能的。这样的抛弃行为是和人的本质不相容的，并且这就使他的行为完全失去道德性，也就是使他的自由完全失去道德性（《社会契约论》第1册第4章）。"——原编者

② 如果蒲鲁东写成"就是放弃承认有劳动权"，那么他的思想将显得比较明了。另一方面，必须记住，他所研究的是农业生产占优势的经济体系。在一种已有了分工组织的社会中，不愿从事农业的人在劳动时可以不需要土地所有权。——原编者

想上的致命的魔咒，是对良心的死刑的判决。

《法典》所规定的时效是："一种因时间的推移而取得权利或免除义务的方法。"[①]在把这个定义应用到思想或信仰上去的时候，我们可以用时效这个词来说明这种留恋古老迷信的经常不断的偏爱，不论迷信的对象是什么；这往往是一种猛烈而不顾死活的对抗，人们在各个时代都是以这种对抗来接受新的见解的，它也能使一个有智慧的人成为殉道者。一种原理、一种发明、一种高尚的思想在其出现于世界上的时候，都碰到过一道好比是所有古老成见结成的阴谋集团那样的巨大壁垒。用时效来对抗理智，用时效来对抗事实，用时效来对抗一切前所未闻的真理，这就是维持现状哲学的梗概和历代保守分子的象征。

当福音的改革向全世界提出来的时候，就有人以时效来替暴行、放荡和自私作辩护；当伽利略[②]、笛卡儿、帕斯卡和他们的门徒改造哲学和自然科学的时候，就有人以时效来袒护亚里士多德的哲学，当我们1789年的祖先要求自由和平等的时候，就有人以时效来袒护暴政和特权。"过去一向有过所有人，将来也永远不会没有。"社会不平等的辩护人就是想用这种莫测高深的话语、穷途末路的自私心理的最后挣扎来回答他们的敌人的攻击的；他们无疑地认为思想意识也像所有权那样会发生时效作用。

今天我们由于科学的胜利进军而得到了启发；在最光荣的成

---

① 法国《民法法典》第2219条："时效是依法律特定的条件，经过一定期间而取得所有权或免除义务的方法。"——原编者

② 伽利略（1564—1642），意大利物理学家和天文学家，近代天文学的鼻祖。——译者

就的教导下去怀疑我们自己的见解，我们以赞许和高兴的心情欢迎大自然的观察家，他经过成千次的试验并根据最深刻的分析去探求一个新的原理，一个到现在还没有被发现的规律。在这方面，我们不会因为有人借口从前的人都比我们能干，并借口这些人既没有注意到相同的现象，也没有掌握相同的类比法，就拒绝任何观念和任何事实。为什么我们对于政治学问题和哲学问题不保持同样的态度呢？为什么要有这种肯定从前已经发展过的一切意见的可笑的癖好呢？要知道这就意味着我们对于智慧上和道德上的事理都是无所不知的了。为什么普天之下没有新的东西这句谚语好像专门是给形而上学的研究工作准备着的呢？

这是——必须说出这一点——因为我们在研究哲学的时候，与其说是从事观察和采用方法，还不如说是使用我们的想象力；这是因为空想和意愿普遍地用来代替论证和事实作为判断的根据，所以直到如今，不可能辨别出谁是哲学家和谁是江湖派以及谁是学者和谁是骗子。自从所罗门①和毕达哥拉斯以来，人们曾竭尽想象的能事来猜测社会的和心理的规律，各种体系都被提出来了。从这个角度来看，也许说一切都已说过了是正确的，但是说一切还有待证明，也不见得不正确。在政治学上（仅以这一门哲学为例），每个人都凭自己的热情和利害关系来决定自己的态度；思想屈服于意志所强制它接受的事物之下；因此没有一点科学的气味，甚至也没有一丝一毫的确实性。这样，普遍的无知产生了普遍的暴政；

① 所罗门（前约973—前935），以色列王，传说他是个极聪明的人。——译者

如果说思想自由已载明在宪章之中，那么思想的奴役就在多数人应占优势的名义下被宪章规定下来了。

为了把我自己限制在《法典》所说的民事的时效问题的范围以内，我不打算来讨论所有人所提出的这种陈腐的反对意见，讨论起来太烦琐和冗长了。谁都知道有些权利是不能因时效而消灭的至于那些可以因时间的推移而获得的东西，谁都知道时效要求具备某些条件，缺少其中的一项就会使它无效[①]。例如，所有人的占有固然是文明的、公然的和不间断的，但它的确缺少正当的名义；因为它所能提出的仅有的两项名义——占用和劳动——能适用于原告的所有人，同样也能适用于被告的所有人。而且，甚至这种占有也是缺少善意的，因为它是以一个法律上的错误作为根据的，而按照保路斯[②]的说法，法律上的错误阻止了时效的成立(Nunquam in usucapionibus juris error—possessori prodest)。这里，法律上的错误在于：或者是那个持有人以所有权的名义从事占有，而他却只应以用益权的名义从事占有；或者是他所买的东西是谁也无权出让和出卖的。

说明为什么时效不能被援用作为有利于所有权的主张的另一个理由(这个理由是从法学上最精密的理论中引申出来的)是：不动产的占有权是一个普及权的一部分，这种普及权即使在人类最悲惨的时代也从来没有全部丧失过；只要无产者证明他们始终行使着这种权利的某一部分，他们就可以恢复充分行使这种权利的

① 法国《民法法典》第2229条：“要使时效完成，应具有以所有人的名义继续、不断、和平、公然并明显地占有。”——原编者

② 尤里乌斯·保路斯，罗马法学家。——原编者

权力。例如,一个具有那种可以占有、赠与、互易、出借、出租、出卖、改变或毁弃一件物品的普及权的人,依靠那唯一的出借行为,就可以保有这个权利的全部,即使他除了这个出借行为之外,从来没有用别的方式表示过他的所有权。同样,我们将会看到,财物的平等、权利的平等、自由、意志、人格等等乃是同一概念——自保权和发展权——的这么许多等同的用语;总之,就是生存的权利,对于这种权利,在人类还没有全部从地球上消灭以前,是没有什么时效可言的。

最后,关于完成时效所必需的时间问题,如果我们证明一般的所有权并不仅因经过了十年、二十年、一百年、一千年、十万年的占有就能取得,那是多余的;并且,只要世界上还有一个能够理解并能反对所有权的人存在,这个权利的取得时效就永远不会完成。因为法学原理和理性原则是与意外的和偶然的事实不同的。一个人的占有可以对另一个人的占有发生时效作用;但是,正如占有人不能因时效而失去自己的占有一样,理智也永远具有自行修正和改革的权能。过去的错误不能使理智在将来仍犯错误。理智始终是同样的永恒的力量。财产制度是愚昧的理智的产物,它可以由较为明智的理智所废除。因此,所有权不能因时效而成立。这是十分肯定和真实的,所以那个法律上的错误不能使时效成立的原则恰好就是建立在这些根据之上的。

但是,如果我关于时效问题仅仅限于向读者作以上的陈述,那我就没有忠实地遵守我自己所定的方法,读者也就有权指责我是江湖派和说谎者。我曾经首先指出土地的私有化是不合法的,如果认为它是合法的话,那它就决不能同财产的均等分开;其次,我

曾证明普遍的承认丝毫不能给所有权作有利的证明，并且，如果这个承认能够证明什么的话，那它也只是证明必须要有财产的平等。我还得说明的是，如果时效是可以被接受的，它也预先要假定财产是平等的。

这个说明既不冗长，又不困难。我只需使读者注意为什么要采用时效制度的缘由就够了。

“时效，”杜诺①说，“似乎是自然的公平观念所不取的，按照这种观念，不应当违背一个人自己的本意并在他不知不觉的状况下剥夺他的财物，也不许一个人损人利己。但是，如果时效制度不存在的话，那就往往会发生这样的情况：一个诚实的取得人在长期占有之后，随时会遭到剥夺；而且，即使这个取得人的财物的确是他从真正的物主那里得来的，或者他已经通过合法的手续解除了一切义务，那么他在失去他的权利以后，也随时有被剥夺或再度承担义务的危险。所以公共利益要求规定一个期限，期满之后，任何人不得侵犯实际占有人的权利，也不得再对放弃已久而不行使的权利有所要求……所以民法在规定时效的时候目的只在于使自然法臻于完善，并对国际公法有所补充；并且，由于时效是以永远应比个人利益优先考虑的公共利益为基础的（Bono publico usucapio introducta est），所以当它具备了法律所规定的条件时，应当得到赞许。”

杜利埃在其《民法论》中说：“为了使财产所有权的问题不致过

① 弗朗斯瓦·伊格纳斯·杜诺·德·沙尔纳日，法学家和历史学家，生于圣克劳德（1678），死于贝桑松（1752），著有《时效论》（1730）和《永远管业论》（1733）。——原编者

久地迁延不决，从而妨害公共利益，扰乱家庭的安宁和社会事务的稳定起见，法律规定了一个期间，超过了这个期间，法律就拒绝受理恢复财产所有权的请求，并通过使占有和所有权结合起来的办法，把占有那种由来已久的特权归还给它。”

卡西奥道尔①在谈到所有权时说，在诉讼狂的暴风雨中，在贪欲的汹涌的浪潮中，所有权是唯一可靠的港口（Hic unus inter humanas procellas portus，quem si homines fervida voluntate præterierint;in undosis semper jurgiis errabunt）。

所以，按照这些作家的说法，时效是保持公共秩序的手段，在某些场合是恢复取得所有权的原始方式的措施，是民法上的一种拟制，这个拟制的全部力量是从解决争端的必要性中产生的，不然的话，这些争端就无法解决。因为，如格老秀斯所说，在本质上，时间是不能产生任何效果的；一切事物都是在时间中发生的，但没有一件是由时间造成的；所以，时效或由于时间的推移而取得权利，是一种相因成习地采用的法律上的拟制。

但一切所有权必然是从时效，或者是从罗马人所说的那种**长期占用**开始的；也就是说，是从持续的占有开始的。所以我首先要问，占有怎能由于时间的推移变成所有权呢？你可以随意假定占有期间多么长久；你可以几年和几百年地继续占有，但你永远不能使那本身什么也创造不出来的、什么也改变不了的、什么也更换不了的时间把一个用益权人变为一个所有人。至于民法承认一个多

① 卡西奥道尔，罗马百科全书派，大约生于480年，死于575年前后，他的著作见米尼的《神学通论》第69、70册。——原编者

年保持其地位的诚实的占有人可以有权不被一个突如其来的人所剥夺，它这样做也只是证实了一个已经受到尊重的权利；这样采用的时效制度也只能说明占用人可以保持二十、三十或一百年以前就开始的那种占有。但是，当法律宣称时间的推移可以把占有人变成所有人的时候，它就认为一种权利可以没有产生的原因而被创造出来；它毫无理由地改变了对象的性质；它用立法手续把一个不容立法的问题规定了下来；它越出了它的职权范围。公共秩序和个人的安全所要求的只是保障占有。为什么法律却创造了所有权呢？时效曾经是一种对于未来的保证；为什么法律把它变成一个特权的问题呢？

因此时效的根源和所有权本身的根源是相同的；既然所有权只能在严格的平等条件下得到合法化，时效也不过是为了确保这种宝贵的平等而必须采用的成千种形式的另一种。这并不是无谓的归纳，并不是牵强附会的推断。一切法典的条文都可以证明这一点。

的确，如果所有的民族由于一种正义的和自保的本能都已承认了时效的效用和必要性，如果它们的宗旨是借此保护占有人的利益，那么它们能对那种因外出经商、战争或被俘而不通音讯的远离家庭和祖国的无法执行任何占有行为的公民不加照顾吗？不能。所以，在把时效引用到法律上去的时候，人们就承认所有权可以仅凭意愿(nudo animo)而得到确保。可是，如果所有权仅凭意愿就能得到确保，如果它只能由于所有人的自愿行为才能丧失，时效有什么用呢？既然所有人只要表示有此意愿就可确保他的所有权，那么对于因时效而消灭的所有权，法律怎么就敢推定所有人是有过抛弃它的意愿呢？什么样的时间推移能承认这种推测呢？法律根据什么权力用剥夺他的财物的方法来处罚所有人的不在场呢？啊，刚才我们已经看到时效和所有权是同一的东西，而现在我们又发见它们是互相破坏的！

格老秀斯觉察到了这个矛盾，他对此所作的解答是这样的奇特，所以值得把它摘录下来："哪里会有这样一种缺乏基督教徒精神的人，"他说，"他为了一点无关紧要的东西，就愿意永久成为一个侵占性的占有人呢？如果他执意不放弃他的权利，这种情况是必然会发生的。"(Bene sperandum de hominibus, ac propterea non putandum eos hoc esse animo ut, rei caducæ causâ, hominem alterum velint in perpetuo peccato versari, quod evitari sæpè non poterit sine tali derelictione.)天哪！我就是这样的人。哪怕会有一百万个所有人在最后的审判以前要在地狱中受炮烙之刑，我还是要责备他们从人间的财物中抢去了我的那一份。对于这个有力的理由，格老秀斯回答说：与其进行诉讼、扰乱各民族的和平和煽起内战，还不如放弃一个发生争执的权利。只要我得到赔偿，我可以接受这个论证，如果人们愿意的话。但是，如果人们拒绝给我赔偿，那么富人的宁静和安全与我这样的无产者又有什么相干呢？我对公共秩序也像对所有人的安全那样毫不关心。我要求过劳动者的生活，否则我宁愿战斗到死。

不管我们走向哪一方面，我们都会得出这样的结论，时效是所有权的一个对立面；或者毋宁说，时效和所有权是同一原理的两种形式，但这两种形式是用来互相纠正的；新的或旧的法学主张要把这两者调和起来，这是一个不小的谬误。的确，如果在所有权的规

定中，我们只能看到一种要保障每个人都有一份土地和劳动权利的愿望，在虚有所有权与占有的分离中，只能看到一种对于外出的人、孤儿以及所有不知道或不能保护自身权利的人们的保护；在时效制度中，只能看到一种或者是为了驳斥那些不正当的请求和侵占行为或者是为了解决那些因占有者的更替而引起的争论的办法；那么，在人类正义的这些各种不同的形态中，我们就会察觉到人们为了援助社会本能而作出的自发的努力；我们将在这种对于一切权利的保护中看到平等的思想感情和趋向平均化的恒常的倾向。并且，在更深入地观察的时候，我们甚至可以在那种对于这些原理的夸张中证实我们的学说；因为，如果地位的平等和普遍的结合没有早日得到实现，那是由于在一个时期中，立法者和法官的愚蠢使人民不能作出合理的判断；同时也由于在原始社会时期，虽然曾经闪耀过真理的光芒，社会领袖们的初期思考却只能产生黑暗。

在原始契约成立之后，在表明人们的原始需要的法律和制度最初订定之后，立法者的责任是改正立法的错误；补充不够全面的部分；用较好的定义使那些似乎有矛盾的问题趋于协调。可是他们没有这样做，却停留在法律条文的字义上，满足于注解者和学究的低贱工作。由于他们把那时人们必然有缺点和错误的想法当作是永恒的和毫无疑问的真理的不易之论，他们就被舆论所左右并受制于对教条的崇拜，总是按照神学家的榜样，从下列原则入手：凡是在各个时代到处被普遍承认的东西，就一定是真实的；好像一种普遍的但自发的意见所证明的，不是一个概括的表面现象，而是别的东西似的。让我们不要误解：各民族的意见可以用来证实对于一个事实的察觉、对于一条规律的模糊的感觉；但它却丝毫不能使我们对于事实和规律有所认识。人类的一致同意是自然的一种迹象，而并非像西塞罗所说的那样，是自然的一条规律。真理隐藏在迹象之下，对于这个真理，通过信仰是可以相信的，但只有经过思考才能加以认识。人类的思想在一切有关物理现象和天才创造方面经常得到的进步都向来是这样的：至于良心上的事实和我们行为上的法则，又怎么会有所不同呢？

第四节　劳动。——劳动没有使自然财富私有化的固有能力

我们将通过政治经济学和法学的定理、亦即通过所有权所能提出的一切似乎比较合理的反驳来证明：

1. 劳动没有使自然财富私有化的固有能力。

2. 即使我们承认劳动具有这种能力，但是不论哪一类劳动，不论产品多么稀少，也不论劳动者的能力多么不平衡，人们都将被引导到财产的均等。

3. 在正义上，劳动是摧毁所有权的。

依照我们的反对者的榜样，并且为了不致在我们论述的过程中留下一些疑难问题没有解决，让我们尽量清楚地来讨论这个问题。

孔德先生的《财产论》说：

“法国作为一个国家，拥有属于它自己的领土。”

法国作为一个单一体，占有它所开发的一片领域；它并不是这个领域的所有人。关于这一点，国家与国家之间和人与人之间是相同的；它们是有共用权的人和劳动者；把土地的所有权归属于国

家，这是语言上的一种滥用。使用权和滥用权既不属于个人也不属于国家；将来总有一天，为了制止一个国家滥用土地而发动的战争要被看成是一种神圣的战争。

因此，企图解释财产是怎样形成的并首先就主张国家是所有人的孔德先生，掉到那种把未决问题作为论据的错误中去了；从这个时候起，他的整个论证已告崩溃。

如果读者认为否认国家具有领土所有权是把逻辑推得太远，那么我只要提醒你们一下，宗主权的种种主张、进贡、国王的特权、劳役制、人力和金钱的摊派、物资的供应等等历来都是从虚拟的国家所有权中产生出来的，因而也就产生了抗税、叛乱、战争和人口减少的现象。

“在这个疆域中，存在着一些没有变成私人财产的广阔的土地。这些土地一般是森林，属于全体人民所有，而获得收益的政府把这些收益用在或应当用在公益方面。”

应当用这个短语说得很好；这可以免得说谎。

“该把这些土地出卖……”

为什么要出卖？谁有权出卖？即使国家是所有人，这一代人可以剥夺下一代人的财产吗？国家是以用益权的名义占有的；政府进行管理、监督和保护；如果它还可以租让土地的话，它也只能租让使用权；它既无权出卖，也无权以任何方式转让出去。既然没有所有人的资格，它怎能移转所有权呢？

“如果一个勤劳的人买进了一份土地，例如一片广阔的沼泽地，这就并不是霸占，因为公众通过他们的政府收到了这块土地全部的价值，在成交之后公众的财富仍然和从前一样多。”

多么可笑！什么！因为一个挥霍的、轻率的或不称职的官吏出卖了国家的财物，而我身为国家的被监护人，在参政院里既没有咨询的发言权又没有表决权，对于这个买卖无法提出反对意见，因而它就算是有效的和合法的了！人民的监护人把人民的产业消耗净尽，而人民却一点追究的权利都没有。您说，我曾经通过政府的手收到售货收入中属于我的那一份：但是，首先我是不愿意出卖的，就算我愿意的话，我也不能这样做，我没有出卖的权利。并且事后我一点也看不出这个买卖对我有什么好处。我的监护人发给了几个兵士一些衣服，修理了一座古堡，为了夸耀自己而修建了一个费用昂贵但毫无价值的纪念碑；后来他们又放过一次焰火并在庆祝会上树立了一根悬挂奖品的旗杆：和我所受到的损失相比，这又算得了什么呢？

买得土地的人埋上了界石，把土地圈了起来，并且说："这是我的；各人管各人的事，各人为自己打算。"因此，这里就有一块从今以后谁也无权插足的土地，只有这块土地的所有人和他的朋友们是例外。这块土地除了土地所有人和他的仆役之外谁都不能加以利用。如果这样的买卖增多起来，那么人民——他们既不能够又不愿意出卖，并且也没有得到售货收入——不久就将连休息或躲避风雨或从事耕耘的地方都没有了。他们将饿死在土地所有人的门口，饿死在这块曾经是他们的产业的边上；那个看着他们气绝的土地所有人会说：懒汉和无赖都是这样死亡的！

为了使我们能够同意土地所有人的霸占行为，孔德先生假惺惺地说，土地在出卖的时候是没有什么价值的。

"必须注意不要夸大这些霸占行为的重要性：人们应当从这些

被占用的土地所养活的人数和向他们提供的生活资料方面来衡量这些霸占行为。例如,如果这块现值一千法郎的土地在开始被霸占时只值五生丁的话,那么我们实际损失的就显然只有五生丁的价值。一块四平方公里的土地过去是养不活一个困苦万分的野蛮人的:今天它却可以提供一千个人的生活资料。这块土地的千分之九百九十九是占有人的合法财产;霸占去的仅是现值的千分之一。”

一个乡下人在忏悔时坦白承认他曾毁掉了一张证明他欠三百法郎债款的字据。听他忏悔的神甫说:“你必须偿还这三百法郎。”“不,”那个乡下人回答说,“我愿意偿还那张字据的纸张费两个里亚尔①。”

孔德先生的逻辑很像这个乡下人的善良的信念。土地不仅具有全部的和现实的价值,而且还具有一种潜在的价值、即将来的价值;这个价值依靠我们的能力来使它发挥作用,并在我们的工作中加以使用。撕毁一张汇票、一张付款单、一张领取年金的单据,就纸张来说,你撕毁的东西简直没有什么价值;但是和这张纸一起,你消灭了你的权利,并且,在丧失你的权利的同时,你也就剥夺了你自己的那项财物。你可以毁坏那块土地,或者——这对于你是一样的——你可以出卖它:你不仅是出让一次、两次或几次的收获,而是消灭你和你的子孙可以从那土地上得到的全部产品。

当孔德先生这位所有权的拥护者和劳动的歌颂者假定政府出让土地时,我们不要以为他作出这个假定是没有缘故的和无所谓

① 里亚尔,法国古铜币名,价值极小。——译者

的；他这样做是有必要的。由于他反对占用的学说，而且他又知道，如果没有事先的占用许可，劳动是不能造成权利的，所以他不得不把这种许可和政府的权力联系起来，这就意味着所有权是以人民的主权为基础的，换句话说，是以普遍的同意为基础的。这个理论我们上面已经讨论过了。

先把所有权说成是劳动的产物，然后又说要给劳动一块地盘以便操作，如果我没有弄错的话，这简直是在制造一个循环论法。我们在下面立刻会看到这个说法的矛盾。

"一块特定的土地只能生产出供一个人一天的消费量：如果占有人用他的劳动设法使它能够生产两天的消费量，那么他就把它的价值提高了一倍。这个新的价值是他的成就、他的创造；它不是从任何人那里抢来的：这是他的财产。"

我同意那个占有人可以得到双倍收获作为他的辛苦和努力的酬报，但他对于土地却不能得到任何权利。让劳动者享有他的劳动果实，这我是同意的；但是我却不了解为什么产品的所有权可以带来生产资料的所有权。一个渔夫在海边的同一处所，能够比他的同伴捕得较多的鱼，难道他的这种本领就可以使他成为那片渔场的所有人吗？曾否有人把一个猎人的熟练的技能当作是一片森林的所有权的根据呢？这个对比是完全合适的；勤劳的农民可以在丰富和优质的收获物中得到他的努力的酬报；如果他对土地有所改善的话，他就可以取得一种作为占有人的优先权；但他在任何情况下永远不能以他的耕种技巧作为根据，取得他所耕种的土地的所有权。

要把占有变为所有权，除劳动以外还需要某种东西；如果没有这种东西，当一个人不再是劳动者的时候，他就立刻不再是所有人了。可是按照法律，造成所有权的，就是那种久远的、没有争执的占有，换句话说，就是时效。劳动不过是赖以表明占用的可以觉察到的迹象、实际的行为。所以，如果那个农民在他停止劳动和生产之后仍然是所有人；如果他的占有最初是租让给他的，后来是被容忍的，终于成为不能出让的，那是由于民法的认可并根据占用的原则而发生的。这一点千真万确，以致没有一张卖契、没有一张租佃或租赁契约、没有一张领取年金的单据不是以此为前提的。我只举出其中的一个例子。

一项不动产的价值是怎样估定的呢？根据它的收益。如果一块土地可以产生一千法郎的利益，那么按照百分之五来计算，这块土地就值二万法郎，按照百分之四来计算，那就是二万五千法郎，依此类推；换句话说，这就意味着，在二十或二十五年之后，购买人已经可以把他所付的价款全部收回。所以，如果经过了一定期间之后，一项不动产的代价既然得到全部偿还，为什么那个购买人还仍旧是所有人呢？这就是根据占用权，如果没有这种权利的话，一切买卖都将是一种可以赎回的买卖行为了。

所以，劳动造成私有的学说是和《法典》相矛盾的；当那些拥护这个学说的人用它来解释法律时，他们就自相矛盾了。

“如果人们能使一块原先什么也不生产的土地或者一块甚至像某些沼泽地那样的瘠地变为肥沃的土地，他们就因此不折不扣地创造了所有权。”

夸大一种说法和玩弄模棱两可的词句好像有意使人受骗似的，这有什么好处呢？他们不折不扣地创造了所有权。你的意思是说，他们创造了一种以前并不存在的生产能力；但是这种能力只有在以物质为基础的条件下才能被创造出来。土地的实质依然不变；发生变化的仅是它的性质和后天的变异。人创造了一切，除物质本身以外的一切。我认为，这种物质人们在不断劳动的条件下仅能占有和使用，同时对他所生产出来的东西暂时取得了所有权。

所以，这里头一点已经得到解决：即使许可取得产品的所有权，这种所有权也并不附带生产工具的所有权；据我看来，这一点不再需要更多的说明了。军人占有着他的武器，泥水匠占有着他所负责保管的建筑材料，渔夫占用着水面，猎人占用着田野和森林，农民占有着土地，在他们之间，情形是等同的：他们都可以说是他们生产出来的产品的所有人；但没有一个人可以成为生产工具的所有人。对产品的权利是专属权，就是及物权；对工具的权利则是普通权，就是对物请求权。

第五节　劳动导致所有权的平等

即使我们承认劳动可以产生对生产资料的所有权：为什么这个原则不是普遍的呢？为什么享受这条所谓定律的利益的，仅限于极少数人，而对广大的劳动者则响以闭门羹呢？有一位哲学家主张一切动物起先都像菌那样是从阳光晒热的土地中生长出来的；有人问他为什么现在土地就不能产生性质相同的东西呢？他答复说，因为土地老了，它已失去它受胎的能力了。过去这样多产的劳动难道也同样变成不能生育了吗？为什么现今的佃户就不能再用劳动来取得这块从前靠土地所有人的劳动取得的土地呢？

有人说，这是因为它已经被私有了。这不是一种答复。例如一块地产是以每公顷收取五十蒲式耳粮食的租价出租的;佃农的技能和劳动把这个产量提高了一倍:这个增加额是由佃农创造的。假定土地所有人由于一种少见的温情,不用增加田租的办法去攫夺这部分产品,而让农民享受他的劳动果实;即使这样,也并不就完全符合正义。佃农在改良土壤的时候,已给地产创造了一个新的价值,所以他就有权得到这笔财产的一部分。如果一块土地原值十万法郎,如果通过佃农的劳动它的价值已经涨到十五万法郎,那么生产出这项额外价值的佃农就是这块土地的三分之一的合法所有人。孔德不能批评这种说法是错误的,因为这就是他所说的:

"使土地变得更加富饶的人们对人类的贡献并不少于创造新的土地面积的人。"

那么,为什么这个法则不能像对于开荒的人那样适用于改良土壤的人呢?由于前者的劳动,土地的价值是一,由于后者的劳动,它就增值为二;就他们两方面来说,创造的价值是相等的。为什么不给他们两者以平等的所有权呢?我看不出对这个问题可以提出任何站得住脚的反驳,除非重新乞援于先占权。

"但是,"有人会说,"即使接受您的要求,也不会使财产的分割次数有很大的增多。土地不能无限制地增加它的价值:在两次或三次垦殖之后,它很快就达到它的最高限度的丰产额。农艺所增加的东西,与其说来自农民的技巧,还不如说来自科学的进步和知识的传播。因此,如果在一大堆的所有人之中再加上几个劳动者,也不能构成反对所有权的理由。"

如果我们努力的结果,仅是在几百万个所有人中再加上几百个劳动者,从而扩大土地的特权和实业的垄断,那么这个争议的收获就实在太微薄了。但这未免是误解了我们的真意，并且证明他们缺乏智慧和逻辑性。

如果增加一件东西的价值的劳动者可以获得所有权，那么维持这个价值的人也应该得到同样的权利。什么叫做维持？就是不断的增加，就是不断的创造。什么叫做耕耘？就是使土地产生它每年的价值；就是通过每年更新的创造，使一块土地的价值不致降低或消失。所以，就算所有权是合理的和正当的，就算地租是公允的和合乎正义的，我也要说耕种者享有同开荒者和改良土壤者一样的权利，应该取得所有权；当一个佃农每次偿付地租时，他就在受托照管的田地上得到一部分的所有权，这部分所有权的分数的分母等于所付地租的份额①。如果你不承认这一点，你就会陷于武断和专横，你就是承认阶级特权，你就是赞成奴隶制度。

凡是劳动的人都可以成为所有人：这个事实是从政治经济学和法学的公认的原理中必然推论出来的。当我说所有人时，我不是像我们那些假仁假义的经济学家那样，只是指他对他所得的津贴、薪金、报酬有所有权；我指的是他对他所创造的价值有所有权，而现在却只有雇主可以从这个价值中得到利益。

由于这一切都牵涉到工资和产品分配的学说，同时由于这个问题从来没有从理论上加以明确，我要求在这里多加说明；这种阐

① 这里是第一篇论文中建设性内容最重要的部分之一；就这一点作一些更确切的解说不是没有益处的。1848年6月，蒲鲁东在向塞纳省选民提出的革命纲领中说明，应当把地租看作是按年拨还财产价值的价款，并且他要求，“当土地所有人由于历年地租的累积，已经收回他的不动产的全部价值，其中百分之二十是外加的补偿金的时候，那笔财产就归中央农业公司所有，由这个公司通过在各地创办的分公司，负责供应农业组织的需要。”——原编者

述对于主题是不会没有用处的。许多人提出让工人分享产品和利润;但是在他们的心目中,这种分享纯粹是慈善性的;他们从未说明,也许连想都没有想到,这是劳动所固有的一种天然的、必要的权利,是和生产者的职能分不开的,即使这个生产者是个最低级的小工也是如此。

这里是我的建议:劳动者即使在领到了工资以后,对他所生产出来的产物还是保有一种天然的所有权。

我继续引证孔德先生的言论:

"雇用一些工人来弄干水草地、拔去地上的树木和小树丛;总之,就是清理土地。他们增高了它的价值,他们使财产的数量加大;他们获得食物和工资,作为他们所增加的价值的报酬:所以这个价值就成为资本家的财产。"

这个代价是不够的:工人们的劳动已经创造了一种价值;因而这种价值是他们的财产。但是他们既没有出卖这种价值,又没有加以交换;并且您,资本家,您也没有花什么力气来挣得这种价值。如果您由于您所供给的物资和生活必需品而得到一部分的权利,那自然是非常合乎正义的:您对生产作了贡献,您就应当得到一部分的享受。但是您的权利不能取消工人们的权利;虽然您不愿意,这些工人在生产工作中仍然不失为您的同事。您为什么要讲起工资呢?您用来支付劳动者工资的钱,仅足以和工人们放弃给您的永远占有的几年中的所得相抵。工资是劳动者维持每天生活和补充精力所必需的费用;而您把它当作是一项出让所生产出来的价值的代价,那就错了。工人什么也没有出卖:他既不知道他的权利,又不知道他所让给您的权利的范围,也不懂得您所谓和他订立的契约的意义。在他这方面，完全是无知；在您那方面，即使不说是盗窃和诈欺的话，也至少是错误和乘人不备。

让我们用另外一个例子来把这一切说得更加清楚，使它的道理更为明显。

谁都知道把一块未经开垦的土地变为可以耕种的和能生产的土地是多么困难的事①。这些困难是这样的巨大，以致独自进行开荒的人差不多总是在使土地能够给他生产出极微薄的生活必需品之前就死亡了。为此就必须有结集起来和配合起来的社会力量以及工业上的一切资源。在这一点上，孔德先生引证了很多确凿的事实，可是没有想到他是在收集一些反对他自己的体系的证据。

假定有一队由二十或三十户人家组成的移民的队伍在一个荒村中进行开垦；荒村中的本地人是经过协商后撤离的；村中遍地都是野草和树木。每户人家拥有一笔不大的但是足够的资金，总之就像一个开荒者所能选择的那样的资本：牲畜、种子、耕具、一些现款和口粮。在把土地分割之后，各人找到对他最合适的地点定居下来，着手开垦分给他的那份土地。但是，经过了几个星期的空前的疲劳、想象不到的辛苦、费用浩繁而且几乎是毫无结果的劳动之后，我们的这些人开始抱怨他们的职业了；他们感到情况艰难；他们咒骂自己的不幸的生活。

忽然，其中有一个最会动脑筋的人宰了一口猪，把一部分肉腌

① 可是，当作者在本章第1节中说“谁曾经创造了土地呢？上帝。”的时候，似乎把这一点忘了。上帝创造的是不能耕种的土地，使土地变为可耕的农田却是由于人们的劳动，就是通过一些改良土壤的操作，在这些改良中，有的是经久不变的，几乎是永久性的。——原编者

存起来;他决定牺牲他所余的粮食,跑去找他的那些苦难的同伴。“朋友们,”他以最和善的口气对他们说,“你们花费了这样多的辛劳才完成这样少的工作,并且日子过得很痛苦!半个月的工夫已经使你们陷于绝境!……让我们来签订一项使你们大家都可以得到好处的契约吧;我供给你们口粮和酒;你们每天都可以得到这么多;我们将在一起劳动,哎哟,朋友们,我们将感到幸福和满足!”

可以想象,一些已经破产的人还会拒绝这样的说辞吗?那些最感到饥饿的人就跟着这位奸诈的邀请人走了。他们就开始工作;集体生活的乐趣、竞赛、欢乐、互相使精力提高了一倍,工作明显地向前进展,他们在歌唱和欢笑声中驯服着大自然。过了不久,土地大起变化;垦熟的土地只等着下种了。这个做好之后,土地所有人就付钱给他的工人,后者道谢而去,并且惋惜和他一起度过的那些幸福的日子一晃就过去了。

别人学他的样,总能获得同样的成就。后来,那些人就定居下来,其余的人都分散了:每个人都回去做自己的开荒工作。可是在开荒的时候,必须活下去;他们在给邻居垦荒期间没有给自己垦荒:在播种和收获上,已经丧失了一年的时间。他们在把自己的劳动力出卖给别人的时候,心里认为这样做一定是上算的,因为他们可以节省自己的粮食;并且在较好的生活中,还可以赚更多的钱。多么错误的打算!这是给别人创造了生产的手段,丝毫没有给自己创造什么;开垦的困难还是一样;衣服都破旧了,粮食吃完了,不久钱袋也空了,袋中的钱都跑到那个他们为之做工的人的手里去了,并且只有他能够供给他们所缺乏的粮食,因为只有他能进行生产。后来,当可怜的开荒者已经罗掘俱空的时候,那个拥有粮食的人(像寓言中的狼似的,老远就嗅到了它的牺牲品)又出现了;对这个人他答应重新雇他去做工,对另一个人他建议用好价钱买进他那块不生产的土地,在买进这块土地以后,他却什么也不干,并且将永远什么也不干,这就是说,他为他自己的利益使一个人去耕种原来属于另一个人的土地;事情做得非常顺利,因此二十年之后,在那三十个原来在财富上是平等的人当中,有五个或六个已经变成全村土地的所有人,其他那些人的财产都在慈善的名义下被剥夺掉了。

我有幸生在这个崇尚资产阶级道德的时代,这个时代的道德观念十分低落,如果有不少正人君子式的所有人向我质问这一切究竟有什么违反正义和公道的地方,我也一点不会觉得惊奇。卑鄙龌龊的灵魂!行尸走肉的家伙!如果现行的这种盗窃在你们看来还不算明显的话,那么怎样才能希望说服你们呢?一个人利用甜言蜜语,找到了损人利己的秘诀;然后,一旦利用了共同的努力而致富之后,他就拒绝按照他自己所规定的同样条件使那些为他发财的人过美好的生活:而你们还问在这样的一种行为中有什么诈欺的地方!他说他已经清偿了他的工人,什么也不欠他们的了,又说他对自己的事还忙不过来,用不着去帮助别人。在这些借口之下,他拒绝像别人帮他起家那样去援助别人成家立业。当这些可怜的劳动者孤立无援,无可奈何,而不得不出卖他们的产业的时候,他这个没有良心的所有人,这个奸诈的暴发户,却准备好去促成他们的倾家荡产。而你们却以为这是合乎正义的!当心,在你们惊愕的眼光中,我看到比那因愚昧无知而产生的惊诧要明显得多的良心的不安。

有人说，资本家已偿付了工人的劳动日；但为了确切起见，应该说资本家每天雇用了多少工人，就偿付了多少个劳动日，这与上面的说法就决不是一回事了。因为，对于劳动者因团结协调和群策群力而产生的庞大的力量，资本家并没有给予任何报酬。① 两百个卫兵在几小时之内把吕克索尔的方尖石塔竖到它的基石上；假如只是一个人，让他做上二百天，他能办得到吗？可是，在资本家的账上，工资的总数没有什么不同。是啊，把一片荒地变为可以耕种的农田，盖造一所房屋，开办一个工厂，——所有这些等于是竖起好些方石尖塔，移动好几座山。一笔最小的产业，一项最微不足道的事业，一个极简陋的工厂的开工，都需要种类繁多的劳动和技巧的协作，所以一个人是无论如何办不了的。令人惊奇的是，经济学家们从来没有注意到这一点。因此，我们不妨把资本家的收入和他的付款对照一下。

资本家必须给予劳动者一笔使他在工作期间能够维持生活的工资，因为如果他不消费，他就不能进行生产。无论是谁，只要雇用一个人，就必须维持他的生活或者给予等值的工资。在一切生产过程中，这是首先要做的事情。我姑且承认在这方面资本家已经尽了他的责任。

除了他当前的生活必需品之外，劳动者必须能够在他的生产品中保证得到他将来的生活必需品；不然的话，生产泉源将告枯

① 这里是关于集体力量理论的初步说明。这个理论在《关于星期日的讲话》中仅被提到而已。蒲鲁东认为这个可以解说“计算上的错误”的理论是很重要的。随后，他说这个理论是他第一篇论文的中心思想（见蒲格来：《蒲鲁东的社会学》，第70—81页）。——原编者

竭，他的生产能力也将化为乌有；换句话说，应当使要完成的劳动永远从已经完成的劳动中再生出来；这就是再生产的普遍规律。因此，有土地的农民：1. 从他的收成中不但得到他自己和他家属的生活资料，而且还得到维持和改良资本、豢养牲畜的手段，总之，就是得到再劳动和永远再生产的手段；2. 在生产工具的所有权中，得到耕种和劳动的永久的基础。

出卖劳动力的人的耕种的基础是什么呢？那就是所有人可能对他有所需要，以及毫无根据地假定所有人愿意雇佣他从事劳动。像过去平民对于土地的占有是由封建主的慷慨和厚道所决定的那样，今天的工人的工作同样是由雇主和所有人的厚道和需要来决定的：这就是人们所说的不定占有。① 但是这种不定的地位是不合乎正义的，因为在这交易中包含着不平等。劳动者的工资很少超过他日常的消费量，并且不能保证他第二天的工资，与此同时，资本家将来的独立和安全却能在劳动者所生产出来的产品上得到保证。

可是，这种再生产的酵母——这种生命的永恒的萌芽，这种生产资金和生产手段的准备——构成资本家对生产者欠下的从未偿还的债务；正是这种诈骗性的抵赖行为，造成劳动者的赤贫、有闲者的奢侈和地位的不平等。人们很妥当地所说的人剥削人，主要就是指这一点。

总之不外三个办法：或者劳动者除工资以外，也得分享他和他

① 不定，拉丁字根为 precor，它的意义是“我请求”，因为从前租让字据上明文写着封建主是根据他的雇工或农奴的请求而许可他们耕种的。

的雇主一起生产出来的产品；或者雇主必须向劳动者提供一种等值的劳务；或者雇主必须保证永远雇佣劳动者。分享产品、互相服务或提供永远有工作可做的保证，——在这三个办法中，资本家必须选择一种。然而，显然他无法满足这些条件中的第二、第三两项：他既不能为那些曾经直接或间接对他的事业有所贡献的成千的工人服务，又不能使他们全体都永远有工作可做，所以剩下来的就只有分割财产这一办法。但是，如果把财产分割了，那么一切地位都将趋于平等；将来就既不会有大资本家，也不会有大的所有人。

因此，当孔德先生在继续论述他的假设，指出他的资本家陆续取得他的雇员的劳动产品的时候，他就愈来愈深地陷入可悲的谬论的泥坑；由于他的论据没有更改，我们的答复当然仍旧一样。

“其他的工人被雇用来建筑房屋；有的在石矿中采石，有的运输石料，有的加以凿磨，有的把它安放起来。每个工人在经过他的双手的物料上增添了一定的价值，这个价值是他的劳动的产物，也就是他的财产。他刚创造了这个价值，随手就把它卖给资本的所有人，后者用食物或工资作为代价把这个价值买下来。”

分而治之（Divide et impera）；把他们分隔开来，你就能够控制他们；把他们分隔开来，你就能够发财致富；把他们分隔开来，你就能够欺骗他们，既可以把他们弄得晕头转向，又可以嘲弄正义。如果把劳动者互相分隔开来，那么付给每个人的每天的工资可能还会超过他所生产出来的价值；但是问题不在这里。一千个人工作二十天的一股力量是按照单独一个人工作五十五年的同样的工资标准来支付的；但这一千个人的力量在二十天之内已经完成了一个人即使劳动百万个世纪也无法完成的工作。这样的交易是不是公允呢？我再说一遍，这是不公允的。虽然您已经偿付了所有的个别的劳动力，但是您没有偿付集体的劳动力。因此，始终存在着一个您所没有获得的而您却在非法地享受着集体所有权。[①]

即使二十天的工资足以使这部分的群众能够在二十天中吃饱、住好、穿暖：如果这部分群众随时生产、随时把他们的生产品放弃给那不久就要解雇他们的所有人，那么在期间届满、工作停止后，这部分群众怎么办呢？依靠劳动者的协助而得到巩固地位的所有人过着安定的生活，不必再担心缺乏劳动和粮食，而工人却只有把希望寄托在这同一的所有人的慈悲心上，因为他已经把他的自由都出卖和放弃给这个所有人了。所以，如果那个满足于舒适的生活和权利的所有人拒绝雇用那个工人，这个工人将怎样生活呢？他耕耘好了一块肥沃的土地而不能在那里播种；他盖造了一座舒适和美观的房屋而不能住在里面；他生产了一切而丝毫得不到享受。

通过劳动，我们走向平等；每前进一步，就使我们和它更接近一些；如果劳动者的体力、勤勉和技巧是相等的话，那么显然他们的财产也就应该是相等的。事实上，如果真像人们所主张并经我们认可的那样，劳动者是他所创造的价值的所有人，那么结果就

① 还须加以确定的是，假定这个集体劳动力是可以估计的话，它的代价应当付给谁；是否应该把它的价值平分给每一个工人？它是否应该归那被认为可以与其成员区分开来的团体所有呢？是否可以把这集体劳动力归属于组成这个团体、领导这个团体并使个别劳动力变成集体劳动力的那个人呢？是否应该把这个价值作为公共的和无主的财产而归入到社会基金的整体中去呢？——原编者

会是：

1. 劳动者应该获得财产，而不是游手好闲的所有人。

2. 一切生产过程既然一定是集体的，工人应当有权按照他的劳动的比例分享产品和盈利。

3. 一切积累起来的资本既然是社会的财产，谁也不能把它当作他的专属财产。

这些推论是驳不倒的；仅仅是这些推论就足以推翻我们整个的经济制度，改变我们的规章和法律。为什么主张这个原理的人如今又拒绝遵从它了呢？为什么像萨伊、孔德、艾奈肯这样一些人在说明所有权来自劳动之后，接着又想法要靠占用和时效来使它固定下来呢？

但是，让这些诡辩家去发表他们那些矛盾的和盲目的言论吧；人民的良知会对他们的模棱两可的言辞，作出公平的判断的。我们应当赶快启发人民，给他们指明正确的道路。平等就将来到；我们和它之间已经只隔开一个短短的距离，明天，这个距离就可一跃而过。

第六节　社会上的一切工资都是平等的

当圣西门主义者、傅立叶主义者以及一般说来所有今天从事研究社会经济和改革的人都在他们的旗帜上写着：

“按才分配，按才配工。”（圣西门）

“按照各人的资本、劳动和才能进行分配。”（傅立叶）

的标语时，他们的意思是说——虽然他们没有用这么许多话讲出来——由劳动和勤奋得来的大自然的产物是一种赠给各种杰出的和优秀的人才的奖品、锦标和桂冠[1]；他们把地球当做一个广大的决斗场。在这个决斗场中，的确已经不是用长枪和刀剑的刺击、武力和奸诈来夺取奖品，而是用获得的财富、知识、才能，甚至用德性本身来夺取的了。总之，他们认为，并且大家也和他们一起认为，最高的报酬应该给予才能最大的人，如果我们用那至少具有说得干脆这一优点的买卖人的口气来说，那就是工薪应当和才能及其成绩相称。

这两位自称为改革家的门徒们不能否认这不是他们的想法，因为，如果他们否认的话，那就会和他们的正式解释发生矛盾，并破坏他们的体系的统一性。而且，他们这样的否认也大可不必害怕。这两派都自夸能按照大自然的类同情况把地位不平等作为一个原则规定下来；他们说当初大自然本身就是想造成才能的不平等的。他们引以自豪的只是一件事，即他们的政治制度尽善尽美，能使社会的不平等永远和天然的不平等相符合。他们不耐烦再去研究地位——我指的是工薪——的不平等是否可能，正如他们不耐烦再去确定衡量才能的尺度一样。[2]

“按才分配，按才配工。”

① 在这里，圣西门的观点似乎没有得到正确的领会。“按才配工”是分配劳动工具的公式：把最好的工具给予能够用它们来生产数量最多和质量最好的产品的人。这不是分配报酬，而是工作和职务的分派；把适当的人安置在适当的岗位上。——原编者

② 按照圣西门的说法，应由圣西门主义的教士模仿罗马教会的样子，根据他的权威性的永无错误的本能来确定每个人的才能；按照傅立叶的说法，应模仿立宪政体的样子，通过投票和选举来确定等级和功绩。显然，这位大人物是在嘲弄读者；他不想把他的秘密说出来。

"按照各人的资本、劳动和才能进行分配。"

自从圣西门和傅立叶去世以后,在他们人数众多的门徒之中,谁也没有打算用科学方法向公众说明上述的这个伟大的主义;我愿意以一百对一来打赌,任何一个傅立叶主义者连想都没有想到这个重叠式的警句可以有两种不同的解释。

"按才分配,按才配工。"

"按照各人的资本、劳动和才能进行分配。"

这个命题,就他们所说的那种明显的、通俗的意义(in sensu obvio)来理解,是错误的、荒谬的、非正义的、矛盾的、与自由相敌对的、提倡暴政的、反社会的,并且是在所有权偏见的绝对影响下不幸地想象出来的。

首先应当把资本从应当得到酬报的因素中删去。我读过几本傅立叶主义者的小册子,据我所知,他们否认占用权,并且除劳动以外不承认所有权有任何基础。他们既然从相类的前提出发,如果他们曾经对这个问题进行推理的话,他们就应该懂得,资本只能根据占用权来给它的所有人产生收益,因而这种生产是不合法的。的确,如果劳动是所有权的唯一基础,那么只要另外有人在利用我的田地并支付给我地租,我就不再是这块田地的所有人了。这是我们已经无可怀疑地证明了的。要知道,这对于所有的资本都是一样的;所以,把资本投进一个企业,根据法律的决定,就是拿这笔资本去换取等值的产品。我不再进行这种现在是无益的讨论了,因为我打算在下一章里详尽地讨论一下用资本从事生产的问题。

所以,资本是可以交换的;但它不可能是收入的来源。

剩下来的是劳动和技能；或者像圣西门所说的那样，是成绩和才能。我将对它们一一加以研究。

工薪应不应该取决于劳动？换句话说，多劳多得是否合乎正义？我请求读者密切注意这一点。

为了一下子解决问题，我们只要提出下列问题就够了：劳动是一种条件还是一种斗争？据我看来，答案是没有疑问的。

上帝对人说："你应当以你自己的血汗得到你的食粮，"——这就是说，你应当自己生产你的食粮：你应当抱着或多或少的愉快心情，按照你如何去安排和配合你的努力的本领而从事劳动。上帝没有说："你应当到你的邻居那里去争得你的粮食"；而是说："你应当和你的邻居并肩地从事劳动，你们两个人应当和睦地住在一起。"让我们来阐明这条定律的意义，因为它那极端简单的表达方式可能引起误解。

在劳动中，必须注意并区别两件事：协作和可以利用的材料。

只要劳动者联合起来，他们就是平等的；如果一个人所得的报酬比另一个人多，就会引起矛盾。因为，既然只能用一个劳动者的产品来偿付另一个劳动者的产品，如果两个人的产量不相等的话，那么较多的产品与较少的产品之间的余数或差额，就不归社会所得；因而它既然不被交换，也就不会妨碍工资的平等。当然，结果将产生一种有利于生产力较强的劳动者的天然的不平等，但因为谁也没有由于他的体力和生产能力而受到损害，所以不会产生社会的不平等。总之，社会进行交换的只是一切相等的产品，这就是说，社会只能对于为它提供的劳动给予酬报；因而它就可以平等地酬偿所有的劳动者：至于在它范围之外所生产出来的东西，就像劳动者之间的口音和头发颜色的差别那样，那是与社会无关的。

我好像自己就在这里规定不平等的原则似的：完全不是这样。在一块特定的正在开发的土地上，劳动者的人数愈多和让每个人做的工作愈少，那么给社会所能提供的劳动的总量——即可以进行交换的劳动——就愈大，因此当协作的范围逐渐扩大时，天然的不平等就逐渐消除，给社会所生产的可供消费的价值的数量就有所增加。所以，在社会中能带来劳动上的不平等的唯一因素，就是占用权——所有权。

现在，假定按照耕耘、翻地、收割等等来估计，这种社会性的劳动量每天是二十平方米，并假定完成这个任务所必需的平均时间是七小时：一个劳动者在六小时之内就完成了，另一个则要八小时才能完成；大多数的人要花费七小时：但无论哪个劳动者在这上面花费了多少时间，只要他能提供所要求的生产额，他就有权得到相等的工资。

那个能在六小时内完成任务的劳动者，是否可以以其较强的体力和活动能力为理由，去霸占能力较差的劳动者的任务，从而夺去他的工作和食粮呢？谁敢支持这样的主张呢？那个比别人完工得较早的人可以随意休息，或者为了保养他的体力和锻炼他的思想，以及为了生活上的愉快，可以从事有益的体育和操作。在不妨害任何人的条件下，他是可以这样做的：但他必须限于做那种单纯影响他个人的工作。精力、天才、勤劳以及由此而产生的一切个人的优点是自然所造成的事实，在某种程度上也是个人所造成的事实：社会给予他们应得的尊重；但是社会给予他们的工资，是根据他们的生产而不是根据他们的能力来衡量的。要知道，各人的产品是受全体的权利的限制的。

如果土地的面积是无限的，可供利用的材料的数量是取之不尽的，甚至在这个时候我们也不能接受按劳分配这个原则。为什么呢？我再重复说一遍，那是因为无论组成社会的人数有多少，社会由于只能用他们自己的产品来支付他们的工资，因而不得不给予所有的人以相同的工资。可是，在我们刚才所举出的假设中，既然无法禁止那些具有强大力量的人利用他们的一切优点，所以就在社会平等之内，又将出现天然的不平等的那些流弊。但是，就地球上的居民的生产力和他们的蕃殖力来说，土地是极有限的；此外，由于产品的种类繁多和高度的分工，所须完成的社会性的任务是轻而易举的。因此，由于可能生产的产品是有限的，而这些产品又是容易生产的，绝对平等的定律就发生作用了。

是的，生活是一种斗争。但这绝对不是人与人的斗争，而是人与大自然的斗争；我们每一个人都有责任参加进去。如果在斗争中强者前来援助弱者，他们的美意是值得称赞和爱慕的；但是应该让别人自由地接受他们的援助而不应该用武力和有代价地强制别人接受。所有的人都有同样的前程[①]，既不会太长，也不会太艰难；凡是完成了他的事业的人最后都能得到酬报；首先达到终点是没有必要的。

① 在这里，蒲鲁东没有注意到，对于所有的劳动者来说，需要和负担并不都是相同的。年幼子女众多的父亲为了保证他们的食粮，就不得不设法得到更多的收入。——原编者

在印刷业中，劳动者通常都是按件计工的，排字工人按照每排出一千个铅字得到多少工资计算，印刷工人则按照每印出一千页计算。在那里，像在别处一样，也可以看到才能和技巧的不平等。在不怕有停工的日子、即不怕有失业和缺乏印刷和排版的工作的时候，每个人都可以自由地发挥他的劳动热情，尽力施展他的才能；那时，多劳者多得，少劳者少得。但当业务清淡时，排字工人和印刷工人就平分他们的工作；如果有不把自己的工作分给别人的就被看作是盗贼和叛徒一样，为人所不齿。

在这些印刷工人的行动中，存在着一种不是经济学家和法学家所能及到的哲学。如果我们的立法者早把存在于印刷业中的公平分配原则规定到他们的法典中去，如果他们早就注意到人民群众的本能——不是为了卑躬屈膝的模仿，而是要改革它们并使它们普遍化——自由和平等早就可以建立在一个不可摧毁的基础上了，同时，我们也不会对于所有权和社会地位差别的必要性发生争论了。

人们曾经计算过，如果按照法国具有劳动力的人数来分派工作的话，每人每天平均工作的时间不会超过五小时。如果是这样，我们怎么敢谈到劳动者之间的不平等呢？造成不平等的是罗贝尔·马盖尔[①]的那种劳动。

所以，被解释为多劳多得的按劳分配的原则，是以两个明显的错误为基础的：一个是经济学方面的错误，即在社会的劳动中，任

① 罗贝尔·马盖尔，小说中人物，系一狡诈的匪徒、法国十九世纪大漫画家多米埃把他当作专事敲诈的商人的典型。——译者

务必然是不相等的；第二个是物理学方面的错误，即能够生产出来的物品的数量是无限的。

人们会说："但是，如果有一些人只肯完成他们任务的一半呢？"……这不是很为难吗？也许他们只要一半的工资就满意了。按照他们提供的劳动来给予酬报，他们有什么可以抱怨的呢？并且他们对别人有什么损害呢？根据这个意义来说，应用按才配工这一原则是合乎正义的；这就是平等的定律。

此外，可以在这里提出许多涉及工业的章则和组织的困难问题。对于这一切，我将用一句话来答复，那就是这些问题都应该按照平等的原则加以解决。有人也许会说，"有的工作如果让它拖延下去的话，就不免要妨害生产。难道社会应该由于少数人的懈怠而遭到损害么？难道由于尊重劳动权，社会就不敢自己动手来保证得到他们所不肯给它生产的产品吗？在这种情况下，工资将属于谁呢？"

将属于社会；社会将被准许由它自己，或者通过它的代表，去完成那个搁置起来的工作，但是永远要使一般的平等不受侵犯，同时只有懒汉才应该由于懒惰而受到惩罚。此外，虽然社会不能对拖延工作的人采取过分严峻的处理办法，它却有权为了它自己的生存而去防止由此造成的流弊。

人们接着又会说：在所有的工业部门，必须要有领导人、教师、监察员等等。这些人是否也要参加一般的工作呢？——不，因为他们的任务是领导、教育和监督。但是他们必须由劳动者自己在他们之中选举出来并须具备充当被选举人的条件。一切公职，不论是行政方面的或是教学方面的，都是这样的情形。

所以,一般的规章的第一条将是:

“可供利用的物资的数量的有限性,证明有必要根据劳动者的人数来分派工作。所有的人都具有完成一种社会任务、即相等的任务的能力,同时除以另一个人生产的产品来偿付一个劳动者的劳动之外,没有其他的可能性,所以工资平等是合乎正义的。”

第七节　才能的不平等是财富平等的必要条件

有人反对,并且这种反对意见构成圣西门的那个原则的第二部分和傅立叶的那个原则的第三部分:

“一切要完成的工作并不都是同样简单的:其中有些要求技能上和智慧上的高度水平,这种高度水平就是工作代价的基础。艺术家、学者、诗人、政治家之所以受到尊重,只是由于他们的卓越性;这个卓越性摧毁了他们与其他的人们之间的一切等同性;在这些科学和天才的卓越的人才面前,平等定律就消失了。要知道,如果平等不是绝对的话,就没有平等。上自诗人下至小说家;上自雕刻家下至石匠;上自建筑师下至泥水匠;上自化学家下至炊事员,等等。才能是按照等级、属类和种类加以分类和再分类的。才干的两个极端是由一些中间性的才干联系起来的。人类就是由一种广大的阶次构成的;在这个阶次中,各人通过与他人的对比而得到相应的评价,并且以大家对他的产品所公认的价值得到他的劳动代价。”

这个反对平等的理论历来就好像是难以抗拒的:这是经济学家们以及平等的保卫者们的绊脚石。它使前者铸成大错,使后者说出一些贫乏到不可置信的言论。巴贝夫要求**严厉取缔**一切优越性，甚至要把它当作社会的祸害来追究[①]；为了要奠定他的共产主义社会的基础，他把所有的公民都抑低到最低微的人的高度。我们看见过一些无知的折衷主义者反对学识的不平等，并且如果有人还会起来反对德性的不平等，我是一点也不会感到惊奇的。亚里士多德遭到放逐，苏格拉底被迫服毒，埃巴米侬达斯[②]受到审判，他们都是由于在智慧和德性上高人一等而受到一些荒唐和愚蠢的煽动家的迫害的。只要财富的不平等使那些受到财主欺骗和压迫的群众在思想上产生对新兴暴君的恐惧，类似的疯狂举动还是会发生的。

没有再比钻牛角尖更荒谬的了，并且往往没有再比真实情况本身看起来更加不像真实情况了。另一方面，卢梭说过，“要想能够一下子看清楚我们每天都见到的事物，必须有很广博的哲学”，达朗贝尔[③]也说过，“人们对于那种似乎到处都出现在他们面前的真相很少加以注意，除非有人特别提醒他们”。我从经济学家的老前辈萨伊那里借用了这两句引语；他本来应当从这两句话里得到教益的，但他这个嘲笑瞎子的人自己也戴着一副眼镜；注意他的人自己也是近视的。

真是怪事！使思想家们如此感到惊恐的并不是反对平等的论

① 巴贝夫，1760 年 11 月生于圣康坦市，共和五年 9 月 8 日被当作是平等派密谋的领袖而在房多姆市被处死刑。他的平等主义一直被发展到共产主义。蒲鲁东似乎没有很正确地了解巴贝夫的著作，这些著作主要是一些报纸上的社论和宣言（参阅：保尔·路易：《从大革命到现在的法国社会主义史》，巴黎，里维埃尔书店 1925 年版）。——原编者

② 埃巴米侬达斯（前 418—前 362），古希腊将军及政治家。——译者

③ 达朗贝尔（1717—1783），法国哲学家。——译者

据，而是平等所依存的条件本身！……

天然的不平等是财富平等的条件！……何等荒谬的论调！……为了不让人家以为我有所误解，我重复说明我的论断：才能的不平等是财富平等的必不可少的条件。

在社会中，必须把职务和关系这两件事区别开来。

Ⅰ.职务　所有的劳动者都应该有能力去完成他所负担的工作，或者让我说得通俗一些，所有的劳动者都应该懂得本行的业务。当工人有足够的能力去完成他的工作时，那就是在这个职工和职务之间存在着对称性。

在人类社会中，职务并不都是相类的：所以必须要有不同的才能。而且，某些职务要求较高的智慧和较高的才能；所以就存在着一些具有优越的智慧和才干的人。既然有需要完成的工作，就必然有完成工作的人：有需要则有思维，有思维就会有生产者。我们所能知道的，只是我们官能的刺激作用使我们想望的东西，只是我们智慧的范围之内的东西；我们的欲望所急切要求的，只是我们能想到的东西；并且我们想得愈好，我们就愈加有能力去生产。

由此可见，既然职务是由需要产生的，需要是由欲念产生的，欲念是由自发的知觉和想象力产生的，那么智慧既能想象，也就能从事生产；因而没有一种要完成的工作是工人的能力所不能胜任的。总之，如果有了职务而需要有完成这种职务的人，那就是因为能完成职务的人早已先于职务而存在。

现在，让我们赞叹大自然的安排吧。关于它所给我们的、不是孤立的个人凭自身的力量所能满足的各种各样的需要，大自然已经把那种个人所不能得到的力量赋予了集体。这就产生分工的原则，一种以职业的特点为基础的原则。

某些需要的满足要求人们进行不断的创造工作，可是其他的需要却只要通过一个人的劳动就能使千百万人在千万年里得到满足。例如，衣食的需要要求不断的再生产；而有关宇宙体系的知识却可以由两三个具有特殊禀赋的人永久地获得。江河的滔滔不绝的流水维持着我们的商业，推动我们的机器；但是位于空间中央的太阳则单独地照耀着全世界。大自然可以像创造农夫和牧人那样，创造许多柏拉图和维琪尔[①]，许多牛顿和居维埃[②]，但是它觉得这样做不妥当，它有意使天才的稀有性相当于他的作品的长期性，并在具有才能的人数和他们每个人的才能的充分性之间维持着平衡。

我不打算在这里研究某一个人和另一个人在才干和知识上的距离是否是由我们这种可悲的文明造成的，我也不想研究今天人们所谓才干上的不平等能不能在一些较为幸福的条件下变成仅仅是才干的多样性。我就问题的最坏的方面来看，并且，为了免得人家责备我支吾搪塞和有意规避困难，我承认人们所要说的一切才干上的不平等。[③] 某些爱好平均论的哲学家认为所有人的智慧都是相等的，它们之间的分歧只是教育的结果。我坦白地说，我决不赞同这种学说；即使这种学说是正确的，它也会导致一种与这些哲

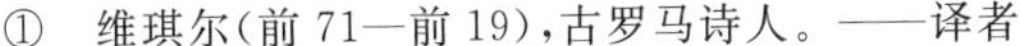

① 维琪尔(前71—前19)，古罗马诗人。——译者

② 若尔日·居维埃(1769—1832)，法国科学家。——译者

③ 我无法想象怎么有人竟敢举出某些人的那些下流的嗜好和倾向来给地位的不平等辩护。我们看到多少人在这种心灵上和思想上的可耻的堕落状态下遭到牺牲，如果这种状态不是使他们陷于贫困和卑劣的私有制所造成的，那它又从何而来呢？私有制把人弄得奄无生气，而它却又责备人变成枯木槁灰。

学家所主张的议论完全相反的结果。因为，如果才能是相等的，那么不论它们力量的大小如何，由于不能强制任何人去做特定的工作，那些被认为最粗鄙、最低贱或太艰苦的职务就应该得到最高的报酬。这种情况既不符合平等，也同按才配工的原则相矛盾。反之，如果我能假定社会是这样：在这个社会中，每种技能在数目上是和社会的需要相称的，并且这个社会只要求每个生产者拿出他的特殊的职务需要他生产的东西；那么一方面既可尊重各种职务之间的级位关系，一方面我也可以由此得出财富平等的结论。

这是我的第二个论点。

Ⅱ.关系　在讨论劳动的因素时，我曾说明为什么在同类生产任务中，既然所有的人都具有完成一种社会任务的能力，各人体力不均就不能被用来作为任何不平等待遇的理由。[①] 但是，我们可以很公正地指出，某些人的能力的确完全不能担任某些劳务，因此，如果人类的劳力突然完全用来生产一种产品，就立刻会出现许多无能者，因而也就会发生最大程度的社会不平等。但是不必等我指出，大家都可以看到实业的多样性不致使有些人成为废物；这个道理十分明显，所以我不在这里多作论述。我们只须证明，各种职务彼此是平等的，犹如做同样工作的劳动者是互相平等的一样。

你们会不会感到惊奇，因为我拒绝把地位的尊荣、权力和财富的特殊待遇给予有天才、有学识和勇敢的人，总之，给予所有那些被大家所钦佩的卓越人物？并不是我要拒绝，这是经济、这是正

① 巴贝夫说过："即使有人能证明由于他的力量，他能完成四个人所能完成的工作，他依然是危害了社会；因为他可以仅仅用这个方法来破坏平衡，摧毁宝贵的平等。"——原编者

义、这是自由，它们不许可这样做。自由！我第一次在这个问题上提起它的名称：但愿它站起来为它自己辩护并获得胜利。

一切以交换产品或劳务为目的的交易，都可以叫做商业行为。

谁说起商业，总是说等值的交换；因为，如果价值不相等，同时受到损害的一方觉察到这一点的话，他就不会同意交换，也就不会有商业行为。

商业只能在自由人与自由人之间进行。固然到处都可能存在着那种用暴力或诈欺来进行的交易，但这绝对不能说是商业。

所谓自由人，是指那些能够利用他们的理智和官能的人，他们既不为情欲所蒙蔽，又不因恐惧而被迫行动或不敢有所作为，也不致受到错误的意见的欺骗。

所以，在一切交易中，存在着一种道义上的义务，即订约的任何一方都绝对不能损人利己；这就是说，如果要使商业行为成为合理的和诚实的行为，就必须避免一切不平等；这是商业的第一个条件。第二个条件是，它应该是自愿的，这就是说，双方是在自由的和完全自觉的状态下达成协议的。

所以我把商业或交易界说为一个社会行为。

那个为了一把刀而出卖他的女人、为了几小块玻璃而出卖他的子女、为了一瓶烧酒而出卖自己的黑人是不自由的。同他订约的这个人口贩子不是他的朋友，而是他的敌人。

那个为了得到一小块面包而烤出一大堆面包、为了可以住在马房里而去建筑一座宫殿、为了能穿上破衣烂衫而去织造最名贵的布匹、为了自己省掉一切而生产一切的文明世界中的工人，是不自由的。工人为雇主劳动，但雇主并不因为他们相互之间交换着工资和劳务而成为工人的朋友,他是工人的敌人。

那个不是出于热爱而是出于恐惧去为祖国服务的士兵是不自由的;他的同伴和长官、上面的大臣或军法机构,都是他的敌人。

租赁土地的农民,借进资本的生产者,缴纳通行税、关税、执照捐、牌照捐、人头税或财产税等等的纳税人以及投票通过这些捐税的议员,他们既不了解他们的行为的意义又不懂得自由的精神。他们的敌人是土地所有人、资本家、政府。

如果你们给人们以自由,启发他们的思想,使他们能够懂得他们所订立的契约的意义,那么你们就会看到最完善的平等精神将在他们的交易行为中占据首要地位,而不必考虑才能和智慧的优越性;你们也就会承认,在商业事务上,也就是说在社会的范围内,优越一词是毫无意义的。

假如荷马给我朗诵他的诗篇,我将聆听这位旷世的天才,和他相比,我是一个无知的牧人、低微的农夫,是微不足道的。事实上,如果拿作品和作品相比较,在他的《伊里亚特》篇的面前,我的那些干酪和豆荚又算得了什么呢?但是,如果荷马要想把我所有的一切当作他的那部无可比拟的史诗的代价而全部拿走,并且想要使我成为他的奴隶的话,我就宁愿放弃欣赏他的诗歌,向他谢绝。我可以不要他的《伊里亚特》而等待《埃泥易德》①,如果有必要这样等待的话;荷马却不能一天没有我的产品。所以让他接受我给他的菲薄的礼物,然后再让他的诗篇教育我、鼓励我、安慰我吧。

什么!您倒说得好!一位歌唱人类和天神的诗人,竟给他这

① 《埃泥易德》是维琪尔写的诗篇。——译者

样的地位？想想您的那种施舍以及由此而来的屈辱和痛苦吧！多么野蛮的慷慨啊！……我请您不要激动。财产使一个诗人成为一个克利苏斯①或一个乞丐！只有平等才能使他得到荣誉和赞赏。问题在哪里呢？在于规定诗人的权利和欣赏者的义务。现在，请您注意这一点，在解决这个问题上，这是很关重要的：双方面都应该是自由的，一方面是出卖的自由，另一方面是购买的自由。肯定这一点以后，他们各自的主张就丝毫不能算数了，他们的一方对于他的诗篇、另一方对于他的施赠的估计不论是否公允，都不会影响契约的条件。我们不应该再在才能的重要性方面而应该在生产品的重要性方面去找到我们仲裁的理由。

要使歌颂阿契里斯②的诗人得到他应得的报酬，他首先必须使自己受人欢迎：这点办到之后，他的诗篇和一笔酬劳的交换既然一个自由的契约行为，就应该同时是一个合乎正义的行为，这就是说，诗人的酬劳应该等于他的作品。可是，这个作品的价值如何呢？

首先，让我们假定这篇《伊里亚特》——这篇应当得到公允报酬的杰作——的价值实际上是无限的，至高无上的。再假定可以自由做主的公众拒绝收买这篇杰作，那么显而易见，这个不能换钱的诗篇的内在价值固然并不因而减低；但是它的交换价值或者它的生产效用就会等于零，就会化为乌有。既然一切权利和一切自由都应当平等地受到尊重，我们就应当在一方面是无限、另一方面

① 克利苏斯（前114—前53），古代罗马一个最富有的执政官。——译者
② 阿契里斯，荷马著名史诗《伊里亚特》的主角之一。——译者

是零之间,在与这两者的距离都相等的地方,去寻求应付的工资额;换句话说,要加以确定的不是出卖品的内在价值而是相对价值。问题开始简单化了:现在这个相对价值是多少?一个像《伊里亚特》这样的诗篇的作者应当得到什么样的报酬?

在确定了它的定义之后,政治经济学的首要任务就是解决这个问题;可是它不但没有把这个问题加以解决,而且还声明说它是无法解决的。按照经济学家的意见,物品的相对价值或交换价值是不能绝对地加以确定的;这个价值必然发生变动。

“一件东西的价值,”萨伊说,“是一个具体的数量,但它只能在一个特定的时刻是具体的。这个价值在本质上永远是可变的,即从一点变到另一点。任何东西都不能绝对地确定它,因为这个价值是以无时无刻不在变动着的需要和生产手段为基础的。这些变化使经济学的现象趋于复杂,往往使它们变得很难加以观察和解决。对于这种情况,我不知道有什么补救的办法;改变事物的本质不是我们的能力所能做到的。”

在别的地方,萨伊说过并且反复说,价值既然以效用为基础,而效用则完全从属于我们的需要、我们一时的好恶和时尚等等,所以价值像人的意见一样是可以变动的。可是政治经济学既然是价值以及它们的生产、分配、交换和消费的科学,如果交换价值不能绝对地加以确定的话,那么政治经济学怎么可能存在呢?它怎么会成为一种科学呢?两个经济学者怎能不相对而讪笑呢?他们怎么敢去辱骂形而上学家和心理学家呢?什么!笛卡儿这个傻子认为哲学需要有一个使这门科学的大厦得以建立起来的不可动摇的基础——某种不动摇的东西,(aliquid inconcussum)并且他曾老

老实实地去找寻这个东西！在他之后，经济学方面的那位赫米斯[1]，即专门用了半部书来阐明政治经济学是一门科学这一严肃题目的巨匠萨伊，却有勇气肯定说这门科学不能确定它的研究对象，这就等于说这门科学是没有原理和没有根据的！所以，这位有名的萨伊就不知道一门科学的性质是什么，或者毋宁说是他对自己所论述的主题一无所知。

萨伊的这个榜样产生了它的后果。发展到现阶段的政治经济学像是哲学上的本体论：在论述因果时，它什么也不懂，什么也不加说明，什么结论也不做。被人尊称为经济规律的概念不过是一些平凡的通则；经济学家们用好听的语调和术语把这些通则装扮起来以后，以为就可以使它们具有深奥的面貌。至于经济学家们试图就社会问题作出的解决办法，我们只能说，虽然他们的煞费苦心的著作里偶尔也出现一点常识的闪光，但他们立刻又堕入谬论中去了。政治经济学像一片浓雾似的笼罩在法国的上空已经有二十五年了，它阻碍着思想的前进并压制着自由。

工业上每一种创造有没有一种可用金钱得来的、绝对的、不变的，因而是合法的和真实的价值呢？——是有的。

人的每一种产品是否可以和人的其他某一种产品交换呢？——也是可以的。

一双鞋子值多少颗钉子呢？

如果我们能够解决这个吓人的问题，我们就掌握到了人类已经找寻了六千年的社会制度的关键。在这个问题面前，经济学家

[1] 赫米斯，古希腊执掌学艺、商业等等的神。——译者

变得迷糊了并且退却了;既不能读又不能写的乡下人却毫无难色地作出了答复:把做鞋子所用去的时间和费用来制造钉子,能制造多少,鞋子就值多少钉子。

所以,一件东西的绝对价值就是它耗费的时间和费用。仅从沙地上拾起来的钻石值多少呢?——毫无价值;这不是人的生产品。当这块钻石经过琢磨并镶成饰物的时候,它值若干呢?——工人因此而花费的时间和费用。那么,为什么它卖得这样贵呢?——因为那些人是不自由的。社会必须调节最稀有的物品的交换和分配,像它对最通用的东西一样,使得每个人都可以分享一份。那么,什么叫做鉴定价值呢?——欺骗、侵权和盗窃。

按照这个原则,不难使大家的意见趋于一致。如果我们在无限价值和等于零的价值之间所要寻找的平均价值在每一件产品上由生产这件产品所花的时间和费用的总量表现出来,那么,作家写一首诗既然需要三十年的研究工夫和一万法郎的旅行、书籍等等的费用,就应该用一个普通劳动者的三十年的工资加上一万法郎的补偿费来收买这首诗。假定那个总数是五万法郎;如果购买这个杰作的社会拥有一百万人的话,那么我应该负担的那部分将是五生丁。

这就发生了几点应当注意的事项:

1. 同样一种产品在不同的时期和不同的地点所需要花费的时间和费用可能或多或少地有所不同;从这一点来看,价值的确是一个可变的数量。但是这种变动并不是经济学家们所说的那种变动。他们在价值变动的原因中,是把生产方法、兴趣、一时的好恶、时尚、舆论混在一起的。总之,一件东西的真正价值虽然在它的货币表现上是可能发生变动的，但是在它的代数式的表现上是不变的。

2. 每一件需用的产品应当不多不少地按照它所花费的时间和费用支付代价：每一件无人需要的产品，对于生产者来说是一种损失，一种商业上的负数价值。

3. 对于估价原则的无知以及在很多情况下应用这个原则时所发生的困难，是商业欺骗的根源，也是财富不平等的最重要的原因之一。

4. 为了酬劳某些工业，购买某些产品，就需要有一个社会能在规模上符合人才的稀少、产品的昂贵、艺术和科学的门类众多等情况。例如，倘使一个拥有五十个农民的社会可以维持一个小学教员，那么它就需要有一百个农民来养活一个鞋匠，一百五十个农民来养活一个铁匠，二百个农民来养活一个裁缝等等。如果农民的人数达到一千、一万、十万或更多的话，那么随着他们人数的增加，最迫切需要的工作人员的数额也就必须按比例地增多；所以最高级的职务只有在最强大的社会中才有存在的可能。[①] 才能的与众不同，就在于此；天才的性格，使这种性格能够得到繁荣昌盛的保证，只有在一个人口广大的国家中才能产生出来并得到发展。但是，为天才的生存所必需的这种生理上的条件，并不能增加它的社会权利：绝对不是那样，——天才的迟迟不能出现，证明了在经济和民事方面，最崇高的智慧必须受财产平等的支配；这个平等先于

① 要有多少公民才能维持一个哲学教授呢？三千五百万。一个经济学家需要多少呢？二十亿。对于一个既不是学者、又不是艺术家、也不是哲学家、更不是经济学家的文人，即专门给报刊写写小说的作家呢？一个公民都不需要。

这种智慧而存在，并且后者是这个平等的最高成就。

对于我们的自尊心来说，这是不好受的，但这是一个颠扑不破的真理。并且在这里，心理学是支持社会经济学的，它使我们懂得，在物质报酬与才干之间没有共同的衡量方法；在这方面，所有的生产者的地位是平等的；因而在他们之间的比较和一切财富上的不平等是不可能的。

事实上，一切由人的双手产生出来的东西，和造成这个产品所用的原料相比，其价值是不可估计的。在这点上，它们两者之间的距离和一双木屐与一块胡桃木之间的距离以及斯谷巴①的雕像与一块大理石之间的距离一样大。一个最简单的工匠的天才对于他所使用的材料所占的优势，同一位牛顿的思想对于惰性的天体所占的优势是相等的，这个思想能够计算出这些天体之间的距离、体积和运转。你们要求给予才干和天才相当的荣誉和报酬。如果你们给我确定一个伐木者的才干的价值，我就可以给你们确定像荷马那样伟大诗人才干的价值。如果有什么东西可以用来酬报智慧的话，那就是智慧本身。当属于不同性质的生产者相互表示钦佩和赞赏的时候，就是这种情形。但如果他们为了满足相互间的需要而想到要交换产品，那么这个交换就只能根据一种与重视才干和天才的精神无关的经济学的比率来进行，并且经济学上的定律并不是从不明确的和无法表白的赞赏心情中而是从借方和贷方之间的那种恰当的平衡中推算出来的，总之是从商业数学中推算出来的。

① 斯谷巴（前420—前350），古希腊雕刻家。——译者

现在，为了使人们不致认为买卖的自由是工资平等的唯一基础，不致认为社会的防止才干的优越性的唯一办法在于某种与权利毫无共同之处的惰力，我将说明为什么同样的工资可以酬偿所有的才能，为什么工资上的相当的差别是不合乎正义的。我将指出，才干有一种固有的义务，那就是必须服从社会的一般水平；并且我将说明天才的优越性正是财富平等的基础。刚才我所说的是赞成一切才能之间工资平等的消极理由，现在我要举出直接的和积极的理由。

首先让我们听听那位经济学家的言论：去听听他如何推理以及他如何自称明白事理，总会使我们感到兴趣。何况，如果没有他，没有他的那些有趣的谬见和出奇的论证，我们就什么也学习不到了。那位经济学家所十分厌恶的平等，却在政治经济学中完全得到证明。

"当一个医生（原文是一个律师，这个例子不如医生好）的父母为他的教育花费了四万法郎的时候，这笔款项可以当作长期投在他身上的资金。从这时起，就可以认为这笔资金每年应当能够收回四千法郎的息金。如果这位医生一年挣三万法郎，那么剩余的二万六千法郎就是大自然赋予他本人的技能的收益。因此，如果我们假定利率为百分之十，这笔二万六千法郎的天然资本就等于二十六万法郎，同时他的父母在供给学费时所给他的资本是四万法郎。这两笔资本的总数就是他的财富"（萨伊：《实用政治经济学教程》）。

萨伊把那医生的财富分成两部分：一部分是为了他的教育而支出的资金，另一部分是他本人的才能。这样分法是公道的：它是与事物的本质相符的；它是普遍地被承认的；它可以被用来作为确定能力不平等这一论证的重要前提。我毫无保留地认可这个大前提：让我们再看看结论吧。

1. 萨伊把那笔四万法郎的教育费作为贷方。这笔钱是应该放在他的借方的。因为虽然这笔费用是用在他身上的，它却并不是他拿出来的。所以那位医生不但不能把这四万法郎作为私有，而且应该把它们加进他的产品的代价中去，并从他的收入中提出来偿还给合法的权利人。此外，我们应该注意到萨伊不但未说偿还，反而根据那种认为资本具有生产力的错误原理而谈到收入。为了培养一个有才干的人而支出的费用是这个有才干的人应负的债务。仅仅由于这个有才干的人的存在，他就是这笔为了造就他而用去的款项的债务人。这个道理是这样的真实，这样的简单明了，所以在一个家庭中，一个孩子的教育费用如果超过了他的弟兄们的教育费的一倍或两倍，他的弟兄在分遗产之前，就有权可以各从遗产总数中先提取一个相等的部分。当那遗产是在监护之下从那些未成年人的名义而被代管时，这样做是不会感到困难的。

2. 我刚才所说的应由有才干的人负责偿还教育费用的话丝毫不会使这位经济学家感到为难。那个有才干的人在继承他家庭的遗产时，也就继承了他所负担的那笔四万法郎的债权，并且也就变为这笔款子的所有人。但这是抛弃才干权的问题，重新回到占用权的老问题上去；因此我们在第二章中提出的一切问题现在又出现了：什么是占用权？什么是遗产？继承权是一种可以同时兼承几笔遗产的权利，还是一种仅能选择一份遗产的权利？那位医生的父亲当初是怎样得到他的财富的？他的父亲是所有人，或者仅仅是用益权人？如果他是富有的，就须解说他的财产的来由；如果他是穷人，他怎么负担得起这样大的费用？如果他曾经得到一些援助，那么他有什么权利利用那种援助来反对他的恩人等等呢？

3.“剩下的二万六千法郎是大自然给予他本人的才干的收益”。（萨伊，前引书。）从这个前提出发，萨伊得出结论说，我们那位医生的才干相当于一笔二十六万法郎的资本。这位能干的数学家把一个结论当作一个原理了。不应该拿收入来估计才干；相反地，应当按照才干来衡量他的收入；因为那位医生虽然拥有他全部的才干，也可能发生一点收入也没有的情形：难道就应该下结论说这位医生的才干或财富的价值等于零吗？可是按照萨伊的推理，就会得出这样的结论，而这种结论显然是荒谬的。

要知道，用金钱来估计任何一种才干是不可能的，因为才干和货币是两种无法互相衡量的东西。根据什么样的确实理由可以证明一个医生的收入一定要比一个农民多出一倍、两倍或一百倍呢？这是一个难解的困难，这种困难从来只是通过吝啬、穷困、压迫才得到解决的。我们不应该这样来确定才干权的价值。但是应当用什么方法来确定呢？

4.首先，我说那个医生不应受到比其他任何生产者较差的待遇，他不应处在别人的水平之下。我不打算多费唇舌来证明这一点。但是我补充说明，他也不能高于这个水平；因为他的才干是集体的财产，他没有偿付过这笔财产的代价，并且他永久是这笔财产的债务人。

正如每一种生产工具的创造是集体力量的成果一样，一个人的才干和学问也同样是全世界的智慧和一般知识的产物，而这种知识则是无数大师在无数低级事业的支援下慢慢地积累起来的。当那位医生已经对他的教师、书本、文凭和其他一切项目支付教育费用时，他并没有偿付他的才干的代价，正如资本家在把工资付给他的雇员时并没有偿付他的地产和别墅的代价一样。有才干的人在把他自身造就为一种有用的工具的过程中，也曾有所贡献：所以他是这个工具的共同占有人；他不是它的所有人。他本身同时是一个自由劳动者和一笔累积起来的社会资本。作为劳动者，他被分派去使用一种工具，去运用一部机器，这个工具和机器就是他自己的才能；但作为资本，它是不属于他自己的；他利用这个资本，不是为了自己的利益，而是为了别人的利益。

即使有才干的人并没有觉得他自己的专长是为了培养他而作出的那些牺牲的报酬，人们仍然很容易找出理由来减低他的报酬而不是把报酬提高到一般水平以上。所有的劳动者都受到教育，每一个劳动者都是有才干的人，一个有才能的人，就是说，都是一项集体的财产。但是造成这个财产所花费的代价却不是相等的。培养一个农民和一个工匠所必需的老师、时间和传统的记忆是不多的：产生才能时出力的多寡和社会孕育期间（如果我可以冒昧地用这个说法的话）的长短，是和才能的大小成正比的。医生、诗人、艺术家、学者生产得少，生产得慢，而农夫的生产物的偶然性却比较小得多，并且无须这样长的时间。所以无论一个人具有哪种才能，一旦这个才能被培养出来了，它就不属于他自己的了。这个人就像一只巧妙的手所捏制的原料那样，他具有成功的禀赋，成全他的则是社会。如果罐子对制罐人说:“我是我,我什么也不欠你。”这样说对吗?

艺术家、学者和诗人认为,社会许可他们专心研究科学和艺术,他们就已得到公平的报酬:所以实际上他们进行劳动,不是为了他们自己,而是为了培养他们并使他们可以免除其他一切义务的社会。严格说来,社会可以无须乎散文和韵文、音乐和绘画,无需乎了解月亮和北极星是怎样转动的;但它一天也不能没有食粮和住所。

当然,人并不单靠粮食来维持生活;他还须按照福音书所说的,听上帝的话生活,这就是说,他必须乐善并作出善行,认识和赞叹美丽的东西,研究大自然的种种不平凡的事情。但如果要培养他的思想,他就必须先保养好自己的身体:后者这个义务是必要的,正如前者的义务是高尚的一样。如果使人感到幸福和教育人是光荣的,那么供人饮食也是光荣的。所以,当社会忠实于分工的原则,把一种艺术的或科学的工作委托给它的一个成员,因而使他放弃普通的劳动,社会就应该补偿他由于不能在实业方面进行生产而失去的一切,但是它所该欠他的仅限于此。如果他有更多的要求,社会就可以拒绝他的劳务,打击他的无权主张。这时,那个具有天才的人为了生活,不得不从事一种与他的本性格格不入的劳动,因此就会感觉到他的弱点,愿意过最讨厌的生活。

据说,有一位著名的歌唱家曾向俄国女皇叶卡捷琳娜二世要两万卢布,作为他的工作报酬。“这比我给我的那些元帅的钱还要多呀,”叶卡捷琳娜说。“陛下,”对方回答说,“您就让您的那些元帅去演唱好了。”

如果比叶卡捷琳娜较为坚强的法兰西对拉歇尔[①]小姐说:“给您一百个路易[②],您去演戏,否则您就去纺棉花”;对杜普来[③]先生说,“给您两千四百法郎,您去演唱,否则您就到葡萄园去工作”:你们以为那位悲剧女演员拉歇尔和歌唱家杜普来肯放弃舞台生活吗?如果真的放弃的话,首先因此而后悔的是他们自己。

据说,拉歇尔小姐每年可以从法兰西歌剧院得到六万法郎:对于一个像她那样的人才来说,这是一笔微薄的薪俸。为什么不是十万法郎、二十万法郎呢?为什么不给她一笔皇室费呢?多么小气呀!难道我们真的要同拉歇尔小姐这样的艺术家讨价还价吗?

人们回答说,剧院经理除非赔钱就不能再多给了:这位年轻的女演员具有高度的才干是大家公认的,但是在规定薪金的时候,还须考虑到那个公司的收支账目。

这一切都是公平的,但也证实了我上面所说的话,即一个艺术家的才干可能是无限的,但是他所要的金钱代价必然受以下两项的限制:一方面是对那给他报酬的社会所作出的贡献;另一方面是这个社会的财源;换句话说,卖主的要求要由买主的权利来平衡。

据说,拉歇尔小姐可以给法国大戏院带来六万法郎以上的收入。我对此没有异议,但因此我却对大戏院有意见。大戏院的这笔钱是向谁去收取得来的?来自那些完全自由的好奇者。是的,但是这些好奇者花费在戏院里的钱都是从工人、租户、佃户以及支付利息并提供抵押品的借款人身上得来的,这些人是自由的吗?

① 拉歇尔(1820—1858),法国著名的悲剧演员。——译者

② 路易,法国从前的一种金币。——译者

③ 杜普来(1806—1896),法国名男高音歌唱家。——译者

当他们的生产品的绝大部分被别人耗费在剧院里的时候，你们能向我保证他们的家庭不缺少什么吗？除非法国人民在仔细考虑过支付给所有艺术家、学者和公务员的薪金以后，已经清楚地表示了他们对于这个问题的愿望判断，否则拉歇尔小姐和她同类的艺术家所得的薪金只能是一种用暴力夺取的强迫的税收，用来奖励骄傲和维持放荡的生活。

我们所以在我们的买卖中受到欺骗，劳动者所以会去偿付有势力的权力机关和自私的有才干的人给好奇的有闲者发出的汇票，以及我们所以蒙受这些为舆论所鼓励并赞许的巨大不平等现象所造成的永久的耻辱，那是由于我们既不自由又认识不够的缘故。

作家、学者、艺术家，公务员的薪金，不论是通过谁的手付给他们的，总是由全体国民并只是由全体国民来负担的。那么国民应该按照什么标准来付给他们薪金呢？按照平等的标准。我在评定才干的价值时已经证明了这一点；在下一章中，我将说明社会上的一切不平等都是不可能的，以证实这一点。

我们在上文已经作了什么说明呢？一些十分简单的道理，简单到不值得一提的道理：

像行路的人不能把他经过的道路据为私有那样，耕者同样不能把他播种的田地据为私有；

可是，如果一个劳动者由于他的勤奋，可以把他所利用的材料据为私有，那么所有利用材料的人就都能根据同样的权利成为所有人；

一切物质的或精神的资本既然都是集体的产物，因而也就是集体的财产；

强者无权侵占弱者的劳动，狡猾的人也无权欺骗轻信的老实人；

最后，任何人不能强迫别人购买他所不喜欢的东西，更不能迫使他支付并未买进的东西的代价；因此一件产品的交换价值的计算标准既不是买主的意见，也不是卖主的意见，而是生产这件物品所花费的时间和费用的总额，各人的所有权始终是一样的。

这不是一些很简单的真理吗？读者，固然这些真理在您看来十分简单，可是您还会看到其他一些比它们更加乏味、更加简单的真理。这是因为我们是朝着与几何学家相反的方向前进的：对他们来说，他们愈是深入，问题就愈加艰难；相反地，我们开始讨论了一些最难解的论题之后，就将用不辨自明的道理来作结束的。

但是在结束本章的时候，我还须陈述一下法学家和经济学家从未梦想到的一个令人吃惊的真理。

第八节　从正义的观点来看，劳动破坏所有权

这个论题是我们已经扼要地加以说明的上述两节的结论。

孤立的人只能满足他自己的需要中的极小一部分：只有在社会生活和在全世界的努力的明智配合中他才能发挥他的全部力量。分工和合作增多了产品的数量和品种；职务的专门性提高了消费品的质量。

所以没有一个人不是依赖几千个不同的生产者的产品而生活的；没有一个劳动者不是从整个社会得到他的消费品以及与之俱来的再生产的手段的。的确，谁敢说“我靠我自己的努力生产我所

消费的一切的东西；我不需要别人的帮助"呢？被早期的经济学家认为是唯一的真正生产者的农民，即从瓦匠、木匠、裁缝、磨坊主、面包工人、屠夫、杂货商、铁匠等等那里得到住房、家具、衣服、食粮和援助的农民；——试问这些农民能不能自夸是单独地进行生产的呢？

各人的种种不同的消费品是由大家来供给的；因此，各人的生产也以全体的生产为基础。如果没有另一种产品，一种产品是不能存在的；一门孤立的产业是不可能的事情。如果其他的人不给农民制造粮仓、车辆、耕犁、衣服等等，他会得到怎样的收获呢？如果没有出版商，学者能够做些什么呢？如果没有铸字工人和机械工人，印刷工人能做些什么呢？如果没有无数其他的生产者，这些铸字工人和机械工人又能做什么呢……免得人家责备我们净讲些老生常谈的话，我们就不再拉长这个很容易扩充的名单了。各种产业通过相互的关系而联结成一个单一的集体；一切生产工作有时被当作目的、有时被当作手段而彼此互相利用；各种不同的才干不过是一系列从低级到高级的改变。

大家都参加每一种产品的生产，这个无可争辩的、无人争议的事实使一切个别的生产成为共同的生产；因此从生产者手中生产出来的每一种产品都被社会预先抵押出去。生产者本人对于他的产品只有一部分的权利，这一部分的分母数等于组成社会的人数。固然，这同一生产者反过来对于所有不是他自己生产出来的东西也享有权利，因此他对所有的人都有要求权，正如所有的人对他也享有这种权利一样；但是人们难道看不到，这些彼此相互的抵押权不但没有认可所有权，甚至连占有也破坏了吗？劳动者甚至不是他的产品的占有人;他刚把产品制造出来,社会就声称这是它的东西。

有人可能说:“即使是这样,即使产品不属于生产者所有,社会还仍然给予每个劳动者一种相当于他的产品的等值物,而这个等值物、这个工资、这个报酬、这个薪金就成为他的财产。难道您竟否认这个所有权是合法的吗? 如果那个生产者不是用掉他的全部工资,而是宁愿节约一些余款,谁敢说他没有权利这样做呢?”

劳动者甚至不是他的劳动代价的所有人,不能绝对地控制它的支配权。我们决不可以被一种虚假的正义所蒙蔽。人们给予劳动者以换取他的产品的东西,并不是作为一件已被完成的工作的报酬而给他的,而是作为一个将要去完成的工作的供应品和预支而给他的。我们在生产之前进行消费。在一天终了的时候,劳动者可以说:“我已清偿了我昨天的开支;明天我将清偿我今天的开支。”社会成员在他的一生中无时无刻不欠着债;在他死的时候,他也不能全部清偿:他怎么能够有私蓄呢?

人们谈到储蓄,但这是所有人的作风。在一种平等的制度之下,一切不以后来的再生产或享受为目标的储蓄是不可能的:为什么呢? 因为这笔储蓄既然不能转变为资本,也就没有了目标,也就失去了终极原因。这一点在下一章将作更充分的解释。

我们可以作出下列结论:

对于社会来说,劳动者必然是一个到死也不能清偿的债务人。所有人是一个不忠实的保管人,他不肯承认交给他保管的东西,却想按日、按月、按年得到他保管任务的报酬。

我们刚才所陈述的原理,对某些读者来说可能还显得过于抽象，我将用比较具体的方式把它们复述一遍；这种方式能使最迟钝的头脑有所领会，并孕育着十分重要的结论。

直到现在为止，我只是把所有权当作专属性的权能来研究的，此后，我将把它当作侵占性的权能来探讨。

第四章　所有权是不能存在的

所有人的最后的手段——那个以战无不胜所向无敌的威力使他们得到安心的论证——就是，据他们看来，地位平等是不可能发生的。“地位平等是一种妄想，”他们用一种自以为是的神气叫喊说，“今天你们平等地分配财富，明天这个平等就会消失。”

他们以一种不可思议的信心到处反复提出这个反对的意见，而对于这个陈腐的意见，他们从来没有忘记以荣耀归于天父(Gloria Patri)的腔调补充下列的注解：“如果所有的人都平等的话，谁也不愿意再劳动了。”

这个曲调是用变奏曲唱出来的。

“如果大家都是主人，谁也不肯服从了。”

“如果不再有富人，那么由谁来雇用穷人呢？”

还有，“如果不再有穷人，谁去给富人做工呢？”

但是，让我们不要谩骂：我们有更好的论据供我们使用。

如果我证明所有权本身是不能存在的；说它是矛盾的、妄想的、空想的；并且，如果我不再用形而上学和法学而是用数字、等式和计算来证明，那么那个张口结舌的所有人将发生什么样的恐慌呢？还有您，读者，对于这个反驳，您以为如何？

数字支配着世界(mundum regunt numeri)：这句成语既可适

用于恒星的和分子的世界也可适用于道德的和政治的世界。法学的原理和代数的原理是相同的；立法和政治不过是把各种势力分类并使其保持平衡的艺术。整个法学是包含在数学的通则之内的。本章和下一章将用来为这个异乎寻常的学说奠定基础。那时就会使读者看到一个无限的新的前途：那时我们将开始在数字的比例中看到哲学和科学的综合统一，并且我们将在大自然的这种极度的、庄严的纯朴性面前充满着赞叹的心情和热情，和那使徒一起高呼："是的，永恒的上帝是按数字、重量、长度创造万物的。"我们将不但懂得地位的平等是可能的，而且懂得只有平等才是可能的；说平等不可能，仅仅是由于只看到表面，由于我们总是把它同私有制或共产制联系起来设想的缘故；这两种政治制度同样是和人的本性相违背的。我们将终于承认，在我们的不知不觉中，甚至就在我们肯定它是不能实现的时候，平等天天在实现着；不用去找寻它，甚至也不用去盼望它，我们就将到处把它建立起来，这个时候已经不远了；那种与自然和真理相符合的政治秩序一定会和平等一起、在平等之中并通过平等而得到实现。

在谈到偏见的盲目性和顽固性的时候，有人说过，如果有谁觉得否认数学上的真理对他有利，那么他就会找到方法去摇撼这些真理；现在正是考验这个奇怪的论断是否正确的机会。我将不再用所有权本身的不言自明的道理而是用算术来攻击所有权。让所有人都做好准备来看看我的推理吧。因为，如果不幸我们的推论是正确的话，他们就算完了。

在证明所有权的不能存在时，我就完全证明了它的非正义性；的确：

合乎正义的东西一定是有用的；

有用的东西一定是真实的；

真实的东西一定是可能的。

因此，一切不可能的事情是不真实的、无用的和非正义的。所以我们可以根据任何事情的可能性来先验地判断它的正义性；因此，如果这个事情是绝对不可能的，那它就绝对是非正义的。

在物理和数学上，所有权是不能存在的

说　明

定理——所有权是所有人对一件标明为他自己的东西所主张的那种收益权

这个命题纯粹是一条定理，因为：

1. 这不是一个定义，因为它并不表明所有权所包含的全部内容：出卖权、互易权、赠与权；改变权、改造权、消费权、毁弃权、使用权和滥用权等等。所有这些权利都是所有权的那么许多种不同的权力，我们可以分别地加以研究；但是在这里，我们把它们略去不谈，而只就单独的一种权利、即收益权来加以研究。

2. 这个命题是普遍地被承认的；谁要是否认它，谁就会同时否认事实，并且就会立刻被普遍的实践所驳倒。

3. 这个命题是不言自明的，因为它所表明的事实总是实际上或潜在地伴随着所有权的；并且因为所有权主要是通过这个事实而表现、构成和确立的。

4. 最后，否认这个定理就会引起矛盾。收益权实在是一种固有的权利，它是所有权的一个十分重要的部分，所以只要它不存在，所有权就等于没有。

解说。——按照产生收益权的东西的不同，收益有着各种不同的名称：依靠土地，就是地租；依靠房屋和装修，就是租金；依靠永久性的投资，就是所得；依靠金钱，就是利息；在商业上是盈利、红利或利润（不应把这三种收益和工资或劳动的合法代价相混淆）。

收益是一种特权，一种有形的、可消耗的献礼，它根据所有人的名义上的和抽象的占用而依法归他所有。那件东西已盖上了他的印鉴；这就足以使其他任何人非得到他的许可不得占用这件东西。

所有人可以把这个占用许可权无代价地授予别人；通常他是把它出卖的。事实上，这个出卖是一种假冒[①]和勒索的行为；但是由于所有权具有合法的假象，这种被严厉地处罚的出卖行为不知为什么在其他的场合却成为所有人得到利润和报酬的泉源。

所有人在出让他的权利时所索取的报酬或者表现为现金，〔或者〕是对产品实物的分享。所以根据收益权，所有人可以不劳动而进行收割，不耕而有收获，不生产而有消费，四肢不勤而得享受。

① 在罗马法上，人们用假冒一词作为各种没有专用名词的诈取或欺骗行为的统称；在法国的法律上，按照《民法法典》第 2059 条的规定，“出卖或典押一项明知非自己所有的不动产，或者把已经抵押出去的不动产诡称为没有负担的财物而出卖或抵押给别人，或者在出卖或抵押时诡称不动产上的抵押权小于实际负担，都是假冒行为。”——原编者

象征财产的神和大卫王[①]所崇拜的神是大不相同的：后者虽然有手，可是什么也不拿，相反地，那些象征财产的神的手却既会攫取，又会摸索(manus，habent et palpabunt)。

收益权的授予过程是神秘的和不可思议的。一个所有人的就位典礼伴随着一些和过去秘密会道门收门徒相同的可怕仪式。第一步就是物件的奉献，通过这个仪式，可以使所有的人都知道，每当他们希望根据所有人的准许和签字而使用他的物件时，他们必须付给这所有人一笔合适的礼物。

第二步是念咒，除了上述情形以外，这个咒语禁止一切人触动那个物件，即使所有人并不在场，也是如此；并且宣称一切侵犯所有权的人是亵渎神物的、可耻的、可以加以制裁的、应该送交司法机关的。

第三步是命名，通过这个仪式，那个所有人或保护圣徒——物件的保护神——就像一位神住在圣殿中似的，在精神上住到这个物件中去了。由于这个命名仪式的效果，我们可以这样说，物件的实质就改变为所有人的人格了；他将被认为永远存在于那个有关物件的形式中。

这正就是法学家们的学说。“所有权，”杜利埃说，“是一件东西所固有的精神品质，一种把它同所有人维系起来的实在的联系；如果没有他的行为，这个联系是不会中断的。”过去洛克曾经郑重地怀疑过上帝是否可以使物质成为有思想的东西；而现在杜利埃

① 大卫王，前约1010—前970年犹太国王，著名的《旧约·诗篇》的作者。——译者

肯定所有人使物质成为有灵性的。那么要把物质看作神灵，还缺少些什么呢？当然，这决不是夸张的说法。

所有权是收益权，即一种可以不劳动而生产的能力；可是不劳动而生产就是无中生有，总之，那就是创造。这肯定是不比使物质灵性化更为困难。所以法学家们有理由把《圣经》上的这句话应用到所有人身上去："我已经说过，你们是一些神，并且你们都是上帝的儿子(Ego dixi：Dii estis et filii Excelsi omnes)。"

所有权是收益权。对于我们来说，这个定理就像《启示录》[1]中所说的那个奇兽的名字一样，这个名字含有这只奇兽的一切神秘。我们知道，如果有人能够了解这个名字的奥秘，他就会获得全部预言的智慧并且能够战胜这只奇兽。好吧！我们就将通过对于我们这个定理的详尽的解释来杀死这个名叫所有权的斯芬克斯[2]。从这颇有特色的事实——收益权——出发，我们将追踪那条老奸巨猾的长蛇直到它最隐秘的处所，我们将计算这条可怕的长虫绞死人的缠绕次数。虽然它的最厉害的敌人曾经把它的身体砍下了几段，但是它那具有上千个吸盘的头部却始终躲开了敌人的锋芒。因为要克服这个怪物，光有勇气还是不够的。据古代传说，在一个身带魔杖的无产者还没有丈量好它的长短以前，它是永远死不了的。

推论。——1.收益的数额是和提供收益的东西成正比的。不

① 《启示录》，《新约》最末一章的名称。——译者

② 斯芬克斯，人面狮身兽的名称，希腊神话说此兽向行人提出谜语，人如不能置答，即被吞噬，后来它的谜为伊狄泼斯识破，兽便投河自杀，现一般以斯芬克斯比喻难解之谜。——译者

管是什么样的利率，不论把利率提高到百分之三、百分之五或百分之十，还是把它降低到百分之零点五、零点二五或零点一，那是没有关系的，它的收益定律是保持不变的。现在我们说明这个收益定律如下：

一切折合成现金数字的资本可以当作一个等差级数中的一项，这个等差级数的比率是一百，并把这个资本所生的利息当作另一个等差级数中相应的一项，这个等差级数的比率就是利率。所以一笔五百法郎的资金既然是那个比率为一百的等差级数的第五项，那么比率为三的另一个等差级数的第五项就将指出它的百分之三的利息的数额：

100	200	300	400	500
3	6	9	12	15

在那些所有人的家里，都备有这种计算得非常精确的**对数表**。熟悉了这种对数以后，我们就能揭穿那些最疑难的谜语并惊诧不已。

按照收益权的这个**对数**理论，可以对一笔财产连同它的利息作出下列的定义：**这是一个数字，它的对数等于除以一百并乘以利率后所得的那些单位数的总和**。例如一所估价为十万法郎的住宅以百分之五的租率出租，按照$\frac{100000\times5}{100}=5000$这一公式，这所住宅的收入就是五千法郎。反过来，一块收入为三千法郎的土地，它的利息估定是百分之二点五，按照下列的另一公式，这块土地的价值就是十二万法郎：

$$\frac{3000\times100}{2.5}=120000。$$

在第一种场合，代表利息收益的那个等差级数的比率是五，在第二种场合，它是二点五。

解说。——在地租、所得、利息等名义之下的收益权是按年收取的；租金则按星期、按月或按年计算的；利润和盈利是按照交易的次数计算的。因此收益的数额是与提供收益的时间和物成比例的，所以人们说，高利贷像毒瘤似的增长起来（Fœnus serpit sicut cancer）。

2. 由持有人付给所有人的收益金对于持有人来说是丧失了。因为，如果所有人为了取得收益金，须在他所给予的使用许可之外负担更多的义务，那么他的所有权就不算是完全的，他所具有的就不是最高的权利、完全的权利（jure optimo，jure perfecto）了，这就是说他不是真正的所有人了。所以，在收益金的名义之下和作为许可使用的代价而从占用人手中转到所有人手中的一切，对于所有人来说是绝对的既得物，而对占用人来说则是损失掉的和消灭掉的东西。占用人从这里面丝毫得不到报答，除非是像赠与、施舍、服务的工资或他所供给的货物的代价等等。总之，就借用人而言，收益金是丧失了，或者像拉丁文更有力地说过的那样，东西拿出去以后对拿出去的人来说就算是丧失了（Res perit solventi）。

3. 收益权像对其他的人那样，对所有人也是发生作用的。一件东西的主人使他自己具有两重人格，一个是占有人，一个是所有人，在他使用他自己的财产的时候，他就强制他自己支付一笔等于向第三者收取的税金；所以一笔资本在资本家自己的手中时，也像在借用人或受委托人手中那样产生利息。事实上，如果我拒绝收取我的一所住宅的五百法郎的租金，而宁愿由我自己来占用它并享受它的话，那么我显然就成为我自己的债务人，这笔债务的数额等于我所拒绝收取的那笔租金。这是商业上普遍地被遵守的原则并且被经济学家当做是一个定理。所以那些处于身为他们流动资本的所有人的有利地位的实业家，虽然他们不必偿付利息给任何人，可是一定要先把他们的资本的利息以及他们雇员的薪金和经常的开支扣除之后，才计算他们所得的盈利。由于同样的理由，放款人使保留在自己手中的资金愈少愈好；因为一切资本既然必须生息，如果谁也不付这笔息金的话，那就须在资本中提取；这样，提取多少，资本就将减少多少。因此，由于收益权的关系，资本自己在吞蚀自己。巴比尼埃努斯①一定就是因为这个缘故，所以才说过下列既优雅而又有力的话：高利贷咬得紧紧的（Fænus mordet solidum）。请原谅我在论述这个问题时屡次采用拉丁语言：这是我向那前所未有的最有名的高利贷民族所表示的一种敬意。

第一个论题

所有权是不能存在的，因为它想无中生有

研究这个论题和研究经济学家们争论得这样厉害的关于地租起源的论题是相同的。当我阅读了这些经济学家中的大多数人的著作后，看到了这一大堆的废话，不禁产生了一种掺杂着愤怒的鄙夷情感，因为在这堆废话里，真是丑恶与荒谬互相辉映。如果不是因为这些理论会产生非常严重的后果，我们本来可以把这些东西看成是痴人说梦、一笑置之。要给那种只是并且只能是盗窃、勒索

① 巴比尼埃努斯（147—212），古罗马法学家。——译者

和掠夺的行为寻找一个合理合法的根据，这实在达到了财产狂的顶点，实在是一种最高度的魔法，那些本来是有识之士，由于邪恶的自私心，都被这种魔法所颠倒了。

“一个种地的人，”萨伊说，“是一个制造麦子的人，他在那些用来把原料改变成为麦子的工具中，使用了一种伟大的工具，就是我们称之为田地的那种工具。当他不是这田地的所有人而只是它的佃户时，他为了它所提供的生产效用须向土地所有人偿付代价。佃户可以从麦子购买人的身上得到补偿，这个购买人又可以向另一个购买人获得补偿，直到这个产品到达消费者的手中为止，后者将偿还头一笔的垫款以及被用来使产品终于到达他手中的一切附加的垫款。”

我们先把那些使产品终于到达消费者手中的后来的垫款放在一边不谈，暂时只注意全部垫款中的头一笔、即佃户付给土地所有人的地租。我们问，土地所有人要求别人付给他这笔地租所根据的理由是什么。

按照李嘉图[①]、马卡洛克[②]和密尔[③]的说法，真正的地租不过是较肥沃的土地的产品与质量较差的土地的产品相比的差额；因此，对于第一种土地所收取的地租只是在人们由于人口增加不得不在第二种土地上进行耕种时才开始发生。

① 大卫·李嘉图(1772—1823)，他的《政治经济学及赋税原理》是1817年发表的。——原编者

② 约翰·腊姆赛·马卡洛克(1789—1864)，苏格兰经济学家。——原编者

③ 詹姆斯·密尔(1773—1836)，是萨伊的朋友，他曾发表过《政治经济学原理》和《英属印度史》；他是约翰·斯图亚特·密尔的父亲。——原编者

在这里面，很难看出有什么意义①。土地质量的不同怎能产生一种对于土地的权利呢？土地(humus)种类的不同怎能产生立法上和政治上的原理呢？对我来说，这种推理不是十分微妙就是十分愚蠢，以致我愈是加以思考，就愈觉得迷惘。假定有一块土地"甲"，能够养活一万个居民，还有一块土地"乙"只能养活九千个居民，这两块土地的面积一样大：在甲地的居民由于人口增多被迫去耕种乙地的时候，甲地的土地所有人就可以要求这块土地的佃户付给他们一笔按照10比9的比例计算的地租。我想，李嘉图、马卡洛克和密尔就是这么说的。但是如果甲地能容纳多少人就养活多少人，这就是说，如果甲地的居民，根据我们的解释，只拥有刚够维持他们生活的土地，他们怎能偿付地租呢？

如果人们仅仅说土地的不同曾经是地租的缘由，而没有说它是地租的原因，那么我们可能已经从这简单的言论中得到了一个可贵的教训，这就是，地租是从要求平等的愿望产生的。事实上，如果所有的人都有占有良好土地的平等权利，那么，如果不给予补偿，你就不能强迫任何人去耕种低劣的土地。按照李嘉图、马卡洛克和密尔的意见，这时地租就可成为补偿损失和辛劳的办法。毫无疑问，这种实用的平等的方法是不好的，但到底动机是良好的：李嘉图、马卡洛克和密尔从这个体系中能够得出什么样的有利于所有权的论证呢？他们的理论转过来反对他们自己，使他们难以

① 蒲鲁东事实上没有懂得李嘉图关于地租、即差额地租的理论。人家只不过对那些经济现象提出了一个解释，他却要在这些解释中去找寻一种权利的原理。此外由于他对那不恰当的用语有所误会，所以在地租和田租之间，没有加以区别。——原编者

自圆其说。

马尔萨斯以为地租的根源在于土地的生产能力所提供的生活必需品，除供应种地的人所需要的必要数量外，还有多余。我要问问马尔萨斯，为什么成功的劳动要给不劳动的人分享一部分产品的权利呢？

但是马尔萨斯老爷弄错了事实。是的，如果所谓耕种者仅仅是指佃农而言，土地的生产能力是可以提供比耕种者所需的更多的必需品的。裁缝缝制的衣服超过他所需要穿的数量，木匠也制造了比他所用的更多的家具。但是，既然不同的职业彼此互相包含并互相支持，因此不但农民，而且各行各业的从业者——甚至医师和教员——都是、并且都应该被看作土地的耕种者。马尔萨斯的地租是以商业原理为依据的。要知道，商业上的基本定律是交换商品之间的等价性，一切破坏这个等价性的东西都是侵犯这个定律；这是一个要加以纠正的估价上的谬误。

斯密的著作的注释者布恰南[①]认为地租只是一种垄断的后果，并且主张只有劳动才是能够生产的。因而他认为，如果没有这种垄断，产品的价格就会上涨；并且他认为只有在民法里能找到地租的根据。这个见解是以民法为所有权基础的学说的一个支派。但是，民法应该是见诸文字的正义的表现，它为什么会核准这种垄断呢？无论谁说到垄断，都必然排斥正义。现在说地租是一种由法律所规定的垄断，就等于是说非正义是以正义为基础的：这是自

① 布恰南(1779—1848)，曾于1814年着手编订一部共计四册的亚当·斯密的巨著，其中的补充部分载有他的传略、笔记和注释。——原编者

相矛盾。

萨伊答复布恰南说，土地所有人并不是个垄断者，因为垄断者“是那种不能给经过他手里的商品增加任何效用的人”。

土地所有人对他佃户的产品增加多大的效用呢？他耕过地、播过种、收过庄稼、割过草、簸过谷、拔过草吗？这些是佃农和他的雇工所采取的方法，用以增加他们为了再生产而消费的原料的效用。

“土地所有人利用他的土地这一工具增加产品的效用。这个工具接受在一种状态下麦子所构成的原料，使它变成另一种状态的麦子。土地的作用是一种化学过程，它在很大程度上变更麦子的原料，使它通过破坏而增殖起来。所以土壤是能够产生效用的；并且当它[土壤？]为了它的所有人的利益而使这种效用以盈利或地租的形式要求得到报偿时，它同时也给予消费者一些东西，以交换消费者所偿付给它的数额。它给予消费者一种已产生了的效用，并且正是这种效用的产生，使我们有理由把土地称为有生产力的，正如我们一向把劳动称为有生产力的一样。”

让我们来解决这个问题。

给农夫制造耕具的铁匠，给他制造车辆的车匠，给他建筑仓库的瓦匠，还有木匠、编筐匠等等，他们都通过他们自己供给的工具对农业生产有所贡献，他们都是效用的生产者；因此，他们都有权分享产品的一部分。

“毫无疑义，”萨伊说，“但是土地也是一种工具，它的功用应当得到报偿，所以……”

我同意土地是一种工具；但是谁制造它的呢？是土地所有人

吗？是他通过所有权的有效特性、通过这种注入土壤的精神上的特质使土地具有活力和肥力的吗？恰恰就是在这一点上存在着土地所有人的垄断，即他虽然没有制造工具，却要求偿付使用土地的酬报。如果造物主自己前来收取地租，我们当然愿意同他商量这个问题；如果土地所有人冒充造物主的代表，提出这样的要求，那他就得把委任状拿出来给人看看。

“土地所有人所提供的劳务，”萨伊补充说，“对他来说是不费力的，这点我承认。”

这个坦白倒是天真得很。

“但是我们不能置之不顾。如果没有所有权，一个农民就会为了抢种一块没有土地所有人的田地而和另一个农民打起架来，因此田地就将荒废……”

那么土地所有人的任务就在于剥削所有的农民而使他们彼此和好……多么合乎逻辑！多么合情合理！经济学家们真是聪明得了不起！按照他们的看法，土地所有人就像是贝仑-唐丹，当两个旅行者为了对一个牡蛎发生争执，来到他的面前要求理直时，他把牡蛎剖开，吃了里面的肉对他们说：

“法院判给你们各人一片蛎壳。”①

还能对所有权说什么更不好听的话呢？

萨伊能否告诉我们，如果在没有土地所有人的情况下农民会为了争夺土地的占有而打起架来，为什么这些农民现在不会为了

① 此处应为“拿好，法院判给你们各人一片蛎壳——免缴讼费……”（拉丰登：❶《寓言集》第9册第9篇）。——原编者

❶ 拉丰登（1621—1695），法国十七世纪大寓言诗人。——译者

同样的占有而和土地所有人打起架来呢？这显然是因为他们以为这些土地所有人是合法的占有人，并且因为尊重一种想象的权利的思想克制了他们的贪欲。我在第二章中曾经说明，不必有所有权，占有就足以维持社会秩序。难道承认没有主人的占有人比承认受土地所有人支配的佃户较为困难吗？尽管劳动者违反了他们自己的利益而尊重不劳动者的那些冒充的权利，他们不会破坏农业生产者和工业生产者的自然权利吗？什么！如果垦荒者在他们停止占用土地时立即丧失他们对于土地的各种权利，他们就会对土地变得更加贪婪！并且，如果不能索取一种收益和对别人的劳动收取租税，这就会是争吵和争讼的根源！那些经济学家的逻辑真是特别。但是我们还没有说完呢。我们现在姑且承认土地所有人是土地的合法的主人吧。

他们说，“土地是生产工具”；这是对的。但是当他们把名词换成形容词而说“土地是一个有生产力的工具”时，他们是故意制造一个该死的错误。

按照魁奈[①]和早期经济学家的说法，一切生产物都是从土地得来的；反之，亚当·斯密、李嘉图、德·特拉西说劳动是生产的唯一动因。萨伊和他大多数的后继者认为，土地是有生产力的，劳动也是有生产力的，资本也是有生产力的。这是经济学上的折中主义派。实际的情况是：土地是没有生产力的，劳动也是没有生产力的，资本也是没有生产力的。生产物是由这三种同样必要的因素合作产生的，但如果把它们分开，它们就都是不能生产的。

① 魁奈(1694—1774)，法国十七世纪经济学家，重农学派的创始人。——译者

的确，政治经济学讨论了财富或价值的生产、分配和消费；但是所讨论的是哪些价值呢？由人类的经营而产生的价值，即人类为了使物质适合自己的用途而使它发生的一些变化，根本不是大自然的自发的生产物。人的劳动只在于使用手的力量；对他来说，只有他费了那番辛苦才生产出价值来。在这以前，海中的盐、泉中的水、田野里的草、森林中的木材，对他来说都好像是不存在似的。没有渔夫和他的渔网，海是不会供给鱼类的；没有樵夫和他的斧头，森林是不会提供燃料和木材的；没有刈草者，草原既不会供给干草也不会供给再生草。大自然是一大堆可以开发并变成产品的材料；但大自然并不为它自身生产什么；按照经济学的意义来说，它的产品就其对人的关系而言还不是产品。

资本、工具和机器同样是没有生产力的。没有铁匠和铁，锤子和铁砧是打不出铁来的；没有磨粉的人和谷子，磨坊是磨不出粉来的；诸如此类。如果你把工具和原料放在一起；如果你把耕犁和种子放在肥沃的土壤上；如果你走进一个铁匠铺，点起火来以后把店门反锁上——你什么东西也生产不出。下面这句话是一位比他大多数的同行具有较为正确的判断力的经济学家说的：“萨伊认为资本能够起一种与它的本性格格不入的积极作用；如果听其自然，它只是一种没用的工具。”（德罗茨①：《政治经济学》。）

---

①　德罗茨，1775年10月3日生于贝桑松，1850年11月9日死于巴黎，一个正直的人和乐观派哲学家，但并未被认为是一个最有创见的经济学家，1806年他写了《试论成为幸福者的艺术》，1824年写了使他成为法国科学院院士的《道德哲学》，1829年写了使他被选为伦理科学院院士的《政治经济学》。他曾被贝桑松学院指定为蒲鲁东的监护人和导师。这两个人的性格不相投合，但至少在德罗茨方面，他对待蒲鲁东是很好的。（参阅附录中1840年8月3日的信件，注2。）——原编者

最后，劳动和资本在一起，如果结合得不好，还是生产不出什么东西来的。如果你去耕耘一块草木不生的沙地，捶打河中的水，用筛子去筛印刷所的铅字，你既不会得到麦子，又不会得到鱼类，也不会得到书本。你们的劳苦和塞克西斯[①]的大军的那次大规模的劳动同样是毫无效果的；根据希罗多德的记述，塞克西斯下令叫他的三百万大军鞭打赫勒斯滂[②]二十四小时，以惩罚这个海峡，因为它的浪潮冲毁了这位伟大的国王搭起的浮桥。

如果把工具和资本、土地和劳动个别地和抽象地加以考察，那么，严格地说来，它们是没有生产力的。所以，当土地所有人要求人们由于使用他的工具或利用他土地的生产力而偿付一笔收益金时，他假定了一个绝对虚假的事实，即假定了资本是可以靠自身的力量生产的，并且在收取这种想象的产物的代价时，他实在是无缘无故地得到了一些东西。

抗辩。——但是，如果铁匠、车匠，总之一切工业生产者可以根据他们所提供的工具分享产物；又如果土地是一种生产工具——为什么这个工具就不能使它的真正的或假想的所有人像耕犁和车辆的制造者那样分享一部分产物呢？

答复。——这里我们触及到问题的核心、即所有权的不可理解之处，如果我们想对收益权的奇特后果有所了解，就非常有必要解决这个问题。

---

① 塞克西斯，古波斯国王（前485—前465年在位），曾大举进犯希腊，终被击败。——译者

② 赫勒斯滂，达达尼尔海峡的古希腊名。——译者

给农民制造或修理工具的工人只得到一次代价，或者在交件时，或者分几次；当这个代价一旦付清，工人所交付的工具就不再是他的了。他永远不会就同一工具或同一修理工作要求双份的工资。如果他每年从那农民那里分得一部分产品，那是因为他每年都给那个农民做了一些事情的缘故。

相反地，土地所有人却并没有交出他的工具；他永远有人付钱给他，他永远保留着这个工具。

事实上，土地所有人收取的地租并不是用来支付这个工具的维持费和修理费的；这些费用仍须由承租人负担，除非土地所有人关心土地的维护，否则这些费用与他无关。如果他自己承担维修工作，他也不会忘记使他所支出的垫款得到偿还。

这笔租金也并不代表工具的产物，因为工具本身是什么也不能生产的；这一点我们刚才已经证明，并且我们将要通过它的结论证明得更清楚些。

最后，这笔租金并不说明土地所有人参加了生产，因为这种参加只能像铁匠和车匠那样，必须交出他的工具的一部或全部，在这种情形下，他就不再是土地所有人了，这无形中是和所有权的观念相矛盾的。

所以，在土地所有人和佃农之间，并不发生价值或劳务的交换；因此，就像我们的定理所说明的那样，地租是一笔真正的意外收入，是一种完全以一方面的欺骗和暴力以及另一方面的软弱和无知为基础的敲诈行为。经济学家们说，只能用产品来购买产品。这句成语是对所有权的不利的判决。土地所有人本人既不从事生产又不利用他的工具进行生产，并且不花任何代价而得到产品，他不是寄生虫就是小偷。所以,如果所有权仅仅作为一种权利而能存在的话,那是不可能的。

推论。——1.1793年的共和国宪法说明所有权是“享受自己劳动果实的权利”。这样的规定犯了大错;它应该说:所有权是享受并任意支配别人的财物、别人的辛勤和劳动的果实的权利。

2.如果土地、房屋、家具、机器、工具、货币等等的每一个占有人在出借他的物品时所取的代价超过修缮费用(修缮费用由出借人负担并代表他用以换取其他产物的产品),即犯有诈欺和勒索的罪行;总之,一切不是以损坏赔偿的名义而是以借贷代价的名义所收取的租金就是一种所有权行为,一种盗窃行为。

历史的说明。——一个战胜国强制战败国缴纳的款项是一种真正的地租。1789年革命所废除的封建领主的权利——什一地租、永远管业、劳役等等——都是各种不同形式的所有权;那些以贵族、领主、修道院主、恩赏的受惠者等名义享受这些权利的人恰恰就是土地所有人。如果今天来替所有权辩护,那就是谴责革命。

第二个论题

所有权是不能存在的,因为哪里存在着所有权,那里的生产品的生产成本就会高过于它的价值

先前的论题在性质上是属于立法方面的;这一个则是属于经济方面的。它可以用来证明以暴力为根源的所有权结果造成浪费。

“生产,”萨伊说,“是大规模的交换行为:要使交换行为具有生产力,就必须使全部劳务的价值由产品的价值来抵偿。如果不具

备这个条件，交换就会是不平等的，生产者就付出得多，得到的少。”

要知道，既然价值必须以效用为基础，一切无用的产品就必然是没有价值的，它就不能进行交换；因此它不能用来*偿付*生产过程中的劳力。

所以，即使生产可以和消费相等，它也永远不能超过消费；这是因为，只有当生产物有用时，才有真正的生产，并且只有在存在着消费的可能性时，生产物才是有用的。因此当每一种产品因过度丰富而变成消费不了的时候，它那没有被消费的部分就成为无用的、无价值的、不能交换的，因而就不能用来偿付任何东西；它就不再是一种产品了。

至于消费，要使它成为一种正当的、真正的消费，它就必须能够重新生产效用；因为，如果消费不是为了生产，那么它所消灭的产品就都成为被取消的价值，一些纯粹损失掉的产品，这个情况就使产品降低价值。人有消灭物品的权力，但他只能消费他所再生产出来的物品。所以在一种正确的经济制度中，生产和消费之间是存在着平衡的。

在以上各点确定之后，让我们假定有一个拥有一千户居民的部落，圈居在一个特定地区的范围之内，对外不发生交往。对我们来说，这个部落可以代表整个人类，因为散布在地球上的整个人类确实是同外界隔绝的。事实上，既然一个部落和人类之间的差别只是数字比例上的差别，其经济结果在任何情况下都将是完全相同的。

其次，再假定这一千户专门从事耕种小麦的居民，每年必须把他们产品的百分之十作为实物息金，付给他们之中的一百个人。在这种情况下，人们显然可以看出，收益权就等于对社会产品预征的一笔税收。这笔税收是供什么用的呢？

这不会被用来供应那个部落的粮食，因为这种供应和地租毫无共同之处；这也不是用来偿付劳力和产品的，因为那些土地所有人在像其他的人那样从事劳动时，只是为他们自己劳动。最后，这笔税收对于承受人是无用的，因为他们收获的小麦足供他们的消费，并且在一个没有商业和工业的社会中，他们买不到别的物品；他们的收益因此就将失去效用。

在这样的一个社会中，既然产品的十分之一是消费不了的，就有十分之一的劳力没有得到报偿：生产物的成本就会高于它的价值。

现在，让我们把三百个生产小麦的人变成各种各样的工匠：一百个园丁和种植葡萄的工人、六十个鞋匠和裁缝、五十个木匠和铁匠、八十个从事各种不同职业的工人，并且，为了使一切齐全，还有七个学校教员、一个市长、一个法官、一个传教士：每种职业都以其特有的产品供应那个部落。现在，总产量是一千，每个劳动者的消费量是一，其中小麦、肉类和其他谷类占零点七；酒和菜蔬占零点一；衣服鞋子占零点零六；铁器和家具占零点零五；其他各种产品占零点零八；教育费占零点零零七；行政管理费占零点零零二；礼拜费占零点零零一。总数是一。

但是那个社会应当偿付一笔百分之十的地租；并且我们可以看到，无论这笔地租仅仅由农民来负担或者由全部劳动者连带负担，结果是一样的。农民按照他须偿付的数字的比例提高他的粮食售价；其他劳动者也跟着仿效，于是，在经过几度动荡之后，平衡就建立起来，每个人都付出差不多相等的数量。如果以为在一个国家中，只有农民才偿付地租，那是极大的错误；偿付地租的是全国的国民。

所以我说，由于征收了百分之十这笔税款，每个劳动者的消费量就减少到下列的情况：小麦零点六三；酒和菜蔬零点零九；衣服鞋子零点零五四；家具和铁器零点零四五；其他产品零点零七二；学费零点零零六三；行政管理费零点零零一八；礼拜费零点零零零九。总数是零点九。

劳动者生产了一，而只能消费零点九，所以他就损失他的劳动代价的十分之一；他的生产物的成本始终高于它的价值。另一方面，那些土地所有人所收取的十分之一也同样是一种浪费；因为他们本人既然是劳动者，就可以像其他的人那样用他们的产品的十分之九来养活自己，他们毫不缺乏什么。即使他们得到双份的面包、酒、肉类、衣着、住房等等，如果他们消费不了，又不能加以交换的话，这种双份的配给有什么用呢？所以地租对他们来说，正像对其余的劳动者一样，是一种浪费，并且在他们的手中毁掉。如果你们扩大这个假设，增加产品的数字和种类，你们仍旧会得到同样的结果。

直到现在为止，我们假定土地所有人是参加生产的，不但像萨伊所说的那样，通过利用工具，并且是以实际的方式和通过他双手的劳动而参加生产的。那么就不难看到，在上述的情况下，所有权是永远不会存在的。但实际情况又是怎样呢？

土地所有人在本质上是荒淫的动物，既缺乏德性，又没有廉耻，他一点也过不惯有秩序和有纪律的生活；他所以爱好财产，那只是因为它可以使他随心所欲地过舒适的生活。因为生活所需得到了保障，他就放纵于无聊的和懒惰的生活；他逍遥终日，追求稀奇的事物和新鲜的刺激。有财产的人如果要享乐的话，一定要放弃普通的生活，层出不穷地玩一些奢侈的花样和从事淫秽的娱乐。

我们的一百个土地所有人不是抛弃一笔毁灭在他们手中的地租，从而使社会劳动免于承受这份负担，反而宁愿从事休息。由于这种退却——绝对生产量减去一百，而消费量保持不变，——生产和消费似乎可以保持平衡。可是，首先，既然土地所有人不再从事劳动，按照经济学的原理来说，他们的消费就成为不生产的；因而社会上就不再像先前那样存在着一百个人的劳力得不到报偿的情况，而是有一百个人的产品没有提供劳力而被消费掉；不论在账册上用哪一种项目来记载亏损，这笔亏损始终没有什么不同。不是政治经济学的原理是错误的，就是与这些原理相反的所有权是不可能存在的。

经济学家们由于把一切不生产的消费看成是一种祸害、一种对于人类的盗窃行为，因而孜孜不倦地劝告土地所有人要有节制、要从事劳动并进行储蓄；他们劝导他们必须使自己成为有用的人，必须对他们从生产方面取得的东西有所补偿；他们对于奢侈和懒惰发出了最激烈的责骂。这种道德学肯定是很好的；可惜它缺乏常识。那个从事劳动的或者像经济学家们所说的使自己变成有用的人的土地所有人，对于他所提供的劳动和效用是得到酬报的；然而，就他不加耕耘而取得收入的那些地产来说，难道他由于上述情况就不是不劳而获了吗？无论他做些什么，他的地位是不生产的并且是罪恶的；只有在他不再是土地所有人时，他才能停止浪费和破坏。

但这还不过是所有权所产生的最小的弊端。无论如何，可以想象到社会要维持一些不劳动的人的生活。社会上永远会有瞎子、残废者、疯人和白痴。它能很容易地养活一些懒汉。在这一点上，不可能的事增多了，变得复杂了。

第三个论题

所有权是不能存在的，因为有了一定的资本，生产是随劳动而不是随所有权发生变化的

如果要清偿一笔按照产品百分之十、为数是一百的地租，那个产品就必须是一千；要使产品是一千，那就需要有一千个劳动者的劳动力。因此，既然土地所有人都享有一种依靠租息生活的平等权，如果像刚才所说的情形那样，让我们那些从事劳动的土地所有人都去休假的话，我们就将面临无法支付给他们收入的情况。事实上，那个原先曾经是一千的生产力既然只剩了九百，生产量因此也就减少到九百，九百的十分之一是九十。所以，或者是，如果九十个土地所有人要得到他们全部的收入，那就必须停止付给一百个土地所有人中十个人的地租；或者是，所有的土地所有人都必须同意把他们的收入各减去百分之十。这是因为，不能由那些在职务上毫无差误的、像过去一样进行着生产的劳动者来忍受土地所有人退出劳动的后果，而是必须由土地所有人自己来承担他不劳动的后果的。但是在这时候，土地所有人为了想要享受，变得比以前穷了；在行使他的权利的时候，他丧失了权利，以致在我们要想

抓住所有权的时候，它却逐渐减少并消失了：人们愈是追求它，它愈不让人们得到它。一种受数字的比例支配的并且可以被数学的计算所毁灭的权利，是一种什么权利呢？

从事劳动的土地所有人：1. 作为劳动者，可以得到工资零点九；2. 作为土地所有人，可以获得地租一。他自己想："我的地租已经足够了；我不必劳动就已够用，并且还有多余。"而在那里，他计算可以得到的那笔收入，在他还不知道怎样会短少的时候，却减少了十分之一。这是因为在他参加生产时，他自己就是这十分之一的创造者，现在他就得不到这十分之一了；并且，当他以为他只是为了自己而劳动的时候，他在交换产品的过程中不知不觉就受到了一部分损失，这损失的结果就是使他自己偿付他的地租的十分之一。像其他每一个人一样，他生产了一而只能得到零点九。

如果劳动者不是九百个而只是五百个，那么地租的总额将减少到五十；如果只有一百个，那么它将减少为十。所以我们可以把下列定理规定为财产的经济定律：收益金一定随着不劳动者的人数的增多而减少。

这个初步的结果将导致我们得到另一个更加令人惊奇的推论。它的意思是要一下子使我们从所有权一切弊害中解脱出来，既不必废止所有权，也不致使土地所有人遭受损害，而且所采用的还是一种非常保守的方法。

刚才我们已经证明，如果拥有一千个劳动者的社会的地租是一百，九百个劳动者的社会是九十，八百个劳动者的社会是八十，一百个劳动者的社会是十，等等。因此，如果一个社会只有一个劳动者，地租就只有零点一，不论私有化的土地的面积和价值如何。

所以，在具有一定的土地资本的条件下，生产是随劳动而不是随财产发生变化的。

根据这个原理，让我们探究一下，对于一切财产来说，收益金的最高限度应该是怎样的。

在本质上，租佃行为究竟是什么呢？这是一种契约，土地所有人通过这种契约把他的土地的占有租让给一个佃户，其代价是由他取得土地产物的一部分。如果由于佃户家庭人口的增多，佃户的生产力比土地所有人大十倍的话，他将生产十倍的产物。难道土地所有人能够因此而把地租增高十倍吗？他的权利不是：你生产得愈多，我就征收得愈多；它是：我出让得愈多，我就征收得愈多。佃户家庭人口的增多，他所能支配的人手的多少，他的经营方法，——所有这些都有助于增加生产，但与土地所有人无关。后者的要求应该以他自己的生产能力而不是以别人的生产能力作为衡量的标准。所有权是收益权，不是人头税。一个连几亩地都耕种不了的人怎能因为他的地产是一万亩就可以向社会要求他自己在一亩地上所生产不出的那个数额的一万倍呢？为什么借贷的租金不以所有人所牺牲的效用而要以借用人的才干和体力作为计算的根据呢？所以我们必须确认这第二条经济定律：收益金的多寡是由土地所有人的生产量的一部分来衡量的。

那么，这个生产量是什么呢？换句话说，一块土地的主人在把它租给佃户时，他可以振振有词地说他所放弃的是什么呢？

一个土地所有人的生产力像一切劳动者的生产力那样，既然是一，他因租让土地而失去的产物也就是一。所以如果收益金的比率是百分之十的话，一切收益金的最高限度将是零点一。

但是我们已经看到，每当一个土地所有人退出生产，产物的总额就减去一个单位：所以，如果当他参加劳动时所能得到的收益金是零点一的话，由于他的退出，按照地租减低的定律，这笔收益金就将减为零点零九。我们因此就得出这个最后的公式：**一个土地所有人的最高收入等于一个劳动者的产品的平方根**（这个产品是由一个协商好的数字来代表的）；**这笔收入因土地所有人的不劳动而受到的减少等于一个分数，这分数的分子是一，分母则是用来代表那个产品的数字。**

因此，一个不劳动的或者在社会以外为他自己个人利益而从事劳动的土地所有人的最高收入，按照每个劳动者的平均生产量一千法郎的百分之十来计算，是九十法郎。所以，如果在法国有一百万个平均各享受一千法郎收益并且不生产地加以消费的土地所有人，那么，按照十分公平的权利和最正确的计算法，每年应当付给他们的不是十亿法郎而仅是九千万法郎。

在工人阶级所负担的沉重租税上减去一个九亿一千万的数字，这不是一件小事；但是我们的账还没有算完，劳动者还没有认识他们的权利的全部范围。

当我们把收益权限制在合理范围之内的时候，不劳动的土地所有人的收益权是什么呢？是一个承认占用权的行为。但是，既然所有的人都有同等的占用权，每一个人根据同样的权利就都是土地所有人；每一个人都有权获得一笔等于他的产品的一个分数的收入。所以，如果劳动者由于所有权而不得不把地租付给土地所有人，那么，根据同样的权利，土地所有人也应该把相等的地租给予劳动者；并且，他们双方的权利既然相等，这些权利之间的差额就是零。

结论。——如果地租依法只能是土地所有人的假定的产量的一个分数，那么无论地产的数量和价值如何，对于为数众多的各别的小土地所有人来说，情形是相同的。因为，虽然单独一个人能够分别地使用地产中的每一块，他却不能同时使用地产的全部。

总括地说：只能存在于由生产定律所规定的极狭小的范围之内的收益权，因占用权而归消灭。要知道，没有收益权就没有所有权；所以所有权是不可能存在的。

第四个论题

所有权是不能存在的，因为它是杀人的行为

如果收益权可以服从理智和正义的定律的支配，它就会变为一种补偿或债务的承担；对于一个单独的劳动者来说，这个债务的最高限度永远不能超过他所能生产的产物的某一个分数；这是我们刚才已经证明了的。但是，为什么收益权——我们不要不敢直呼其名：盗窃权——要让那与它毫无共同之处的理智来支配它呢？土地所有人并不满足于正确的判断和自然之理所给他规定的收益金；他要求能够得到十倍、百倍、千倍、百万倍。如果由他一个人单独劳动，他只能从他的土地得到单位为一的产物，而他向社会所要求的，不再是一个与他的生产力成正比的权利，而是一种人头税。他向他的同胞们按照他们的体力、人数和经营的情况征收租税。当农民生了一个孩子，土地所有人就说：好，又多了一个增加收益的机会。地租是经过怎样的过程变成人头税的呢？我们的法学家和神学家十分精明，可是为什么他们遏制不住收益权的扩张呢？

土地所有人按照他自己的生产能力计算出他的土地可以容纳多少劳动者，就把土地分成多少部分，并且说："每个人都得给我收益。"如果想增加他的收入，他只要把土地一分就行了。他不是根据自己的劳动来计算应得的利息，而是按照他的资本来加以估计；通过这个偷天换日的手法，原来在它主人手中永远只能产生一的同样一块地产，现在对他来说就值了十、一百、一千、一百万。从此，他只要准备把那些向他申请的劳动者的姓名登记下来就行了；他的工作变为草拟租地契约和开出收据。

土地所有人还不满足于这种轻松的职责，他甚至还不打算负担那笔由他的懒惰所产生的亏损；他把亏损转嫁到生产者的身上，他永远向生产者需索同样的酬报。一块土地的租金一旦提高到它的最高点，土地所有人就永远不再把它降低；生活必需品的昂贵，人手的缺乏，季节的荒歉，甚至可怕的瘟疫，对他都不发生影响：他既然不参加劳动，年成的好坏与他何干？

这里开始一系列新的现象。

每当萨伊攻击捐税的时候，他的推论是非常精彩的，但他永远不愿了解土地所有人对于佃户干着和征税人员相同的剥夺行为，他在给马尔萨斯的第二封信中说道：

"如果捐税征收人员和他的上级消费产品的六分之一，他们因此就强制那些生产者最后用他们所生产出来的产品的六分之五来供应他们自己的衣食方面的需要。人们对此表示同意，但同时说每个人用他所生产出来的产品的六分之五来生活是可能的。如果人们一定要我同意的话，我也可以表示同意；但是我要请教，如果人们向生产者索取的不是六分之一，而是六分之二或三分之一的产品，他们是否以为生产者的生活还是照样可以过得很好呢？不能，但是他还会活下去的。那么我要问，如果有人夺去他的三分之二……后来是四分之三的话，他是不是还能活下去呢？但是我得不到任何答复。”

如果这位法国经济学家的大师不为他对于所有权的偏见所蒙蔽，他就会看到这恰好就是地租所造成的同样的后果。

假定一户六口人的农民家庭，父母和四个儿女，依靠他们耕种的一小块土地在农村过活。假定他们依靠辛勤的劳动能像人们所说的那样勉强收支两抵；假定他们在照管住宿、烤火、穿衣、吃饭之后不致负债，但也一点没有积蓄。好年成和坏年成通扯着应付，他们总算能够活下去：年成好的时候：做父亲的可以多喝两杯酒，两个女儿添置一件褂子，儿子们买顶帽子；可以少许吃点干酪，有时可以吃点肉。但我以为这些人即将濒于破产和陷于绝境。

因为，按照我们的定理的第三项推论来说，他们欠自己一笔款子，即他们自己的那笔资本的利息。如果把这笔资本仅仅估计为八千法郎，按百分之二点五计算，每年就应偿付二百法郎的利息。他们没有把这二百法郎从总产额中提取出来，储蓄起来，并使它化为资本，他们却把它消耗了，他们家庭账册上的贷方每年就发生二百法郎的亏损，这样过了四十年，这些毫未有所觉察的善良的人们就会吃光他们的资本，并宣告破产。

这个结果好像是笑话，但不幸是一个事实。

征兵的命令来了……什么是征兵？征兵就是政府对若干家庭突然采取的一种财产上的行为，一种对人和金钱的掠夺行为。农民不愿和他们的儿子分离，在这一点上，我认为他们并没有什么过错。要一个二十岁的青年在兵营中有所得益是困难的；如果他不在那里腐化堕落，他就会讨厌那种生活。你通常可以根据一个士兵对于他的制服的厌恶来判断他的品性。不幸的可怜虫或毫无可取的坏蛋，这就是法国军队的成分。这个情况是不应有的，但是客观上存在着。如果你去问十万个人，你可以相信，没有一个人会来反驳我的说法。

我们的那位农民为了赎回他那两个应征入伍的儿子，花了为此而借来的四千法郎，借款的利息按百分之五计算是二百法郎，等于上面提到的那笔数目。如果到这时为止，那个家庭的经常与它的消费相抵的生产量是一千二百法郎或每人二百法郎，那么为了偿付这笔利息，不是六个劳动者必须生产出七个人那样多的产品，就是他们必须消费五个人的消费量。减少消费品是办不到的，他们怎么能够减少必需品呢？生产更多的东西是不可能的；他们已经无法再增加劳动的强度和时间了。是不是可以采取折衷的办法，即消费五个半人的消费量而生产六个半人的生产量呢？他们会立刻感到，肚子是没有法子跟它商量的；在节省到了某种程度，就不能再减少了；绝对的必需品如果大加缩减就必然会妨碍健康；至于增加产量，则只要发生一次大冰雹、一次旱灾、一次牲畜的病疫，那个农民的希望就会全部粉碎。总之，地租就付不起了，利息高积起来了，那个小小的农场被扣押起来了，原来的占有人被赶走了。

这样，当一个家庭不去行使它的所有权的时期，它可以过着幸福的生活，到了必须行使这个权利时，它就立刻陷于困境。为了要得到满足，所有权要求那个农民具有扩大土地并一声号令就能使

土地丰产的双重能力。当一个人不过是土地的占有人的时候，他觉得土地是维持生活的手段；但一旦他想谋取所有人的权利，这块土地就不再能够满足他的要求了。在他只能生产出他所需要的消费品时，他所得到的劳动果实是他操劳的报酬：没有剩下什么东西可以用来支付那个工具。

被要求付出他所不能生产的东西，这就是土地所有人为了用新式方法剥削劳动者而退出社会生产以后的农民的情况。

现在让我们再来谈谈我们的第一个假设。

那九百个劳动者本来深信他们未来的产量可以和过去一样多，因此在清偿了他们的地租之后，他们突然发见自己比去年穷了十分之一，就不免大吃一惊。事实上，这十分之一原来是由从事劳动的土地所有人生产出来并交付出来的产品，他去年参加了生产劳动并分担了公共费用，而如今，这同样的十分之一却没有被生产出来，可是在缴租时却偿付出去了；所以对于生产者来说，必然就短少了这部分的消费量。为了弥补这项不可思议的亏损，那个劳动者就满怀着可以偿还的信心去向人借款；但到了明年，一笔新的借款加上第一次借款的利息使他的信心发生动摇。他是向谁去借贷的呢？向土地所有人。土地所有人借给劳动者的钱就是他浮收劳动者的；这笔他本应归还的多收的款项却在带有利息的贷款的形式下又给他增添了利益。债款无限地增加着，土地所有人贷款给那永远不能清偿的劳动者，而后者则由于经常遭到掠夺，经常向强盗借钱，结果他的一切财物都被人骗走，不得不宣告破产。

假如在这个时候，土地所有人需要佃户来向他提供收入，因而免除这个劳动者的债务；他就算做了一次善举，传教士先生因此还

会在讲道时倍加赞扬；同时那个被这种慷慨的慈善行为所感动的可怜的佃户在学习教义时学会了给他的恩人祈祷，决心加倍努力和忍受新的艰苦，来报答这样一个值得尊敬的主人。

这次他采取一些预防的措施；他提高谷物的价格。工业生产者也就照样提高他的产品的价格。反应发生了，经过一些波动之后，佃户以为已经转嫁到工业生产者身上去的那笔地租，差不多就拉平了。可是，在他自庆胜利的时候，却发现自己仍然穷困，不过程度比从前稍为好一点。因为生活的高涨是一般性的，土地所有人也受到了影响；所以劳动者不是比以前穷了十分之一，而只是损失百分之九。但是为了清偿这一笔债，必须永远借贷，必须永远偿付利息，厉行节衣缩食。为了那笔原来不应该偿付而偿付了的百分之九而束紧裤带；为了偿还债务而束紧裤带；为了债款的利息而束紧裤带：如果收成无着的话，那么束紧裤带就变成挨饿了。有人说，必须从事更多的劳动。但是首先，过度的劳动和不吃东西一样会置人于死命的；如果两者同时交加，将发生什么后果呢？——必须从事更多的劳动；这显然意味着必须生产得更多。生产是在哪些条件下进行的呢？通过劳动、资本和土地的配合作用而进行的。关于劳动，那是由佃农负责提供的；但是资本只能通过储蓄来形成。可是，如果佃农能够积蓄一些钱的话，他就得偿付他的债务。最后，就算佃农拥有资本，如果他所耕种的土地面积永远不变，这于他又有什么用处呢？他需要扩大他的耕地。

最后，也许有人要说：他应该更加努力和更加有效地进行劳动吧？但是地租是根据产量的可能有的最高平均数来计算的；如果不是最高的话，土地所有人就会增加地租。那些大土地所有人不就是这样随着人口的增加和工业的发展而逐渐知道社会从他们的土地上能得到多少财富，因而屡次增加他们租地契约中的租金的吗？土地所有人是处于社会活动以外的；但是他像两只眼睛盯着它要攫取的目的物的鹰隼那样，准备随时扑上去把它吞噬掉。

我们在一个拥有一千人口的社会中所观察到的现象，在每一个国家和有人类居住的地方大规模地发生着，但其变化无穷，形式很多，我不打算细加描述。

总之，所有权通过高利贷把劳动者掠夺得精光之后慢慢地用饥饿来杀死他。如果没有掠夺和杀害，所有权就不能存在；但既有掠夺和杀害，所有权不久便将因缺乏支持者而告灭亡：所以它是不可能存在的。

第五个论题

所有权是不能存在的，因为如果它存在，
社会就将自趋灭亡

当驴子驮得过多时，它就会倒下去；人却永远是勇往直前的。土地所有人十分了解有这种百折不回的勇气存在着，因而他把自己的投机的希望寄托在这种勇气上面。自由的劳动者生产了十；土地所有人却在想："为了我，他可以生产十二。"

事实上，在接受没收他的田地的处分以前，我刚才陈述其身世的那个农民在离开他的家乡的前夕，试行了一次拼命的努力；他租了一些新的田地。他多种了三分之一的土地，把新的产品的一半留归自用，他额外多收获了六分之一，用以偿付地租。多少辛苦啊！要想在他的产量上增加六分之一，那个农民所必须增加的劳动不是六分之一而是六分之二。他就是以这个代价偿付一笔在上帝面前他不应支付的地租。

那个佃农的做法，工业生产者也随后照着去尝试：前者是耕种更多的土地并剥夺他的邻居，后者则降低他货物的价格，努力设法把生产和销售垄断起来，压倒他的竞争者。为了满足所有权的要求，劳动者不得不首先生产出超过他所需要的东西；然后他必须超过他的力量来进行生产；因为由于那些变成土地所有人的劳动者的退出生产，上述的两种情形永远是彼此互为因果的。但是，如果要超过自己的力量和需要进行生产，他就必须侵犯别人的生产工作，因而也就必须减少产额。因此，土地所有人在脱离生产而使生产降低之后，他还由于鼓励劳动的垄断而进一步使生产降低。让我们计算一下吧。

劳动者在偿付地租之后所感到的亏损，像我们已经看到的那样，是十分之一，这就是他要设法在生产中增加的数量。除了增加他的劳动，他看不出有别的办法可以做到这一点；这他也做了。土地所有人因为没有得到全部地租而表现出来的不满情绪，其他一些被土地所有人认为比较勤快、比较努力、比较可靠的佃农所提出的有利条件和诺言，一些秘密的策划和阴谋，——所有这些引起了重新分工和减少某一部分生产者的运动。在九百个劳动者之中，有九十个将遭到排斥，为的是可以在别人的生产上增加十分之一。但是生产总额是否会有所增加呢？一点也没有：如上所述，将有八百一十个劳动者像九百个人那样进行生产，但他们要使生产有所增加，应该像一千个人那样进行生产。现在，我们既然已经证明，地租是和土地资本而不是和劳动成比例的，并且地租永远不会减少，因此，尽管劳动已经增加，债务却一定还像过去那样继续存在。于是，我们在这里就有了这样一个社会，它不断耗损下去，并且继续在耗损着：如果没有倒闭、破产、经济和政治上的灾难周期性地恢复平衡，并分散人们对于那种使大众苦痛的真正原因的注意力，社会就会毁灭。

继资本和土地的垄断而来的是经济上的措施，这些措施又造成一些数量的劳动者失业的现象。利息是农民和企业家的肩膀上的重担，他们各自在思忖着：如果我无须付这么许多人的工资，我就有办法偿付我的地租和利息了。于是那些用来使劳动变得既方便而又迅速的美妙的发明创造，就变成了杀害成千上万劳动者的这么许多可怕的机器。

“几年以前，斯特拉福德伯爵夫人从她的庄园上赶走了一万五千个人，他们都是一些曾使土地增加价值的佃农。这样的管理私人财产的行为在 1820 年又由一个苏格兰的大地主对六百户的佃农实行了一次。”（狄索[①]：《论自杀的风气和反叛精神》。）

我所引证的那位曾在使现代社会动荡不安的反叛精神问题上写出雄辩文章的作家，没有说明他是否反对由这些被放逐的人所发起的暴动。至于我，我敢大声地声明，这种反叛的行为在我看来本是首要的权利和最神圣的义务；今天我期望的就是我的信心的

---

① 克劳德·约瑟夫·狄索（1801—1876），哲学教授，后来是第戎文学院院长，曾参加贝桑松学院以《星期日的宗教仪式》为题而举行的征文竞赛。蒲鲁东虽然并不完全同意他的观点，但是和他保持着通信上的关系；蒲鲁东就是通过他的译本而对几位德国哲学家有所了解的。狄索是 1840 年在第戎和巴黎出版的八开本的《哲学简史》的作者。从 1835 到 1839 年，他发表了几部康德著作的译本。在 1841 年，他发表了《论自杀的风气和反叛精神；它们的原因和救药》。——原编者

表白能够为人所了解。

社会自趋毁灭:1.由于周期性地用暴力牺牲劳动者;这是我们刚才看到的并且将来还会看到的;2.由于所有权对生产者的消费量所作的部分扣除。这两种自杀的方式起先是同时发生的;但不久之后,第一种就从第二种那里得到了新的力量,与高利贷连在一起的饥荒使劳动变得更加必要和更加稀少。

按照商业和政治经济学原理,要使一个工业企业顺利发展,它的产品必须能供应:1.所用资本的利息;2.这笔资金的维持费;3.全部职工和承包人的工资的总额。此外,还必须实现尽量多的利润。

所有权的金融上的精明和贪得无厌是值得称道的。收益所采用的每一种不同的名称,都使所有人有机会取得收益:1.以利息的形式;2.以利润的形式。因为,它说,资本的利息是生产垫款的一部分。如果在一个工厂中投资十万法郎,如果在提取开支之后在本年度内得到了五千法郎,人们就并没有得到利润,只是得到了资本的利息。要知道,所有人并不是无条件工作的。像寓言里的狮子一样,他根据他的每一种资格去取得报酬,以致在他得到了满足之后,就没有什么东西留给他的伙伴了。

我读过的任何寓言没有比这更美的了。

我是承包人,我拿第一份。

(Ego primam tollo,nominor quia leo.)

我是劳动者,我拿第二份。

(Secundam quia sum fortis tribuetis mihi.)

我是资本家,我拿第三份。

(Tum quia plus valeo, me sequetur tertia.)

一切都归我,我是所有人。

(Malo adficietur, si quis quartam tetigerit.)

费德尔①用四句诗概括地说明了所有权的一切形式。

我说,这个利息,更不用说这个利润,是不能存在的。

就相互的关系来说,劳动者是什么身份呢?是一个广大的生产社会的各种不同的成员;按照分工和分职的原则,他们每个人各自负担着全部生产过程中的某一部分。首先,让我们假定这个社会只是由三个人组成的:一个是牲畜饲养者,一个是制革匠,一个是制鞋匠。社会的工业是制鞋。如果我问,在这社会产品中每个生产者可以得到怎样的一份,每一个小学生都会答复我说,根据商业或合伙关系的法则,每个生产者的份额是产品的三分之一。但是,在这里,问题不在于平衡那些用协议方式结合起来的劳动者的权利:我们必须证明,我们这三个生产者不问其是否合伙,都不得不像合伙人那样进行活动;不论他们愿意与否,他们被事物的自然之理和数学的必然性结合在一起了。

制造皮鞋需要三种过程:牲畜的饲养、皮革的硝制、剪裁和缝纫。如果从农民的厩舍中生产出来的皮革的价值是一,从制革匠的硝桶中出来的皮革的价值就是二,它从鞋铺里出来的时候价值就等于三。每个生产者都生产了一部分效用;所以把各种效用加起来我们就得到产品的价值。要想得到这种产品的任何一个数量,每一个生产者就必须首先偿付他自己的劳动,其次是偿付其余

① 费德尔,公元一世纪初期的古罗马寓言诗人。——译者

两个生产者的劳动。这样，如果要得到由十张皮革制成的鞋子，农民就要付出三十张生皮，制革匠则须付出二十张硝好的皮革。因为用十张皮革做成的鞋子的价值由于经过了两道接连的操作过程就等于三十张生皮的价值，同样，二十张硝好的熟皮的价值也就等于三十张生皮的价值。但是，如果制鞋匠在交付他用十张熟皮做成的鞋子时，向农民要求三十三张生皮，向制革匠要求二十二张硝好的熟皮，交易就不会发生；因为，这样做的后果是，农民和制革匠在偿付了制鞋匠用十张皮革做成的鞋子的劳动之后，他们就不得不用十一张皮革买回他们自己所提供的十张皮革的劳动，这当然是不可能的。

可是，每当一个工业家获得任何种类的利益时，无论那种利益叫做所得、地租、利息或利润，就发生上述那种不可能的情况。在我们所说的那个小型社会中，如果制鞋匠为了要购置他业务上所需要的工具、为了要买进皮料并且为了要支付他在收回投资以前一段时间内的生活费用而借进附有利息的款项，那就很明显，他为了偿付这笔利息，不得不从制革匠和农民那里获取利润；但由于这个利润不用诈欺手段是不能到手的，那笔利息就会重新落到这个不幸的鞋匠身上，使他破产。

我采用了一个想象中的、简化得出乎常理的情况作为例子：决不会有缩减到只有三种职业的人类社会。最不文明的社会也包含为数众多的工业；今天，工业方面的职务（我所说的工业方面的职务是指一切有用的职务而说的）的数目也许超过一千种。但是无论职业有多少，经济定律始终是相同的：**要使生产者能够维持生活，就必须使他的工资能够买回他的产品**。

那些经济学家不能不知道他们所谓科学的这个基本的原则；那么，为什么他们要这样固执地保卫所有权、工资的不平等和高利贷的合法性以及利润的公正性呢？这一切事项都是违背那个经济定律并使交易成为不可能的。一个企业家用十万法郎买原料，五万法郎付工资，然后希望从产品中取得二十万法郎的代价，即希望在原料上和雇员的劳力上获取利润；但如果原料的供应者和工人用他们加在一起的工资不能买回他们为企业家所生产的产品，那么他们怎能维持生活呢？我将阐述我的问题；在这里，详加讨论是必要的。

如果工人每天用他的劳动可以得到三法郎的平均工资，如果他的雇主想要在他的薪金之外获得一些利益，即使仅仅是资本的利息的话，那么他在把他的工人的劳动日以商品的形式出卖时，必须从中得到超过三法郎的价值。因此工人就无法买回他给他的雇主所生产的东西。在各行各业都毫无例外地发生着这样的情况：裁缝、制帽工人、木匠、铁匠、制革匠、瓦匠、首饰匠、印刷工人、跑街等等，甚至农民和种葡萄园的都不能买回他们的产品，因为在给一个在某种形式下谋得利润的雇主做工时，他们为了他们自己的劳动必须支出比人们所付给他们的更为昂贵的代价。

在法国，有两千万劳动者分布在科学、艺术和工业的一切部门，他们生产一切有益于人生的东西；他们每年的工资总额假定为二百亿；但是由于所有权以及多种多样的收益金：佣金、什一税、利息、罚款、利润、地租、房租、财产收入、各种各样的利得，他们的产品被所有人和雇主作价为二百五十亿。这说明什么呢？这就是说，那些为了生活而不得不买回这些产品的劳动人民，必须用五个法郎来偿付他们以四个法郎的代价所生产出来的产品，或者每五天中必须有一天挨饿。

如果在法国，有一个经济学家能够证明这个算法是错误的话，我正式请他说出他的姓名来，我可以答应收回我在攻击所有权时所错误地和恶意地发表的一切言论。

现在让我们看看这种利润的后果。

如果在各行各业中工人的工资是相同的话，那么到处都会同样地感觉到所有人的征收所造成的亏损；但是祸害的原因也就会变得十分明显，以致立刻被觉察出来并被制止。但是，由于从清道夫的工资起直到大臣的薪俸为止，存在着与财产同样的不平等情况，掠夺行为就不断地从强者影响到弱者，因而劳动者在社会等级中所处的地位愈低，所受到的困苦就愈甚，阶层最低的人民简直就被其他阶层的人剥夺得精光，活生生地被吞食掉。

劳动人民既不能购买他们纺织的布匹，又不能购买他们造成的家具，也不能购买他们铸成的金属，也不能购买他们琢磨的宝石，也不能购买他们印刻的版画。他们既不能得到他们播种的小麦和他们酿制的酒，又不能得到他们豢养的牲畜的肉类。他们既不准住进他们所建筑的房屋，又不准欣赏他们张罗好的戏剧，也得不到他们身体迫切需要的休息。这是为什么呢？因为收益权不让这些东西按照工人有能力支付的成本价格出售。在他们困于贫穷的情况下所赞叹的那些富丽堂皇的百货商店的招牌上，他们看见用大字写着："这是你的作品，但不准你占有。"你们都是为人作嫁(Sic vos non vobis)！

每个雇用一千个工人并在他们各人身上每天获得一苏利润的

工厂主正在慢慢地迫使他们陷入穷困的境地；所有分得利润的人都和饥馑串通一气。但是人民甚至还并不拥有所有权赖以使他们挨饿的劳动，这又是为什么呢？因为不够用的工资迫使人民抢着去劳动，并在被饥荒消灭之前由于竞争而互相消灭。我们大可不必再来探究这个真理了。

如果工人的工资买不到他的产品，那就可以说这个产品不是为生产者而生产的了。那么它是预备给谁的呢？预备给较为富有的消费者，也就是说，仅仅是预备给社会中的一部分人的。但是当全社会都从事劳动的时候，它是为了整个社会而生产的；所以，如果社会中只有一部分消费，社会上迟早就有一部分人无所事事。要知道无所事事就是死亡，对于劳动者是这样，对于所有人也是这样。这是必然得出的结论。

所能想象得到的最悲惨的局面，就是眼看着生产者对这个数学上的必然性进行抵抗和斗争，对他们的偏见使他们觉察不到的这个数字的威力进行抵抗和斗争。

如果十万印刷工人能够提供满足三千四百万人的需要的读物，如果书价很高，只有三分之一的人买得起书，那么显而易见，这十万个印刷工人所生产的书籍将是书店所能销售的数量的三倍。如果要使这些工人的产品永远不超过消费者的需要，就必须或者每三天休息两天，或者在每星期、每个月或每一季度中，他们之间的三分之二停止工作，这就是说他们一生中有三分之二的时间是无法维持生活的。但是在私有制的影响下，工业是并不这样有规则地进行生产的：它力求生产得多、生产得快，因为产品的数量愈大，生产的时间愈短，每件产品的成本就愈低。每当一种需要开始被感觉到的时候，工厂立即就充满了人，大家都去工作；这时，商业就活跃起来，统治者和被统治者都皆大欢喜。但人们今天工作得愈多，将来停工就愈多；人们现在笑得愈欢，将来哭得愈悲。在私有制的统治下，工业的花朵只能用来编扎送殡的花圈。从事劳动的工人在自掘坟墓。

当工厂停工时，工厂主还必须继续对他的资本付出利息。在这个时候，他自然力求以减低开支的办法维持他的生产事业。于是就发生减低工资、采用机器、雇用童工和女工来做男工的工作、工人不熟练、产品质量降低等等的现象。人们还是进行生产，因为生产费用的减少可以扩大销售的范围；但是生产不能长久进行下去，因为成本的减轻既然是以生产数量和速度为基础的，生产的能力就以前所未有的程度朝着超过消费量的方向发展。当那些凭工资收入尚不足以维持每天生计的劳动者被迫失业时，私有制这个原则所造成的后果就变得极为可怕：在那个时候，劳动者没有丝毫节余，没有一点储蓄，也没有可以使他们多活一天的积累起来的小额本钱。今天工厂停闭，明天人们只能在街头挨饿；后天不是在收容所中死亡就是在监狱中吃牢饭。

一些新的事故使这种可怕的局势变得更加复杂。由于货物充斥和物价极度低落，企业家不久就无法偿付他所利用的资金的利息；于是那些吓慌了的债权人就争先恐后地收回他们的资金，生产中止，工作停顿。然后，人们惊奇地看到资本脱离商业而涌到证券交易所里去了；有一天我曾听到布朗基先生痛苦地叹息资本家的愚蠢和失去理智的表现。资本的这种流动的原因是很简单的；但是正因为如此，一个经济学家就觉察不出它的原因，或者毋宁说是他不应当把其中的道理讲清楚。原因完全在于**竞争**。

我所说的竞争不仅是指从事同样业务的两方的敌对情形，而且也指各种行业为了互争优势而普遍地、同时地作出的努力而说的。今天，这样的努力已使商品价格仅足以抵偿生产和销售的开支；所以在付了全体工人的工资之后，已经毫无剩余，甚至连资本家的利息也付不出了。

所以，工商业停滞的主要原因就是资本的利息；这个利息，当它被用来偿付对金钱的利用时，古代的人们都一致用**高利贷**的名称加以指责，但现在这种代价在房租、地租或利润的形式下出现，人们却不敢加以谴责：好像所借出的东西的性质可以使借贷的代价、即盗窃行为永远合法化似的。

资本家收取的收益金愈多，经济恐慌就会愈加频繁和强烈；知道了前者，我们就总能确定经济恐慌的这两种情况，反之亦然。你们想知道调节一个社会的是什么吗？你们只要查明流动资本的数量、即带有利息的资本的数量和这个利息的利率就行了。以后事态的发展不外乎是一系列的混乱而已，这些混乱的次数和猛烈程度是与资本的流动成比例的。

1839 年，仅在巴黎一个地方，破产的次数就达到一千零六十四起；这个比例一直维持到 1840 年的头几个月，并且，在我写作这篇论文时，经济恐慌还没有结束。另外，据说进行清理的商店的户数比宣告破产的要多得多。我们根据这次灾难可以判明这个扫荡一切的飓风的力量。

社会的毁灭过程有时是不知不觉的和持久的，有时则是周期性的和突如其来的；这要看所有权所采取的途径而定。在一个财产分散而拥有小型工业的国家中，各人的权利和要求起着互相抗衡的作用，侵吞的力量就互相抵消了。在那里，老实说，所有权是不存在的，因为收益权几乎是无法行使的①。就劳动者的生命安全来说，他们的地位差不多同仿佛在他们之间存在着的绝对平等一样。他们享受不到充分地和自由地联合起来的一切好处，但是他们的生存是丝毫不受威胁的。除去一些孤立的牺牲在所有权之下的被害人以外他们的不幸的主要原因，是谁也觉察不到的，社会似乎稳静地安息在这种平等的怀抱中。但是你们要当心，它是在刀口上保持平衡的；只要有极小的一点震动，它就会掉下来并遭到毁灭。

通常，所有权的旋涡是自行确定其位置的。一方面，地租停顿在某一点上；另一方面，由于竞争和生产过多，工业品的价格不会上涨；所以农民的处境变动很少，主要只是受季节的影响。所以所有权的吞噬作用主要是发生在工业上的②。我们通常说**商业恐慌**而不说**农业恐慌**；因为农民是慢慢地被收益权所侵蚀的，而工业生产者却是被一口吞下的。这就导致工厂的停工、钱财的毁灭、工人的失业；他们将不断地倒毙在道旁以及收容所、监狱和流放罪犯的地方。

我们可以把这个论题扼要地表述为：

---

① 这样的说明就把自己耕种自己土地的自耕农和手工业者这两部分的群众划在蒲鲁东的观察范围之外了。就法国来说，在1840年前后，这两种人代表着一般称为“所有人”的四分之三。——原编者

② 直到这里为止，书中所讨论的所有权是专指土地的所有权而说的；所以似乎这里有必要说明为什么个人私有制的流弊主要发生在工业中。——原编者

所有权把产品卖给劳动者时所要求的售价高于它收买这产品时所付给劳动者的代价，所以它是不能存在的。

第五个论题的附录

Ⅰ.某些改革家，甚至大多数不属于任何学派的政论家，都忙着要想法改善那个人数最多并且最穷困的阶级的命运；他们现在十分强调一种更好的劳动组织。尤其是傅立叶的门徒们不断地叫嚷：到法郎斯特尔[①]去！同时他们攻击其他各派的愚蠢和荒谬。他们中间包含半打的无比的天才，这些天才认为五加四得九，减去二之后余下来还是九[②]，并且他们为了法国的盲目无知而痛哭流涕，因为后者拒不相信这种不可思议的算术[③]。

事实上，傅立叶主义者一方面标榜他们是所有权、即收益权的保卫者，并且用这样的公式来说明收益权：按照各人的资本、劳动和才能进行分配；另一方面他们希望工人能够享受社会上的一切财富，把话说得简单些，就是能够完完整整地享受自己的产品。这岂不是等于向工人这样说：如果你劳动，你每天可以得到三个法

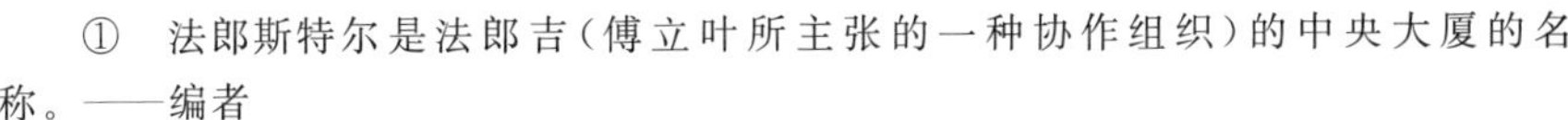

① 法郎斯特尔是法郎吉（傅立叶所主张的一种协作组织）的中央大厦的名称。——编者

② 如果这里不写减去二而写减去三的话，那么我们就可以想到这是暗指傅立叶主义者的分配制度而说的，这个制度把十二分之五分配给劳动者，十二分之四分配给资本，十二分之三分配给有才干的人。——原编者

③ 有人说，傅立叶既然必须用分数来乘一个整数，他就永远得到一个比被乘数多得多的产品。他曾经断言，在他的和谐的制度上汞会在零度以上的温度中固体化；这就等于是说，那些和谐主义者会使冰块燃烧起来。我曾向一个有见识的傅立叶主义者请教他对这种物理学的意见；他回答说：“我不懂，但是我相信。”然而正是这同一个人，他不相信圣肉实在的教义。

郎;你得用五十五个苏来维持生活,把其余的钱交给所有人,这样你就会消费三个法郎?

如果上面这段话不是傅立叶体系最恰切的梗概,我甘愿用我的血来签字,同意那些傅立叶主义者的一切疯狂的言论。

总之,如果所有权仍然存在,如果劳动永远入不敷出,改革工业和农业[①]有什么用呢?劳动有什么用呢?如果不废除所有权,劳动的组织只不过是一种欺骗。即使人们把生产增加到四倍(据我看来,尽了一切力量之后,这不是不可能的),也是白费辛苦:如果额外的产品得不到消费,它是没有价值的,并且所有人也会拒绝把它当作利息来接受;如果它是被消费了的话,所有权的一切流弊就会重新出现。必须承认,情欲吸引力的理论在这方面错误特别严重,而傅立叶竭力想要调和人们对于财产的情欲,无论他怎样作相反的说法,这总是一种有害的情欲,他只是作茧自缚,根本办不到的。

傅立叶主义的经济学十分荒谬,因此许多人怀疑傅立叶是所有权的暗藏着的敌人,虽然他对所有人表示了他全部的敬意。这种见解也许受到一些似乎言之成理的论证的支持;可是这还不是我的见解。在这个人的作风中,江湖派的成分太多,诚意的成分太少。我宁愿相信这是傅立叶的无知而不是他的虚伪,而他的无知是众所共知的。至于他的门徒,在他们能够表述他们自己的任何意见之前,他们必须毫不含糊地、在思想上毫无保留地作一次干脆

① 傅立叶所致力改革的毋宁说是财富的生产方式而不是分配方式。——原编者

的声明，他们想不想保留所有权，他们那句著名的口号——按照各人的资本、劳动和才能进行分配——是什么意思。

Ⅱ.但是，一位转变了一半的所有人会这样想：在把银行、年金、地租、房租、各种高利贷以及最后把所有权取消之后，是否有可能按照才能来分配产品呢？这是圣西门的想法，也是傅立叶的想法，这是人类良心上的愿望，任何正派的人是不敢公然主张叫一个部长去过农民那样的生活的。

唉！真是掩耳盗铃啊！什么！你永远不懂得工资的悬殊和收益权是同样一件事？当然，圣西门和他的追随者想把不平等和共产制融合在一起，傅立叶和他的追随者想把不平等和所有权融合在一起，乃是犯了一个极严重的错误：但是你，一个有声望的人，一个懂得经济的人，一个能够背诵你的那些对数表的人，你怎么会造成这样重大的错误呢？难道你忘了，就政治经济学的观点来说，无论一个人的才能如何，一个人的产品的价值永远只能等于他的劳动，而一个人的劳动的价值也永远只能等于他的消费量吗？你使我想起那位伟大的制宪者，可怜的皮涅罗-费雷拉[1]来了，这是十九世纪的西哀耶斯，他把一个国家的公民分成十二个阶级，或者你也可以说是十二个等级，同时他规定给予一些等级的人每人十万法郎的薪俸，其他一些等级是每人八万；然后是二万五千、一万五

① 皮涅罗-费雷拉，葡萄牙政治家(1769—1846)，做过奥拉托利会的神甫，从那里出来就在谷英布勒大学任教授，后被任命为驻巴黎公使馆秘书，1821—1824 年任外交部部长，后来在唐·米盖尔政府时期(1824—1834)侨居巴黎。他在那里著作了：《试论心理学》(1826)；《公法讲义》(1830—1835)，三册；《立宪政体的公法学原理》(1834)，三册，十二开本。——原编者

千、一万等等，一直到一个公民可以得到一千五百和一千法郎的最低限度的薪俸为止。皮涅罗喜欢有差别，他不能想象会有一支缺少军乐队队长的军队，更不能想象会有一个缺少尊贵人物的国家；由于他还爱好或者自以为爱好自由、平等和博爱，所以他就把我们旧社会的好事和坏事混合成为一种折衷主义哲学，并根据这个哲学编制了一部宪法。多么了不起的皮涅罗！自由到消极的服从，博爱到语言的划一，平等到陪审团和断头台，这就是他理想中的共和国。这位与本世纪不相称的天才没有被赏识，但后代是会替他报仇的。

你且听着，所有人！事实上，禀赋的不平等是存在着的；在权利上这却是不许可的，它毫无用处，它是不能想象的。百年中能出一个牛顿，就抵得上三千万人；心理学家赞叹天才难得；立法者则仅仅注意到职务的不可多得。但是，职务的不可多得不能给执行职务者造成一种特权，这由于许多理由，而所有这些理由都是断然无疑的。

1. 在造物主的意念中，天才的难得并不是迫使社会跪在具有非常禀赋的人面前的一个动因，而是一种天赐的手段，使各种职务能为了全体的最高利益而得到完成。

2. 才干是社会的一种创造，而不是大自然的禀赋；这是一个累积起来的资本，得到这个资本的人是唯一的保管人。如果没有社会，没有社会所给予的教育和有力的帮助，最优良的天性就在它应当发出光辉的方面也会不如那些最平庸的才能。一个人的知识愈广博，想象力愈丰富，愈是多才多艺，他的教育费用也就是愈加昂贵；他的导师和作为他的典型的人物愈是出众和愈是众多，他负的债务就愈重。农民从离开摇篮起就开始劳动，直到进入坟墓为止：艺术和科学的成果都不是早熟的并且都不是很多的，树木往往在果实成熟之前就枯萎了。社会在培养人才的时候对希望作出牺牲。

3. 才能没有共同的比较标准，在平等的发展条件之下，才具的不平等可以说只是才具的各有专业而已。

4. 待遇的不平等像收益权那样在经济上是不可能的。我假设一个最有利的情形，例如每一个劳动者都已提供了他的最高限度的生产量；为了使产品得到公平的分配，各个人的份额就应当等于全部产量除以劳动者人数所得的商数。在这样计算之后，还有什么可以剩下来支付较高的工资呢？根本没有剩余了。

人们会不会说，应该从全部劳动者身上提取一笔款项呢？但是，那么一来，他们的消费量就不会等于他们的产量了，工资就不能偿付他们的生产工作了，劳动者就不能买回他的产品，而我们就将重新落进所有权所引起的一切苦难中去了。我没有提到加在受欺骗的劳动者身上的不公平待遇、炽烈的贪欲和刻骨的仇恨的敌对心情：这些可能都是重要的，但是它们并不能直接说明问题。

一方面，每个劳动者的工作是简短而容易的，顺利地完成工作的手段都是相等的，怎么会有大生产者和小生产者的分别呢？另一方面，既然由于才干和才能的实际上的相等，或者由于社会合作，因而一切职务都是平等的，一个执行职务的人怎能自称天才卓越而要求高额的薪给呢？

但是，在平等的条件下，工资永远是和才能相称的。我的话是什么意思呢？我们先看看在经济学上工资意味着什么。这就是劳动者为了再生产而需要的消费量。所以劳动者赖以进行生产的行为本身就构成这个消费，这个消费是恰好和他的生产相等的，当天文学家完成了一些观测结果，诗人写成了一些诗篇，学者作了一些实验的时候，他们消费了工具、书本、旅费，等等，等等；现在如果社会供应他们这个消费量，那么天文学家、学者或诗人此处还能要求什么呢？所以我们可以得出结论，在平等条件下，并且也只有在平等条件下，圣西门的按才分配，按才配工这句口号才能得到充分和全部的适用。

Ⅲ. 从所有权产生的大祸害，可怕的并且永远存在的祸害就是：只要所有权没有消灭，人口无论缩减到怎样一个数量，永远是而且必然是过剩的。自古以来，人们总是埋怨人口过多；自古以来，所有权总是由于穷困现象的存在而感到为难，并没有觉察到它就是这种现象的唯一原因。而且，没有再比它为了扑灭这种现象而提出的形形色色的计划更加离奇了。那些计划的残暴只有它们的荒谬堪与媲美。

弃婴是古代的一种习惯。成批地和零星地屠杀奴隶、内战和对外战争也有助于人口的减少。在古罗马时代，财产是有势力的并且是残酷无情的，上述的这三种方法被有效地采用的时间是这样的长久，以致到了末期，罗马帝国竟变得没有居民了。当蛮族来到的时候，他们见不到一个人：田野荒芜；意大利各城市的街道上杂草丛生。

在中国自古以来，负责扫除穷人的是饥荒。小民几乎专门依靠大米生活，如果发生一次事变使收获无着，在几天之内饥饿就可以杀死无数的居民，史官在这位居天下之中的帝国的编年史上记载着在某个皇帝的某一年，饿死的人有两万、三万、五万、十万。于是他们埋葬死者，重新再去生儿育女，一直到另一次饥荒带来同样的结果。在各个时代，孔子的经济学好像就是这样的。

我从一位现代的经济学家那里摘录了下列事实。

“从十四和十五世纪起，英国就被穷困吞噬着；人们用严厉的法律来处罚乞丐。”（虽然那时英国的人口还不到现在的四分之一。）

“爱德华禁止施舍，违者处以监禁的刑罚……对于累犯，1547和1656年的敕令载有类似的规定。伊丽莎白女王通令每个教区须养活本区的穷人。但什么是穷人呢？查理二世决定，如无人反对在一个教区继续居留四十天，那个人就可以算是该地的居民；但如果发生争议，新来的人就不得不离开。詹姆斯二世修改了这个决定，后来它又被威廉所修改。在试行、报告、修改之间，穷困的程度增加了，工人奄奄一息，死亡相继。

“在1774年，济贫税超过四千万法郎；1783、1784、1785年平均每年五千三百万；1813年超过一亿八千七百五十万法郎；1816年，二亿五千万；1817年，人们估计是三亿一千七百万。

“1821年，在各教区登记的贫民群众估计有四百万，占人口的三分之一到四分之一。

“在法国。1544年，法朗西斯一世设置了一种为穷人征收的慈善捐，它的缴纳是具有强制性的。1566和1586年，同一的原则被推行于全国。

“在路易十四时代，聚居在首都的穷人有四万人（在比例上和现在一样多）。对于行乞，颁布了严厉的禁令。在1740年，巴黎最高法院对它的主管地区重新公布了那种强制捐款。

“怵于祸害的深重和匡救的困难，制宪议会通令维持原状。

“国民公会宣告救贫恤穷是国家的义务。但它的法律始终没有实行。

“拿破仑也想救治这个祸害：他的法律的精神是处乞丐以苦役。‘通过这个办法，’他说，‘我就可以保障富人不受乞丐骚扰，把他们那种极度穷苦的可厌景象一扫而空。’”唉！多么伟大的人物！

从这些我们可以更多地追加上去的事实中，能够推断出两点：一点是穷困现象是和人口无关的；另一点是所有尝试过的企图扑灭这个现象的办法都没有生效。

天主教会创办了一些教养院和修女院，并提倡施舍，这就是说奖励行乞：由它的教士们加以宣扬的高明办法就是如此。

基督教国家的世俗权力有时对富人规定捐税，有时采取驱逐和监禁穷人的办法，这就是一方面侵犯所有权，另一方面是剥夺公民权和谋杀。

现代经济学家以为穷困的原因完全在于人口过多，他们特别致力于抑制人口的发展。有的想禁止穷人结婚，因此在谴责了教会的独身制之后，他们提出了强制性的独身制，后者将必然成为一种放荡的独身制。

另外一些人不赞成这种过于激烈的办法，他们说这个办法剥夺了穷人在世界上仅有的一种欢乐。他们但求劝告穷人采取谨慎的态度：这就是马尔萨斯、西斯蒙第、萨伊、德罗茨、杜夏台尔[①]等先生们的意见。但是如果想叫穷人谨慎，富人就必须以身作则。为什么富人的成婚年龄规定为十八岁，而穷人要规定为三十岁呢？

而且，他们最好是清楚地解释一下，他们这样恳切地规劝工人必须对婚姻采取这种慎重的态度，究竟用意何在；因为在这里，支吾其词的说法特别危险，我怀疑那些经济学家的意见没有被彻底了解。"当人们谈起在婚姻上要采取慎重态度时，有些不大明白事理的传教士就发生恐慌；他们害怕人们会抛弃神谕：你们应当增多起来，蕃殖起来。为了要贯彻这个教条，他们不得不咒诅独身主义者。"（德罗茨：《政治经济学》。）

德罗茨先生的为人过于老实并且太缺乏神学家的气质，所以难以了解那些教士发生恐慌的原因，这种朴素的无知是他心地纯洁的最好证据。宗教从未鼓励早婚；它所谴责的慎重态度是桑显士用下列拉丁语所说的那一种：为了怕有孩子而在器官以外排精肯定是不许可的（An licet ob metum liberorum semen extra vas ejicere）。

德斯杜特·德·特拉西好像对于那两种慎重态度都不赞成；他说："我坦白承认，我不赞成道德学家们想要减少和限制我们欢乐的那种热忱，也不赞成政治家们主张提高我们的生育能力和加速蕃殖的那种热忱。"所以他认为，我们应当在我们高兴的时候恋爱和结婚。恋爱和结婚的结果是扩大苦难，但我们的这位哲学家

① 杜夏台尔伯爵（1803—1867），1834年8月4日被任命为农商部大臣，1839年5月12日被任命为内政部大臣。他是茹弗洛阿的学生，在《地球报》杂志上经常发表文章，并于1829年发表了《论慈善事业和社会经济的关系》这部著作。——原编者

却对此并无感触。他忠实于祸害之不可避免这一教条,他把解决一切问题的办法寄托在祸害身上。所以他又说:"人类的蕃殖既然会在社会上一切阶级中继续发生,上层阶级的多余人口将依次地被排挤到下层阶级中去,而最下层的阶级的多余人口则必然会被贫苦所消灭。"公开拥护这种哲学的人究竟不多,可是它的无可争辩的优点在于能够在实践中得到证明。这也就是不久以前在讨论改革选举制度时法国在它的众议院中听到有人倡导的那种哲学[①]:永远会有穷人。这也就是那位大臣用来驳倒阿拉哥先生的论据的那句政治警语。是的,只要有所有权,就永远会有穷人。

傅立叶主义者——那么许多妙计的发明家——在这个场合当然不会违反他们的特性。他们发明了四种可以随意抑制人口增加的方法:

1. 使妇女具有强壮的体格。在这点上,经验对于他们是不利的;因为,如果强壮的妇女并不都是受孕最迅速的话,至少她们能够生育最强壮的婴孩,所以她们保有做母亲的优点。

2. 全面锻炼或肉体机能全面的平均发展。如果这种发展是平均的话,生殖机能怎么会减弱呢?

3. 美食法。用法文来说,就是大吃大喝的哲学。傅立叶主义者说,大量的丰盛食物可以使妇女不生育,正如过多的树液固然会

① 1838年年底,巴黎保安队发动了一次要求把普选权赋予保安队全体成员的大规模的请愿运动。阿拉哥的一篇震动一时的演说词把这个议案在众议院(梯也尔内阁时期)中提付讨论(1840年5月16日)。见夏尔来蒂:《七月王朝》,《现代法国史》第5册第162页以下。——原编者

增加花朵的美丽，却破坏它们的生殖能力一样。但这种比拟是错误的。花朵的流产是由于雄蕊或阳性器官变成了花瓣的缘故，这可以通过观察一朵玫瑰花而得到证实；如果过于潮湿，受胎的花粉也会失去它的生殖能力。所以，要使美食法能够产生他们所希望的结果，光增加妇女的脂肪是不够的，还必须使男子丧失生育能力。

4. 杂交的风俗或公开的乱婚制。我不懂傅立叶主义者为什么要用希腊字来说明那些很可以用法文来表达的思想。这个方法和前一个方法一样，是从文明风俗中摹仿来的。傅立叶本人举出卖淫妇作为例证。可是关于他所论证的事实，还很不可靠；这是巴仑-杜夏特莱[①]在他论《卖淫》那本书中明白地指出的。

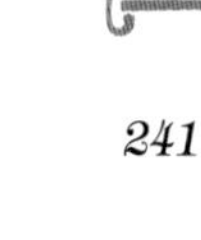

根据我所能搜集到的参考资料，我发现各国的哲学和政治经济学以及最近的改革家对于贫困和生育经常所采用和介绍的补救办法可以归纳在下列的名单中：自渎、手淫[②]、鸡奸、女人的同性恋爱、多夫制[③]、卖淫、阉割、禁欲、堕胎、杀婴[④]。

---

① 巴仑-杜夏特莱（1790—1836），慈善团体和救济局的医师，著有《论巴黎市内的卖淫》，1836年出版，两册，八开本。——原编者

② 在这里手淫与自渎是有区别的。后者无疑是单独一个人干的，而前者则是由两个人，当然有男的和女的，彼此相互动作的。后来这种下流的手淫行为由于它使人发生的快感甚至成为一些已婚妇女十分喜欢的淫行了。

③ 多夫制，就是一个女人同时有几个丈夫。

④ 在英国，不久以前有一个马尔萨斯的门徒在一本小册子中公开地宣传过杀婴。他建议在所有那些生育孩子超过决定数字的家庭中，每年对无辜的婴孩进行一次屠杀；并且他要求开辟一块点缀着雕像、树丛、喷泉并种着花草的壮丽墓地，专供埋葬超额婴孩之用。母亲们可以常常到这个愉快的地点来想象这些小天使的幸福，并且在得到完全慰藉之后，她们回家去再生育另外一些随后再送到这里来的孩子。

所有这些方法既然证明是不适当的，剩下来的就是排斥的办法。

不幸的是这个排斥的办法在减少穷人的数目时，只能增加他们的比例。如果所有人对产品所取的利息仅仅是产品的二十分之一（按照法律规定，利息等于资本的二十分之一），那么结果是二十个劳动者所生产出来的东西只够供十九个人的消费，因为在他们之中有一个叫做所有人的人，他要吃掉两个人的份额。假定第二十个劳动者很穷，他被杀死了，那么来年的产量就将减少二十分之一；因而第十九名的劳动者又将不得不让出他自己的一份并且死掉。这是因为，要缴付给所有人的不是十九个人的产量的二十分之一，而是二十个人的产量的二十分之一（参阅第三个论题），每一个残存的劳动者必须牺牲他的产品的二十分之一又加四百分之一，换句话说，就是在十九个人中间又必须去掉一个。所以在有所有权存在的条件下，我们杀死的穷人愈多，在比例上新添的穷人就愈多。

马尔萨斯曾经这样清楚地论证过，人口按几何级数增加，而生产量则仅按等差级数增加；但他没有注意到所有权具有这种使人民**贫穷化**的力量。如果他注意到这一点的话，他也许就会懂得，在设法抑制我们的生殖率之前，必须废除收益权；因为凡是在容忍这种权利的地方，无论土地怎样广阔和肥沃，那里永远会有过多的居民。

也许有人会问，我将提出什么方法来维持人口和生产的平衡；因为这个问题迟早总是要解决的。请读者容许我不在这里把这个方法说出来。因为，据我看来，如果我们不能加以证明，就是说出来也是无用的。现在，如果要充分解释我的方法，我就必须正式写一部专论。这件事情既是这样简单又是这样浩繁，既是这样普通又是这样异乎寻常，既是这样真实又是这样遭人误解，既是这样神圣又是这样鄙俗，因此，如果缺乏详细的阐述和证明，而仅仅提到它的名称，那就只会招致鄙视和不信任。不能顾此失彼。如果我们把平等建立起来，这个补救办法立刻就会出现；因为真理像错误和罪行那样，是彼此相继的。

第六个论题

所有权是不能存在的，因为它是暴政的根源

政府是什么？政府是公共组织，是对公用事业和国家财产的最高管理机构。

要知道，国家好像是一个以全体公民为股东的庞大的公司。在大会上，每个人都有发言权，并且，如果股份是相等的话，每个人都有一票的投票权。但在私有制的统治下，股东的股份之间存在着极大的不平等；所以一个人可以拥有几百个投票权，而另一个人却只有一个。例如，如果我享有一百万法郎的收益，也就是说，如果我是一笔投资妥善的三千或四千万法郎财产的所有人，并且如果这笔财产构成全国资本的三万分之一，那就很明显，对我的产业的公共管理将构成政府职务的三万分之一；如果全国有三千四百万人口，那么仅仅我一个人就等于一千三百三十三个普通股东。

所以当阿拉哥先生要求把选举权给予保安队的全体士兵时，他是完全有理的，因为每个公民至少登记有一股的国民股权，这个股权赋予他一个投票权；但是这位闻名的演说家应该同时要求每个选举人像我们在商业公司中所见到的那样，拥有多少股份就有多少投票权。因为，不然的话，那就是主张国家有权支配个人的财产而不必征求他们的意见；这是和所有权相违反的。在一个存在着所有权的国家，选举权的平等就是破坏所有权的行为。

可是，如果每一公民的主权必须并且应该同他的财产成比例，那么结果就是小股东将受那些较有势力的股东的支配；只要这些有势力的股东愿意，他们就可以使小股东成为他们的奴隶，随意使他们婚配，夺取他们的妻子，使他们的儿子充当太监，使他们的女儿卖淫，把老年人抛到海里去喂鲨鱼——最后，如果这样有势力的股东不愿拿出钱来养活他们的奴仆，他们将被迫以同样的方式服侍他们自己。这就是大不列颠现在所处的情况。约翰牛①很少关心自由、平等或人的尊严，宁愿去伺候别人和求乞。但是，善良的雅克②，你呢？

所有权是同政治权和公民权的平等极不相容的，所以它是不能存在的。

历史的注释。——1. 当议会于 1789 年规定把第三等级的代表席位增加一倍时，所有权就遭到严重的侵犯。贵族和教会占有了法国土地的四分之三；他们本来可以控制全国代表权的四分之三。有人说，第三等级的代表席位增加一倍是合乎正义的，因为一切捐税差不多完全是由人民缴纳的。如果表决的仅仅是税收问题，这个理由是充足的。但当时所讨论的是政府和宪法的改革问

① 这是一般英国人的别名。——译者

② 这是一般法国农民的别名。——译者

题;所以第三等级代表席位增加一倍构成了对于所有权的篡夺和打击。

2. 如果现今的激进反对派的议员们掌握了政权,他们就会进行一次改革,使保安队的每个士兵都成为选举人并且每一个选举人都可以做被选举人:这是对于所有权的打击。

他们将降低公债利息:这是对于所有权的打击。

他们将为了一般人的利益制定关于牲畜和小麦出口的法律:这是对于所有权的打击。

他们将在人民中间实行义务教育:这又是反对所有权的阴谋。

他们将把劳动组织起来,这就是说,他们将保证工人得到劳动权并使他们分享利润:这是废除所有权。

可是,这些激进派本身都是所有权的热心保卫者,——这是一个重要的证据,证明他们既不知道自己在做什么,又不知道自己要的是什么。

3. 既然所有权是特权和专制的重要原因,共和党党员的宣誓就应该改变形式。从此以后,参加一个秘密组织的新党员不是说"我宣誓,我仇恨王权",而是应该说"我宣誓,我仇恨所有权"。

第七个论题

所有权是不能存在的,因为在消费它的收益时,它丧失了它们;在把它们储蓄起来时,它消灭了它们;在把它们用作资本时,它使它们转过来反对生产

Ⅰ. 如果我们和那些经济学家一起把劳动者当作一部活的机器,那么我们就必须把发给他的工资当作为维持和修理这部机器

所必需的费用。一个工厂主雇用一些每天工资为三法郎、五法郎、十法郎和十五法郎的职工，并且给他自己规定每天二十法郎作为他最高领导工作的报酬，他并不把这一切支出当作是损失，因为他知道这些支出将以产品的形式归还给他。所以劳动和再生产的消费是同一件事。

所有人是什么？这是一部不工作的机器，或者是一部在为他自己的欢乐和随其所好地工作时毫不生产的机器。

什么叫做所有人的消费？这就是不劳动而消费，不从事再生产而消费。因为，再说一遍，所有人在作为劳动者而有所消费时，他是会使他自己得到报酬的；他并不把他的劳动来换取他的所有权，因为，如果这样，他就会不再是所有人了。在作为劳动者而消费时，所有人是有收入的，或者至少是毫无损失的，因为他可以得到补偿；在作为所有人而消费时，他就减少自己的财产。所以，如果要享受财产，就必须毁灭财产；要真正做个所有人，你就必须不再是个所有人。

消费他的工资的劳动者是一部自行修理并进行再生产的机器；那个消费他的收入的所有人是一个无底的深渊，一块我们所灌溉的沙地，一块我们在上面播种的石头。这一切是这样的真实，所以所有人既然不愿或者不懂得怎样生产，并且知道他一经使用他的财产，他便永远把它销毁掉，所以他就采取了那种使某一个人来代替他从事生产的办法。这就是政治经济学根据永恒的正义把它叫做利用他的资本从事生产，利用他的工具从事生产的办法。并且也就是应该把它叫做利用他的奴隶从事生产，像小偷和暴君那样从事生产的办法。所有人，他居然说是在从事生产！……盗贼也照样可以说："我在从事生产。"

所有人的消费曾经被叫做奢侈而与有益的消费相对立。根据上文所说，我们知道在一个不很富足的国家中可以存在着一种高度的奢侈生活；甚至在这个国家中所见到的奢侈生活愈甚，它愈是贫穷，反过来也是一样。我们必须给那些经济学家说句公道话，他们启发了人们对于奢侈的这种深刻的厌恶，以致如今确有一大部分（如果不说差不多全部）的所有人耻于怠惰，从事劳动，从事储蓄和积累资本。他们逃脱了小难而倒反陷进了大难。

我不能颠三倒四地反复说：那个自以为通过工作理应获得收入的，以其劳动换取工资的所有人，是一个领取双重工资的职员；这是不劳动的所有人和从事劳动的所有人之间唯一的区别。通过他的劳动，所有人只是生产了他的工资，并没有生产出他的收入。既然他的地位使他能够从事于最能获利的事业，我们可以说，所有人的劳动对于社会害多利少。无论所有人做什么事情，他对收入的消费是一项实际的损失，这项损失不是他的支取工资的职务所能补偿或证明是正当的；如果财产不能从其他的生产不断地得到补充，它就会被这项损失所消灭。

Ⅱ. 从事消费的所有人消灭产品：但当他从事储蓄时，那就更糟。他所贮存的东西跑进另一个世界；人们再也看不到它们了，连影子（caput mortuum）都看不见了。如果我们有了到月球去旅行的交通工具，如果那些所有人异想天开，要把他们的储蓄带到那里去，那么经过一段时间之后，我们这个由水土形成的地球就会被他们搬到它的卫星上去！

储积产品的所有人自己既不享用那些产品，还禁止别人享用；

对他来说,既不存在占有,也不存在所有权。他像守财奴那样盘算着他的宝藏:他并不利用它。让他用这宝藏去饱他的眼福吧,让他和它躺在一起吧,让他拥抱着它去做梦吧:一切都不错,但钱币是不会繁殖钱币的。没有享用,就没有真正的财产;没有消费,就没有享用;不丧失财产,就没有消费;这就是上帝的智慧强迫所有人服从的那种不变的必然性。该死的财产!

Ⅲ.不消费他的收入而把它当作资本来用的所有人,使它反对生产,从而使他不可能行使他的权利。这是因为,他愈是提高应付的利息,他就愈加不得不减低工资;可是,他愈是减低工资,即他愈少注意活机器的维修,他就不仅愈加降低劳动量,而且因此还愈加减低生产量,并因生产量的减低而减少他收入的来源。这从下面的例子可以清楚地看出来。

假定有一宗由可耕地、草地、葡萄园、地主和佃农的住屋组成的地产,和农具一起共值十万法郎,按照所作的估计,它的收益是百分之三。如果土地所有人不是消费他的收入,而是用来美化而不是扩大他的地产,他能不能由于这样地增加了三千法郎的资本,要求他的佃农每年多缴九十法郎的地租呢?当然不能;因为在这样的情况下,佃农虽然不能比以前生产得更多,却立刻就会被迫去进行毫无代价的劳动,我甚至可以说,他就不得不为了维持租约而实际遭受损失。

事实上,只有增加有生产力的资本,才能增加收益;把耕地用大理石的围墙围起来并用金制的犁锄来耕种,在增加收益上是毫无用处的。但是,既然不可能不断地购置土地,在地产上增加地产,像拉丁人所说的那样延续他的财产,而且,既然,土地所有人永远拥有可以用来增加资本的多余的收益；结果是，他终于不可能行使他的权利了。

可是，虽然存在着这种不可能性，所有权却还在使它的收入资本化，并在资本化的过程中增加它的收入；姑且不来讨论在商业、工厂企业和银行界所发生的无数的实例，我想单举一个直接影响全体公民的比较严重的事实。我指的是国家预算的无限制的增加。

捐税每年都在增加。很难精确地说明这个增加是由哪一部分的国家费用所造成的；这是因为，对于预算这样东西，谁能夸口说有所了解呢？关于这个问题，甚至最能干的理财家都不断地发生争执。我要问：当治理国家大事这门学问的大师们都不能在数字上取得一致的意见时，人们对于这门科学会作何想法呢？无论国家预算的这种递增的直接原因是什么，可以肯定的是，捐税以一种令人绝望的趋势增加着。大家都看到这一点，大家都承认这一点，但好像谁也不了解它的首要原因何在[①]。现在，我说，事情只能如此，并且这是必然的，无可避免的。

一个国家的国民是一个称为**政府**的大土地所有人的佃户；他们向政府缴纳一笔名叫**捐税**的地租，作为开发土地的代价。每当

① “英国政府的财政情况曾经在上议院1月23日的会议上赤裸裸地揭露出来了；它并不是令人鼓舞的。几年以来，支出总是超过收入，内阁只能依靠每年都重新采用的举债办法来维持预算的平衡。经官方证实，仅1838年和1839年的赤字就高达四千七百五十万法郎。1840年，估计将超支二千二百五十万法郎。”提出这些数字的是里本勋爵。墨尔本勋爵回答说：“这位高贵的伯爵所宣称的国家开支不断增加的事实不幸是有根据的，并且我同意他这样的看法：对于这种情况，**还不能希望**有减轻或者弥补这些开支的办法。”（1840年1月26日《国民报》）

政府进行一次战争，打败或打胜一次战役，更换军队的配备，建筑一座纪念碑，挖掘一条运河，开筑一条公路或铁路，它就举行一次借款，由纳税人来偿付这笔借款的息金；即政府可以不必增加它的生产能力而增加它的流动资本；总之，就是按照我刚才所说的那个土地所有人的做法从事资本的积累。

可是，一旦政府的借款成立并规定了利息之后，预算就无法减低。因为，要减低预算，资本家就必须放弃他们的利息，这就等于是放弃所有权；或者是政府宣告破产，这将是对政治原则的一种欺骗性的否认；或者是政府必须清偿那笔债务，这就非另行借款不可；或者是它必须缩减开支，这是办不到的，因为所以要举债，就是因为经常收入不敷开支的缘故；或者是政府应该把款项用来进行再生产，这就需要扩大生产资本才能实现，而这种扩大是和我们的设想相反的；最后，或者是纳税人必须负担一种新的捐税来清偿那笔债款，这是不可能的事；因为，如果这种新的捐税由全体公民平均分摊，那么就有半数甚或更多的公民缴纳不起；如果全部捐税由富人来分摊，那就变成一种强制的捐献，一种侵犯所有权的行为。长期的财政经验已经表明，借债的途径虽然非常危险，却比其他的方法更方便、更可靠，并且费用最省；因此政府就实行借债，这就是说，不断地积累资本，增加预算。

所以，国家预算不但永远不能减少，而且一定必然地和不断地增加。这是一件十分简单和明显的事实，而那些经济学家虽然满腹经纶，竟看不到这个事实，不能不叫人惊奇。如果他们已经看到，为什么他们不加以谴责呢？

历史的评述。——目前，人们对于结果可能起到缩减预算作用的财政措施感到极大兴趣。这就是对那利率为百分之五的公债的换算。姑且不谈政治和法律的问题而专就财政问题来加以观察。当人们可以把百分之五的公债变换为百分之四的时候，将来也一定会以相同的理由把百分之四的换成百分之三，然后把百分之三的换成百分之二，然后把百分之二的换成百分之一，最后就是把利息根本取消，这难道不是真的么？但是这将是地位平等的出现和所有权的废除。现在我觉得一个聪明的国家应当在半途上去迎接一次不可避免的革命，而不应该让自己被那不变的必然性的车子拖着走。

第八个论题

所有权是不能存在的，因为它的积累力量是无限的，
并且这种力量只能施展在一些有限的数量上

如果平等地组织起来的人们给予其中的一个以专属的所有权，这个唯一的所有人以复利的条件把一笔一百法郎的款项借给人类，并规定在六百年后清偿给他第二十四代的后裔，那么这笔以百分之五的利息计算的一百法郎的款项将达到一百零七万八千五百四十亿一千零七十七万七千六百法郎，它等于法国资本的两千六百九十六又三分之一倍，假定这个资本是四百亿的话。这就超过了地球上的动产和不动产的价值的二十倍。

假定一个人在圣路易王朝[①]向人借得一百法郎，他和他以后的继承人拒绝归还这笔款项。即使大家知道上述的继承人并不是

① 圣路易王朝的时期是从 1226 年起至 1270 年为止。——译者

合法的占有人，而时效也早已在适当的时刻中断，但是，根据我们的法律，最后的那个继承人还不得不偿还这一百法郎和利息，以及利息的利息，这就会像我们刚才所看到的那样，总数达到将近一百零八万亿法郎。

每天，财产在我们中间以比这大得多的速度增殖着。上述的例子假定利息是资本的百分之五；但实际上它往往是等于资本的百分之十、百分之二十、百分之五十，有时还等于资本本身。

傅立叶主义者——与平等势不两立的敌人，他们把拥护平等的人看做骗子——保证在把生产量提高到四倍的时候，就可以满足资本、劳动和才干的一切要求。但是，如果生产量提高到四倍、十倍甚或百倍，所有权也会通过它的积累威力和它的资本化的效果，很快地把产品、资本和土地，甚至劳动者都兼并掉。在法郎斯特尔里是否禁止积累资本和放债生利呢？如果禁止的话，那就请他们说明他们的所谓财产是意味着什么吧。

我不预备再多作这些计算。它们可以发生无穷尽的变化，如果我强调这种变化，那将是幼稚的。我只是要问，当法官被请求判决一件占有权的诉讼时他们是根据什么标准确定利息的？并且，再从较高的角度来讨论这个问题，我要问：

立法者在把所有权的原则介绍到共和国里来的时候，有没有衡量过一切后果？他是否知道可能性的法则？如果他知道这个法则，为什么在《法典》里没有提到？为什么让所有人在增殖财产和收取利息方面具有这种惊人的活动范围？为什么在确认和确定所有权上给予法官这样惊人的自由？为什么在不断规定新的捐税上给予政府这样惊人的权力？到什么程度，人民才可以拒绝接受预算案，佃农才可以拒付地租，工业生产者才可以拒绝支付资本的利息？剥削权从哪里开始，到哪里为止？生产者什么时候可以对所有人说：我再也不该欠你什么了呢？所有权什么时候可以得到满足呢？要到什么时候所有权才不再向人盗窃呢？

如果立法者知道可能性的法则而置之不顾，他的正义是什么样的正义呢？如果他不知道，他的智慧是什么样的智慧呢？我们怎能承认他那种不公正的或者愚蠢的权威呢？

如果我们的宪章和法典以一种荒谬的假设为基础，那么法律学校中讲授的是什么呢？最高法院的裁判是什么呢？我们的议会所讨论的是什么呢？政治学是什么呢？我们的所谓政治家是什么呢？法理学是什么意思？我们岂不应该把它叫做法愚学吗？

如果我们所有的制度都以一种计算的错误为基础，结果这些制度岂不都变成谎话了么？并且，如果整个社会结构是建立在所有权的这种绝对的不可能性之上的，那么我们生活于其下的政府岂不真是一个怪物，我们现在的社会岂不真是一个乌托邦了吗？

第九个论题

所有权是不能存在的，因为它没有
反对所有权的力量

Ⅰ.　按照我们那条定理的第三项推论，利息对于所有人本人，正像对于别人一样，也是滚算的；这个经济原则是普遍地被承认的。初看起来，再没有比这更简单的了；可是在用语的意义上，再没有比这更加荒谬和更加自相矛盾的了，也再没有比这更绝对地不可能的了。

据说，工业家对于他所支出的房租和资本的利息是自己偿还自己的；**他自己偿还自己**，这就是说他可以从购买他的产品的公众身上得到补偿。这是因为，工业家似乎是靠他的所有权获得这项利润的，如果他也想靠他的商品获得利润，他能否付给自己一法郎的代价以换取他只花九十生丁制造的产品并由此得到盈利呢？不能：这样的一种交易只会把金钱从商人的右手转到他的左手，而并无任何利润。

要知道，既然对于一个自己和自己进行交易的个人可以这么说，对于整个商界也可以这样说。让我们把十个、十五个、二十个生产者连在一起组成一条随便要多长就有多长的链锁：如果生产者甲在生产者乙身上得到了一笔利润，那么按照经济学原理，乙一定就会在丙身上求得补偿，丙则在丁身上求得补偿，如此类推，直到最后一个生产者亥为止。

但是亥又从谁的身上去收取那笔在开始时由甲提取的利润呢？萨伊答复说，**从消费者身上**。多么无聊的遁词啊！难道这个消费者除了甲、乙、丙、丁……等等或亥之外还有别人吗？亥从谁的身上去求得补偿呢？如果他向第一个获利者甲求得了补偿，那么谁都没有得到利润了，因而谁也没有所有权了。相反，如果亥自行承担这个负担，那么从这时起他就不再是社会的一分子了，因为这个社会把所有权和利润给予其他的同伙而对他则拒绝不给。

所以，既然一个国家的国民像整个人类那样，是一个不能在它本身之外有所活动的大规模的生产社会，那就显然可以看出，没有一个人能够不剥夺别人而使自己得利。因为，如果要使甲的所有权和收益权受到尊重，我不得不拒绝尊重亥的所有权和收益权；从这里我们可以看出，与地位平等相分离的权利平等不能成为事实。政治经济学在这方面的不公正是彰明昭著的。“当我，一个工业企业家，购买一个工人的劳力时，我并不把他的工资包括在我的企业的纯利中，恰恰相反，我是把它从纯利中除去的；但工人却是把它计算在他的纯利中的……”（萨伊：《政治经济学》）。

这意味着工人所得的全部收入都是纯利；而在企业家的收入中，纯利只是超过他的薪金的那部分。但是为什么只有企业家才有权利得到利润呢？为什么不把这种实质上就是所有权本身的权利给予工人呢？在经济学的用语上，工人是资本；可是，一切资本在它的维修费用之外，都应该产生利息；这就是所有人为了他的资本和为了他自己所注意做的。为什么就不许工人从他的资本上（这资本就是他自己）同样地提取一部分的利息呢？

所以所有权是权利的不平等；因为如果它不是权利的不平等的话，它就会成为财产的平等，换句话说，所有权就不会存在了。如今，宪章保障一切人权利平等，所以根据宪章来看，所有权是不能存在的。

Ⅱ. 一份地产的所有人甲能否仅仅因为他是这块土地的所有人就可以去夺取他邻居乙的田地呢？——不能，那些土地所有人回答说；但是这和所有权有什么关系呢？你们通过下面一系列相类的论题就可了解。

工业家丙是一个帽商，他是否有权强迫也是帽商的邻居丁闭厂停业呢？绝对没有这种权利。

但是丙想在每顶帽子上赚一法郎的利润，而丁却满足于半个法郎的利润；显然丁的这种适可而止的态度会妨碍丙的过分的贪图;丙是否有权阻止丁出售帽子呢?当然没有这种权利。

既然丁可以自己做主,以比丙低廉半个法郎的价格出卖他的帽子,丙也就可以自由地把他的帽子的价格减低一个法郎。可是丁是贫穷的而丙则是富有的;结果,在两三年之后,丁就由于这个无法应付的竞争而宣告破产,于是丙就可以完全控制市场了。所有人丁能否从所有人丙取得赔偿呢?他能否对丙提起恢复他的业务和财产的诉讼呢?不能,因为如果丁比较富有,他就可以去做和丙相同的行为。

根据同样的理由,大土地所有人甲可以对小土地所有人乙说:"把你的地卖给我吧,不然的话我就不让你出卖小麦[①]";并且他可以不必对乙采取任何强迫手段,也不致让他有申诉的理由就办到这一点。所以只要有决心,甲就可以把乙吃掉,仅仅是因为甲比乙强大。因此,甲和丙所以能够对乙和丁进行掠夺,并不是依靠所有权而是依靠强权。通过所有权,两个邻居甲和乙以及两个商人丙和丁都不能互相伤害。他们既不能互相掠夺,又不能互相毁灭,也不能互相损人利己。完成上述的侵占行为的,是以强凌弱的强权。

工厂主所以能够任意减低他的雇员的工资,富有的商人和殷实的所有人所以能够按照他们任意决定的价格出卖他们的商品,也都是根据这个强权。企业家对工人说:"你可以随意把你的劳力提供到别处去,如同我可以随意接受你所提供的劳力那样;现在我就给你这么多。"商人对顾客说:"买不买听便;钱是你的,正如货物是我的一样。我就要这样的价钱。"让步的是谁呢?就是那个力量

① 这里必须假定小麦总产量超过消费的需要,并且超过很多。——原编者

比较弱的。

所以,不用强力,所有权是没有力量来反对所有权的,因为不用强力,财产是不能通过收益而有所增加的;所以,如果不用强力,所有权是无效的。

历史的注释。——殖民地食糖和本地食糖之间的斗争,给我们提供了一个关于所有权的这种不可能性的显著的例子。如果你们听凭这两种工业自行发展,殖民者就能使本地的制造商破产。要维持甜菜的种植,就必须对甘蔗征税:为了保护一方面的所有权,就必须损害另一方面的所有权。在这个事件中,最关重要的恰巧就是人们最不注意的事情,就是:无论这样或那样,所有权一定要受到侵犯。如果对两种工业中任何一方征收一种比例税来维持市场的平衡,你们就会造成一个最高价格,你们就会在两方面打击所有权。一方面你们的税收妨碍了贸易的自由;另一方面,它破坏了所有人之间的平等地位。如果给予甜菜业补助金,你们就会侵犯纳税人的财产。如果由国家负责经营这两种性质不同的食糖业,像由国家来维持各种烟草的种植那样,你们就会废除一种所有权。后述的这个办法也许是比较简单和比较好的办法;但是,要促使国家这样做,就必须有一些能干的人和乐于为群众服务的人的协助,这在目前是不可能实现的。

竞争,有时称为贸易自由,总之就是所有权的交换,将在长期间内被当作我们商业立法的基础。从经济学的观点来看,它涉及所有的民法和整个管理制度。可是竞争是什么呢?是一种在围场中的决斗,在那里,权利是由武器决定的。

我们的野蛮的祖先问道:“谁说谎?是被告还是原告?”更加野

蛮的法官回答说，“让他们进行决斗吧，强权就是公理。”

在我们两个人之中，谁可以把香料卖给我们的邻居？“让你们各自出卖吧，”经济学家高声说，“更精明、更狡猾的人是更老实、更能干的商人。”

这就是《拿破仑法典》的精神实质。

第十个论题

所有权是不能存在的，因为它否定平等

这个论题的阐述将是以上那些论题的撮要。

1. 经济法的原则是，只能用产品购买产品。所有权只能以生产效用这一理由为自己辩护，所以，它既然什么东西也生产不出，就要永远受到谴责了。

2. 应该用产品来抵偿劳动，这是一条经济学上的定律；但由于所有权的存在，生产费用就超过它的价值，这是事实。

3. 经济学上的另一条定律是：在一定的资本条件下，生产不是由资本的数额而是由生产力来衡量的。所有权既然不考虑劳动而要求收入永远与资本成比例，就并不认识这种因果之间的平等关系。

4 和 5. 像蚕吐丝结茧那样，劳动者永远不是单为自己生产的。所有权由于要求双倍的产品而无法获得，就掠夺劳动者并将他杀害。

6. 大自然只给每个人一个理智、一个灵魂、一个意志；所有权在给予一个个人以多数的投票权时，认为他具有多重的灵魂。

7. 一切不能再生产效用的消费是一种毁灭。不论所有权从事消费、储蓄或积累资本，它都不能生产效用，因此它是贫乏和死亡的原因。

8. 对于一种天然权利的满足永远会产生一个等式；换句话说，对于一件东西的权利必然是通过对这件东西的占有而得到平衡。所以，在自由权和自由人的地位之间存在着一种平衡、一种等式；在做父亲的权利和父道之间存在着一种等式；在安全权和社会保障之间存在着一种等式。可是在收益权和收益金的收取之间却永远没有等式；因为逐次收取的收益金在每次收取时，就产生收取另一项收益的权利，这另一项又产生第三项，等等……以至无穷。所有权既然永远不能达到它的目标，所以是一种反自然的和反理性的权利。

9. 最后，所有权并不是自我存在的。它的生存和活动必须有一个外在的原因，这个原因不是强力便是诈欺；换句话说，所有权并不等于所有权，这是一种否定，一种欺骗，是根本不存在的东西。

第五章　正义和非正义观念的心理学的解释，以及政治和权利原则的规定[①]

所有权是不能存在的；平等是并不存在的。前者对我们来说是极可憎恨的东西，而我们却要它存在；后者支配着我们全部的思想，而我们不知道怎样去求得实现。谁能解释我们的良心和我们的意志之间的这种严重的对立状态呢？这个不幸的谬误已经成为正义和社会的最神圣的原则，谁能指出它的根源呢？

我不揣鄙陋，愿意从事这项工作，并且我希望可以成功。

但是在说明人类为什么破坏正义之前，必须规定正义是什么。

① 蒲鲁东在1840年8月19日写信给他的朋友贝尔格曼说："你对我第五章的意见是正确的；本来单是这一章就正式需要整卷的篇幅，并且我只是写了它的概要……。贝桑松的那位哲学教授和你一样，认为这第五章应该放在这本书的开头部分；但是必须很好地注意到我的著作并不是一篇社会哲学论文，而仅是对于所有权的研究。所以第五章是随着其他各章写下来的，为的是要答复这个问题：所有权既然是不能存在的、不合乎正义的，那么它怎样并且为什么存在的呢？这样就把这部分完全是心理学的论述和著作的其余部分连接起来了。"——原编者

第一部分

第一节　人和禽兽的道德感

哲学家们往往提出要了解人类的智慧和禽兽的智慧之间存在着什么确切的界线的问题，并且按照他们一般的习惯，在决定采取他们可能采取的唯一办法、即观察以前，说了不少蠢话。后来还是由一位并不以哲学自夸的谦虚的学者用一种简单的区分来结束那些无穷尽的争论；这个区分虽然简单，却是那些以其本身而论就比一个思想体系的价值还大的辉煌的区分方法之一。这位学者就是弗雷德里克·居维埃[①]，他把本能和智慧区别开来。

但是谁也没有提出过这样的问题：

人类的道德感和禽兽的道德感之间的区别是本质上的不同呢，还仅仅是程度上的不同？

过去，如果有人敢于主张上述问题中的后半段的见解，他的论证就会被认为是诽谤、亵渎和触犯道德与宗教的。宗教的和世俗的审判机关就会一致加以谴责。请看人们会用怎样的语气来诋毁那个不道德的反论！“良心”，他们会嚷着说，“良心，只有人能够赋有这种专门属于人类的光荣；正义与非正义

① 弗雷德里克·居维埃(1773年生于法国蒙贝利亚尔市，1838年死于斯特拉斯堡)是比较解剖学的创始人，男爵若尔日·居维埃的兄弟；他自己也曾发表过一些关于博物学的研究作品。在本书较前的篇幅中，蒲鲁东引证了弗鲁伦所著的《弗雷德里克·居维埃的观察结果的摘要分析》。——原编者

的观念，功与罪的观念，是他的高贵的特权；唯有人这种万物之灵才具有高超的禀赋，能够通过自由和正义去抗拒他的那些世俗的嗜好，辨别善恶，使自己愈来愈和上帝相像……。不，那个德性的圣像永远只铭刻在人类的心上。”这些话充满着情感，但毫无意义。

亚里士多德说过：人是一种有理性的社会动物(Zôon logikon kaï politikon)。这个定义高出在它以后提出的一切定义，甚至德·包纳德[①]先生的那条有名的定义也不例外。包纳德先生的人是一种得力于器官的智者这条定义具有双重的缺点：用未知来解释已知，即用智者来解释生物；忽视了人类的主要品质、即动物性。

所以，人是一种过着社会生活的动物。社会意味着各种关系的总和，总之就是体系。可是一切体系只能在某些条件之下才能存在：那么这些条件是什么呢？人类社会的定律是什么呢？

人与人之间的权利是什么？正义是什么？

附和各派哲学家说下列这些话是毫无用处的：这是一种神圣的本能，一种不朽的和天赐的心音，一种大自然所赋予的指南，一种给降生到世界上来的一切人启示的智慧，一种铭刻在我们心上的法律；这是良心的呼声，理性的箴言，情感的启发，感觉的倾向；这是爱人如己的感情，正确地理解的私利；或者这是一种先天的观念，这是起源于纯粹理性概念的实用理性的绝对的命令；这是一种热情的吸引力，等等，等等。这一切可能言之成理，也好像说得很美妙；但这是完全没有意义的。即使我们把这种祈祷式的语句延

① 德·包纳德子爵(1754—1840)。——原编者

长到十页之多(人们曾经把它们写在上千卷的书本中),我们离问题的解决还不能更接近一步。

"正义就是公共福利,"亚里士多德说。这话不错,但这是一种无谓的重复。"公众幸福应该是立法者的目标,"孔德先生在《立法论》中说,"这是任何良好的理由所不能推翻的原则;但是,当人们把它提出并加以说明之后,人们没有使立法得到更多的进步,正如人们在说明治愈病人应该是医师的目标的时候,不会使医学得到进步一样。"

让我们另外去找解释吧。法权就是支配着社会的那些原理的总称;人类的正义就是对这些原理的尊重和遵守。实行正义就是服从社会性的本能;完成正义的行为就是做一个社会性的行为。所以,如果我们在不同情况下观察人对人的行动,我们就不难看出什么时候他们是在过着社会生活,什么时候他们不是过着社会生活;我们可以从那结果通过归纳过程而推断出那条定律。

让我们从最简单、最确凿无疑的事例开始。

冒了自己的生命危险去保护儿子并牺牲一切来抚养他的母亲,是和他一起过着社会生活,这是一位好母亲;相反,遗弃她的孩子的母亲是不忠于社会本能的母亲,因为母爱是社会本能的许多特征之一;这是一个违反天性的母亲。

如果我跳到水里把一个人从死亡的危险中抢救出来,那么我就是他的弟兄、他的伙伴;如果我不但不帮助他,反而使他沉得更深,那么我就是他的敌人、他的凶手。

任何从事施舍的人都把穷人当做他的伙伴,固然不是在一切方面和对于一切都把他当做伙伴，而只是就他分给他的那部分财物来说把他当做伙伴；任何强取豪夺非其劳动所生产出来的物品的人毁灭他自己的社会性，这是一个强盗。

那个把跌倒在路中的旅行者扶起、替他裹伤、安慰他并给他钱的撒玛利亚人[①]表示出他是那个旅行者的伙伴、他的邻人；在那同一的旅行者身旁经过而头也不回的传教士则不是那个旅行者的伙伴，而是他的敌人。

在所有这些事例中，人被一种对于他同类的内在的亲近心情、被一种隐秘的同情心所支配，这种同情心使他爱别人、与别人同甘共苦；所以，要想抗拒这种亲近的心情，他必须有一种违反天性的意志的力量。

但是，这一切丝毫不能证明在人和禽兽之间存在着任何划分得很清楚的不同之点。在禽兽方面，当幼小动物的孱弱使它们受母亲的爱怜、即使它们结合起来的时期，人们可以看到这些母亲用一种类似我们那些为祖国牺牲的英雄的勇气，在小动物的生命遭到危险时尽力加以保护。某些种类的动物知道团结起来猎取食物、互相寻找、互相招呼（一个诗人也许会把这种情形说成是互相邀请）来分享它们的猎获物；有人看到它们在危难中互相救助、互相保卫、互相警告。大象懂得怎样把它的陷落在坑沟中的同伴挽救出来；母牛会把它们的牛犊放在中间，而它们自己则围成圆圈，角尖向外来打退狼群的进攻；马匹和猪在听见有同伴发出痛苦的

① 撒玛利亚，古代以色列王国都城，《新约·路加福音》第十章中叙述一个好心的撒玛利亚人怎样救死扶伤。——译者

叫声时会拥到发出声音的地点去。如果谈起它们的交配、雄兽对于雌兽的恩情以及它们爱情方面的忠诚，我可以写出何等生动的描述！但是为了在各方面保持正确起见，让我们补充说，这些结群友爱的、同类相爱的动人表现并不妨碍它们为了食物和争向雌兽献媚而互相争吵、互相搏斗、用坚利的牙齿互相撕裂；它们和我们是完全相像的。

在人和禽兽的身上，社会本能是或多或少地存在着的：它的性质是相同的。人更需要团结，团结的用处也比较多；禽兽则似乎更能忍受孤独的生活。在人的方面，社会生活的需要较为迫切和较为复杂；在禽兽方面，这些需要似乎没有那么强烈，变化比较少，也没有那样珍惜。总之，在人的方面，群居的目的在于保全族类和个人；在禽兽方面，保全族类的目的性大得多。

到现在为止，我们还没有发现可以被人说成是他所独有的东西：社会本能和道德感，是他和禽兽所共有的，当人因为自己做了一些慈善的、正义的和热忱的举动而自以为和神相像的时候，他没有觉察到他不过是服从了一种完全是动物性的冲动。我们是善良的、有情谊的、富于同情心的、有正义感的，同时我们是急躁的、贪婪的、好色的、有报复心的，这就是说我们与禽兽是相似的。我们的最高德性归根到底是盲目的、受感情冲动的本能：有什么值得神化和颂扬的呢！

可是在我们这些两足动物和其余的生物之间存在着一种区别；它是什么呢？

一个学习过一点哲学的小学生就会很快地答复说：这个区别在于我们自觉到我们的合群能力，而禽兽则不能有这种自觉；在于我们对自己的出于社会本能的活动能够加以思考和推究，而在禽兽方面，则根本没有这类的情况。

我可以更进一步说：我们凭借思考和推理的能力，才能够懂得，抗拒那个我们称之为正义的支配着我们的社会本能，首先对于别人其次对于我们自己是有害的。这种思考和推理的能力好像是我们人类特有的禀赋。正是我们的理智在教导我们，当一个自私的人、一个盗贼、一个杀人凶手、一个社会的叛徒明知故犯地作恶时，他就对大自然、对别人和他自己犯了罪，他就成为一个罪人。最后，使我们能够断定像我们这样的生物应该对他们自己的行为负责的，一方面就是我们的社会感情，另一方面就是我们的理智。这就是悔悟、复仇和刑事裁判的原则。

但是这一切只能在禽兽与人之间造成一种智慧上的不同而决不是一种情感上的不同；因为，虽然我们是通过理智来考虑我们与同类之间的关系的，我们却同样也以这种方式来论究我们的最平凡的举动，比如：喝、吃、选择妻室、选定住所等等。我们对尘世和天堂的一切事情进行推理；没有任何事情是我们的推理能力所适用不上的。可是，正像我们对于外界现象所得到的知识并不能影响这些现象的原因和规律一样，我们的思考作用在启发我们的本能时，也只是使我们明白感觉的本质，而并不改变这种本质的特征；这个思考作用使我们了解我们的是非善恶，但并不能改变它，也不能变更它。在犯了错误之后我们对自己所感到的不满，在看到不合乎正义的行为时我们心中所感到的愤怒，应该加以处罚和应该给予酬劳的想法，都是思考作用的效果，而不是本能和情感的直接效果。我不能说智慧是人所独有的，因为禽兽在做了坏事之后，也会有所感觉，并且在它们之中有一个受到攻击时，它们也会发怒，但是我们在对于社会义务的理解上，在对于善恶的了解上具有比禽兽无限优越的智慧，然而就道德来说，这并不能证明人和禽兽之间存在着一种本质上的差别。

第二节　初级的和第二级的社会性

我坚决认为我刚才所说的那个事实是人类学上最重要的事实之一。

驱使我们过社会生活的那种交感的吸引力，在本质上是盲目的、不规则的，所以它总是受到一时的冲动的支配，而不去考虑较高的权利，不去辨别事情的利害得失或轻重缓急。野狗毫无差别地跟着所有呼唤它的人跑；吃奶的孩子把每一个男子当作爸爸，把每一个女人当作奶妈；每一个活着的生物在被剥夺了同类动物的往来时，竭力想找一个和他同过孤独生活的伴侣。社会本能的这种基本特点使一些性情轻浮的人的喜新厌旧的交谊变得不可容忍甚至可憎；这种人容易对每一个新面孔发生热情，胡乱对人表示殷勤，并且为了一种短暂的关系而忽视多年的旧交和最可尊敬的情谊。这样一些人的缺点不在于他们的情感方面，而在于他们的判断力方面。这种程度的社会性是我们在看到一个和我们相类的生物时从内心产生的一种吸力，但这种吸力永远只存在于那个具有这种感觉的人的身上；它可能是彼此都有的，但不能互相沟通：爱、善意、怜悯、同情，不管你给予什么名称，它并没有值得重视的地方，它并不能把人的地位提高到禽兽之上。

第二级的社会性是正义,人们可以把它解释为承认别人具有一种和我们平等的人格。正义感是我们和各种动物所共有的,至于在认识方面,唯有我们才能对于什么是正义这一点得到确切的概念,可是,像我刚才所说的那样,我们对它的看法并不能改变它的本质。我们在下面就可看到人是怎样把自己提高到禽兽所不能达到的第三级的社会性上去的。但我们必须首先从理论上证明,社会、正义和平等是三个相等的名词,三个可以互相解释的用语,它们的互相代替使用是永远合理的。

如果在一次航海旅行中翻了船,我慌乱地用一只小船带着一些粮食逃脱了这个危难,这时我看见有一个人在波浪中挣扎,我是不是有救他的义务呢?——是的,我是应该这样做的,如果违背这个义务,我就会被指控犯有谋杀和不忠于社会的罪行。

但是,我是否还负有使他分享我的粮食的义务呢?

要解决这个问题,我们必须改变说法。如果和他共享那只小船是带有强制性的,那么就粮食来说是否同样带有强制性呢?毫无疑义,一个伙伴的义务是绝对的。人对于物品的占用是随着他的社会性而来的,并且是从属于这个性质的;只有在全体都得到占用的许可时,占有才是专属的。但在这方面使我们的义务变成模糊不清的是我们的考虑将来的能力,后者使我们担心一种可能碰到的危险会迫使我们去从事霸占并使我们成为盗贼和杀人的凶手。而禽兽则并不去预测本能的义务,也并不去预测结果对它自己会发生什么祸害:奇怪的是,对于人、对于这种最富有社会性的动物来说,因为有了智慧却反而产生了不遵守那个法则的动机。凡是主张只为了自己的利益而利用智慧的人是背弃社会的;如果小心谨慎的心理被用来作为我们自私的工具，那还不如由上帝来把它从我们身上取消的好。

“怎么！”你会说，“我必须和那素不相识的人共享我的粮食，即由我挣来的并属于我的粮食吗？这个人我可能永远不再和他见面，他说不定还会以怨报德呢！如果这个粮食是我们一同挣来的，如果这个人曾经为了得到这个粮食而出了力，他是可以要求他应享的一份的，因为他的协作关系可以使他享受这个权利；但照现在这种情况，他有什么权利向我提出要求呢？我们没有在一起进行生产；我们就不能共同享用。”

这个论证的缺点在于错误地假设某一个生产者并不一定和另一个生产者合伙。

如果两个人或几个人的合伙是通过正式手续组成的，它的基本条件是经过协议并订有合同和签过字的，那么从这时起，就不会对未来发生争执。每一个人都知道，例如两个人合伙捕鱼，如果其中的一个人毫无收获，他还同样有权利分享另一个人所捕得的鱼。如果两个商人组织了一个商业公司，只要这个公司还继续存在，盈亏是归公的，因为每个人不是为了自己而是为了公司进行生产的，所以在分配的时候人们所考虑的不是生产者而是合伙人。所以接受种植园主的稻草和大米的奴隶，同接受资本家所给予的永远低得可怜的工资的文明工人，都不能分享产品，因为他们虽然和雇人一起进行生产，却不是雇主的合伙人。同样，拖着我们车辆的马和拖着我们耕犁的牛同我们一起生产，但它们并不同我们合伙；我们取得它们的产品，但是并不分给它们。给我们服役的牲口和工人的地位是相等的：如果我们分别给予一些好处，那不是出于正义感，而纯粹是由于仁慈①。

但我们是否都可以不联合在一起呢？让我们回忆一下前面两章所陈述的内容。即使我们不想联合，事物的力量、消费的必要、生产的规律、交换的数学原理还会使我们结合在一起。这条法则只有一个例外，就是所有人；他是通过他的收益权来进行生产的，不与任何人合伙，因而他没有与任何人共享他的收益的义务，正如谁也不必和他共享各人自己的产品那样。除了所有人以外，我们都是为了彼此的利益而劳动的；我们如果不靠别人的帮助，单靠自己是一事无成的；我们不断地在我们之间交换着产品和劳力：如果这不是社会的行为，那又是什么呢？

要知道，如果没有平等，无论商业、工业或农业的任何协作都是不能想象的；平等是协作的必要条件。所以，在与这种协作有关的一切问题上，侵犯协作关系就是侵犯正义和平等。你可以把这个原则应用于整个人类。看了上文以后，我料想读者一定有所了解，不必靠我的帮助就能推及其余了。

根据这个原理，如果有人着手占有一块田地，并且说，“这是我的”，那么，只要其他任何人都有同样的占有权，他就不会是不合乎正义的；如果他想迁居到别处去而把他的田地去换取一块等值的田地，他仍然不会是不合乎正义的。但是，如果他叫一个人来代替

① 对于邻人做一件仁慈的事，在希伯来文叫做公平对待；在希腊文中则意味着同情或怜悯（éléémosinén），法文的施舍（aumône）一词就是由此得来的；在拉丁文中则是慈爱或慈善行为；法文叫做施舍。通过这些不同的用语，我们可以觉察到这个原则的退化过程：第一种用语所指的是一种义务；第二种则只是一种同情；第三种则是一种情感，可有可无，不是义务；第四种则只是听凭施主的高兴与否。

他，并且对他说，“在我休息的时候，你给我劳动”；那么，他就变成非正义的、不与他人协作的和不平等的了。他就是所有人。

相反地，懒汉或放荡的人不去完成任何社会任务，而像别人一样——往往还比别人更多地——享用社会的生产品，这种人就应该被当作盗贼和寄生虫来控诉。为了我们自己，我们应当什么也不给他；但是，既然他必须生活，那就应当把他置于监督之下，强迫他去劳动。

社会性就是有感情的生物彼此所感到的吸引力；正义是带有思考和知识的同一的吸引力。但是，我们把正义放在什么样的一般概念之下，放在什么样的理解力的范畴之中呢？放在等量的范畴之中。因此，正义在古代的定义是：正义是平等，非正义就是不平等(Justum æquale est，injustum inæquale)。

那么，怎样实行正义呢？就是在劳动的平等条件下使每个人分享一份相等的财产；就是像社会成员那样从事活动。即使我们的自私心会有怨言，我们却无从反对明确的事理和必要性。

什么叫占用权？是在新来的劳动者出现时立即减少每一劳动者的份额从而进行土地划分的一种自然的方法。在公共利益需要时，这个权利就归消灭。这个利益既是社会的利益，又是占用人的利益。

什么叫劳动权？这就是在具备必要的条件的情况下使自己分享一份财产的权利。这是社会的权利，也是平等的权利。

正义是一个观念和一种本能相结合的产物，在人能够有所感觉并形成观念时，它就立刻在他身上表现出来。因此，人们一向把它当作一种先天的和原始的思想感情，但这种看法在逻辑上和时间上都是错误的。正义，按其混合的成分（如果我可以采用这个名称的话）来说，也就是从感情和理智混合产生的正义，在我看来就是自我的单纯性和统一性的最有力的证据之一；正像听觉和视觉不能产生一种半听觉、半视觉的复合感官一样，人体也不能由它自己产生上述的那种混合物。

正义的这种双重性给本书第二、第三和第四章中的一切论证提供了明确的理由。一方面，正义的观念既然和社会的观念是等同的，而社会又必然意味着平等，所以平等就一定成为为所有权作辩护而制造出来的一切诡辩的基础；因为，只有把所有制说成是合乎正义的和合乎社会需要的制度才能加以辩护，而所有权就是不平等，所以，要想证明所有权是合乎社会性的，就必须证明非正义即正义，不平等即平等，这都是自相矛盾的论证。另一方面，既然平等的观念、即正义的第二个要素是我们从事物的数学比例中得出来的，既然所有权或劳动者之间财富的不平等分配摧毁了劳动、生产和消费之间的必要的平衡，所有权就必然是不能存在的。

所以，所有的人都是协作的，所有的人都应当享受同样的正义，所有的人都是平等的。是不是由此可以得出结论，在爱情上和友谊上如果有所优先选择的话，是不是就成为非正义的了呢？

这点需要解说。刚才我已假定有一个人处于危难的境地，并且假定我是能够援救他的；现在我再假定有两个处于绝境的人同时向我呼救。我是否可以、甚至是否应该首先去援救那个在血统、友谊、相熟或敬爱方面关系比较密切的，而让另一个人遭受死亡的危险呢？是的。那是为什么呢？因为在一般的往来中，对于我们每一个人来说，有多少个人就存在着多少特殊的交往；根据社交原则本身，我们不得不按照我们同他们关系的亲疏去履行他们要我们担负的义务。因此，我们对于自己的父母、子女、朋友、亲戚等等，应当比对其他人更为关切。但是这种优先选择权的内容到底是什么呢？

有一个法官需要在一件发生在他的朋友和他的敌人之间的诉讼案中作出判决。在这个情况下，他是否应当关怀他的亲密的伙伴而不关怀他的疏远的伙伴，从而不顾相反的证据，判决他的朋友胜诉呢？不应当这样，因为如果他偏袒了这个朋友的非正义行为，他就会变成他朋友的违犯社会契约行为的同谋犯，他就会和他的朋友一起阴谋反对社会团体了。优先选择权只能表现在个人的事情上，如爱情、尊敬、信任、亲密等等，并且只能发生在无法对所有的人同时考虑的场合。所以，在遇到火灾的时候，父亲总是会先去抢救他的孩子，再想到他的邻居；但是，一个法官就一项权利作出判决，却不是属于他本身的问题，也不是他可以任意决定的行为，他不能自作主张地偏袒一方而损害他方。

这些特殊的小社会可以说是由我们在大社会中的各个人以同一中心组成的，关于这些特殊小社会的学说使我们能够解决一切由不同种类的社会义务的对立和抵触所引起的问题；古代的悲剧就是以这些问题作为基本题材的。

禽兽之间的正义在某种程度上是消极的。除了保护它们的崽子、结群猎取和掠夺食物、共同防御以及有时作个别的援助以外，它的内容与其说是积极的行动，还不如说是消极的预防。一个爬不起来的有病的动物或一个不小心掉到悬崖下面去的动物，既得不到医药也得不到食物。如果它不能治愈自己或摆脱它的困境，它就有生命的危险；它在病床上得不到看护，在囚禁中得不到食物。它们对于同类的疏忽一半是由于它们智力薄弱，一半是由于它们缺乏物资。此外，人与人之间所司空见惯的那种亲密程度在禽兽中间也不是没有的；它们具有习惯的和特别的友谊，睦邻的友谊和亲属的情谊。和我们相比，它们的记忆力是薄弱的，情感是模糊的，智力几乎是等于零；但同样的能力在某种程度上是保存着的，而我们在这方面的优越性完全是从我们的悟性产生的。

我们所以能够把社会本能迫使我们完成的行为加多起来并配合起来，以及我们所以能够懂得怎样使这些行为更为有效和怎样公正地加以实施，那是由于我们记忆力的广阔和我们判断力的深刻。过着合群生活的禽兽是能够实行正义的，但它们不了解它的本质，也并不加以推究；它们不假思索或不加考虑地服从自己的本能。它们不懂得怎样把社会感情和平等观念结合起来；而平等观念是它们所没有的，因为它是抽象的。相反地，我们从社会生活意味着平等这一原理出发，能够通过我们的推理能力在我们的权利的规定方面互相了解并互相协议；我们甚至已经在很大程度上利用了我们的判断力。但是在所有这些方面，我们的良知起的作用很小，这可以由下列事实获得证明：我们在某些比其他动物更接近我们的智力标准的动物身上所依稀看到的权利观念，似乎是从它在野蛮人身上所处的低级阶段成长起来，然后才达到像在柏拉图和富兰克林等人身上所表现出来的崇高地位的。如果我们探索一下道德感在个人身上的发展过程和法律在各个国家中的演变情况，我们就可以相信，正义的观念和立法的完善总是和智慧成正比的。所以，有些哲学家认为是简单的正义观念实在是复杂的。它一方面从社会本能、另一方面从平等的观念产生；正像犯罪的观念是由正义被侵犯这一感觉和自由意志的观念产生的那样。

扼要地说，本能是不因人们对其本质有所了解而改变的，我们至今在禽兽中和人类中所观察到的社会事实也是如此。我们懂得正义的意义或者说我们懂得从平等的角度所看到的社会性。我们没有碰到可以使我们不同于禽兽的地方。

第三节　第三级的社会性

也许读者没有忘记我在第三章中对分工和专长所作的论述。

人与人之间，才干和才能的总和是相等的，他们的本性也总是相似的。我们大家生来，都是诗人、数学家、哲学家、艺术家、工匠或农夫，但我们的天赋并不相等；在社会上的人与人之间，或者在同一个人身上的机能与机能之间，存在着千差万别。我们曾经说过，相同的机能之间的这种程度上的差异，在某些方面这种才干的出众，是我们社会的基础。大自然把智慧和天才分配得这样经济和这样慷慨，使社会的机构永远不必担心特殊才干的过多或缺乏，并且使每个劳动者在致力于他的职务时总能熟练地利用所有他的同行的工作成就和发明创造。由于大自然的这种朴素的和聪明的布置，劳动者在他的工作中不是孤立的；在他和他的同类在情感上联合起来以前，他是通过思想和他们相沟通的，所以对他来说，爱是从智慧中产生出来的。

在禽兽社会，这一点并不如此。在每一种类中，所有个别禽兽的有限禀赋在项目上、甚至在程度上（当这些禀赋不属于本能时）都是相等的。每一个禽兽都会做其他鸟兽所做的事情，并且做得和它们一样好，例如寻觅食物、逃避敌害、挖掘洞穴、构筑鸟巢等等。当任何一个动物是自由的和健全的时候，它不希望也不需要邻居的援助，而后者则同样也是独立的。

那些群居着的禽兽在一起生活时，并不交流思想，也不作亲密的交谈：大家都做着同样的事情，什么也不用学习，什么也不用记牢，它们彼此看着，互相感觉着，互相发生接触，但彼此根本没有深入的了解。人与人不断地交换意见和感情、产品和劳务。在社会生活中所学习到的和实行的一切对他都是必要的；但是在这个数量庞大的产品和观念中，每个人单独生产的和获得的东西不过是沧海一粟。人如果不为社会工作就不成其为人；而社会则是依靠它的各部分的力量的平衡与和谐才得以维持的。

禽兽的社会是简单的；人的社会是复杂的。人和人、禽兽和禽兽都通过相同的本能联合起来；但是人的联合方式与禽兽有所不同；也就是这种不同的联合方式造成道德方面的全部差别。

我在通过那些把所有权当作社会基础的法律本身的精神和政治经济学说明了——也许说得太多了——既不能用占用的先后也不能用才干、劳力、经营和才能等等的优劣来证明地位的不平等是正当的。但是，地位的平等虽然是天然权利、自由、生产规律、天赋能力和社会原理本身等等的必然后果，却并不把社会感情的发展限制在借方和贷方的范围以内。仁慈和爱的精神可以远远地超出这个范围；当经济已经达到它的平衡时，人类的心灵就可以开始受益于它自己的正义感，而同情心也可以在它的无限的情感中充分发挥出来。

于是社会感情就会获得一种因人而异的新的特征：在强者的心中，这就是在乐善好施以后而感到的愉快的心情；在相等的人们之间，这就是坦率和恳切的友谊；在弱者心中，则是那种钦佩和感恩的幸福感。

具有卓越的体力、才干或勇气的人知道他现有的一切成就都应归功于社会，如果没有社会，他就什么也不是，什么也不会；他知道社会像目前这样把他看作社会成员中最次的一员时，也没有对不起他的地方。但他同时也不会不意识到他的力量和伟大之处；他对人类自愿表示崇敬，他承认自己只是造物主的一个工具——只有造物主才值得赞叹和崇拜——我说，正是这种感情和意志的同时的表白，正是这种对上帝的真诚崇敬，使人与众不同，使它不断向上，把他提高到禽兽所无法达到的那种社会道德的高度。赫克里斯为了希腊的安全消灭了许多怪兽并惩罚了许多强盗，奥尔菲斯教育了粗野和凶蛮的皮拉斯基人，这两个人对他们的工作都不要任何报酬，我们在这里看到诗歌所创造的最高贵的形象，看到正义和德性的最崇高的表现。

自我牺牲的愉快是形容不出的。

如果我把人类社会和古希腊的悲剧相比，那么我会说，高尚思想和伟大精神的队伍按照向左舞曲的节奏跳舞，卑微的群众则按照向右舞曲的节奏跳舞。这些群众担负着艰苦而平凡的工作，但由于他们的人数和他们职务的和谐安排而具有无限的力量，这些人执行着别人所作出的计划。他们受别人的领导，他们却并没有对别人欠下什么恩情；可是他们钦佩这些人并且尽量地歌颂和赞美他们。

感激的心情使人们充满着敬慕和热忱。

但是平等使我内心感到喜悦。仁慈可以退化为淫暴，钦佩可以退化为屈从。友谊则是平等的产物。啊，我的朋友们，但愿我能够毫不争胜地、毫无光荣地同你们生活在一起；但愿平等把我们团结起来，由命运来指定我们的地位。但愿我在去世的时候不知道你们之中谁是我最应该敬重的人！

在人们的儿女的心中，友谊是珍贵的。

宽宏大量、感激（这里我所指的只是从钦佩一种高超力量的心情中产生的感激）和友情是单一感情的三种不同的色调，我把这种感情叫做社会的公道或社会的相称性。[①] 公道不会改变正义：但是后者始终把公道作为基础而加上敬重的心情，从而在人的身上形成一种第三级的社会性。由于公道的作用，当我们帮助那些需要我们帮助的弱者并使他们成为我们的平等者时，当我们公正地给予强者以感谢和尊敬而不致使我们成为他们的奴隶时，当我们为了即使是根据交换的权利从我们的邻人、朋友和同辈接受任何东西而向他们致意时，我们就立刻感到这是我们的义务，同时也是我们的快乐。公道是被理智和正义提高到理想境界的社会性；它的最普通的表现就是谦恭或彬彬有礼；在某些民族中，这种态度仅仅由它本身就差不多概括了一切社会义务。

---

① 我这里所说的公道就是拉丁人所说的人道（humanitas），即人所独有的那种社会性。对于一切人都那么温和而可亲的人道，知道怎样不让任何人感到羞辱而把等级、德性和才能区别开来：这就是社会同情和普遍的爱的合理分配。

可是，这种感情在禽兽身上是找不到的；它们爱恋、互相亲昵并且表示出某些特殊的好感，但它们不懂得尊敬，在它们中间既看不到慷慨的行为，又看不到钦佩的表示，也看不到礼貌。

这种感情不是从智慧中产生出来的，因为智慧从事估计、核算和衡量，但并不发生爱的感觉，它虽能看到，但没有感情。正义是社会本能和思考的混合产物，同样地，公道是正义和趣味的混合产物，我的意思是说它是我们的辨别能力和理想化能力的混合产物。

这个产物——第三和最后一级的人类社会性——是由我们那种复杂的联合方式决定的；在这种方式中，不平等，或者说得更恰当些，能力上的差异以及那种本质上趋向于使劳动者孤立起来的职务上的专门化，要求一种更积极的社会性。

所以在实行保护的同时起压迫作用的力量是可恶的；所以把艺术的惊人创作和最粗糙的工业产品等量齐观的愚蠢无知会引起无法形容的鄙弃；所以那种自鸣得意地说“我已经给你代价了，我丝毫不欠你的了”的傲慢庸人是非常讨厌的。

社会性、**正义**、**公道**，这就是本能在它的三种不同程度上的确切的定义，这个本能使我们和同类交往，它的具体的表现是可以用下列公式来说明的：**对自然财富和劳动产品有平等享受的权利**。

这三种不同程度的社会性互相支持并互为因果：没有正义，公道是不能存在的；没有正义，社会生活是一种谬误。事实上，如果我为了酬报才干而把一个人的产品拿来给予另一个人，从而不公正地剥夺前者，我就没有给予他的才干以应有的尊重；如果在社会生活中我分给自己的一份东西比分给我的伙伴的为多，那我们就不是真正的伙伴。正义是在分配那种可以衡量的具体东西时表现出来的社会性；公道是带有钦佩和敬意的正义，而钦佩和敬意是无法计量的。

根据这一点，可以作出下列几项推论：

1. 虽然我们能够在各种可能的程度上随意对一个人比对另一个人表示更多的敬意，我们给予他的东西却不应超过他应得的一份公共财富，因为维持正义的责任对我们的拘束力高于维持公道的责任，第一种责任永远应当放在第二种的前面。有这样一个被古人称道的女人，当一个暴君强迫她在杀死她的兄弟和杀死她的丈夫之间进行选择时，她就牺牲了后者，其理由是：她可以再找一个丈夫而无法再得到一个兄弟；可是我说，这个女人在遵从她的公道感的时候背弃了正义并做了一件坏事，因为夫妇关系比姊弟关系更为密切，并且因为邻人的生命不属于我们所有。

根据同样的原则，在立法上，不能借口才干的不相等而容许工资的不平等，因为财富的公正分配是经济的职能而不是表示热情的手段。

最后，关于赠与、遗嘱和继承，社会须同时照顾到个人的情感和社会本身的权利，它永远不应当容许爱和偏爱来破坏正义。虽然社会乐于相信，在工作中长期和他父亲合作的儿子比别人更有能力继续经营业务，相信那个在事业的繁忙中突然死亡的公民由于他对自己工作的天然爱好而最适宜指定他的继承人；虽然被几个人指定为继承人的人容许在不同的遗产上享有选择权——可是社会不能容忍任何一种资本和事业集中在一个人的手里，也不能容许任何对于劳动的垄断和侵占行为。①

2.公道、正义和社会关系，对于一个活着的生物来说，只能存在于个别同类的相对关系中：它们不能发生在一个种类和另一个种类之间，例如狼对山羊，山羊对人，人对上帝，更加不可能的是上帝对人。把正义、公道和爱赋予最高的上帝，这是彻头彻尾的人神同形说；我们所给予上帝的一些性格上的形容词如正义的、仁慈的、哀矜的等等，应该从我们的祈祷词句中删去。上帝只有在和另

① 正义和公道从来就没有得到理解：

"假定须在阿契里斯和埃杰克斯之间分配从敌人那里得来的十二个战利品。如果这两个人是平等的，他们各自应得的部分就应当在数学上是相等的：阿契里斯得到六个，埃杰克斯也是六个。如果我们继续按照这个数学上的平等办理，那么色西提斯也就可以得到和阿契里斯相等的一份，这将是非常不合乎正义和令人发生反感的。要避免这种非正义的现象，就应当比较那些人的价值，并按照他们的价值给予他们应得的一份。让我们假定阿契里斯的价值比埃杰克斯高出一倍：前者应得的份额将是八，后者将是四。那就不是数学上的平等，而是比例上的平等了。亚里士多德所说的公平分配就是这种功绩的比较，合理的计算(rationum)；它是按照几何学的比例进行的"(杜利埃：《按照法典上的次序讲解的法国民法》)。

阿契里斯和埃杰克斯是不是合伙人呢？整个问题就在这里。如果阿契里斯和埃杰克斯不但不是合伙人，而且他们本人都是给雇用他们的阿伽门农效劳的，那么亚里士多德的方法就无可非议：使唤奴隶的主人可以允许，谁做了双倍的苦役，谁就可以得到双份烧酒的配给。这是专制主义的法律，这是奴役制的权利。但是如果埃杰克斯和阿契里斯是合伙人的话，他们就是平等的。无论阿契里斯的力量抵得过四个人，埃杰克斯只抵得过两个人，那又有什么关系呢？埃杰克斯永远可以反驳说他是自由的；如果阿契里斯可以力敌四人，五个人就可以把他杀死；最后还可以说，埃杰克斯本人在效劳的时候所冒的危险和阿契里斯一样大。同样的论证对于色西提斯也是适用的：如果他不会打仗，就让他当炊事员、采购员或膳食管理员；如果他一无所长，就让他住进救济院。在任何情形下不能对他施加暴力或强迫他遵守法律。

人必须生活在两种状态的任何一种状态中：在社会中或在社会之外。在社会中，地位必需是平等的，只有各人所能得到的受人尊敬和重视的程度可以有所不同。在社会之外，人就很像一种原料、一种资本化的工具，并且往往是一件笨重而无用的家具。

一个上帝相对比时才能被当作正义的、公道的和慈善的。可是上帝是唯一的和单独的；因此他不能有像慈善、公道和正义这样一些社会情感。我们能否说牧羊人以正义对待他的羊和狗呢？不能；如果他想在一只六个月的羔羊身上剪下一只两岁的牡羊一样多的羊毛，如果他要求一只小狗像一只凶猛的老狗那样去看护羊群，人们不会说他不合乎正义，而会说他发疯。这是因为在人和禽兽是没有社会关系的，虽然其间可能产生情感。人喜爱禽兽，把它们当作东西，也可以说是把它们当作一些有感觉的东西，而不把它们当作人。所以，哲学在从对上帝的观念中把迷信归诸上帝的人类情欲删去以后，还须从其中把我们那些由于深厚的敬意而赋予上帝的德性一并删去。①

如果上帝下降到地球上来和我们住在一起，除非他变得像我们一样，我们是不能爱他的；除非他生产一些东西，我们是什么也不能给他的；除非他能证明我们犯了错误，我们是不会听从他的；除非他能表现他的威力，我们是不会崇拜他的。我们天性的一切法则，无论是感情上的、经济上的和智慧上的，将使我们不像我们对待其他的人那样对待他，这就是说，将不按照理智、正义和公道来对待他。由此我得出这样一个结论：如果上帝希望有一天和人直接发生接触，他就应该变成人。

---

① 在男女之间可能发生爱情、热恋、习惯上的关系等等；但是不存在真正的社会关系。男人和女人不能结为伙伴。性别的不同在他们之间设置一道障壁，像族类的不同在鸟兽之间设置一道障壁一样。所以，我不但很不赞成现今的所谓妇女解放运动，而且如果没有其他的抉择，我宁可倾向于把妇女禁闭起来。

妇女的权利以及她和男子的关系还有待于明确，夫妻的立法和民事关系的立法都须重新加以规定。

再说，如果君王是上帝的形象和他的意志的执行者，那么，除非他们同意像我们这样劳动，同我们和睦相处，按照他们消费的比例从事生产，用道理说服他们的臣民，做出了不起的大事，他们才能从我们这里得到爱戴、财富、服从和荣誉。而且，如果像有人那样主张过的，君王只是国家的公务人员，那么我们就须看他们本人是否和蔼可亲，来衡量我们应该对他表示怎样的爱戴；看他们的命令是否明智，来衡量我们对他们的服从义务；根据除以公民人数的社会生产量的总额来计算他们的王室费用。

所以，无论法律学、政治经济学和心理学都同意承认平等的定律。权利和义务、才干和劳动应得的报酬、情谊和热忱的发生，都是事先按照一种不变的标准规定好的，都是取决于数字和平衡的。地位的平等是社会的法则；普遍的团结一致是这个法则的保障。

由于我们的七情六欲和无知，地位的平等从来就没有得到实现；但是我们对于这条定律的反抗使得它的必要性愈来愈明显了。这一点历史永久可以作证，历史事实的发展会给我们揭示出来。社会是从一个等式走向另一个等式的。在经济学家的心目中，一些帝国的革命有时只表现为可以互相简化的代数数字的约算，有时则只是由不可避免的时间作用引起的未知数的发现。数字是历史的命运。没有疑义，人类的进步还有其他一些因素；但是，在使各个民族动荡不安的许多隐秘的原因中，没有再比无产阶级反对所有权的周期性爆发更加有力、更加经常、更加容易辨认了。在人口增多的条件下，通过排斥和侵占而起着作用的所有权曾经是产生一切革命的根源和决定性的原因。当宗教战争和征服战争没有发展到消灭各种族的程度时，它们不过是一些偶然的混乱，很快就依靠民族生活的完全数学式的进步过程恢复过来。社会的衰颓和灭亡是由所有权所具有的积累力量造成的。

以中古时代的弗洛伦斯[①]为例，它是商人和经纪人的共和国，经常被它的有名的教皇党和保王党的派别所分裂，这些派别归根到底不过是互相斗争的老百姓和贵族地主；弗洛伦斯在银行家的统治下终于因债台高筑而趋于灭亡[②]。以古代罗马为例，从它诞生时起，它就被高利贷所吞噬，但是只要当时的世界有**工作**给那些可怕的劳动者做，它总是繁荣的，它在一段生息的期间以后总要发生内战而流血，当这个民族的最后一点道德感连同它向来的活力一起丧失时，它就枯竭得奄奄一息了。迦太基是个商业和金融城市，它不断地被国内的竞争所分裂。泰尔、西顿、耶路撒冷、尼尼微和巴比伦，也是由于商业竞争和像我们今天所说的市场恐慌而先后崩溃的。如果人民、如果法兰西不用一种突然发出的洪大声音宣布废除所有权的统治，上述那些著名的实例还不足以清楚地表明有怎样的命运在等待着现代国家吗？

我的工作应当到此为止。我已证明了穷人的权利，我已指出了富人的霸占行为。我要求审判；判决的执行与我无关。如果有人想把一种不合法的特权延长几年而强辩说：仅仅说明平等是不够的，还必须组织平等，尤其是必须和平地建立平等，那么我就有权答复：被压迫者的福利比大臣们所感到的困难更为重要。地位平等是公共经济和法制所依据的一条自然法。劳动权和平均分配

① 弗洛伦斯，意大利城市名，中古及文艺复兴时代为一城市国家。——译者

② 米歇莱在法兰西学院说过："科斯姆·德·美第奇的保险柜就是埋葬弗洛伦斯的自由的坟墓。"

财富的原则不应当由于权力机关的忧虑不安而让步。无产者没有权利容忍法律的矛盾，更不必说忍受政府的错误了。相反地，民事和行政权力却有责任在政治和财富平等的基础上自行改组。已知的祸害应当加以谴责并摧毁。立法者不能借口对于必须建立起来的秩序的无知而袒护一种明显的罪恶。权利的归还是不能拖延的。正义，正义；权利的确认；无产者地位的恢复：法官们和总裁们，当这些事情完成以后，你们可以注意你们的警察机关并为共和国提供一个政府！

此外，我不相信我的读者中会有人来责备我只知道破坏而不懂得建设。在说明平等原则时，我已奠定了社会结构的基础。我还做过更多的事情。我曾举例说明在解决政治和立法问题时应当遵循的步骤。就这门科学本身来说，我承认我至多只知道它的原理，并且目前我也不知道有谁能够自以为比我了解得更深切。许多人在叫嚷：“如果你们上我这里来，我愿意使你们了解真理！”这些人把他们所抱有的意见和热烈的信念当作真理，而这种东西一般说来并不是真理。社会的科学像一切人类科学那样，将永远是不完全的。它所包括的那些问题的深度和多样性是无穷无尽的。我们只是勉强达到了这门科学的开端阶段：其证据就是我们还没有超出体系的阶段，并且我们曾不断地把表决中的多数的权威来代替事实。某一个语言学会以多数表决的方式决定了一些语言学的问题；如果我们议会辩论的结果不是这样有害，那么那些辩论甚至会是更加可笑的。在我们现今的时代，真正的政论家的任务是迫使那些大言不惭的人和江湖派哑口无言，使公众习惯于要求证明，而不满足于一些教条和纲领。在讨论这门科学以前，必须明确

它的目标，找出它的方法和原理。必须从它的场地上清除掉使它碍手碍脚的偏见。这应该是十九世纪的使命。

就我来说，我已宣誓效忠于我的破坏工作，我将翻遍废墟和垃圾来不断地追求真理。我讨厌那种半途而废的做法；并且不必由我来提出保证，人们可以相信，既然我敢举起手来推翻圣柜，我就不会仅以推掉柜盖而感到满足。必须把那些庇护罪恶的圣堂的秘密揭露出来，粉碎旧联盟的会议桌，并把过去为人信仰的一切东西彻底清除掉。人们曾经给我们制定了一个宪章，它是全部政治学的概要，二十种立法的象征；人们曾经撰写了一部法典，它是一个战胜者的骄傲，古代智慧的总结。哦，这个宪章和这部法典的条文将一条不留；现在正是博学人士选择他们的途径并准备建设的时候了。

但是，既然一个被摧毁了的谬误必然包含着一个相反的真理，我在结束这篇论文以前，就不得不去解决政治学上的首要问题，也就是所有的人都关心的问题：

所有权废除之后，社会将采取什么样的形式呢？是不是共产制呢？

第二部分

第一节　我们的错误的原因；所有权的起源

人类社会真正形式的确定要求先解决下列这个问题：

既然所有权不是我们的自然条件，它怎么会找到立足点的呢？

社会本能在禽兽中还是这样的可靠，在人类中怎么就会有失误呢？生来就是为了过社会生活的人怎么还没有团结起来呢？

我说过，人类是以**复杂的方式**结合起来的；即使这个说法不确切，它所谈到的事实、即才干和才能像齿轮那样互相牵制的情况却不失为真实的。但是这些才干和才能，由于它们变化无穷，也就引起意志的无穷变化；性格、倾向以及（如果我敢这样说的话）**自我**的形式也不可避免地发生变化；所以在自由方面，就像在智慧方面一样，有多少人就有多少类型；有多少人就有多少性格；他们那些被不同观念所改变的兴趣、爱好和倾向必然不会互相一致；这些情况谁看不到呢？人由于他的本性和本能，是注定要过社会生活的；但他的不断地发生变化的个性却反对这样做。

在禽兽的社会中，所有的个体做着完全相同的事情。一种相同的天性在指挥着它们，一种相同的意志在激动着它们。一个由鸟兽所组成的社会是一些圆的、弯曲的、立体的或三角形的、但永远是完全等同的原子的集合体。这些个性并不发生变化，并且我们可以说，有一个单一的**自我**在支配着它们全体。禽兽无论是单独地或集体地完成的工作，分毫不爽地反映出它们的性格。蜂群是由本性相同和价值相等的若干蜜蜂组成的，同样地，蜂房是由恒久不变地重复着的六角形小蜂窝构成的。

但是人的那种既是为了社会的命运同时也为了本人的需要而准备的智慧，则属于一种完全不同的组织形式，因此就通过一种不难想象的后果而使人类的意志发生异乎寻常的分歧。在蜜蜂身上，意志是恒久的和一致的，因为对它起指导作用的本能是不变的，并且构成了蜜蜂的生活、幸福和整个生命；在人身上，才干是不同的，理智是犹豫不定的，因而他的意志是多种多样的并且是模糊的。人追求过社会生活，但是他又不喜欢受压制的和单调的生活；他是善于摹仿的，但他喜欢自己的观念并热爱自己的作品。

如果每一个人像蜜蜂那样，生来就具有完全成熟的才干、某几种完善的专门知识、一门早已灌输在他灵魂中的科学，总之是他天生就了解他所应当完成的任务，不过缺乏思考和推理的能力，那么社会就会自动地组织起来。我们就会看到一个人耕种土地，另一个人建造房屋；这一个人铸炼金属，那一个人裁制衣服；还另有一些人储藏产品并主持分配。各人并不探究他的劳动的理由，并不考虑他所做的工作究竟是多于还是少于他的任务，而是会按照给他规定好的程序①缴纳产品，收受工资，按时休息，并且这一切不用计算，不必羡慕任何人，不用抱怨那个永远不会做不公正事情的分配人。君王就会只是治理而不是统制，因为像拿破仑说过的那样，统制就是做一个发财自肥的所有人；并且由于各人都会守住自己的岗位，什么也不用指挥，所以这些君王的工作与其说是权力和谘议的中心，还不如说是联系的中心。这就会是有组织的共产制，而不是审慎地和自由地接受的社会。

但是人只有经过多次的观察和实验才会熟练。所以他从事思考，因为观察和实验就是思考；他从事推理，因为他不得不从事推理。在思考时，他会产生错觉；在推理时，他会发生错误，并且他自以为是正确的，因而固执己见。他抱住自己的见解不放；他尊重自

① 李特列（法国十九世纪有名的大字典的编者）把 Ordon 这个词专门作为关于冶炼和捕鱼方面的用语，它的字源不可考。可以猜想这是当地的一个农业名词，它是适用于刈草人和堆集干草人的那种有次序的工作的。——原编者

己而轻视别人。因此他使自己陷于孤立；这是因为，他要服从多数人的意见，就必须抛弃自己的意志和理论，即否认他自己，而这是不可能的。这种孤立状态、这种精神上的自私、这种意见上的个人主义，在真理还没有通过观察和实验而得到说明的期间，始终是存在着的。

我们最后再作一个譬喻，可以使这些事实变得更加明显。

如果突然之间，在一个蜂群的盲目的但又是辐辏而协调的本能上增加了思考和推理的能力，那么这个小社会就不能存在下去了。首先，蜜蜂就不会不尝试采用某种新的工业方法，例如把它们的小蜂窝造成圆形或方形的。各种的体系和发明都会盛行起来，直到一个长期的实践借助于一种高明的几何学证明了六角形是最有利的形状为止。后来就会发生叛乱。蜂群会要求公蜂自食其力，要求蜂后从事劳动；在那些雌性的工蜂之间会产生妒忌，会突然发生倾轧，不久每个蜜蜂都会要求为它自己生产，蜂房将终于被抛弃，那些蜜蜂都将死亡。祸害像一条躲在花朵下面的蛇似的，通过那种甚至应该被当作它们的荣誉的能力、即思考力而潜入到酿蜜的共和国中去的。

所以，道德上的祸害，或者在我们所举的这个例子中是社会上的混乱，可以很自然地由我们的思考能力得到解释。产生贫困、犯罪、叛乱和战争的原因是地位的不平等；而地位的不平等则是所有权的产物，它是由自私产生的，它是个人的见解产生的，它是理智的专制统治的直接后果。人在孩童时期既不是犯罪的也不是野蛮的，而只是无知和缺乏经验罢了。人具有一些受他的理解力控制的不易就范的本能；起初，他思考得不多并且不善于推理；后来他吃一堑长一智，逐渐纠正他的观念并使理智趋于成熟。首先，野蛮人为了一件微不足道的东西而牺牲他的一切，后来觉得懊悔并且哭泣；以扫把他的长子权换取一盘小豆，后来又想毁约；文明工人在不稳定的情况下从事劳动，不断地要求增加工资，因为他和他的雇主都不懂得，在缺乏平等的条件下，无论工资怎样高也永远是不够的。还有，拿伯为了保卫他的产业而丢了性命；伽图为了不做奴隶而切腹自杀；苏格拉底为了保卫思想自由而喝下毒酒；1789 年的第三等级要求归还它的自由；不久人民将要求工资平等和生产手段的平均分配。

人生来就是爱好社会生活的，这就是说他在他所有的关系中都追求平等和正义，但是他又爱好独立和赞扬。同时满足这些不同欲望的困难成为意志的专横及其后果——据为私有——的首要原因。另一方面，人不断地需要交换他的产品；他因为无法比较种类不同的价值，就满足于按照他的热情和一时的好恶作出约略的估计；因此他就进行一种不诚实的交易，这种交易的结果永远是豪富和赤贫的对立。所以人类所蒙受的最大的祸害起源于他的社会性的滥用，起源于人类对它感到非常自豪但在加以应用时却如此愚蠢无知的正义。正义的实践是一种科学，这种科学一旦被发现和传播之后，会使我们了解我们的权利和义务，从而迟早会结束社会的紊乱状态。

这种对于我们本能的渐进而痛苦的教育，我们自发的感觉这种迟缓地和觉察不到地转变为经过思考的认识的过程，在禽兽身上是根本看不到的，它们的本能是固定的，是永远不会进步的。

按照曾把动物的本能和智慧很清楚地区分开来的弗雷德里

克·居维埃的说法，“本能像感觉、暴躁或智慧那样，是一种天然的和固有的力量。狼和狐狸能够认识它们跌落进去过的陷阱并且懂得躲避它们；狗和马甚至能懂得我们语言中的若干词句的意义并能听从我们；它们由此表示出它们的智慧。狗会把它吃剩的食物掩藏起来；蜜蜂会构筑它的蜂窝；鸟会做巢；它们这样做完全是出于本能。甚至人也有本能，刚刚出生的婴孩就知道吸吮奶头，这是出于一种特殊的本能。但是在人的方面，差不多一切都是通过智慧来做的，对他来说智慧代替了本能。至于禽兽，则情况恰恰相反，它们所赋有的本能是智慧的补充”（弗鲁伦：《弗雷德里克·居维埃的观察结果的撮要分析》）。

“人们只有承认禽兽在它们的感觉中枢里具有一些物象或先天的和恒久的感觉，才能对本能得到一个明确的概念；这些物象和感觉可以像普通的和偶然的知觉通常所起的作用那样，使禽兽进行活动。这是一种永远追随着它们的梦境或幻象；在与本能有关的一切事情中，人们可以把它们看作是梦游病者”（弗雷德里克·居维埃：《动物界导论》）。

所以，虽然在程度上有所不同，智慧和本能是人和禽兽所共有的，那么使人与众不同的是什么呢？按照居维埃的说法，这就是思考或通过自我检查从理智上考察我们自己的后天变异的能力。

这句话说得不够清楚，需要解释。

如果我们承认禽兽具有智慧，我们就必须在某种程度上承认它们具有思考能力；这是因为，如果没有思考能力，智慧是不能存在的，正如居维埃自己用无数实例证明过的那样。但是我们必须注意，这位博学的观察家把那种使我们异于禽兽的思考能力说成是考察我们自己的后天变异的能力。这一点，我将通过尽力阐明这位博物学者兼哲学家的警句的办法来试图加以说明。

禽兽所获得的智慧永远不能改变它们依照本能而作出的行动；这种智慧甚至只是为了应付那些可能打乱它们的行动的意外事故而获得的。相反地，在人的方面，本能的行动不断地变成深思熟虑的行动。因此，人在本能上是爱好社会生活的，并且他每天通过推理和选择变得格外爱好社会生活了。起初，他依靠本能创造了他的语言①，他由于灵感而成了诗人；今天他使语法成为一种科学，使诗歌成为一种艺术。他对上帝和来世的看法是自发的、出于本能的，他用以表达这个看法的方法又是荒谬的、奇形怪状的、优雅的、令人感到安慰的或可怕的。十八世纪轻薄的反宗教情绪所

① 语言的根源的问题已因弗雷德里克·居维埃关于本能和智慧所作出的区别而得到了解决。语言并不是一种事先经过思考的、任意采用的或相因成俗的手段；它既不是上帝传授我们的，也不是上帝给我们启示的。语言是人的一种不经思考而出于本能的创造，如同蜂房是蜜蜂出于本能的和无意识的创造一样。在这种意义上，我们可以说语言不是人的作品，因为它不是他的理智的作品。而且，当语言的结构不被认为是反省的结果时，它就显得愈加值得叹赏和愈加巧妙。这是语言学所观察到的最稀奇和最无可争辩的事实之一。在其他的一般著作中，可以参考贝尔格曼于1839年在斯特拉斯堡发表的一篇拉丁文论文❶；在这篇论文中，这位博学的作者说明了语音的根源是如何从感觉中产生出来的；语言是如何经过三个连续的阶段发展的；为什么生来就具有创造语言本能的人类在其理智发展的过程中会逐渐丧失这种本能；最后他还说明了语言学是一门真正的博物学，一门科学。如今法国拥有几位第一流的语言学家，他们具有稀有的才干和深刻的哲学的眼光：他们是一些谦虚的博学者，差不多是在公众的不知不觉中发展那门科学的，并且他们埋头于被人轻视的学问的研究，好像他们想要逃避公众赞赏的愿望同别人想要追求这些赞赏的愿望同样殷切。

❶ 贝尔格曼，1812年2月9日出生于斯特拉斯堡，他是语言学家，蒲鲁东青年时代的朋友。1838年，他曾向斯特拉斯堡大学文学院提出了他的博士论文：《诗学和语根的量及其本质的理论》。参阅附件中1840年7月22日那封信的末段。——原编者

讥笑的这一切不同的信仰，是宗教感情的表达方式。总有一天，人将向自己解释他所信仰的上帝的德性是什么，他内心所向往的另一个世界的本性是什么。

人轻视他根据本能做出的一切事情；或者，如果他加以赞叹的话，他是把它当作神的作品而不是把它当作自己的作品的。这就说明了早期的发明家其名不彰的原因，也说明了我们何以对宗教问题漠不关心以及宗教仪式何以有那么多可笑的项目。人只重视思考和推理的产物。在他的心目中，本能的最值得钦佩的产品不过是一些侥幸的意外收获；他把由智慧得来的东西叫作发现——我过去几乎把它说成是创造。本能是情欲和热情的根源；造成罪行和德行的是智慧。

人在发展他的智慧时，不仅利用了他自己的观察结果，还利用了别人的观察结果；他把自己的经验记下来并保存着记录，所以个人和人类的智慧都逐渐进步。禽兽并不传播它们的知识；个别禽兽积累的经验随着它的死亡而消失。

所以，如果我们不把思考理解为我们的本能之变成智慧的经常倾向，那么光说我们靠思考而与禽兽有别是不够的。当人受本能支配的期间，他并不意识到他的行动。如果像禽兽一样，本能是人的唯一指导力量，那么他就永远不会欺骗自己，也不会由于错误、流弊和纷扰而感到烦恼。但是造物主赋予了我们思考的能力，为的是使我们的本能可以变成智慧；并且，既然这种思考以及由此得来的知识经历若干不同的阶段，所以在开头的时候，我们的本能不是听从思考的指导，而是同它相对立；因此我们的思考能力使我们作出违反我们的本性和目的的活动；我们在欺骗自己的时候，我们做出坏事并因而受苦，直到指导我们向善的本能和使我们陷于邪恶的思考被善恶的科学所代替为止；这门科学永远使我们可以有把握地趋善避恶。

所以，恶或错误及其后果，是两种对立的能力——本能和思考——相结合后的第一个产物；善或真理则必然是第二个产物。或者，再用譬喻的说法，我们还可以说，恶是两种对立能力相互私通而产生的产物；善则迟早将是它们两者神圣地和神秘地结合后诞生的婚生子。

由推理能力产生的所有权是躲在比较后面实行自卫的。但是，正如思考和推理是后于自发性、观察是后于感觉、经验是后于本能而发生的那样，私有制也是后于共产制而发生的。共产制，或一种简单形式的联合，是社会性的必然的目标和最初的愿望，而自发运动是通过它而表现出来并建立起来的。这是人类文明的最初阶段。在社会的这种状态下，即法学家称为消极的共产制的状态下，人和人互相接近，分享土地的果实、牲畜的乳和肉。只要人不从事生产，这种共产制就是消极的，它通过劳动和生产的发展而渐渐地变成积极的和有组织的。但是就在这个时候，思想自主的观念以及合理地或不合理地进行推理的可怕能力使人懂得：如果平等是社会的必要条件，共产制就是最初的一种奴隶制。

如果用黑格尔的公式来说明这个思想，我就要说：

共产制——社会性的最初表现——是社会发展的第一项，即正题；与共产制相反的私有制是第二项，即反题。当我们已经发现第三项，即合题时，我们就可以得到所要求的解答。要知道，这个合题必然是从用反题来纠正正题的过程中产生出来的，所以必须通过最后一次对于它们两者的特点的研究，来消灭那些与社会性相抵触的特征。两个剩余部分的结合将给予我们人类联合的真正形式。

第二节 共产制和私有制的特征

Ⅰ.我不应该隐瞒这样的事实：在私有制或共产制以外，谁也没有认为可能有其他的社会。私有制的所以存在，正是由于这个永远是可悲的谬误。共产制的缺点是这样的明显，以致那些批评家为了使人们厌恶它，从来也不必施展很多的辩才。它的那些不公平行为的不可补救性，它对同情心和厌恶情绪所实施的强暴，它强加在意志上的那种铁轭，它对良心所施加的精神上的折磨，它给社会造成的虚弱无力的状态，以及最后，它用来束缚一般人的自由的、积极的、通理的、不屈服的个性的那种虚假的和愚笨的一致性，这一切都引起了一般良知的反感并且无可挽回地给共产制下了不利的判决。

人们为它辩护而举出的那些权威学说和示例反而于它不利：柏拉图所设想的共产主义共和国是建立在奴隶制上的；莱克古斯[①]的共和国则是使农奴为它服务的，这些农奴担负了为他们的主人生产一切的责任，这才容许主人能够专心致力于体育活动和战争。因而那位把共产制和平等混为一谈的卢梭曾在某处说过，如果没有奴隶制，他不能想象地位的平等是可能的。原始教会的共产制组织没有能够持续到第一世纪的末期并且不久就退化成为

① 莱克古斯，古代斯巴达立法家，约生于纪元前九世纪。——译者

一些寺院;在巴拉圭的耶稣会教士的共产制组织中,所有路过那里的旅行家都以为黑人的地位和奴隶一样可怜;并且仁慈的神父不得不用沟和墙把他们自己圈起来,以防止他们的新入教的信徒逃跑,这也是事实。那些与其说是遵从一种明确的信仰还不如说是受过分憎恨财产的心理支配的巴贝夫主义者,由于他们的原理过分夸大而告失败;那些把共产制和不平等合并在一起的圣西门主义者像一次化装跳舞会那样消逝了。现今社会所冒的最大危险就是在这个暗礁上再造成一次复舟的灾难。

十分奇怪的是,那种存心否定私有制的自成体系的共产主义却是在所有权的偏见的直接影响下孕育出来的;在所有的共产主义学说的基础上总是有所有权一词。

一个共产主义社会的成员固然丝毫没有他们自己所私有的东西;但是共产主义社会却是所有人,不但是财物的所有人,而且还是人身和意志的所有人。由于这种绝对所有制的原则,本来只应该是大自然加于人类的一种条件的劳动,就变成一种人为的诫命,因而就成为可厌的了;那种与具有思考能力的意志无法调和的消极服从就被严格地规定下来了;对于规章制度的忠诚就不能容忍任何反对的意见,虽然这些规章制度,无论人们以为它们是多么贤明,却永远是有缺点的;人的生命、才干和一切能力都成为国家的财产,国家为了公共的利益有权任意加以利用;尽管存在着性质不同的好恶,个别的小社会就不得不严加禁止,因为如果容忍这些个别的小社会存在的话,就会在大的共产主义社会中造成一些小的共产主义社会,因而产生私有财产;强者不得不为弱者工作,虽然这个责任是应当出于仁爱而不带强迫性的,是适宜的而不是命令

的；勤奋的人不得不为懒汉工作，虽然这是不合乎正义的；能干的人不得不为笨蛋工作，虽然这是荒谬的；最后，人抛弃了他的个性、自发性、天才、情感以后，就不得不在公共“法律”①的权威和严格性面前低首下心地自趋灭亡。

共产制是不平等，但这和私有制的不平等的意义是相反的。私有制是强者剥削弱者；共产制是弱者剥削强者。在私有制中，地位的不平等是暴力的结果，无论这个暴力在伪装时所用的是哪种名称：体力或智力；事变、意外、幸运的力量；既得的财产的力量等等。在共产制中，不平等是从才能和劳动上的平庸而来的，这种平庸被抬举到与暴力相等的地位。这个侮辱人的等式引起良心的反感并使有功绩的人发出怨言；因为，即使强者援助弱者也许是一种责任，他们也宁愿出于厚道而这样去做，——他们永远不能忍受那种对比。可以给他们同等的劳动机会和同等的工资，但永远不要让他们互相怀疑在完成共同事业方面有不忠实的行为而产生猜忌。

共产制是压迫和奴役。人很愿意遵从责任的法则，为祖国服务，并帮助他的朋友；但他希望做他所乐意做的工作，在他乐意劳动的时候去劳动，他乐意劳动多少就劳动多少。他希望能够随意支配自己的时间，只受必要性的支配，能够自由选择他的朋友、消遣方式和锻炼方式；根据判断而不是根据命令进行活动；由于自爱而不是由于奴役性的义务而自我牺牲。共产制在本质上是与随意使用我们的能力、与我们的最高尚的倾向、与我们的最深切的感情

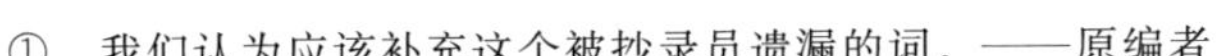

① 我们认为应该补充这个被抄录员遗漏的词。——原编者

相抵触的。人们为了使这个制度和个人的理智和意志的要求协调起来而想出的计划，结果只能把东西加以改变而保存它的名称；要知道，如果我们真心诚意地追求真理，我们就会避免文字上的争执。

因此，共产制侵犯了良心的自主和平等：侵犯前者就是压制智力上和情感上的自发性、行动和思想的自由；侵犯后者就是用相等的美好生活来酬报劳动和懒惰、才干和愚蠢、甚至邪恶和德行。此外，如果私有制是由于大家竞相积累而成为无法忍受的话，共产制不久就将由于大家争取偷懒而变成无法忍受的了。

Ⅱ.至于私有制，它是通过专属权和收益权而侵犯平等，并通过专制主义而侵犯自由意志的。所有权的前一种效果在前面三章中已经得到充分的阐述，这里我只求通过最终的比较来证明它和盗窃完全是同一回事。

盗贼在拉丁文中叫做 fur 和 latro，前者源出希腊字 φόρ 和 φῆρω，拉丁文是 fero，意思是我夺取；后者则来自 λήθρω，意思是我做强盗，它的词源是 λανθάνω，拉丁文是 lateo，意思是我躲起来。希腊人还采用从 κλέπτω 而来的 κλεπτής，意思是我偷，它的子音字母的字根和 καλύπτ 的字根是相同的，意思是我掩盖、我隐藏。根据这些词源，盗贼的意思就是一个躲起来的、不论用哪种手段夺取或偷取别人的东西的人。

希伯来人用 gannab（盗贼）这个词来表示同一的概念，它是从动词 ganab 来的，它的意思是放在一边或挪用：lo thi-gnob（十诫中的第八诫），你不得偷盗，这就是说你不得把东西保留给你自己或放在一边。这就是一个人在参加一个社会时答应把他所有的东西都交给这个社会而暗中却保留了其中一部分的人的行为，像有名的信徒亚拿尼亚[①]所做的那样。

我们的动词 voler（盗窃）的词源的含意更加深长。voler 或 faire la vole 是从拉丁语 vola 来的，意思是手掌，这就是玩纸牌的赌博时所做的一切骗术；所以 le voleur（盗贼）就像一个吞没全部或其中绝大部分的收益人。也许这个动词 voler（盗窃）的来源是出于盗贼的切口，从此就变成一般的口头语，后来并变成法律条文上的用语。

盗窃行为的实行可以采用无数的方法，立法者按照它们功过的程度巧妙地作出区别和分类，以便在某些情形下使盗窃行为得到表扬，而在其他的情形下则受到处罚。

盗窃的办法是：1. 在公路上杀人；2. 单独地或结伙地；3. 用闯入房屋或逾越墙垣的方法；4. 乘人不备；5. 利用诈欺性的破产；6. 利用伪造的公文书或私文书；7. 利用伪造的货币。

这一分类包括所有从事这种职业时只使用暴力和公然的诈欺而不求助于其他手段的盗贼：盗贼、匪徒、海盗、海陆两帮的窃贼；古代的好汉因获得这些值得尊敬的名义而感到光荣，并认为他们的职业是既高贵而又能取得厚利的。宁录、提修士、杰逊和他的阿尔戈诺特英雄们[②]；耶夫德、大卫、卡居斯、罗墨路斯、克洛维斯和

① 在基督教会的原始时期，曾经造成一种惯例，就是把财物卖掉而把所得价银缴给使徒：亚拿尼亚和他的妻子撒非喇，在卖了田产之后，暗中商量好把代价的一部分留下。当亚拿尼亚报到时，彼得对他说："你不是欺哄人，是欺哄上帝了。"于是亚拿尼亚就倒下去死了。《新约·使徒行传》第4、5章。——原编者

② 阿尔戈诺特，古希腊神话中英雄，共五十人，以杰逊为首。——译者

他的麦罗温王朝[①]的后裔；罗贝尔·季斯卡尔、唐克莱德·德·奥特维勒、波埃蒙德和诺尔曼族的大部分的英雄，都是当时的盗贼。盗贼的英雄气概曾被贺拉斯在提起阿契里斯时用下列诗句加以描写：

“我的权利就是我的长枪和我的甲盾(Jura neget sibi nata，nihil non arroget armis)。”[②]并可以用雅各遗嘱中的这些话(《创世记》第48章)来加以说明：他的一只手可以同所有的人对抗(manus ejus contra omnes)；犹太人把这些话应用于大卫，基督教徒把它们应用于他们的基督。在我们今天，盗贼——古代武装的壮士——却就受到最严厉的究办；按照法典的条文，他的职业可以使他受到耻辱的和肉体的刑罚，从徒刑起到上断头台为止。这真是人世间见解的可悲转变！

盗窃的办法是：8.利用骗子的手段；9.利用诈欺行为；10.利用背信行为；11.利用赌博和彩票。

这第二类曾为莱克古斯制定的法律所奖励，借以锻炼青年人的精明的思想方法和创造力；这就是优里赛斯、梭伦和西农[③]，从雅各到段茨[④]为止的古今犹太人、波希米亚人、阿拉伯人和一切野

---

① 麦罗温王朝，古代法兰克人的第一个王朝。——译者

② 德·布罗萨尔将军曾经像阿契里斯那样说过：“用我的长枪和我的甲盾，我就可以得到醇酒、黄金和女人。”

③ 西农是优里赛斯的同伴，他故意作为俘虏让特罗亚人捉去，然后说服他们把木马带到他们的城里去。——原编者

④ 西门·段茨是犹太大教长埃马努尔·段茨的儿子，他曾以五十法郎的代价向梯也尔提供了使他得以逮捕贝利公爵夫人的情报；他在王政复辟时期改信了天主教并且大事炫耀，这个行为使他获利很大。他先是由教皇介绍给贝利公爵夫人的。参阅维克多·雨果的诗：《给那出卖一个妇女的人》(诗集《黄昏歌集》，第10篇)。——原编者

蛮部族的做法。在路易十三和路易十四时代，人们并不因为在赌博场中使用骗术而失去荣誉；在某种程度上，这是赌规的一部分，许多高尚的人并不因为曾经利用一次巧妙的手法纠正了反复无常的命运而感到难以为情。甚至在今天，到处还是这样，在乡下人中、在高级和低级的交易行为中，懂得做买卖，也就是说懂得使对方上当，这是一种很被重视的成就：这种行为普遍为人所接受，因此上当的人并不怀恨对方。人们知道，我们的政府经过了多么大的困难才决定取消奖券的发行；它觉得这是对私有制的一个大损害。骗子、诈财者或江湖派主要是利用他的巧妙的手法、他的精明的智力、口才的魔力和一种很丰富的虚构能力；有时他就成为贪欲的诱饵：所以那个偏爱智慧甚于体力的刑法法典以为应该把上述四种情况规定为第二种类型，仅仅处以非耻辱性的刑罚。这样看来，人们还可以责难这个法律是唯物主义的和无神论的吗！

盗窃的办法是：12. 利用高利贷。

这种行为自从福音书问世之后变得非常令人憎恶并被处罚得非常严厉，它构成了被禁止的盗窃行为和被许可的盗窃行为之间的过渡行为。因此，由于它的模棱两可的本质，在法律条文中和在道德学上就产生了无数矛盾；法官、律师、银行家和商人都曾巧妙地利用了这些矛盾。因此，接受抵押品按百分之十、百分之十二和百分之十五的利息出借款项的高利贷者，一经查出，即被处罚巨额的罚金；而收取同样利息的银行家却不然（固然他不是以借款的名义而是通过汇兑或贴现，也就是说通过买卖来收取这项利息的），他得到了帝王的大权的保护。但银行家和高利贷者的区别纯粹是名称上的；像根据一笔动产或不动产而出借款项的高利贷者那样，银行家是凭有价证券而出借款项的;像高利贷者那样,他是预先扣除息金的;像高利贷者那样,如果担保品无效,就是说如果票据得不到清偿时,他保有向借款人诉追之权,这种情况恰巧就使他成为金钱的出借人而不是金钱的出卖人。但是银行家的出借行为是短期的,而高利贷者的借贷却可能是以一年、两年、三年、九年等等为期的;不过借贷期限的差别和法律行为形式上的某些不同不能改变交易的本质。至于资本家,他们以百分之三、百分之四、百分之五的利率对国家或商业进行投资,这就是说,他们收取的利息没有银行家和高利贷者收取得那样高,他们就成为社会上杰出的人物,诚实人中的佼佼者了。适度的盗窃行为完全成了道德行为。①

① 检阅一下那些讨论高利贷或者像有些人为了减轻语气而称之为带息借款的著作,将是一件令人感到兴趣和获得教益的事情。神学家一向是攻击高利贷的;但由于他们始终承认地租和房租契约的合法性,并且由于租约和带息借贷的等同性是显然的,所以他们就在扑朔迷离的细致的区别中迷失了方向,终于不知道应该怎样去考虑高利贷了。教会——如此关心它的学说的纯洁性并以此自豪的道德学的教师——对于财产和高利贷的真正本质永远停留在无知的状态中;它甚至通过它的教皇宣告了一些最可悲的谬误论调。贝纳蒂克图斯十四说过,“带息的借款和租约是不能比较的”(Non potest mutuum locationi ullo pacto comparari)。照包胥埃的说法:“年金的投资和高利贷的不同有如天壤之别。”抱着这样的观念,怎么会去谴责带息的借款呢?尤其是怎么会去给那明文禁止高利贷的福音辩护呢?所以,神学家们感到了极大的苦恼;既然不能驳倒那些颇有理由地把带息借贷和租金等同起来的经济学上的论证,他们就不敢再谴责带息的借款了。因此他们只有说,既然福音书禁止高利贷,那就一定有某种构成高利贷的事实。但是什么叫做高利贷呢?当看到各民族的这些导师在他们认为决不会妄言的福音书的权威和经济学的论证的权威之间犹疑不决的时候,没有再比这种情形更加可笑的了;据我看来,没有再比那些自称是福音书的博士而多年来却对福音书原文表现不忠实态度这一件事更能显示福音的光荣了。把带息的借贷和因租借行为而获得的利益等同看待的萨尔梅歇斯❶曾被格老秀斯、普芬道夫❷、柏拉马基❸、沃尔夫、海奈克栖乌斯❹所驳斥;并且更加奇怪的是萨尔梅歇斯竟承认了他的错误。人们并没有从萨尔梅歇斯上述的等同说得出一切的收益是不合法的这一结论,而从进一步说明福音书所规定的平等;他们却得出了一个完全相反的推论:既然谁都承认地租和

盗窃的办法是：13. 通过设置年金，收取地租、房租、田租。

《外省人来信》的作者[①]曾经用耶稣会教士埃斯科巴尔和莫哈特拉契约使十七世纪的诚实的基督教徒感到很大的兴趣。"莫哈特拉契约，"埃斯科巴尔说，"是这样的一种契约，人们可以据以用高价和信用贷款的方式买进一些布匹，然后立即又把它们以较廉的价格[②]和现款卖给原来的出卖人。"埃斯科巴尔找出一些可以给这种高利贷辩护的理由。帕斯卡和所有的扬逊主义者[③]都讥笑他。但是如果埃斯科巴尔神父给他们提出如下的论据：房屋租赁契约是一种以高价和信用贷款买进一项不动产，然后经过一定的期间

房租是许可的，如果我们同意带息的借款和它们没有区别，那么再也没有什么东西可以被人们叫做高利贷了。因而就是说，耶稣基督的诫命是一种错觉，等于零。这是人们所不肯承认的，除非是没有虔敬心的人。

如果这篇论文发表在包胥埃的时代，这位伟大的神学家将会通过经典、神父们、传统、宗教会议和教皇们来证明财产是根据神权而存在的，而高利贷则是魔鬼的一种虚构；这本异端邪说的著作将被焚毁，作者将被送进监狱。

❶ 克劳德·萨尔梅歇斯（1588—1653）在雷德大学继承了斯卡利杰的讲座。他的四本关于带息借贷的重要著作（《论利息》，1638；《论货币》，1639；《论带息的银行贷款》，1640；《论借贷》，1648）是在由于把博士学位授予一个银行家的儿子而引起争论的期间内写成的。萨尔梅歇斯以带息借贷的合法性的保卫者自居，而这种借贷是被神学家所谴责的。特罗普隆在他所著《民法释义》第14册的序言中常常引证萨尔梅歇斯的文章。——原编者

❷ 普芬道夫（1632—1694），德国的法学家和历史家，曾于1672年发表《论自然法和国际法》。——原编者

❸ 柏拉马基（日内瓦，1694—1748），年二十五岁就担任自然法和国际法教授，著有：《自然法原理》，日内瓦，1747；《公法原理》，1751。——原编者

❹ 海奈克或海奈克栖乌斯（1681—1741），德国的法学家和哲学家。——原编者

① 按指法国十七世纪有名的哲学家及物理学家帕斯卡：《外省人来信》（1656—57），书中以辛辣的文笔抨击当时的耶稣会教士。——译者

② 《外省人来信》第8信——在所引证的那一段的末尾，正确的原文是"以廉价"（à bon marchè）。——原编者

③ 扬逊主义者，荷兰十七世纪神学家扬逊的学派。——译者

之后，又把它廉价卖给原出卖人的契约；不过，为了简化交易手续起见，购买人自愿支付第一次和第二次买卖行为之间的差额；那么讽刺家帕斯卡、博学的尼古尔①、辩才无碍的阿尔诺②又能说些什么呢？这个耶稣会的教士可以作以下的申论：或者你们可以否认房屋的租赁契约和莫哈特拉契约的等同性，这样我就可以立即驳得你们哑口无言，或者如果你们承认那个等同性，你们也就应当承认我的学说的正确性了，否则，你们就将一举而排斥一切租金和地租了。

假如他听了耶稣会教士的这种可怕的言论，蒙达尔特③老爷就会敲起警钟并叫喊说，社会处于危急状态中了，耶稣会的教士简直在破坏它的基础了。

盗窃的办法是：14. 当商人的利润超过他的职务的合法工资时，通过商业。

商业的定义是大家都知道的：*用三个法郎买进价值六个法郎的东西以及把值三个法郎的东西以六个法郎的代价卖出的那种做法*。在这种定义下的商业和美洲式的盗窃行为之间，唯一的区别在于所交换的价值的相对比例，总之，就在于利润的大小。

盗窃的办法是：15. 靠自己的产品获取利润，接受干薪，勒索过高的薪金。

农夫以某种数量的小麦卖给消费者，在称好分量之后，他伸手到量器中抓出一把粮食来，那就是盗窃；主讲的教授是由国家支付薪给的，如果他通过书店又把讲课的内容再出卖一次，那就是盗

①②③　尼古尔、阿尔诺、蒙达尔特都是《外省人来信》一书中的人物。——译者

窃；领取干薪的人利用虚名作为代价而得到很大的利益，那就是盗窃；公务员、劳动者，无论是谁，当他所生产的仅仅是一，而领取的工资却是四、一百或一千，那就是盗窃；这本书的发行人和我这个作者，如果所取的代价高出它的价值一倍，那我们①就是在盗窃。

扼要地说：

在被古代诗人称做黄金时代的消极共产制社会以后，正义就开始成为强权了。在一个力图把自己组织起来的社会中，由于人与人之间能力上的不相等而产生了功绩不等的观念；因此为了公道起见，不但要使敬重的表示与功绩相称，还要使物质待遇与个人的功绩相称；既然那时公认为最高的和几乎是唯一的功绩是体力，体力最强的、亦即卓越的人（aristos）就是功绩最大的，他有权得到最优越的一份；如果不给他的话，他自然就会用强力夺取。从这里再发展到对一切东西都擅自取得的所有权的阶段，仅仅是一步之差。

这就是英雄权，它被希腊人和罗马人通过传统至少一直保存到他们的共和国的末期。柏拉图曾在他的《高尔基阿斯篇》中举出一个名叫卡里克利斯的人，他用了不少的才智来给强力辩护，而苏格拉底这个平等的保卫者则严厉地加以驳斥。人们传说伟大的庞培容易脸红，但是有一天，他却不禁说出了这样的一句话："当我手中握有武器的时候，我为什么要尊重法律呢？"这人内心中的道德感和个人野心的斗争以及他想用一种英雄主义和强盗主义来给他的暴力辩护的情况都由这句话刻画出来了。

① 在"我们"之中，自然应当加入在本版中写作序言和注释的人。——原编者

从强权中产生了人剥削人的行为，换句话说，产生了奴役、高利贷或战胜者向战败者索取的赔款以及种类繁多的捐税、盐税、王家特权、劳役、平民捐、地租、房租等等，总之就产生了所有权。

跟着强权而来的是使用诡计的权利，这是正义的第二种表现；古代的英雄们厌恶这种权利，他们在这点上是不在行的并且曾受到很大的损失。这始终是强力，不过从体力方面移转到智力方面罢了。用一些诡计使敌人上当的本领似乎在当时也是应该得到奖赏的：但那时的强者总是自夸是以善意行事的。在那个时代，尊重诺言和遵守信誓与其说是合乎严格的逻辑，还不如说是严格地按照文字的意义：《十二铜表法》上说，"既然说了那个话，就应该有那个权利（Uti lingua nuncupassit，ita jus esto）。"诡计，或者说得更确切些是奸诈的行为，差不多构成了古代罗马的全部政治学。在许多例子中，维哥[①]举出了这样的一个，孟德斯鸠也曾提到过：罗马人曾保证迦太基人可以保全他们的财物和他们的城市，而故意用"civitas"一字，这个字的意思是社会、国家；反之，迦太基人却把它理解为"urbs"，它的意思是指具体的城市，而当他们着手加固他们的城墙的时候，他们就遭到罗马人的袭击，理由是他们违背了条约。当遵照强权行事的罗马人在这件事情上利用模棱两可的话语而袭击他们的敌人时，他们并不以为进行了一次非正义的战争。

从使用诡计的权利产生了工业上、商业上和银行业中的利润；产生了交易中的诈欺行为，以及人们用才干和天才这样一些美丽

① 维哥（1668—1744），意大利的哲学家和历史家，哲学史的首创者。著有《历史哲学原理》（那波利，1725），由米歇莱译成法文，1827年在巴黎出版。——原编者

名词加以粉饰的一切不正当的主张，而这些主张应该被看成是最高度的奸诈和欺骗行为；最后，产生了社会上的各种不平等。

在法律所禁止的盗窃行为中，人们使用强力诡计，并且是公开地使用的；而在被法律许可的盗窃行为中，强力和诡计是用一种生产效用的名义把自己装扮起来的；它们就用这种名义作为夺取它们被害人的钱财的工具。

直接使用暴力和诡计早已受到普遍一致的谴责了；但直到现在还没有一个国家能够摆脱那种与才干、劳动、占有结合在一起的盗窃。这就使得那门用来辨别是非的解惑神学发生了种种不可靠性并构成了法律学上无数自相矛盾的理论。

强力和诡计曾在《伊里亚特》和《奥德赛[①]》这两部史诗中受到吟诵史诗者的称道；它们启发了希腊人的立法并使罗马法充满了它们的精神，后来又从罗马法传入到我们的风俗和法典中来。基督教的精神对此丝毫不能有所改变；但我们不应该因此而责难福音书，因为和立法者同样受到错误启发的传教士从来就不能解释和了解福音书。宗教会议和教皇对于一切有关道德学问题的无知不亚于罗马的市议会和大法官；这种对于法学、正义、社会的严重无知正在毁灭教会并永远使它的教义失去信誉。罗马教会和其他基督教会的不忠实于圣经是彰明昭著的；它们都漠视耶稣基督的告诫；它们都在道德和学说问题上迷失了方向；那些错误的、荒谬的、充满着非正义和杀人内容的教条，都应归罪于它们。如果这个

① 《伊里亚特》和《奥德赛》为古希腊诗人荷马（大约生于纪元前九世纪）的两部有名史诗。——译者

自称为永远不会错的而已经破坏了它的道德的罗马教会，向上帝和人请罪；如果它的曾经经过革新的同宗的教会谦卑地反省……那么觉悟过来的、但仍旧笃信宗教和宽厚的人民就会对他们重加考虑了。①

权利在它的各种表现中和所有权在它的形式中都是遵循着同样的步骤发展的；人们到处可以看到正义在驱逐它面前的盗窃行为，把这种盗窃行为限制在越来越窄的范围内。直到现在，正义对非正义、平等对不平等所取得的胜利都是本能地和仅仅是由于事物的自然之理而得来的；但是我们的社会性的最后的胜利将依靠我们的理智，否则我们就会重新堕落到另一种封建性的混乱中去：如果我们有智慧，我们就可赢得这个荣誉，否则我们就会陷入苦难的深渊。

所有权的第二个效果是专制主义。可是，因为专制主义在思想上必然是和合法法权的观念连结起来的，所以在申述专制主义的天然原因的同时，我不得不说明这种法权的原理。

我们更喜欢的政府是哪一种形式的政府呢？“唉！您怎么会提这样的问题呢？”我的某一位比较年轻的读者一定会回答说，“您

---

① 那位使徒曾经说过：“我传布福音并依靠福音而生活。”他因而也就说明他是依靠劳动而生活的。天主教会则宁愿依靠财产而生活。中世纪的自治市镇反对修道院院长和身为大地主和封建领主的主教的斗争是很有名的：教皇为了保卫教会的收益而发出的驱逐出教的处分，也是名闻当世的。甚至在今天，法国教会的正式机构还主张传教士支取的报酬不是工资而是财产的赔款，这些财产从前为它所有而被第三等级于 1789 年所没收。传教士宁愿它的生活依靠收益权而不愿来自劳动。

爱尔兰所遭受的苦难的最大原因之一，就是英国教会向它所征收的巨额的收益。所以，异端派和正教教会、耶稣教会和教皇派教会丝毫不必互相责难。它们都在正义上误入歧途，它们都违背了十诫中的第八诫：你不得偷盗。

是一个共和主义者”。“共和主义者，是的；但是这个词不能确切地说明什么。拉丁文 Res publica 的意思是指公物；而任何要据有公物的人，不论在哪种形式的政府之下，都可以自称是共和主义者。甚至国王也都是共和主义者。”“那么，您是民主主义者吗？”“不。”“什么！您难道是保王党吗？”“不是。”“立宪主义者？”“但愿上帝保佑我不是！”“那么，您赞成贵族统治？”“根本不赞成。”“您愿意有一个混合政府吗？”“更加不愿意。”“那么，您是什么呢？”“我是无政府主义者。”“我了解您了：您是在讽刺人；您所讽刺的是政府。”“我一点也没有这种意思；您刚才所听到的是我以严肃的诚意经过深思熟虑而宣布出来的。虽然我很爱好秩序，我是一个名副其实的无政府主义者。请您听我道来。”

在各种过着群居生活的禽兽中，“幼小者的孱弱就是它们服从那些已经是强壮的、年岁大的禽兽的原理；年岁最大的禽兽之所以保有权力，就是由于这个习惯，虽然这个年老者最后也变成衰弱了；这个习惯对它们来说是一种特殊的良知。只要那个社会由一个领袖来领导，这个领袖事实上差不多总是那一群中岁数最老的一个。我说差不多总是，因为已经建立起来的秩序可能由于一些激烈的情欲而被打乱。于是权力就转移给另一个了；而在通过武力重新建立新的权力之后，这个权力就同样被习惯维持下来了。野马是结队行动的；它们有一匹走在前面的领马，它们信任地跟着这个领袖，后者给它们发出逃避或投入战斗的信号。

“我们把它养大的羊是跟着我们走的，但它同样也跟着它生长在其中的羊群走。它不过是把人当作它的羊群中的领袖看待罢了……对于家畜来说，人不过是它们的社会中的一个成员；这个人所要做的事情不外乎是使它们把他当作它们的伙伴而接受他；由于他的智慧本来就比它们优越得多，不久他就成为它们的领袖。所以他并没有像毕丰所说的那样，改变这些禽兽的天然状态；相反地，他是利用了这种天然状态。换句话说，他发觉那些禽兽是可以过社会生活的；他在成为它们的伙伴和领袖的时候，他就使它们变成驯服的了。因此禽兽的驯服性不过是它们的社会性的一种特殊的情况、一种简单的后天变异、一种确定的后果。所有的家畜在本质上都是可以过社会生活的动物……”（弗鲁伦：《弗来德里克·居维埃的观察结果的撮要分析》）。

营社会生活的动物是本能地跟着它们的领袖的；但让我们指出居维埃所忘记说的话，就是这个领袖的任务完全是属于智慧上的。领袖不用去教育其他的动物联合起来，在它领导下团结一致，从事繁殖、逃避和自卫：在这些事情上，它知道它的部下知道得和它一样多。但是领袖却能通过它所积累的经验预防意外的事故；在艰难的情况下，它用它独有的智慧来补救一般本能的不足；它从事思考，作出决定，实行领导；总之，它为了全体的最高利益而用它的明智的谨慎来办理全族的例行事务。

天然要营社会生活的人自然也是跟随一个领袖的。在原始时期，这个领袖是父亲、家长、老长辈，即一个谨慎而聪明的人；他的职务因而就完全是属于思考和智慧方面的。像其他各种各类营社会生活的动物那样，人类具有本能、天赋的能力、一般概念、感情和理智的范畴：领袖、立法者或国王从来就不曾有什么发明，也丝毫没有什么推测和想象；他们只根据自己积累起来的经验领导社会，但同时总是遵循着舆论和信仰。

把自己的煽动家的怪癖带到道德学和历史中去的哲学家们肯定说：原来，人类既未有过领袖，也未有过国王，这些哲学家对于人的本质毫无所知。王权和专制王权比起民主制度来同样是而且更加是一种原始的政治形式。从最久远的时代起，人们就看到有一些英雄、强盗、冒险的骑士赢得了王冠并自立为王，所以人们就把王权和专制制度混同起来了。但是王权从世界上一有生民的时候起就已存在；它在消极共产制社会时期还是继续存在着；而古代的英雄主义和它所产生的专制主义只是后来随着正义观念的最初表现而开始的，即随着武力的统治而开始的。在比较功绩以后，最有势力的人被认为是最优秀的人，从这时起年老者就不得不放弃他的地位，同时王权就变成专制的了。

王权的那种自发的、本能的并且也可以说是生理上的根源，最初就使它具有一种超人的特征；各个民族把王权和神联系起来，他们说最初的国王是神的后裔。这个想法就产生了王族的神圣家谱、天神化身说、救世主的传说；由此也就产生了神权的学说，这些学说现在还有一些十分奇特的拥护者。

王权最初是选举出来的，因为在人还生产得不多并且还没有什么财物的时期，财产太小，所以还没有产生继承观念，也想不到要保障国王的儿子去得到他父亲的王权；但是当人们开垦了田地并建筑了城市的时候，各个职位就像其他一切事情那样被私有化了；从而就有了世袭的王权和世袭的司祭职位。世袭的原则甚至扩展到最普通的职业中去，这种情况引起了等级的划分、级位的骄傲、平民地位的低落，它还证实了我关于财产继承原则所说过的话：这是由大自然所指示的补充出缺的职位和完成一件已经开始的工作的一种方式。

由于野心，不时地产生了一些霸占和僭夺王位的人，因而人们就把某些国王叫做当然的、合法的，而把另外一些国王叫做暴君。但是我们不应当为名称所拘束：历史上有过一些令人受不了的合法国王和一些很宽大的暴君。当王权是唯一可能的政治形式时，一切王权都可能是良好的；至于合法问题，王权永远是不合法的。世袭、选举、普选、元首的卓越性、宗教和时代的推崇都不能使王权成为合法的。无论它以何种形式出现，君主政体也好，寡头政治也好，民主政治也好，王权或人统治人的政治是不合法的和荒谬的。

为了使他的各种需要得到最迅速和最完善的满足起见，人就去找寻法则：在原始时代，这个法则对他来说是生动的、见得到的和触觉得到的；这就是他的父亲、他的老师、他的国王。人愈是无知，他对他的领导人的服从和信任就愈加绝对化。但是，人的本性的一条定律是遵从法则，即通过思考和推理去发现这个法则，于是人就开始研究他的领导人所发出的命令：可是这样一种研究过程本身就是对于法权的抗议，一种不服从的开端。一旦人开始探究那支配着领导人的意志的动机，人就不是驯服的了。如果他不再是因为国王在指挥而服从，而是因为国王证明了他的命令合理而服从的话，那么人们就可以肯定，从此以后，人就不再承认有任何法权了，并且可以肯定，他已经把自己当作他自己的国王了。谁敢对他领导并为了说明他的法律的根据而只能向他提出尊重多数的理由的话，谁就将要遭殃；因为少数是迟早会变成多数的，而这个不谨慎的专制君王将被推翻，他的一切法令将被消灭。

随着社会逐渐觉醒，国王的权威就逐渐减弱。这是全部历史可以证明的事实。在国家开始产生的时候，人们徒然进行了思考和推理。如果没有方法，没有原理，甚至不知道怎样使用他们的理智，他们就不能辨明他们是对的还是错的。在这个时候，国王的权威是巨大的，没有任何已有的知识来同它对抗。但是经验逐渐产生了习惯，习惯又发展成为风俗；后来这些风俗就被明白地在格言中表述出来，被规定为原理，总之，被编制成为法律；而作为活法律的国王就不得不屈服于这些法律。到了一个时期，风俗和法律是这样的众多，以致可以说，君王的意志已被公众的意志缠住了；在加冕的时候，他不得不宣誓他将按照风俗和习惯来治理国家，并且宣誓他本身不过是一个社会的行政权力机关，而这个社会的法律并不是由他来制定的。

直到这个时候，一切都是自然地、也可以说是不知不觉地发生的；但是让我们看一下这个运动的致命的终局。

在受了许多次教育和得到了很多的观念之后，人终于获得了**科学**这个观念，即获得了那种关于与事物的实际情况相符合的并从观察中推论出来的智识体系的观念。于是他就去寻找那种关于无生物的科学或体系、有机体的体系、人类思想的体系、宇宙的体系：他为什么不应该也去找寻社会的体系呢？但是，到了这个时候，他懂得政治的真理或政治学是一种完全不受君主的意志、多数的意见和群众的信仰所支配的东西；同时国王、大臣、法官和人民，作为一些意志的话，是与那门科学毫无关系的，并且丝毫不值得重视的。他一下子就懂得，如果人生来就是营社会生活的话，那么在他的理智已经成熟和他的教育已经完成的那一天，他的父亲对他的权威就告终止，他就成为他父亲的伙伴；他的真正的领袖和真正的国王就是业经获得证明的真理；政治是一种科学而不是一种诡计；并且懂得，归根到底，立法者的职能可以变为有条不紊地追求真理的工作。

因此，在一个特定的社会中，人对人的权威是和这个社会所达到的文化发展程度成反比的，并且这种权威的大致的存续期间是可以按照要求得到一个真正的政府、即符合那门科学的政府的比较普遍的愿望而计算出来的。正如强权和诡计权在愈来愈扩大的正义面前缩小而最后一定会在平等中消灭那样，属于意志的主权同样也要向那属于理智的主权让步，并且最后必将在科学社会主义中消灭。自从世界开始以来，财产和王权曾不断地遭到摧毁。人在平等中寻求正义，同样地，社会则在无政府状态中寻求秩序。

无政府状态就是没有主人，没有元首，[1]这就是我们一天天在接近着的政治形式，并且这就是把人当作法则、把他的意志当作法律的牢不可破的习惯使我们把它看作紊乱的顶点和混乱的表现的政治形式。人们传说，十七世纪巴黎的一个公民在听说威尼斯没有国王的时候惊奇不止，在初次听到这件可笑的事情时几乎笑死。我们就有着这样顽固的偏见。只要我们活着，我们就要一个领袖或若干领袖；现在我手里还拿着一本小册子，它的作者——一个热心的共产主义者——像另一个马拉那样梦想着独裁制。我们中间最先进的人物就是那些希望有尽量多的元首的人，他们最热烈的愿望是针对着国家保安队的王权的。无疑地不久就会有一个嫉妒

① 通常“无政府状态”一词的意思是没有原则，没有秩序；因此人们就把它作为“紊乱”的同义词。

民兵队的人说：大家都是国王；但当他这样说了之后，我却要接口说：谁都不是国王，不管我们愿意不愿意，我们都是伙伴。一切内政问题应当根据各省的统计彻底加以解决；一切对外的政治问题是一件属于国际统计的事情。政治学应当属于科学院的一个部门；这个部门的常任秘书必然是内阁总理；既然每一个公民可以向科学院提出研究报告，每一个公民就是立法者。但是，由于任何人的意见只能在它被证实的限度内才有价值，所以谁也不能把自己的意志来代替理智，谁也不是国王。

一切立法和政治的问题都是科学的对象而不是争论的对象。立法的权力只能属于那种被系统地认可和证明的理智。把否决权和批准权赋予某一个权力机关是虐政的顶点。正义和合法性，像数学上的真理一样，是不受我们意见支配的两件事情。要使正义和合法性具有强制力，就须使它们被了解；要了解它们，就必须加以深思和研究。如果国民不是最高权力机关，如果立法的权力不是来自国民，那么国民是什么呢？国民是法律的保卫者，国民是行政权。每一个公民都可以肯定：这是对的，那是合乎正义的；但是他的意见只能支配他自己。如果要使他所宣告的真理成为法律，那就必须使它得到认可。但是，什么叫做认可一项法律呢？这就是去证实一个数学的或形而上学的计算方法；这就是去重复一种实验、观察一种现象、证明一件事实。唯有国民才有权利说：让我们发布命令。①

① 这一段是从《论星期日举行宗教仪式的好处等等》第一章的一段中摘录或照原文抄录的。——原编者

我坦白承认，这就是推翻公认的观念，并且好像我正在企图推翻现今的政治制度似的；但是我请求读者注意，我既然是从一个反论出发的，如果我推理正确的话，那么我每前进一步就一定会遇到许多反论，最后也一定会用一些反论来作结束的。如果不把立法者的笔而把法律的宝剑放在公民手中的话，我看不出对于公民的自由会有什么危害。理应属于意志的行政权不能委托给太多的代表；这就是国民的真正的主权。①

所有人、盗贼、英雄、元首——因为所有这些名称都是同义的——把他的意志当作法律强加到别人身上，并且既不容许反对，又不接受监督；这就是说，他既要求立法权又要求行政权。因此，要用科学的和真正的法律来代替国王的意志，就非经过一番可怕的斗争不能办到；除了财产之外，这种不断的取代过程甚至是历史的最有力的因素和政治变乱的最丰富的泉源。这一类的例子很多而且也很显著，毋需一一列举。

要知道，财产必然会产生专制制度，产生随意行事的政治和骄

① 如果这样的观念有一天能深入到一般人的思想中去，那么代议政体和空谈家的虐政就将告终。过去，科学、思想、言论是由同样的说法表述的；如果要说一个人具有丰富的思想和知识，人们就说这个人谈吐敏捷和议论风生。很久以来，语言就被抽象地同科学和推论分别开来了。这种抽象作用像逻辑学家所说的那样，逐渐在社会中获得实现；所以我们今天拥有各种各样话说得很少的学者和一些甚至在语言学上都不是博学的空谈家。因此，一个哲学家不再是学者，而是空谈家了。过去的立法者和诗人是一些渊博而高尚的人物；如今他们是空谈家了。空谈家是一口洪亮的钟，稍稍震动一下就可以使它响个不停；对于空谈家来说，滔滔话语总是和思想的贫困成正比的。空谈家们统治着全世界；他们使我们头晕，使我们心烦，掠夺我们，吸我们的血，并且嘲弄我们。至于那些学者，他们则保守缄默；如果他们想要说点什么，就有人来打断他们的话。那就让他们用笔来写吧。

奢淫佚的统治。这与财产的本质有着极密切关系，所以你只要想到什么是财产，再观察一下四周发生的事情，就可以对此深信不疑。所有权是使用和滥用的权利。所以，如果政治就是经济，如果它以生产和消费、劳动和产品的分配为目的，那么在存在着所有权的时候，怎么有可能实行政治呢？如果财物是财产，为什么所有人就不应当是国王，而且是一些专制的国王，就是说一些与他们的经济特权相称的国王呢？如果每一个所有人在他的财产的势力范围内是最高的权威，是他产业的整个范围内的不可侵犯的国王，那么一个属于这些所有人的政府怎么能够不是一片混乱呢？

第三节　第三种社会形式的定义：结论

所以，以所有权为基础时，就不可能有政治，不可能有公共经济，也不可能有行政管理。

共产制追求平等和法律。而从理智的自主和对个人功绩的感觉产生出来的私有制，则首先是希望求得独立性和相称性。

但是，共产制在把一致性误认为法律并把划一误认为平等时，就变成暴虐的和不合乎正义的了。而私有制由于它的专制性和侵占行为，很快就表现出是具有压迫性和反社会性的。

共产制和私有制的目的都是好的，它们所造成的结果都是坏的。为什么呢？因为两者都是排斥一切的并且各自忽略了社会的两种要素。共产制反对独立性和相称性；私有制则不能使平等和法律得到满足。

现在，如果我们想象一个建立在这四种原则——平等、法律、独立性、相称性——的基础之上的社会，那么我们就可以看到：

1. 平等仅仅在于地位的平等，就是说在于机会的平等，而不是在于生活的平等；有了平等的机会，求得美好生活就应当是劳动者的任务了，它毫不侵犯正义和公道；

2. 从那对于事实的了解中产生出的、因而以必要性本身为依据的法律，是永远不会触犯独立性的；

3. 从才干和才能的差别中产生出来的、个人的独立性或个人理智的自主，可以在法律范围内毫无危险地存在；

4. 只容许在智慧和情感的范围内而不许在物质对象的范围内存在的相称性，可以被遵守而不致侵犯正义或社会平等。

这第三种社会形式，即共产制和私有制的综合，我们把它叫做自由。①

所以，在规定自由的性质时，我们并不把共产制和私有制不加辨别地结合起来，如果那样做，就将成为荒谬的折衷主义。我们通过分析方法从它们二者之中寻求它们各自含有的真实的、与大自然和社会的规律相调和的内容；我们除去它们所含有的一些其他的原素；结果就可以得到人类社会的天然形式的适当表现，总之就是自由。

自由就是平等，因为自由只能存在于社会状态中；如果没有平等，就没有社会。

自由就是无政府状态，因为它不容许有意志的统治，而只容许有法律、即必要性的权力。

自由就是无限的多样性，因为它在法律范围内尊重所有

① 拉丁文 libertas、liberare、libratio、libra，自由、解脱、解放、平衡（斤两）——，这些词的词根显然是相同的。自由是权利和义务的平衡。使一个人自由，就是使他和其他的人平衡起来，也就是说，使他取得他们的水平。

的意志。

自由就是相称性,因为它给予功绩的进取心和荣誉的竞争心以一切发展的自由。

现在我们可以像古尚先生那样说:

"我们的原则是货真价实的;它是良好的,它是合于社会的;让我们不要害怕把它推进到它的终极。"

人的社会性通过思考而变成正义,通过才能的分类而变成公道,它把自由作为公式,它是道德的真正的基础和我们一切行动的原则和准则。它是哲学所追求的、宗教所加强的、自私心所排挤的、纯粹的理智所永远不能替代的普遍动力。我们的义务和权利是从需要产生出来的;如果就需要和外界的生物的关系来加以考虑,它就是权利,而就它和我们自己的关系来考虑,它就是义务。

饮食和睡眠,这是一种需要;我们要得到为休息和营养所必需的东西,这是一种权利;当大自然要求这样做的时候来利用这些东西,这就是一种义务。

为了生存,我们需要劳动。这样做既是一种权利,又是一种义务。

爱自己的妻儿,这是一种需要。做他们的保护人和扶养人,这是一种义务;比其他一切人更受他们眷恋,这是一种权利。夫妇之间相互保持忠实是正义的;通奸是一种反社会的罪行。

用我们的生产品去换取别的生产品,这是一种需要。得到等值的交换,这是一种权利;既然我们先消费,然后才生产,所以,如果事物是由我们来决定的话,那么我们在消费之后,必须立即从事生产,这是一种义务。自杀是一种诈欺性的破产。

按照我们理智的指示去完成我们的任务,这是一种需要。保持我们的自由意志,这是一种权利。尊重别人的自由意志,这是一种义务。

得到我们同类的重视，这是一种需要。使自己值得去接受他们的赞扬，这是一种义务；根据我们的工作成绩而得到评价，这是一种权利。

自由并不反对继承权和遗嘱权。它只要求保障平等，使它不致因此受到侵犯。它对我们说：在两笔遗产中，选择一笔吧，永远不要合并承受。一切与移转、世袭、领养和“助手关系”（如果我敢于采用这个自造的名词的话）有关的立法都需要加以改订。①

自由鼓励竞赛而不加摧毁。在社会的平等中，竞赛是在平等的条件下进行的，它的报酬完全在于它本身。谁也不因对方胜利而感到难受。

自由对自我牺牲的精神是欢迎的，是赞成的；但是对它来说，这不是必需的。正义就足以维持社会的平衡；自我牺牲是一种分外的举动。但是，能够说“我作了自我牺牲”的人是幸福的。②

① 请与第112页附注❶相对照。——原编者

② 有一个月刊叫《平等主义者》❶，在它刚才出版的第1期中，把自我牺牲作为平等的原则。这就把所有的观念都混淆起来了。自我牺牲本身，包含着最高度的不平等；从自我牺牲中去寻求平等，这就是承认平等是反自然的。平等应该建筑在正义之上、严格的权利之上、所有人自己所引证的原理之上；不然的话，它就永远不会存在。自我牺牲高于正义；它不能像法律那样具有强制性，因为它在性质上是不容许有酬报的。当然，最好大家都能承认自我牺牲的必要性，而《平等主义者》的想法就是很好的榜样。不幸的是，它丝毫得不到效果。事实上，如果有人对您说，“我不愿自我牺牲”，您将怎样回答他呢？是不是必须加以强制呢？当自我牺牲是被强制执行的时候，它就叫做压迫、奴役、人剥削人。无产阶级就是这样地为所有权而牺牲的。

❶ 这个刊物是由德萨米在李夏尔·德·拉奥梯埃尔协助之下创办的。它对民主党人的经验主义提出了批评，这些民主党人以为一切活动的目的就是选举区域。——参阅富尔尼埃尔：《社会主义史》第8卷第372页。——原编者

自由在本质上是具有组织性的：如果要在人与人之间保证平等，在国与国之间保证平衡，必须把农业和工业、教育、商业和仓库的中心点，按照每个国家的地理和气候的条件、产品的种类、居民的特征和天然的才能等等来加以分配，分配的比例要这样地合乎正义、这样地明智、这样地和谐，使任何一个地区永远不会发生人口、消费和生产的过剩，也不致发生人口、消费和生产不足的情况。公法学和私法学、真正的政治经济学就是从这里开始的。这要由那些从此摆脱了关于所有权的错误原理的法学家去阐明新的法则并使人们得以建立和平。他们不是没有学问和天才的人；我们已经给了他们一个新的出发点了。①

① 在所有现代的社会主义者中间，我很久以来一直认为傅立叶的门徒是最先进的，并且认为差不多只有他们才够得上这个名称。如果他们了解自己的任务，向人民说话，唤醒人民的同情心，自己所不懂的事情就闭口不谈；如果他们不是如此骄傲而对于公众的智慧表示更多的尊重，——那个改革也许可以由于他们而开始进行了。但是，为什么这些热心的改革家会不断地屈服于权力和豪富，即屈服于一切反对改革的事物呢？在一个运用思考的世纪中，他们怎么不懂得世界要求用可以证明的理由而不是用一些神话和寓言来进行改变呢？他们既然是文明的死敌，为什么又会去采用这个文明所产生的最有害的果实：所有权、钱财上和等级上的不平等、贪食、姘居、卖淫、法术、魔术和妖法等等（我还知道有什么呢）呢？为什么要对他们所不懂的道德学、形而上学、心理学进行没完没结的非难，而这些学科的流弊却构成了他们的整个体系呢？为什么要采取把一个人当作神那样来加以供奉的作风，而这个人的功绩却只是在他仅知其名称的一大堆事物上用一种从来所没有的怪话说了一些不通的话呢？任何承认一个人是永远不会错的人自己就因此而丧失了去教育别人的资格。任何否认自己的理智的人不久就会排斥自由思考。如果傅立叶主义者掌握了权力，他们少不了要这样做的。如果他们最后甘心从事推理，采用一定的方法来进行工作，给我们一些说明而不是启示，那么我们就会很愿意听他们的话了；如果他们组织工业、农业和商业，使劳动成为愉快的事情，使那些最卑贱的职能成为光荣的，那么他们现在就已获得我们的赞美。特别是，但愿他们放弃那种启示主义，这种主义使他们所显出的神气，与其说是像信教者和使徒，还不如说是像骗子或傻子。

我已完成了给我自己规定的工作；所有权已被打败；它永远不会再站起来了。随便在哪里，只要那里读过和讨论过这篇论文，那里就埋下了一粒使所有权死亡的种子；在那里，特权和奴役就迟早会趋于消灭；意志的专制制度将被理智的统治所接替。的确，任何诡辩、任何偏见（不管怎样固执）还能在如下的命题面前站得住么？

Ⅰ. 个人的占有[①]是社会生活的条件；五千年的私有制说明了这一点。私有制是社会的自杀。占有是一种权利；私有制是反对权利的。如果你们取消私有制而保留占有，那么你们只须通过原则上的简单的变动，就可以改革法律、政治、经济和制度；你们就可以把祸害从地球上驱逐出去。

Ⅱ. 占用权既然对于所有的人都是平等的，占有就随着占有者的人数而常常发生变动；所有权就不能形成。

Ⅲ. 既然劳动的效果对于所有的人都是相同的，所有权就因其他的人的开发和租金而自行消失。

Ⅳ. 人类的一切劳动必然是一个集体生产力的结果，由于同样的理由，一切财产就变成集体的和不可分割的。用更精确的话来说，劳动毁灭所有权。

Ⅴ. 一切从事劳动的才能既然和一切劳动工具一样，是一种累积起来的资本、一种集体的财产，所以（在才能不相等的借口下）待

① 个人占有一点也不会妨碍大规模的耕种和统一的开发。我所以没有谈起那种把土地分成小块的弊端，那是由于我以为在这么多的人已经加以说明之后，我就不必再去复述这个大家都一定已经熟知的真理了。但是我没有料到，曾经这样清楚地指出小农经济的不利之处的经济学家竟没有见到这种情况的根源完全在于所有权，尤其是，他们没有发觉他们开发土地的计划是取消所有权的开端。

遇和钱财的不平等是非正义的，并且是一种盗窃行为。

Ⅵ.商业上的必要条件是双方订约人的自由和交换品的等值性。现在，既然价值是以每件产品所费的时间和费用的总和来代表的，既然自由是不可侵犯的，所以劳动者的工资，正像他们的权利和义务一样，应当是平等的。

Ⅶ.只能用产品来购买产品。现在，既然一切交换的条件是产品的等值性，所以利润是不可能的，并且是不合乎正义的。如果你们遵守经济学上的这条最基本的原理，那么贫困、奢侈、压迫、邪恶、犯罪和饥饿将一起在我们之中趋于消失。

Ⅷ.在出于他们完全同意之前，人们是由生产过程的自然的和数学上的定律结合起来的。所以，地位的平等符合正义的要求的，这就是说，它是符合严格的社会法的。只有敬重、友谊、感恩、钦佩是属于**衡平法**或**相称法**的。

Ⅸ.仅仅限于在生产工具上和交换的等值性上维持平等的自由联合——自由——是唯一可能的、唯一合乎正义的和唯一真实的社会形式。

Ⅹ.政治学是自由的科学。无论它用什么名目伪装起来，人统治人的制度是压迫；具有最高度完善性的社会存在于秩序和无政府状态的结合中。

旧的文明已经走到它的尽头；在新的阳光下，地球的面貌马上就会革新。让我们这一代人毁灭，让年老的诡辩家在沙漠中死去吧；神圣的土壤是不会掩盖他们的骸骨的。因本世纪的腐化而感到愤怒的怀着满腔正义的热忱的青年人，如果你们热爱祖国，如果你们关怀人类的利益，你们就应当敢于赞成自由的事业。丢掉你们那种旧的自私心吧，把你们自己浸浴在新生的平等的人民潮流中吧；在那里面，你们再生的灵魂可以吸取前所未有的元气和精力；你们的衰竭的天才可以重新得到不可制胜的毅力；你们的也许已经枯萎的心会重新茁壮起来。在你们的明亮的目光下，一切东西都会改变面貌；新的思想感情将使你们产生新的观念；宗教、道德、诗歌、艺术、语言将以更加崇高和更加美好的形式呈现在你们面前；此后你们有了坚定的信仰、经过慎思的热忱，你们将欢呼全世界复苏的开端。

啊，自由之神！平等之神！在我的理智还没有能够懂得正义感以前就把它放在我心中的神，请你聆听我的热烈的祈祷吧。使我把以上所说的话用笔写下来的就是你。你形成了我的思想，你指导了我的学习，你使我的灵魂弃绝了好奇心并使我的心弃绝了牵挂，以便在奴隶主和奴隶面前发表你的真理。我已经用你所给我的力量和才干来发表意见；这是你完成了你的事业。你知道我所追求的是我的利益还是你的光荣，唷，自由之神！啊！请你摧毁我的记忆力，让人类获得自由吧；让我以微贱之躯看到人民终于获得教育吧；让高贵的教师使人民明白道理吧；让大公无私的人去领导他们吧。如果可能的话，请你缩短我们的考验期间，请你把骄傲和吝啬埋没在平等之中；请你把那使我们滞留在卑鄙状态中的对光荣的偶像崇拜的心理消灭掉；请你使这些可怜的儿女们懂得，在自由的怀抱中既没有英雄也没有伟人。请你启发有财有势的人、即我在你的面前永远不会提起他的姓名的人，使他对自己的罪恶怀有恐惧；让他首先要求准许清偿，让他的迅速的悔改使他可以得到宽宥。到这个时候，大人和小人、智者和愚人、

富人和穷人就可以在一种难以形容的友谊中团结起来；并且，大家在合唱一首新的赞美诗的歌声中把你的祭坛重新树立起来，自由与平等之神！

附　　件

向贝桑松学院提出的关于所有权的第一篇论文

因发表第一篇论文而引起的纠纷，贝桑松学院中某些院士的怒火和阴谋手段，蒲鲁东为了抵御威胁着他的打击而采取的措施，在他的《通信集》第一册中占有重要的地位。他在当时写给他的朋友和学院的信件可以使我们更好地了解他的意旨。我们以为有必要至少把他与亲友来往的函件中的一封信和在序言中所指出的情况下写给学院的两封信在这里摘录出来。

给贝尔格曼先生的信

我亲爱的贝尔格曼，你应该在本月 4 日已经收到我所著的《什么是所有权？》的那本由邮局寄出的、因而是已经付清了邮资的十八开大小的平装本。我本来希望在我抵达这里时能够得到你的一封回信，但是现在我恐怕我所说的那本书没有能寄达到你那里。

如果说这本书的内容不那样充实，它的效果可能是大的；无论如何，它会发生一种使读者惊奇和害怕，更好的是能迫使读者从事思考的效果。像我预先给你说过的那样，虽然我曾分别把这本著作寄给个别的记者和报纸副刊的编者，但是还没有看到有一条预告、一篇论文登载出来，并且将来也不会登载出来的；这本书的出版者本人、一个愚蠢的人，不肯支付在报纸上登载一条最小的预告或广告的费用，后来他还埋怨书卖不出去。可是两百本甚或更多（因为我不知道出版商卖出了多少），在没有宣传、没有介绍并且仅仅由于初次阅读的影响之下，在十五天中就销售完了。就与我有关的部分来说，台西利埃告诉我他需要七十法郎去补足应该由我付给出版商的那笔三百法郎。这就说明了我所负责的二百三十本中，还有七十三本没有卖掉。

因此，亲爱的贝尔格曼，如果你的心情和钱袋的情况还是和六个月以前相同的话，我将感荷你能借给我一百来个法郎。最迟我将在本年10月初在把余下来的书本卖掉和领到我的奖学金之后，把这笔钱偿还给你。我还不同你谈起过去5月份中的那笔八十五法郎。我还不能同样很快把这笔款项偿还给你；我向你要那笔款子，那是为了维持生活；现在我向你要一百法郎，那是为了一笔交易。因此我应当也照交易的方式来偿还给你。

我的书在学院方面所发生的后果对我来说是可怕的：人们嚷嚷说是捣乱，是忘恩负义；在收到那本著作时，正是贝桑松的德罗茨神父做了一次哀诉式的演讲，这次演讲引起了所有的人的愤怒。我是一个吃人的魔鬼、一只狼、一条蛇；所有我的朋友和恩人都远远离开我，让我自己闭门思过。从此以后，一切都完了；我的那些关系都断绝了；我是没有希望的了。人们差不多要迫使我收回前言；人们不读我的书，人们谴责我。我从来没有看见对于一个作家有过这样大的敌意，并且也从来没有见到有这样多的学院式的愚妄言论。人们把我责备得最厉害的那些事证明了被击中要害的财产所有人的自私和自尊心，不然的话，这些事是会令人发笑的。

不久，我就将关闭我的印刷所，它只能使我负债负得越来越多，并且我们那些最后的顾客不久将随着教会和迷信学院的人逃跑了。从此以后，我休想能再在贝桑松赚取一块面包，并且由于我最后的一些款项已被用尽，我必须回到巴黎或瑞士去做校对工或排字工。你觉得在斯特拉斯堡可以给一个因为说了太真实的话而从他家乡放逐出来的印刷工提供生活的办法吗？从此以后，所有的职业对我都闭门不纳了；人们以为在保护我的时候是会牵累他自己的；在这里，甚至有人偷偷地读我的书而不愿让人知道。

不久，也许我将告诉你比这一切更坏的事情；在这以前，我希望你写信给我，即使关于我向你借的一百法郎，你一点办法也没有；我可以再向别处去设法。这是一种优先权，你当然无需一定享受，但是我作为印刷店店主的地位使我必需把这优先权保留给你。

我相信你将在我的著作中看出它真有与你那篇拉丁语论文的内容相同的哲学；但我把你的姓名写在我书中的一个注解里，这会不会使你不高兴呢？我坦白地说，如果我听从我的心声的话，我会在我的书里把你叫做我的朋友，而当我在注解中把你说成是一个与我素不相识的人时，我感到很不舒服。而且，我在书中引证你的话，丝毫不会使你受到牵累，贝桑松学院在这一点上本来很可以更加感到不满的，但它只是讥笑我妄图把这个引证和我的思想结合起来。这个学院所以责备我，不是因为这个引证成为我的帮凶，而是完全因为我攻击了所有权和教会。

我请求你给我回信，哪怕只是为了告诉我说我们的交往不便继续下去了……但是我立刻觉得我好像说了一句亵渎的话似的，我请求你原谅。

我拥抱你；一切都是你的。

比埃尔·约瑟夫·蒲鲁东

1840年7月22日于贝桑松

给贝桑松学院各位院士先生的信

诸位先生，通过我的几个朋友的私人消息，我得知我的关于所有权的论文的发表、特别是写在这篇论文前面的呈给贝桑松学院的那篇前言引起了你们对我的不满，如果不是愤怒的话。所以我着手在这里用不多的话句非常朴实地给你们解说我的行为和意向。

首先人们把它当作题辞的不过是一篇简单的汇报，据我看来，我作为胥阿尔奖金得奖人的地位和我所担负的每年必须报告我在学习上的进步的义务，可以充分说明这一点。我知道题词就是它所指的个人的或团体的赞助关系的证明，因而它应当得到两造关系人的同意或者甚至经过他们协议决定；我没有想要擅自豁免这种礼节上的规则。另一方面，一个汇报的内容和形式必然是决定于那篇必须汇报的作品的；诸位先生，这就可以说明，关于那篇著作和写在著作前面的献文，为什么事先没有告诉你们。

至于那本书本身，我不打算在这里替我所提出的主张进行辩护；我决不愿意以敌人的姿态或被告人的身份站在你们面前；我的信心，——我说什么呢？——我对于我发现的真理所怀抱的确信是攻不破的，并且我是尊敬你们的意见的，诸位先生，所以我将永远不直接来加以攻击。但是，如果我对于作为我们现今政治形势的基础的所有权提出一些闻所未闻的反论，我是否因此就是一个毫不妥协的革命者、一个秘密的阴谋家、一个社会的敌人呢？不，诸位先生；如果人们毫无保留地肯定我的那些学说，那么他们所能得出的一切结论和我自己从中得出的一切结论，都足以说明有一种天然的、不可让与的占有权和劳动权存在着；无产者应当准备享受这项权利，[①]正如殖民地的黑人在得到如今谁也不否认的自由权之前，应当准备过自由生活一样。这种对于无产者的教育工作在今天是托付给一切由于智慧和财富而具有势力的人们的一个使命，如果违背这个使命，他们迟早会被我们一致同意称之为无产者的野蛮人的洪流所淹没的。

我是否要答复另一类的控告呢？人们把我对待那位我与他从来没有交换过任何意见的、由学院给我指定的监护人的行为看成是一种忘恩负义的举动。

我对德罗茨先生的态度是出于一种礼貌感。[②] 在那些关于道德学和政治经济学的讨论会上，根据我的看法，应当作出的结论是宣告德罗茨先生关于道德学和经济学的著作是不可信的，这时，我

---

① 这里存在着实用政治学的观点，这个观点在他的论文中没有加以说明。在论文中，蒲鲁东是站在绝对权利的观点上的。——原编者

② 在他给他的朋友贝尔格曼的一封信（1840 年 6 月 29 日）中，蒲鲁东写道："德罗茨神父从 6 月 7 日就已外出并且只能在我动身之后才回巴黎。这个人是善良的、诚实的，对我是十分仁爱的；但他的头脑之不科学，不合乎哲学，真是前所未有的。我们不能互相了解。他对我失望；我看到这点，我知道这点，他也很清楚地使我理会到这一点：和一些永远不了解我的思想因而永远不会对我说公道话的人生活在一起，对我来说是太难受了。"——原编者

能不能和这位可敬的著作家一起出席这些讨论会呢？我是否应当处于一种反对他的地位和可以说是一种永久不服从他的状态中呢？谁也不会比我更多地爱慕和钦佩德罗茨先生的才干；谁也不会比我更深切地敬重他的性格。可是这些思想感情恰好就是使我不能进行一种难办的并且对于我来说是太危险的争论的理由。

诸位先生，这篇文章的发表是由我的哲学研究工作的次序给我规定的。这是将来的事实能够给你们证实的。我还要写出最后一篇关于所有权的论文；这个工作完成以后，我将立刻继续我的对于语言学、形而上学和道德学的研究工作。

诸位先生，我不属于任何党派、任何宗派；我没有给我做宣传工作，我没有盟友，没有同伙。① 我从来没有组织宗派，即使人家给我护民官的职位，我也要拒绝接受，唯一的理由是我不愿意遭受奴役！我只有你们，诸位先生，我只对你们抱有希望，我只期望从你们那里得到爱护和稳固的名誉。我知道你们建议谴责你们称之为我的**见解**的意见，并拒绝承认与我的思想有任何联系。但我依然坚信，你们将来给我的赞扬，会和现在我使你们感到的恼怒一样多。你们最初的激动即将消失。对于一种物质上和经济上的还没有被觉察出来的真理的大胆说明使你们内心所产生的烦恼将平息下去，并且我确信，经过相当的时间和思考，你们的思想感情将清楚地了解你们现在所没有觉察到的、你们所攻击的、而我则加以保

① 蒲鲁东在国会中的那段时期，的确很好地说明了他不能接受团体纪律的拘束到了怎样的程度，以及他的政治手腕是怎样的笨拙。1848 年 7 月 31 日，当他提出他的关于减低房租、地租和债务的三分之一的法案时，投他的票的只有一个人。——原编者

卫的主张。

诸位先生，我对你们的智慧和正义感怀着充分信任，是你们的最卑微的和最忠诚的得奖人。

比埃尔·约瑟夫·蒲鲁东

1840 年 8 月 3 日于贝桑松

给贝桑松学院各位院士先生的信

诸位先生，当你们在最近的 12 月 24 日发出的公函到达我这里的时候，[①]我已准备好给你们团体的那位终身秘书写信，通知他我的关于所有权的著作不久就将再版的消息，并且决定趁此机会，以率直的态度给他陈明我全部的思想。所以，今天我能在你们面前说明我自己的情况，并向学院公开发表一些我原先决定只向它的那位尊严而忠实的负责人陈述的知心话，我是引以为快的。

人们对我的一切攻讦可以归纳为一点。我写了一本书，或者说得更确切些，一篇对于所有权开战的宣言；我从其现有的基础上攻击了社会的秩序；我以一种少见的慎思熟虑和空前的愤激心情，否认了所有那些权力机关的合法性；我动摇了所有的生活；总之我是一个革命者。这一切都是真实的；但同时，并且也许是第一次，这一切完全是合乎道德的，其应得的赞扬应该多于谴责。我在这里所要说的话既然不应当得到任何公开发表的机会，人们就不至于不公正地说我具有反抗的自豪感，或者说我像做戏那样抱有把

---

① 该学院用这封信请蒲鲁东在 1841 年 1 月 15 日到它那里去出席答复对于他的著作所提出的问题，如果他不能亲自出席，就须立即说明他的辩护方法。——原编者

自己装扮成一个为了我的思想而牺牲的人的愚蠢想法。所以请允许我以完全的自由和率直的态度来为我自己辩护。

是的，我攻击了所有权；但是，诸位先生，请你们用眼睛环顾一下你们的周围。请你们注意你们的议会议员、长官、哲学家、大臣、教授、政论家；请你们和我一起计算一下由于日常的需要以公共利益的名义对所有权所加的限制；请你们丈量一下那些已经造成的缺口；请你们估计一下今后社会还想要造成的缺口；请你们总括一下所有的学说中关于所有权所包含的相同内容；请你们问问自己，然后请你们告诉我，在半个世纪之后，这个古老的所有权还能剩下些什么？在你们觉察到我拥有这样多的同谋者的时候，你们将很快就觉得我的罪责是比较轻的了。

大家所欢迎的并且有人认为效力还不够迅速的公用征收法是什么呢？一种彰明昭著地侵犯所有权的行为。社会对于被剥夺财产的人是给予赔偿的，但社会是否会把传统的联想、诗意的美景和伴随着财产的家庭自豪感归还给他呢？拿伯和桑-叔西的磨坊主，会对法国的法律，像对我们的国王的任性举动那样提出抗议："这是我们祖先的遗产！"他们会叫喊说，"我们不愿把它出卖。"在古人中间，个人的拒绝曾经限制过国家的权力；罗马法曾屈服于公民的固执，并且有一个皇帝——康莫德斯，如果我没有记错的话——为了尊重一些拒绝出让的权利而放弃了把公民广场向外扩展的计划。人在他亲手造成的那些物件上留下他的痕迹，盖上他自己的性格和意志的戳记！人的这种塑造力，像现代的法学家所说的那样，就是盖在物件上的并使这物件成为神圣的戳记。可是，当一个行政委员会认为，应当宣告公共利益需要这个物件时，那么所有权就必须屈从于公众的意志。

有人会说，在这里，只有一种反而可以证实那个原理的例外，并且给那个权利带来了有利的证据。很好；可是我们将从一个例外转到另一个例外，再从这另一个转到第三个，这样下去，从例外到例外，直到我们把那条规则变成一个纯粹抽象的观念为止。

诸位先生，你们以为赞成倒换公债的草案的人在法国有多少呢？我敢说，除了公债持有人之外，全都赞成。可是，这个所谓倒换是一次大规模的没收，并且这次是没有任何赔偿的。过户的公债是真正的不动产；所有人十分安全地依靠着这种不动产的息金；他的权利就是借用款项的政府按照约定利率偿付公债息金直至公债持有人要求偿还债款时为止的那个默示的保证。谁可以强迫这个公债持有人不用他的金钱去买进房屋或土地而宁愿存放给国家呢？所以当你们强迫资本家忍受息金的减低时，你们就使他完全丧失被减少的数额，并且由于这个措施的普遍性及其影响，同样有利的投资对他来说就成为不可能了，因此你们就贬低了他的财产的价值。

人们有了为公共利益而剥夺公民的权力，但是还不满足，还要为了私人利益而去剥夺公民。各方面都在请求修改关于抵押的法律；为了债务人自己的利益和各种债权的利益，人们要求一种可以使不动产的没收过程变得和商业上的签发拒绝偿付证明书同样迅速、同样简便、同样有效的诉讼程序。可是，诸位先生，你们是否知道抵押制度的这种转变会产生怎样的结果？就是使地产货币化，如果我敢这样说的话，就是把它们放在皮包里；甚至把人的最后一点对于家庭、民族、祖国的思想情感从他心中连根拔除；使他的个性愈来愈孤独，使他对身外的一切愈来愈无动于衷，愈来愈专心注意唯一的爱好、即对于金钱和钞票的爱好。

当然，这并不是我所主张的废除所有权的说法。

我们那些在办公室中为了工厂童工的法律忙碌着的议会议员在最近几天里做了些什么呢？诸位先生，他们正在进行反对所有权的阴谋。因为他们的规章很可能防止工厂主使一个童工每天从事若干小时以上的劳动，但是这个规章既没有强制工厂主增加童工的工资，也没有强制他增加童工的父亲的工资。今天，为了卫生的关系，人们减少了穷人的生活费。明天就必须用最低工资来保障他们。但是，规定最低工资，就是强制所有人，就是强制工厂主把工人当作伙友而加以雇用，这就干涉了工业自由并使互助保险成为有强制性的。一旦走上了这条道路，人们就停留不住了。渐渐地，政府将做起工厂主、委托商和零售商来了；唯有它可以拥有财产。为什么无论在什么时代，国家的大臣们这样害怕去触动工资问题呢？为什么他们总是不愿去过问老板和工人之间的纠纷呢？这是因为他们懂得所有权是多么碰不得的和多么有嫉妒心的，并且因为在把它当作一切文明的要素时，他们知道插手其间就等于是动摇社会的基础。

并且，诸位先生，必然会使权力机关参与其事的那种不可避免的后果不是我的空想！现在，对立法权力机关所要求的就不再仅仅是规定各工厂的厂规，而且要求它自己去开办工厂。你们曾否听到千百万人从各方面发出来的要求建立劳动组织，开办国营工厂的呼声？整个工人阶级激动起来了；他们有自己的报纸、自己的机构、自己的学校、自己的代表。如今，为了保障工人的劳动权利，为了维持生产与销售之间的平衡，为了协调工厂主起见，人们提倡——作为一种至高无上的补救办法——单一的领导、唯一的工厂审查委员会、唯一的制造工厂，因为，诸位先生，这一切都是包含在国营工厂的观念中的。关于这个问题，我愿意给你们举出一位著名的经济学家的看法，他到现在为止是所有权的一个热心的保卫者。[①]

所以，那位可尊敬的大学教授除其他一些类似的看法以外曾经建议：1. **制止劳动者从乡村迁入城市**。可是，如果要使乡下人留居在农村，就必须使他在那里的生活过得去；所以在那里就像对工业那样对农业进行改革，这个运动到哪里才有止境呢？2. **对于每种职业，确定一个可以随时随地按照确实的根据而变动的平均的工资单位**。这就是说，为了保障所有人的利润，人们从其中拿出一部分来给予劳动者。可是我说，归根结底，这一部分是会增多起来的，直到无产者和所有人能够得到相等的收入为止。3. **国营工厂只应当在普通工业不振的期间开工**。在这样的时期，它们应当像庞大的堤闸那样打开来宣泄劳动群众的巨流。但是，诸位先生，私营工业之所以停顿，是因为那里发生了产品过剩和缺乏销售市场的情况。所以，如果生产在国营工厂中继续进行的话，危机怎能结束呢？另一方面，政府需要资金来支付工人的工资；可是这些资金由谁来供给呢？捐税。那么捐税由谁来缴纳呢？财产。这就是让所有人的工业，为了反对它自己并用它自己的钱去维持一种不可战胜的竞争。你们认为，在这种致命的循环中，所有权结果将变成

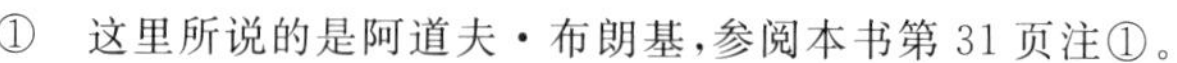

① 这里所说的是阿道夫·布朗基，参阅本书第31页注①。

怎样呢?

强制所有人去负担国营工厂和公营制造厂的预算的趋势十分深刻和十分强烈,因此几年以来在选举改革的名义下,这种趋势完全控制了舆论。

诸位先生,我相信你们不只是一个人出于内心的愿望在要求选举改革。事实上,这个改革到底是什么呢?它就是人民群众可以参与征收捐税的表决和法律的制定;这些法律既然差不多总是以物质利益为内容的,它们全部或多少涉及一些税收和工资问题。可是,早就受到了他们的报纸、剧本、歌曲和经济学家的教育的人民如今已经懂得,要使捐税得到公允的分担,它应该是累进制的,并且主要应当由富人来担负;应当从奢侈品上去征收等等。你们要考虑到,一旦人民成为议院中的多数,他们少不了要应用这些教训的;我们已经有了一个公共工程部;国营工厂将继之而来,并且,通过一种明智的推算,所有人的收入超过工人平均工资的多余部分将通过征收员的税收而被提走,存到国家的劳动者的金库中去。诸位先生,你们难道看不到,在这个进程中,所有权就会像过去的贵族那样,逐渐变成一种名义上的称号,一种在本质上纯粹是荣誉性的称号吗?

今天,没有一个学派、一种见解、一个宗派不是想把所有权控制起来的。谁都不肯坦白承认这一点,谁也没有对此有所领会;能够自发地一把抓住那些原因和后果、原理和推论的整体的思想家太少了;我就是想通过这个整体试图给你们说明所有权快要消灭的过程;另一方面,人们对所有权所具有的观念过于分歧而且不够明确。因此,文学和哲学方面的中下等级的人,正如普通人那样,都以为废除了所有权就谁也不能享受他的劳动果实了;谁也丝毫不能保有自己所特有的东西了,在家庭和自由的废墟上将建立起一种暴虐的共产制了。这是在某一时期还能起着支持那个特权的作用的一些妄想。

关于所有权的最确切的观念是罗马法给予我们的,在这方面古老的法学家是忠诚地遵循了罗马法的;所有权是一个人对一件东西的绝对的、专属的、独断独行的支配权;一种由于长期占用而开始的,通过占有而维持下来的,并在最后得到民法的批准的支配权;一种使人和物等同起来的支配权,以致所有人可以说:"利用我的田地的人就像我自己从事劳动一样;所以他应当给我报酬"。所以包梯埃说"财产支配权"而不单纯说财产;并且最博学的法学家仿效那承认有所有权和占有权的罗马法,曾把支配权同用益权、使用权和居住权仔细地区别开来。据我看来,用益权、使用权和居住权会排挤掉支配权,并终于构成全部法学。

但是,诸位先生,你们该惊叹那些体系的粗陋,或者毋宁说是逻辑的灾难。罗马法和所有受它条文启发的学者教导说,所有权是先占人的一种经法律批准的权利,而一些不满足于这个粗暴定义的新的法学家却认为所有权是以劳动为基础的。立刻就有人推论出这样一个无可争辩的结论,即那个不再劳动而使另一个人代替他劳动的人就丧失了他的权利,并使代替劳动的人获得这个权利。从此,所有权就不再存在了。老司法界中人清楚地看到了这一点,他们不是没有高声地反对过这种新鲜事物;而那个年轻的学派在它那方面则嘲骂先占学说的荒谬。其他一些人出来企图把这两种见解综合起来进行调停;他们像世界上所有主张中庸之道的人那样失败了，并且因为他们的折衷主义而受到了嘲笑。现在发生恐慌的是在老派学说的阵营里；从一切方面传开了为所有权的辩护、对所有权的研究、关于所有权的学说，其中的每一项既然都是与其他各项矛盾的，这就给所有权带来一次新的创伤。

由于法律方面的普通手段不再够用，他们已经请教了哲学、政治经济学和各种体系的拟订者；但所有的结果都是令人失望的。那些哲学家在今天不见得比在折衷学派盛行时期较为明朗；可是通过他们的神秘的箴言，我们能够辨别进步、统一、联合、共同关系、团结一致、友爱这些名词；这些名词当然都是使所有人感到不安的。这些哲学家之一[①]就写过两部巨著；他在这些书里通过所有的宗教、立法和哲学说明了地位的平等是社会的定律。固然这位作家是承认所有权的；但由于他毫不感到为难地说明了在平等中所有权是怎样的，所以我们可以大胆地把他列入到反对支配权的那些学者中去。哲学家总是拥有那种提出困难问题而永远不加以解决的特权的。

经济学家们建议把资本和劳动联合起来。在深入到他们学说的实质中去的时候，不久就可以觉察到，在这个学说中，问题不再是把财产兼并到一个社团中去，而是兼并到一个全面的和永久的公共团体中去了。因此所有人的地位和工人的地位的不同就仅仅在于可以领取较高的工资。这个制度加上一些特别的附加条款和修饰就是关于法郎吉[②]的思想；但显然可以看出，如果地位的不平

① 这位哲学家就是比埃尔·勒鲁。——译者

② 见本书第231页注①。——编者

等是财产的属性之一，它也不是财产的全部。像某一位哲学家（我不知道是谁）所说的，使财产成为一种可爱的东西的，乃是这样一种权力，人们利用这种权力不但可以随意支配自己的财物，而且还可以支配它们的特性，任意加以利用，用它们来加强自己的力量，把自己关闭在它们里面，按照利害关系、情欲甚或任性所提示的那样去利用它们。占有钱币，占有一个农业或工业企业的股票或者一张政府公债的利息票，同一个人在自己的房屋和庭园中、在自己的葡萄藤和无花果树下面做主人翁所感到的那种无限乐趣比起来，又算得什么呢？多妙的改革方法！那些经济学家永远不停地谴责黄金欲和本世纪的日益滋长的个人主义，而且，在种种矛盾中最不可思议的是，他们准备把各种财产变成一种财产——钱币的财产。

这个简短的摘要远不能包括对所有权的前途起威胁作用的一切政治的因素、立法上的一切事故、一切制度和趋势；但是，凡是懂得怎样概括事实和怎样推论出那些事实的规律或支配那些事实的思想的人，都应当对此感到满意。现存的社会好像已被放弃给虚妄和倾轧的魔鬼似的，并且正是这种悲惨的景象使得许多在旧时代所处的时间太长以致不了解我们这个时代的卓越思想家感到深刻的悲哀。现在，目光短浅的旁观者开始对人类失望，并对他所不懂的事情发出咒骂，从而陷于怀疑论和宿命论的深渊；另一方面，真正的观察家则相信那个支配着世界的精神，力求了解并参透上帝。贝桑松学院的奖金获得者去年发表的那篇关于“所有权”的论文，不过是这种性质的研究罢了。

诸位先生，在这篇我不知道是由于哪种无知和狡狯的怂恿而呈给你们的论文中，我曾经做了些什么呢？我在给我们社会上那些确凿的事实寻找一条不可动摇的定理时，首先把一切次要的、目前争论得这样激烈和意见这样分歧的问题都追溯到一个唯一的和根本的问题上去；这个问题，据我看来，就是所有权。然后，在我通过分析方法和形而上学的验证过程而把所有的学说彼此互相比较并分析出共同的因素的时候，我找寻在所有权观念中的那个必要的、不变的、绝对的因素；我曾肯定这个观念可以归结到个人的和可以遗传的占有的观念；这种占有可以交换、但不能出让；以劳动为条件、而不是以虚拟的占用或无益的空想为条件的。此外，我曾经说，这个占有的观念是我们的革命运动的结果、一切新的见解在逐渐抛弃了它们的矛盾因素以后向之集中的顶点，并且我曾力图用法律的精神、心理学、政治经济学和历史来证明这一点。

如果我推论错了，那就应当指出错误并把我从错误中引导出来；这种麻烦肯定是值得的，我应当得到这种待遇；没有加以责罚的道理。因为，用那位不喜欢断头台的国民公会议员的话来说，处死不是答复。直到现在，我还坚持把我的著作看做是有用的、有社会意义的、值得奖赏和鼓励的。但我在这里不想说明那些负责政治的人可以从我的著作中引申出来的有关管理国家事务的知识。

就我来说，我知道一件事：各国人民是依靠绝对的观念而不是依靠大致是如此的和片面的观念生活的；所以需要有一些能够把原理明确下来或者至少能够在火热的争论中加以检验的著作家。法则就是这样：首先是观念、纯粹的观念、关于上帝的法律的知识，理论；随后是缓步前进的、审慎的、注意事实的来龙去脉的实践过程；在趋向这个永恒的顶点时，务必体会最高理性的指示。

因此，我由于我所抱的宗旨而感到坚强，我确信对于真实的知识有所贡献，在这种心情之下，我耐心地在等待那个应该对我主持的正义，并且我轻视这个虚伪的、诬蔑的控诉，说我曾经利用一种火炽的著作，煽起……。什么！诸位先生，你们难道是为了审判思想犯而被任命的吗？……你们可能因为滥用职权而使你们失去尊严，但我不能承认你们的审判权，以免更加重你们的耻辱。你们可以排斥我本人和我的著作；总有一天，无论是怎样的权力机关，也许会给我荣誉的。仅仅是我的人所共知的性格就可以给我作保；我既没有必要改变我的行为，也没有必要改变我的主义。

现在我愿简单地答复对我提出的几点次要的责备。

Ⅰ. 人们曾经苛刻地批评我著作中的语气。在这方面，我只后悔一件事情，并且我没有等受到学院的批评就已向有关方面作了检讨。这就是曾对所有权这种特权表示过一种过于激烈的恼怒，因而使那些头脑简单的人以为我也是一个疯狂的阴谋家，而那些阴谋家却由于一些只应归罪于他们自己的邪恶的不幸而憎恨社会，并且他们的那些糊涂的仇恨，像他们的不道德性拒绝一切纪律那样，威胁着所有的政府。我的苛刻的讽刺，无疑是出于一时的恼怒(ab irato)，可能对于某些心地和平的人，不能产生什么效果；某一个穷困的工人从我的狂热的讥刺所受到的感动可能胜过我的那些论据，他也许会得出结论说，所有权是那些政府对于被统治者的一种永恒的欺诈行为的结果。可悲的谬误呀！我的著作本身就是这个谬误的最好的反驳。这是我愤愤不平之余所抱有的唯一遗憾；如果这个不平就它的对象来说不是最好的话，那么就它的根源来说至少是可以原谅的。当一个过了三十年勤劳生活的人仍然身处濒于绝粮的困境，而当他突然在一句模棱两可的语言中、在一个会计学上的谬误中发现了那个折磨他并折磨着好几百万与他同样的人的原因时，他不禁发出一种痛苦和恐惧的呼声，这是难免的。你们也许会把这些感想看做是一种病态的想象力的结果；但是，诸位先生，请容忍我这样说，你们是不会体会到这些感想的正确性的。你们没有经过一番特别的、充分的研究，所以你们要对一个有关所有权的学说发表意见，是没有足够的准备的。

Ⅱ.其他的责难。我不仅大胆地控诉了基督教会当局，而且还控诉了它在正义和道德上的不忠诚。我的答复将是简单而绝对的：我是故意这样做的，并且是为了宗教的光荣；我是为了在无数以基督教为对象的攻击中给它准备一次胜利的光彩；这一点我将在我的第二篇论文中加以解说。

Ⅲ.人们责备我把学院和我的思想结合在一起，因而就牵累了它。在这个非难中，愚妄多于恶意。我重读了我的书中的前言，而我在其中所见到的只是那种在我这方面是很自然的、对于我认为是真理的东西的敬意；这个敬意是向那些我因为发现了这个真理而一定应当感荷的人所表示的。我甚至觉得这个意愿在我的书中明显地表达出来了：但愿你们能够像我自己一样希望平等……希望你们热爱平等是否就是把你们当作平等主义者呢？

Ⅳ.最后，人们埋怨我在我的著作上给学院的献辞并没有得到它的许可。我已经荣幸地给学院说明我的序言是一篇汇报，而决不是一篇献辞。诸位先生，一篇献辞的文字是用冗长而委婉的散文写成的关于献辞的对象的真实的或假定的优点的抒情歌颂。人们不是称颂对方品格的高贵，便是矜夸他的财富，称赞他的美丽，盛道他的天才，祝颂他的德性，特别是焚香膜拜对方对于这类献辞文章的作品所发挥的鉴别力。但是人们在任何献辞中什么时候见到一个作者谈起他的研究工作、他的进步和引导他去选择他的论文的原因，陈述他的灵感、他的反感、他的期望的呢？诸位先生，这就是我所做的一切；既然我应当和你们讨论我如何支配时间以及我的工作的方向，我想我这种作法是再也恭敬不过了。

但是人们说，为什么要把这篇汇报印刷出来呢？为什么把学院的不可侵犯的名义和您私人的连夜写成的文章混在一起呢？

诸位先生，当我把作品向学院提出的时候，我并没有存着我是在对那些在一定时间内组成这个学院的成员说话的意思。这不是对第一主席阿尔维赛先生说的，也不是对主席莫诺先生说的，也不是对法官吉约姆先生说的，也不是对曾任律师的克莱尔先生说的，也不是对医生居拉松先生说的，也不是对哲学家陶奈先生说的，也不是对分行行长吕埃莱先生说的，最后，也不是对任何个人说的。[①] 我书上的敬意并不是向四十位以他们高贵的人格突出地代表着弗朗歇-孔戴的科学、文学和艺术的公民表示的；这是向他们的学院表示的，它是一个集体的、永久的、不可分的、纵然不是永远不会错的但能每天获得新知识并能改正暂时的谬误的单位。可是这个出于自愿的、绝对的、没有别的用意的敬意，我是有权来表示

① 1月31日蒲鲁东在写给贝尔格曼的信中说："我和学院之间的事件，对我来说已侥幸地结束了；现在就是希望不要来一个第三次的事件。省长先生、修道院院长布罗卡尔先生、图书馆馆长魏斯先生和终身秘书贝雷耐先生曾经支持我去反对那个阴谋。但是人们告诉我，我的辩护比我的书造成了更大的难堪；这只是说明了，我在那些成员之间造成了分裂，并且我采用了一种迫使我的敌人在变得十分可笑的情况下被指明出来的方法，使他们互相嘲笑。"——原编者

的，并且我不能把它收回，而你们，诸位先生，你们是不能把它当作一个罪行的。否认和我的学说有联系，这是你们的权利，这也可能是你们的义务；的确，作为公民，你们可以肯定我的见解，但是作为科学团体的成员，这种接受我想可能是太早了一些，因而可能是轻率的和可以受到谴责的。一般说来，由学院来发动一个文化运动是不妥当的，发动一些政治改革也是不妥当的。它的通则是观察，是等待并让时间去考验那些思想；但是你们的特权只能到此为止。为了你们的荣誉，请你们考虑不要发生一次不幸的误会；人是会消逝的，而思想则长存于世；如果你们用多数的表决来责备我，时间——这个对形式的改革者——会给我造成一个多数的。就是今天责难我的那个学院，在十年之后，可能会给我奖赏的。我认识几位你们的后继人。好吧！诸位先生，如果你们处罚我，那么他们已经给我许下了愿，要撤销你们的判决。

为了我的微薄的知识，我感谢贝桑松学院，我很愉快承认这一点，并且在我平时的思想中，我永远对它怀有更多的感谢；永远没有什么东西可以改变我对这个有名的团体并通过它对弗朗歇-孔戴所抱有的恭敬和爱慕的情意。

你们也使我受惠很多，学院的先生们，我对此是念念不忘的，难道你们真想消灭我心中的这个记忆么？因为，诸位先生，如果你们收回那个我从你们的投票选举中所得到的名义，这就是使我免除了感恩怀德的义务了。

但是，不，不，你们决不会对我采取严厉的处置的，诸位先生，这种处置的羞辱将回落到你们的身上，这是你们可以不必怀疑的；对于一个因遭受一次荒谬的责罚而在良心上已能自安的人，你们是不会再用公开的谴责使他丢脸的。你们，处罚我！根据什么呢？根据我的低能？我坦白地说，这个理由对我将是新奇的。——根据我的品行？我在巴黎过着每年不到八百法郎的生活；我的德性的价值高过于胥阿尔奖金的金额。——根据我不去干更幸运的事而写出的那本不幸引起你们的愤怒以致我不敢在你们面前加以形容的著作？那么，诸位先生，你们就是认为像我这样的一生被折磨得还不够，它还缺少点什么。因为你们不能取消过去，你们将剥夺我六个月的生活费，你们将尽情地窒息我的思想，你们将不公道地核定我的著作……我逃避，我拒绝其他很多人所追求的荣誉；我自审我并不纯洁到足以容忍迫害的程度，在我们当今的一代，我看不出有任何人可以有资格被称做殉道者。你们不要污辱这个神圣的、胜利的象征吧。我确认人人地位应当平等，那么在这样做的时候，我就是推翻当前的社会吗？诸位先生，我什么也不去推翻；像如今的一切人那样，我从事改革。任何对此有所怀疑的人只能证明他对于法国的动乱丝毫没有认识，同时也只能证明他既不了解他的时代，又不了解人类的精神，也不了解历史。

诸位先生，我等待你们的决议。

你们的奖学金的得奖人

比埃尔·约瑟夫·蒲鲁东

1841年1月6日于巴黎

第 二 篇 论 文

给布朗基先生的一封信

先生：

在重新继续我的“关于政治和所有权的探讨”的工作以前，为了使某些有地位的人感到满意并为了秩序的关系，我应当给您做一番坦白和直爽的解释，这样做是适当的。在一个约束得很严的国家中，谁也不许攻击社会的外表形式和它的制度的基础，除非他已经得到这样做的权利——第一根据他的德性，第二根据他的才能，第三根据他的意向的纯洁性。任何要想发表一篇关于国家组织的论文而无法满足这三重条件的人就不得不去取得一位具有必要资格的负责保护人的赞同。

但是我们法国人是享有出版自由的。这个重要的权利——这柄可以把有德性的公民提升到立法者的地位并使作恶的公民成为一个破坏分子的思想宝剑——把我们从一切初步的法律责任中解放出来；但它没有给我们解除我们公开交代情感和思想的内部义务。我在一个重要问题上曾经充分利用了宪章授予我们的权利。先生，今天我是来把我的良心交给您判断，把我浅薄的见识提出来供您敏锐的辨别力加以推究的。您曾经以一种和爱的精神——我大约曾经说过是以一种袒护作者的心情——批评过一篇著作，这篇著作提倡的是一种您以为有责任加以谴责的学说。“道德和政治科学学院，”您的报告中说，“对于那位作者的各项结论只能就它所喜爱的加以接受。”先生，我大胆地希望，在您阅读了这封信之后，如果您的小心和谨慎依然限制着您的话，您的正直却会使您对我说句公道话的。

那些在他们的人身尊严上和在法律面前是平等的人，在他们的地位上也应当是平等的，——我在一篇标题为《什么是所有权？或对权利和政治的原理的研究》的论文中所主张并阐述的，就是这样一个论题。

甚至在个人钱财上的社会地位平等的观念，在各个时代都曾像一种模糊的预兆那样包围着人类的想象力。诗人在他们的赞美诗中歌唱它；哲学家在他们的乌托邦中梦想它；传教士提倡它，但只是为了灵魂的世界。被这个观念支配着的人民对它从未有过信心，并且使民政当局感到烦扰的，莫过于有关黄金时代和阿斯特莱王朝的那些传说了。可是，一年以前，这个观念获得了科学上的说明，这个说明还没有受到令人满意的反驳，并且，请允许我补充一句，它将永远不会受到这种反驳。由于它略微带有愤激的语气，由于它的推理方法——这种方法不同于一般所承认的权威人士采用的方法——以及由于它的结论的重要和新奇，这个说明是能够引起某种的恐慌的；并且，就一般公众来说，如果它不是——像您先生说得这么好的那样——一封密封的、仅仅投递给有学问的人的信件，它就会是有危险性的。当我看到您能透过它的那层形而上学的衣裳而辨认出作者的聪明的先见时，我感到愉快，并且我为此而向您致谢。但愿上帝允许我的那些完全是和平的意向永远不使我被当作叛逆犯而受到诉究！

像扔到一个蛇堆里去的石块那样，关于所有权的第一篇论文

引起了强烈的仇恨，并且唤起了许多人的激昂情绪。但是，如果说某些人希望作者和他的著作受到公开的谴责，其他的一些人却只是从作者和他的著作那里找到了关于社会的一些根本问题的解决办法；少数的人甚至把他们所获得的新的看法用来作为一些邪恶的理论研究的基础。我们不能期望，一种抽象地集合在一起的并且更加抽象地表达出来的归纳的体系，在它的整体和它的各个部分都能得到同样确切的领会。

要在正义中而不要再在仁慈和自我牺牲（它们本质上是没有拘束力的）中去寻找平等的规律；要把职能上的平等放在人身平等的基础之上；要确定交换的绝对原理；要通过集体的力量去消除个人禀赋上的不平等；要在所有权和盗窃之间画一个等号；要更改继承法而不必去摧毁那个原理；要在一种绝对的社团体系中维持人类的人格并从共产主义的锁链下把自由拯救出来；要把君主的和民主的两种政体综合起来；要推翻分权制；要把行政权给予国家而使立法成为一门具体的、固定的和绝对的科学——一系列多么似是而非的理论啊！如果我不能说那是怎样的一条真理的锁链的话，那就是怎样的一连串的谬见啊！但是我不打算在这里谈起占有权的学说。我不讨论教条。我唯一的目的是要证明我的见解是正当的，并且指出在我那样写的时候，我不仅是行使一种权利，而且是履行一种义务。

是的，我攻击了所有权并且还要加以攻击；但是，先生，在您因为我服从了我的良心和说明了丝毫不爽的真理而要我公开认罪以前，我请求您垂顾一下我们周围所发生的事件；看看我们的议会议员、长官、哲学家、大臣、教授和政论家；考查他们在所有权问题上

的做法；和我一起计算一下每天以公共利益的名义对所有权所加的限制；丈量一下那些已经造成的缺口；估计一下今后社会还想要造成的缺口；总括一下所有的学说中关于所有权所包含的相同内容；查一查历史，然后告诉我，在半个世纪之后，这个古老的所有权还能剩下些什么；如果您能答应我这些要求，那么，在您因此而觉察到我拥有这样多的同谋者的时候，您会立刻宣告我是无罪的。

那个大家所欢迎的并且甚至被认为过于温和的公用征收法是什么呢？① 一种彰明昭著地侵犯所有权的行为。据说，社会对于被剥夺财产的人是给予赔偿的；但社会是否会把传统的联想、诗意的美景和伴随着财产的家庭自豪感归还给他呢？拿伯和桑-叔西的磨坊主会对法国的法律像对他们的国王的任性举动那样，提出抗议：“这是我们祖先的田地，”他们会叫喊说，“我们不愿把它出卖！”在古人中间，个人的拒绝曾经限制过国家的权力，罗马法曾屈服于公民的意志，并且有一个皇帝——康莫德斯，如果我没有记错的话——为了尊重那些拒绝退让的占用人的权利而放弃了把公民广场向外扩展的计划。所有权是一种实在的权利，是及物权（jus in re），——事物所固有的一种权利，并且它的原理在于人的意志向外的表达。人在他亲手造成的那些物件上留下他的痕迹，盖上他自己的性格的戳记。人的这种塑造力，像现代的法学家所说的那样，就是盖在物件上的并使这物件成为神圣的戳记。无论是谁

① 在众议院1841年1月5日的会议上，杜福尔❶先生提议根据公共利益修改征收法案。

❶ 阿尔芒·杜福尔（1798—1881），法国律师和政治家，任多届内阁阁员，并两度担任法国首相。——译者

违反了所有人的意志而把手放到这物件上去，那就是侵犯这所有人的人格。可是，当一个行政委员会认为应当宣告公共利益需要这个物件时，那么所有权就必须屈从于公众的意志。不久以后，在公共利益的名义下，耕种的方法和享受的条件就将受到规定；将任命一些农业和工厂的稽查员；财产将从笨拙的人的手中拿走而托付给一些比较能干的劳动者；并且将设置一个生产总监的职位。在不到两年以前，我曾看见一个地主摧毁了一片广达五百英亩以上的森林。如果公益机关曾经加以干涉的话，这片在周围数英里以内仅有的森林可能到现在还依然存在。

但是，有人说，以公共利益为根据的征用只是一种反而可以证实那个原理的例外，并且给那个权利带来了有利的证据。很好！可是我们将从一个例外转到另一个例外，再从这另一个转到第三个，这样下去，从例外到例外，直到我们把那条规则变成一个纯粹抽象的观念为止。

先生，您以为赞成倒换公债的草案的人有多少呢？我敢说，除了公债持有人之外，全都赞成。可是，这个所谓倒换是一次大规模的没收，在这件事情上是不给任何赔偿的。公债和不动产颇多类似之处；所有人十分安全地依靠着这种不动产的息金，并且它所具有的价值在于政府将按照规定的利率偿付它的息金直至公债持有人要求偿还债款时为止的那个默示的保证。因为，如果收入会减少的话，它的利益就将低于房租或地租了；后两者的租额可以随着市场的涨落而上升或下降；并且在那种场合，资本家还有什么贪图去把他的金钱存放给国家呢？所以当你强迫公债持有人忍受息金的减低时，你就使他完全丧失被减少的数额；并且，既然由于倒换的结果，不可能有一种同等有利的投资，你就贬低了他的财产的价值。

要使这样的一种措施能够公正地实行，那就必须使它一般化；这就是说，那条加以规定的法律必须同时规定全国各处的存款或押款的利息以及房租或地租都减到百分之三。这个对于所有各种收益同时实行减低的办法，执行起来丝毫不见得比那已经提出的倒换措施更加困难；并且它另外还可以提供一举而对所有反对这样做的意见占得先机的优点，同时它可以给土地税保证得到一个公平的税额。请看！如果在倒换的时候，一项不动产可以产生一千法郎的收入，在新法生效之后，它所产生的收入就只有六百法郎了。现在，如果承认税额是每项地产所产生的收入的一个可以除净的分数，例如收入的四分之一，这就很清楚，一方面地主不愿为了减轻所负担的税额而低估他的财产的价值，因为房租和地租是由资本的价值确定的，而后者则是根据税额来估计的，所以贬低他的不动产的价值就会减少他的收益。另一方面，同样显然的是，上述的地主不能为了增加他们的超过法定范围的收益而过高估计他们的地产的价值，因为租户和佃户会根据他们的老租约提出抗议的。

先生，如此长期要求实行的倒换公债的措施迟早一定会发生这样的结果；不然的话，我们如今所讨论的财政上的措施就会是一个显然不公平的措施，除非故意把它当作一种手段。后面的动机似乎是最可取的动机；因为，虽然利害有关的各方面发生吵闹，对于某些权利的存在着彰明昭著的侵犯，可是公众的心理已经决定要使它自己的愿望得到满足，并且不会因为被认为负有打击所有

权的罪名而受到影响，正如不会因听到公债持有人的埋怨而受到影响一样。在这种场合，本能的正义感证明了法律上的公平是假的。

当去年讨论从殖民地运来的糖和本地糖的问题时，谁没有听到众议院陷于那种难分难解的混乱状态呢？他们不是听凭这两种工业自己去解决吗？本地的工厂主被殖民者弄得破产了。如果要维持甜菜，就必须对甘蔗征收税金。为了保护一个人的财产，就有必要去侵犯另一个人的财产。这个事件中最值得注意的特点恰好就是最没有受到注意的事项；也就是说，无论是这种办法或是那种办法，都必须侵犯到所有权。为了保持市场上的平衡，他们不是对两种工业都征收比例税吗？他们对于每一种不同的糖规定了一个最高限价；并且由于这个最高限价是不相同的，他们就从两方面打击了财产——一方面，干涉了贸易自由；另一方面，忽视了所有人之间的平等。他们不是通过给予工厂主一种赔偿而禁止了甜菜吗？他们牺牲了纳税人的财产。最后，他们不是正像种植不同种类的烟叶那样，宁可由国家花钱来种植那两种不同的糖类作物吗？就制糖工业来说，他们废除了所有权。这个最后的办法既然是最合乎社会性的，就必然是最好的；但如果所有权是文明的必要基础的话，那么怎样去解释这种根深蒂固的对立情况呢？①

他们有了为公共利益而剥夺公民的权力，但是还不满足，还要为了私人利益而去剥夺公民。在一个很长时期内，人们闹着要修

① 《什么是所有权？》第4章第9个论题。

改关于抵押的法律;为了各种债权的利益,甚至是为了债务人自己的利益,人们要求一种可以使不动产的没收过程变得和商业上签发拒绝偿付证明书同样迅速、同样简便和同样有效的诉讼程序。众议院在今年1841年年初曾经讨论了这个草案,并且那个法案几乎是一致同意通过的。没有再比产生这个改革的动机更加正确、更加合理、更加显然合乎哲理的了。

1. 以前,小所有人在债务已经到期而自觉无法清偿时,不得不在摆脱了他的债务之后,用他剩余下来的全部财物去支付法律上的费用。今后,没收处分的迅速解决可以使他不致整个破产。2. 清偿方法上的困难妨碍了信贷,并且妨碍了向农业方面的投资。现在,不信任的原因既已不再存在,资本家将找到新的市场,农业将得到迅速的发展,首先享受到新法的利益的是农民。3. 最后,极不公正并且荒谬的是,根据一纸拒绝偿付的证明书,一个穷困的工厂主将在二十四小时内眼看着他的事业停顿、他的工作停止、他的货品被扣押、他的机器被拍卖、最后他自己被送入监狱,而没收一块小得极为可怜的地产却有时需要两年的时间。先生,这些和其他一些论据是您在这一学院年度最初的几次演讲中清楚地陈述过的。

但是,当您在说明这些卓越的论据时,先生,您有没有自问一下我们的抵押制度的这种转变会产生怎样的趋向呢?……会使地产货币化,如果我可以这样说的话;会使土地被积聚在皮包里;会使农业劳动者和土地分离,人和大自然分离;会使他成为大地上面的一个流浪者;会把家庭情感、民族自豪感和爱国心的最后一丝痕迹都从他心中连根拔除;会使他愈来愈孤立;会使他对于四周的一

切感到无动于衷;会把他的爱好集中在唯一的对象——金钱上面;并且最后,通过高利贷的诈欺的活动,会让金融贵族的代言人来垄断土地,而金融贵族则是我们已经开始痛苦地感到其有害影响的工业封建主义的得力助手。因此,劳动者受制于不从事劳动者的隶属关系,已被废除的等级的复辟,以及贵族和平民的划分,就会一点一点地得到实现;因此,由于赋予资本家以财产的新特权,中小所有人的特权就会逐步消灭,并且整个自由的和诚实的劳动阶级也就会随着趋于消灭。当然,这并不是我的废除所有权的计划。我决不是要使土地动产化,而是,如果可能的话,想使连纯粹是智力上的职能都固定起来,以便社会实现大自然的意向,而大自然是把我们最初的财物、即土地给了我们的。因为,如果生产工具或生产资本是劳动者的标记的话,那么这也是他的立脚点、他的依靠、他的家乡,并且像赞美诗的作者所说的那样,是他的活动和休息的场所。①

让我们更加仔细地研究一下最后那件关于法院拍卖和抵押法案的不可避免的和快要到来的后果。竞争制度正在毁灭我们,它的必然的表现是一种掠夺的和暴虐的政治;在这种制度之下,农民为了弥补他的损失,将永远需要资本,并将被迫借债。他的债务是否能够清偿既然总是由未定的将来决定的,他将在期望中感到失望,并将因期限的到来而惊慌失措。因为在空间和时间上,还有什么比一笔债款的到期更迅速、更出乎意外、更局促的呢?这个问句

① Tu cognovisti sessionem meam er resurrectionem meam.《旧约·诗篇》第139篇。(我坐下,我起来,你都晓得。)

是我向所有那些被这无情的奈美西斯女神[①]所追逐的、甚至在睡梦中都被烦扰着的人提出的。现在，在新法之下，没收一个债务人的财产将执行得比以前快一百倍；所以掠夺行为的确凿无疑也就要高出一百倍，并且自由劳动者从他现在的地位转变到被束缚于土地上的农奴地位将要提早一百倍。过去，执行扣押所需要的漫长时间遏止了放高利贷者的贪欲，它给予债务人一个自行恢复的机会，在他和他的债权人之间促成一种和解的办法，和解的结果最后可能是债务全部免除。现在，对于债务人不利的判决就无法挽回了：他只能得到几天的宽延时间。

并且，这件像用一根头发悬挂在不幸农民头上的这把达谟克利斯的宝剑的新生支枝似的法案所保证的是什么样的利益呢？据说，扣押费用将减低得很多；但是所借出的资本的过重的利息是不是能减轻一些呢？因为，使农民穷困并且导致他的财产被没收的，归根到底就是利息。要使这个法案符合于它的原理，要使这个法案确实吸收它本身为之而制定的正义精神，它就必须在简化没收程序的同时，降低金钱的法定利率。不然的话，有关抵押的改革只不过是给小所有人设置的陷阱——一种立法上的骗术罢了。

借钱出较低的利息！但是像我们刚才所见到的那样，那就是限制所有权。在这里，先生，您得给您自己进行辩护。在您那些博学的演讲中，我不止一次地听到您为议院的鲁莽而叹息，这些议院事先没有研究并且对于那个问题没有深入地了解，就差不多一致通过维持法兰西银行的章程和特权。要知道，这些特权、这些章

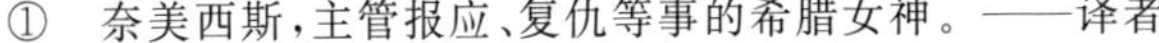

① 奈美西斯，主管报应、复仇等事的希腊女神。——译者

程、议院的这个决议案，只是说明了这一点——就是货币在市场上的百分之五或百分之六的利率并不太高，通常为这利率的一倍的兑换、贴现和发行的条件一点也不太严重。政府就是这样想的。由国家支给薪金的政治经济学教授布朗基先生，却持有相反的主张，企图通过具有决定性作用的论据来说明有进行一次改革的必要。那么，关于财产的利息，谁了解得最清楚呢，——是国家呢，还是布朗基先生呢？

如果按照现行的利率的半数可以借到款项的话，所有各种财产的收益也就会立即减去一半。例如，当建筑一所房屋的代价比租赁一所房屋的费用为低，当开垦一块田地的费用比买进一块未经开垦的土地的费用较小时，竞争的结果不可避免地是房租和地租的下跌，因为降低流动资本的利息的最妥善的办法就是增加这种资本的数额。但是，生产物的增加增大着有效资本的总数，因而就会发生提高工资并终于取消利息的倾向，这是政治经济学上的一条定律。所以，所有人对于维持银行的章程和特权是感到兴趣的；所以，在这个问题上的改革会妨碍收益权；所以，那些参议员和众议员比布朗基教授知道得更多。

但是，就是这些议会议员，——每当一种改革的平衡作用呈现在他们智力的范围之内时，他们对于他们的特权是这样的关心——在他们投票通过关于法院拍卖的法律案的前几天，他们做了些什么呢？他们组织了一次反对所有权的阴谋！他们的调整工厂中童工的法案无疑是可以防止工厂主迫使童工每天从事若干小时以上的劳动的；但是这个法案既没有强制工厂主增加童工的工资，也没有强制他增加童工的父亲的工资。今天，为了健康的关系，我们减少了穷人的生活费；明天就会有必要规定他们的最低工资来保障他们。但是规定他们的最低工资，就是强制所有人，就是强制工厂主把工人当作伙友而加以雇用，这就是干涉自由并且使互助保险成为有强制性的。一旦走上了这条道路，我们将永远不再停止。渐渐地，政府将做起工厂主、委托商和零售商来了。它将成为唯一的所有人。为什么无论在什么时代，国家的大臣们总不愿去干预工资的问题呢？为什么他们总是不愿去过问老板和工人之间的纠纷呢？因为他们懂得所有权具有碰不得和嫉妒的本质，并且，当他们把它当作一切文明的要素时，他们觉得要进行干预，那就是动摇社会的基础。私有制的可悲的处境，是在于非侵犯正义就不能完成善举！①

并且，先生，这种必然会强使国家承担的不可避免的后果不只是空想。甚至现在，对立法权力机关所要求的就不再仅仅是规定各工厂的厂规，而且要求国家自己去开办工厂。不妨听听千百万人从各方面发出来的要求建立劳动组织、开办国营工厂的呼声！整个工人阶级激动起来了；他们有自己的报纸、自己的机构、自己的代表。如今，为了保障工人的劳动权利，为了维持生产和销售之间的平衡，为了协调工厂主起见，人们提倡——作为一种至高无上

① 最近，沙皇尼古拉强制他帝国内所有的工厂主在他们的厂中维持一些收容患病工人的小型医院，费用由他们自己负担，——每个医院中的病床数要和工厂的劳工人数成正比。“你们因人的劳动而得到利益，”沙皇可能向他的所有人说过，“所以你们应该对人的生命负责。”布朗基先生说过，这样的一种措施在法国是办不到的。这将是一种对于所有权的攻击——即使在俄罗斯、西蒂亚或在哥萨克人之间也难以想象的事情；可是在我们之间，在文明的最年长的几辈之间！……我深怕这种年龄上的特性归根到底可以证明是一种衰老的征象。

的补救办法——单一的领导、一个全国性的工厂审查委员会、一个庞大的制造公司。因为，先生，这一切都是包含在国营工厂的观念中的。关于这个问题，我愿举出一位著名的经济学家的看法来作为佐证，他是一位著名的思想家、一位进步的学者、一个热心人、一个真正的爱国者，而且还是所有权的官方的辩护人。[①]

那位可尊敬的大学教授于是提出了下列建议：

1. 制止劳动者不断从乡村迁入城市。

可是，如果要使乡下人留居在农村，就必须使他在那里的生活过得去：如果要对所有的人都公正，农村的无产者应当得到和城市的无产者同样好的待遇。所以既需要在工厂中进行改革，也需要在农村中进行改革；并且当政府进入工厂时，政府也应当拿起耕犁来！在这种逐渐的侵入过程中，独立的耕种、专属的土地、财产等等结果将变成怎样呢？

2. 对于每种职业，确定一个适中的、可以随时随地变动的并以某种资料为根据的工资。

这个措施的目的是保证劳动者的生计，保证所有人的利润，同时迫使后者，如果不是为了别的理由，那就是为了谨慎起见，牺牲他们一部分的收入。可是我说，归根结底，这一部分是会增多起来的，直到在无产者和所有人能够得到平等的享受为止。因为像我们已经屡次有机会指出的那样，资本家的利息——换句话说就是不劳动者的收益——由于劳动者的力量、产品和交换的增多而趋向于不断减低，并通过经常的缩减而趋于消灭。因而在布朗基先

① 布朗基先生的教程，1840 年 11 月 27 日的演讲。

生所主张的社会中，平等不是最初就获得实现，而是有可能存在；因为，虽然所有权表面上似乎是工业封建制，它不再是专属和并吞的一个要素，而只是一种分割的特权，但它不久就将由于无产阶级在思想上和政治上的解放而过渡到绝对的平等——其绝对程度至少是像这个世界上任何绝对事物所能达到的那样。

为了简洁起见，我把那位教授所列举的许多理由略而不提，这些理由是他为了支持他称之为他的乌托邦的社会(据我看来，他这样称呼是过于谦逊了)而举出来的。它们只能用来毫无疑问地证明，在所有那些使大家听得厌烦的激进主义的江湖派中，没有一个人能在思想的深刻和清晰方面及得上那位大胆的布朗基先生的。

3. 国营工厂只应当在普通工业不振的期间开工！在这样的时期，它们应当像庞大的堤闸那样打开来宣泄劳动群众的巨流。

但是，先生，私营工业的停顿是生产过剩和缺乏销售市场的后果。所以，如果生产在国营工厂中继续进行的话，危机怎能结束呢？无疑地，要通过商品普遍跌价，以及归根到底，要通过把私营工厂改变为国营工厂才能加以结束。另一方面，政府需要资金来支付工人的工资；可是怎样去得到这笔资金呢？通过捐税。那么，在什么上面去征收捐税呢？在财产上去征收。这样，您就是要所有人的工业，为了反对它自己并用它自己的钱去维持另一种它无法与之竞争的工业。您认为，在这种致命的循环中，利润的可能性——简单点说也就是所有权——结果将变成怎样呢？

感谢上帝！地位的平等已在公立学校中进行讲授；让我们不要再害怕革命吧。如果所有权的最坚决的敌人希望消灭它的话，他就不能采用一种更为聪明和更为有效的办法了。所以，大臣们、议会议员们、经济学家们，鼓起勇气来吧！赶快抓住这光荣的主动权吧；让那些从科学和权力的高处发出的平等的口号在人民中间反复加以背诵吧；让它们震撼无产者的心胸，使特权的最后的代表人物的行列中产生惊恐情绪吧！

有利于迫使所有人去支持国营工厂和公营制造厂的社会趋势十分强烈，以致几年以来，在选举改革的名义下，这种趋势已特别成为当代的问题了。人民把这个选举改革紧握不放，好像它是一个诱饵似的，并且有如此许多野心家或者在要求它或者加以谴责，它到底是什么呢？它就是承认广大群众在税收的定额上和在法律的制定上有发言权；这些法律的宗旨差不多总是在于保护一些物质上的利益，它们或多或少地牵涉到一切税收或工资的问题。可是，早就受到了他们的报纸、剧本[①]和歌曲[②]的教育的人民如今已经懂得，要使捐税得到公允的分担，它应该是累进制的，并且主要应当由富人来担负，——就是应当从奢侈品上去征收，等等。您可以确信，一旦人民成为议院中的多数，他们少不了要应用这些教训的。我们已经有了一个公共工程部。国营工厂将继之而来；结果所有人的收入超过工人工资的部分很快将被存到国家的劳动者的金库中去。您难道看不到，在这个进程中，所有权就会像过去的贵族那样，逐渐变成一种名义上的称号，一种在本质上纯粹是荣誉性的称号吗？

① 在《马札尼埃罗》一剧中，那波利的渔民在楼厢内观众的鼓掌声中，要求对奢侈品征收捐税。

② 播种田地吧，无产者；
将来前来收割的却是那个不劳而食者。

或者是选举改革将不能满足人们对它的期望，将使无数拥护它的人感到失望，或者是它将不可避免地产生一种把我们现在所享受的绝对权利改变为占有权的结果；那就是，如果现在的选举人是由财产产生的话，在改革完成之后，公民，就是生产者，将成为占有人。① 因此，激进派说得很对，据他们看来，选举改革不过是一种手段；但是当他们对于结局保持缄默时，他们就表现出或者是完全的无知或者就是一种不必要的隐讳。不应当对人民和有权势的人有所隐秘或保留。在发表自己的见解时，谁采取躲躲闪闪和不老实的态度，谁就是使自己蒙受耻辱，也就是不尊重他的同仁。人民在有所行动之前，需要知道全部的真实情况。谁敢玩弄他们，谁就会遭到不幸！因为人民是轻信的，但他们是坚强的。所以让我们告诉他们：提出的这项改革只是一种手段——一种屡次试用过的并且到现在为止并未生效的手段——但选举改革的合理目标是财产的平等；这个平等本身不过是一种新的手段，它具有更高的和最终的目标，那就是挽救社会，重振道德和宗教，以及复兴诗词

① “在某些国家中，某些政治权利的享受是由财产的数量来决定的。但是在这些同样的国家中，就行使这些权利所必具的资格而言，与其说财产是具有赋予性的，还不如说它是表明性的。与其说它是这些资格的原因，还不如说它是这些资格的可以揣测的凭证。”（劳西：《刑法论》）

劳西先生的说法不能由历史加以证实。财产是行使选举权的根据，不是一种资格的推定——一种直至最近才流行的、极端荒谬的观念——，而是一种忠实于现行秩序的保证。选举团体是那些希望维持财产的人为了反对那些不希望维持财产的人而结成的同盟。如果有必要的话，可以有成千种文件、甚至是官方的文件来证明这一点。至于其余的事情，现行制度不过是地方自治制的继续，这种地方自治制在中古时代的产生是与封建制度有关的——一种压迫性的、恶作剧的、充满着褊狭感情和卑鄙手段的制度。

和文艺。

如果再进一步地强调我们这个时代的倾向平等的趋势，是会使读者感到不耐的。此外，有很多人对现今的时代加以非难说，在他们看来，把全国人民大众的、科学的和有代表意义的趋势暴露出来是得不到丝毫好处的。他们迅速地承认那些从观察中得出的推论的确切性，把他们自己局限于对事实作出笼统的非难，并且绝对否认它们是正当的。“从过去十年间人们的言行来看，”他们说，“难怪这个平等的气氛要使我们陶醉了！……你们不看见社会正在瓦解，我们正在为一时的迷恋精神所支配么？”

所有这些重生的希望不过是死亡的预兆；你们的胜利之歌像是临死时的祈祷！你们的号角的响声宣告了一个垂死者的洗罪仪式。文明正在崩溃中毁灭：你们这些最低下的人还会再堕落(Imus，imus præcipites)！

这样的人否认上帝。我可以满足于这样的答复：1830 年的精神是维持那已被违犯的宪章的后果；这个宪章是从 1789 年的革命中产生出来的；1789 年的革命意味着三级会议的抗议权和市镇的自治权；这些市镇隐含着封建制，后者又隐含着侵略、罗马法、基督教等等。

但是有必要作更进一步的观察。我们必须彻底了解古代制度的最主要部分，深入到社会的深处并揭露平等的这一弥漫于全社会的不可摧毁的影响，这种影响是正义的上帝灌输到我们的灵魂中来的，并自动地在我们的一切工作中表现出来。

劳动是和人并存的；它既然是生存的条件，所以它是一种义务：“在你汗流满面的时候，你才有面包吃。”劳动不仅是一种义务，它是一种使命:“上帝把人安置在果园中叫他去加以整顿。”我还要补充说:劳动是平等的起因和方法。

把两个人抛弃在一个荒岛上,一个是身材高大、强壮和活泼的;另一个是孱弱、胆小和喜欢待在家里的。后者就将饿死;而另一个则是老练的猎人、熟练的渔夫和不知疲倦的农夫,他能供应自己以充足的粮食。在这种为让·雅克[①]所如此心爱的自然状态中,可以想象有多么大的不平等!但是让这两个人会聚在一起并互相团结起来:第二个人就立刻会去料理炊事,负责管理家务,并且注意粮食、床铺和衣服;只要那个比较强壮的人不滥用他的优越地位去奴役并虐待他的同伴,他们的社会地位将完全是平等的。这样,通过劳力的交换,那些自然上的不平等就互相抵消,各人的才干就能结合起来,力量也就可以得到平衡。只有在穷人和贵族之中才能发现强暴和懒惰。政治经济学的哲理就在于此,人类的亲如手足的友谊的奥妙之处也在于此。这就是智慧(Hic est sapientia)让我们从假设的纯自然状态进入到文明状态中来吧。

我愿意和经济学家们一起假定,通过出租生产工具而从事生产的地主,在社会建立起来时每英亩可耕的土地可以得到若干蒲式耳的谷子。在劳动力薄弱和产品种类不多的期间,比起劳动者来,地主是有权势的;他所得到的东西比一个老实人所能得到的部分多十倍、一百倍。但是假使劳动由于发明的增多而增加了它的享受品和需用品,并且假使所有人要想享受新产品,他就不得不一天一天减少他的收入;并且既然原先的产品在价值上与其说趋向

① 按这就是卢梭的名字,作者表示同他熟识,不呼其姓。——译者

上升，不如说渐趋下跌，——由于不断增加的新产品可以作为原先的产品的补充——结果就是不劳动的所有人趋于穷困的速度，同公众繁荣的增加来得一样快。“收入”（先生，我喜欢援用您的词句，因为对于经济学上的这些基本原理，要举出太好的根据是不可能的，并且因为我自己不能把它们说明得更好），“收入，”您曾经说，“由于资本的增加而趋于消灭。一个今天拥有两万镑收入的人，就不如五十年前拥有同样数额的收入的人那样富有了。一切财产将成为不劳动者的负担并将必然转入能干和勤劳的人的手中去的时代正在到来①……”

要想过所有人那样的生活，或要想消费而不从事生产，那就必须依赖别人的劳动而生活；换句话说，就必须残害劳动者。所以随着工业的发达，各种各样属于主要必需品的资本的所有人也就以同等的速度增加他们的田租，并在这方面比那些为了巩固所有权而主张减低利息的经济学家更关心自己的特权；而这些资本所有人的做法就是以上述的原理为根据的。但是那个罪行是无用的：劳动和生产在增加；不久，所有人将被迫去劳动，并且所有权就会消失。

所有人是一个对于生产工具握有绝对控制权、自己不去使用这个工具而要求享有它所生产出来的产品的人。为了这个目的，他就把它出租；并且我们刚才曾经看到，劳动者就因这个租约而得到一种交换的力量，这个力量是迟早会消灭收益权的。首先，所有人不得不允许给予劳动者一部分的产品，因为不然的话，劳动者就

① 12月22日的讲演。

不能活下去。不久,后者通过他本行的发展,找到一种方法,可以收回他给予所有人的那些产品的一大部分;所以,最后,享受的物品不断增多,而不劳动的人的收入却始终没有变动,于是所有人在耗尽了他的财源之后,就开始想到要自己去劳动了。生产者的胜利就这样确定了。劳动开始使天平倾向于它自己的那方面,并且由商业来导致平衡。

人的本能是不会发生差错的;正如在自由状态下职能的交换必然导致人与人之间的平等一样,商业——或者就是与职能交换相同的产品交换——是平等的新起因。在所有人不从事劳动的期间,无论他的收入小到怎样,他总还享受着一种特权;劳动者的福利可能与他相等,但地位的平等是不存在的。可是所有人一旦成为生产者——因为他只能把他的特殊产品和他的租户或受委托人进行交换——这个租户、这个被剥削的人,如果不遭到强暴的对待,迟早将从所有人那里获得利益,并将迫使所有人在他们各自的产品交换中把靠资本得到的利息归还给他。因此,在用一种不公平来清算另一种不公平的时候,缔约的两造当事人就变成是平等的了。所以当自由占优势时,劳动和交换可以导致财产的平等;服务的相互性可以消除特权。所以历代的和一切国家的专制君王要掌握商业的控制权;他们希望使他们臣属的劳动不致成为暴君贪婪的障碍物。

直到这时为止,一切是按照自然的顺序发生的;没有预谋,没有巧计。整个进程只是被必然的规律所支配。所有人和劳动者不过顺从着他们的欲望行事。因此收益权的行使、对生产者进行掠夺的技巧——在这文明的第一阶段——是由肉体上的虐待、残杀和战争来决定的。

但是在这个时候，就进行着一个反对资本家的巨大而复杂的阴谋。被剥削者利用商业这一工具来对付剥削者所用的武器，——这个商业的工具是一个奇妙的发明，起初就被赞成所有权的道德学家所谴责，但无疑地也被劳动的天才和无产者的米涅瓦女神①所鼓舞。

弊害的主要原因在于所有各种资本所具有的积累作用和固定性——使那被傲慢的不劳动者所奴役和鄙视的劳动者不能获得资本的那种固定性。人们感到有必要分割财富并使它成为流动的，使它便于携带，使它从占有人的手中转移到工人的手中去。劳动者发明了货币。后来，这个发明由于兑换券和银行而得到新生和发展。因为所有这些事物在本质上都是相同的，并且是从同一的心理出发的。第一个想出用贝壳、宝石或一定分量的金属来代表一种价值的观念的人，就是银行的真正发明者。实际上，一块钱币是什么呢？它是一张铭刻在坚固而耐久的物质上的、带有购买其自身的价格的兑换券。遭受到压迫的平等就可以利用这种手段来嘲笑所有人所做的那些努力，并且公正的天平秤第一次在商人的店铺中获得了校正。那个圈套是巧妙地安排好的，它的目的完成得很彻底，因此在不劳动者的手中，钱币就仅仅变成一种容易消散的资财、一种虚假的象征、一种财富的影子。一位卓越的经济学家兼渊博的哲学家是把下面一句话作为座右铭的守财奴："当一个金币被交换的时候，它消失了。"所以我们可以说："当不动产被变换

① 见本书第489页注④。——译者

成货币时，它就算完了。”这可以解释历史上经常发生的事实，就是那些贵族——不从事生产的地主——曾经到处被经营工商业的平民所剥夺。在意大利诸共和国形成时尤其是有这样的情况，它们是在中古时代从封建主的穷困中诞生的。我不打算追述因这个问题而想起的一些有趣的事情；我只能复述历史家的证言，并以改变的形式陈述当今经济学上的论证。

如今拥有土地并从事工业的贵族的最大敌人，即平均财富的不断的提倡者，就是银行家。通过他，广阔的草原被分割开来，高山变更了它们的位置，公共广场上生长出森林来，这个半球为了另一个半球而从事生产，地球的每个角落都有它的用益权。通过银行这一工具，不断地产生新的财富，利用这种工具（它早就成为自私心所不可缺少的了），可以把搁呆的资本从不肯轻易放弃权利的所有人的手中夺走。银行家立刻成为最有权势的财富创造者，同时又是人造的和大自然的产品的主要分配者。可是，由于那种最奇怪的矛盾现象，这同一的银行家就是那个永远由财魔所授意的赢利、利息及重利的最无情的征收员。银行家所执行的职务的重要性使我们忍受着他所征收的捐税，虽然心里不是没有埋怨。可是，既然无论什么事情都不能避免它的天定使命，既然一切存在着的东西都不能规避它为此而存在的那个目的，所以银行家（现代的克利苏斯）总有一天会变成平等的恢复者。在追随您的脚步时，先生，我已经举出了理由；就是资本愈增多，利润就愈减少，因为资本的增加——要求更多的劳动者，如果没有劳动者，它是不能生产的——将永远造成工资的提高。由此可知，身为今天财富的吸引筒的银行是注定要做人类的管账员的。

钱财平等这句话，好像是谈起了我们这个尘世所不了解的另一个世界时的情况那样，使人们感到激动。有些人，激进派也好，温和派也好，一提到这个观念，他们就充满着愤怒。那就让这些愚蠢的贵族取消那些由于互助的远见而创办的商业公司和保险公司吧。因为所有这些完全出于自发的和不受任何要求平等的意愿拘束的社会实际情况，都是平等的本能的合法成果。

当立法者制定一条法律时，他其实不是在制造法律，——他不是在创造法律；他是在叙述法律。在从事关于公民道德、民事和政治关系的立法工作中，他并不表示任何武断的意见；他说明概括的观念，——就是支配着他所考虑的问题的较高的原理；总之，他是法律的宣告者而不是它的发明人。所以，当两个或两个以上的人在他们之间通过双方订约而组成了一个工业的或保险的社团时，他们认识到他们过去在自私和独立不羁的谬误精神的支配下孤立起来的利益，都是通过它们的内在本质并通过它们相互的牵连关系而紧密地联系着的。他们实际上并不是用一种出于私愿的行为把自己约束起来的：他们宣誓从今以后要遵照一种早已存在的、到现在为止一向被他们所忽视的社会法则。并且这是由下列事实所证明了的：就是同样这些人只要能够避免联合在一起，他们就不会联合起来。在他们能够被引导去把他们的利益结合起来以前，他们必须充分认识到竞争和孤立的危险性；所以有关祸害的经验是使他们发生交际的唯一的事情。

现在我要说，为了在人与人之间树立平等，确实必须把保险、农业和商业的社团所依据的原则加以普遍化。我说，竞争、利害关系的孤立状态、垄断、特权、资本的积累、独占的享受、职能的居于

从属地位、个体生产、利润或收益的权利、人剥削人，或者把这种种情况汇总在一个名称之下，就是所有权，乃是苦难和罪恶的主要原因。并且，因为已经得出了这个打击所有权和反所有权的结论，我就成为一个遭人痛恨的恶人；激进派和保守派同样指责我是应该受到迫害的人物；许多大学把它们的谴责像骤雨似地淋泼在我的身上，最尊贵的人把我当作疯子；那些仅仅说我是傻子的人是太宽大了。唉，除非为了履行一种义务而说老实话的作家是多么不幸啊！如果他指望得到友伴的夸奖；如果他以为贪婪和自私在对他表示钦佩的时候就不给它们自己打算；如果他忽略了把他自己用三层厚的老面皮裹起来的话，——那么他就会像他该当的那样，在他的自私的事业中遭到失败。不公正的批评、重大的挫折、对于他的错误野心所感到的失望，是会把他杀死的。

但是，如果不许我再在这个关于社会平衡的有意义的问题上发表我个人的见解的话，至少要让我说明我的老师们的思想，并阐述那些以政府名义提倡的学说。

先生，虽然您为了您的学院，对钱财平等的学说发表了强烈的批评，我却从来不想反驳您并与您相对抗。在倾听您的意见时，我深深地自惭形秽，不容许我参加这样的讨论。因此，——如果必须说明的话，——无论您的语言与我的语言不同到怎样的程度，我们却相信同样的原理；我们所有的意见是共同的。先生，我不打算借此来暗示：您拥有一种（用学院中的用语来说）秘密传授的学说和一种公开传授的学说，——您内心是相信平等的，您只是出于审慎的动机和由于命令才为所有权进行辩护的。我不至于那样鲁莽地把您看做是我的革命计划的同事，并且，我对您十分尊敬，决不能疑心您有什么虚伪。我不过是要说，严格的调查研究和辛勤的、形而上学的理论研究所艰苦地给我指明的真理，在您这方面是由您对于政治经济学的深刻了解和长期的经验启示给您的。如果说我是经过长时期的思考并且几乎是违反了我的愿望而得到了我对于平等的信念的话，那么，先生，您的这个信念却是以全部忠诚的热忱——以全部自发的天才——谨守不渝的。所以您在工艺学院的演讲教程是一种对于所有权和钱财不平等的不断的斗争；所以您的最为博学的研究、您的最为巧妙的分析以及您的无数的观察结果，总是归结为一种关于进步和平等的公式；最后，所以您最受钦佩和赞扬的时刻，是在您被科学的翅膀带起来达到崇高真理的那些感悟的时刻；这些真理使平民的心起着热情的冲动，同时使怀有邪恶意向的人因恐怖而发抖。有多少次，从我如饥如渴地聆听着您的雄辩话语的座位上，我内心默默地感谢上苍使您免去圣保罗对于他同代的那些哲学家所下的判断——"他们知道了真理，可是没有把它宣布出来"！有多少次，当我在您的每次演讲中找到了给我自己辩护的理由时，我感到快乐！不，不；我既不希望也不要求得到任何不是经您自己讲过的事理。我向您的为数众多的听众请求；如果在诠释您的理论时我曲解了您的意思，让他们来证明我是虚伪的吧。

作为萨依的一个门徒，在您的心目中，还有什么比那些海关——或者像您正确地称之为由垄断机构树立在国与国之间的栅栏——更加反社会的呢？关税壁垒制度强迫我们在法国要付四十个苏的代价才能买到在英国或比国只要用十五个苏就可买到的东西，还有什么比这种制度更加可恼、更加不公正或者更加荒谬的呢?您曾经说过,[①]阻碍各种工业的专门化从而阻止文明的发展的,就是海关;使成百万的公民贫穷而使一百垄断者发财致富的,就是海关;在丰产的年景中造成饥荒的,由于禁止互易而使劳动不能从事生产的,以及把生产窒息在死亡的拥抱中的,就是海关。使各国互相嫉妒、互相敌对的,就是海关;历代的五分之四的战争根本上都是海关造成的。并且在您的热忱达到顶点时,您曾高呼说:"是的,如果为了结束这种可恨的制度,有必要使我流尽最后一滴血的话,我只要求能有足够的时间来感谢上帝认为我配得上殉道,就可以愉快地跳到那个裂口中去!"

于是,在那个庄严的时刻,我心里想:"如果在法国的每一个省都任命一位这样的教授,革命就可以避免了。"

但是,先生,通过这种主张商业自由的宏伟学说,您就使得军事上的荣誉成为不可能了,——您就使外交机关无事可做了;在您完全废止利润的同时,您甚至消除了征服的意愿。的确,如果叙利亚人、埃及人和土耳其人可以自由选择他们的主人,愿意同谁交换产品就可同谁交换的话,那么由谁来收回君士坦丁堡、亚历山大里亚和圣让达克,这又有什么关系呢?如果问题仅仅在于由我们还是由英国人去提高东方文化——教导埃及和叙利亚来学习欧洲的技艺,使它们懂得制造机器、挖掘运河和建筑铁路,那么为什么欧洲要对这小小的苏丹和它年老的巴夏自寻烦恼呢?因为如果在民族独立上再加上贸易自由的话,那么这两个国家的外国势力此后就只能通过生产者与生产者之间的或学徒与职工之间的自愿交往

① 1841年1月15日的讲演。

的关系来发挥它的作用。

在欧洲的列强中，独有法国愉快地接受了使东方文明化的任务，开始了一种在其性质上完全是使徒式的侵入行为，——高尚的思想使我们的国家变得这样的欢乐和自豪！但是外交上的争胜、民族的自私心、英国人的贪婪和俄国人的野心妨碍了它的前程。为了要实现一种计划了很久的霸占行为，就有必要去压倒一个过于宽大的同盟国：神圣同盟的强盗们组成了一个联盟来反对不怕威吓和无可责备的法国。因此，在听到了这个有名的条约的消息时，在我们之中就出现了对所有权原理的异口同声的诅咒；那时这个原理是在旧的政治体系的虚伪公式之下起着作用的。所有权的丧钟好像是从叙利亚那方面响起来的；从阿尔卑斯山脉到海洋，从莱茵河到比利牛斯山脉，人民的良心激动起来了。整个法兰西唱着战歌，那个同盟在听到下列令人发抖的喊声时惊慌失色了："起来对想做旧世界的所有人的专制君王作战！起来对发出虚伪誓言的、吞噬印度的、毒害中国的、虐待爱尔兰的英国人——法国的永恒敌人——作战！起来对那些阴谋反对自由和平等的同盟国作战！作战！作战！对所有权作战！"

天意使那些国家的解放推迟了。法国将不用军队而用以身作则的榜样来战胜。全世界的理智还没有了解这个伟大的等式，这个等式从废除奴隶制开始，在贵族及王权的废墟上前进，最后必须归结为权利和钱财的平等。但是这个真理像出身平等的真理那样成为众所共知的日子已经不远了。大家好像已经懂得东方问题不过是一个海关的问题。那么，难道舆论真的很难使这个观念普遍化，并终于了解到，如果海关的取消牵涉到国家所有权的废止的话，它也就必然牵涉到个人所有权的废止吗？

事实上，如果我们取消海关，这个行为本身就宣告各国之间的联盟；它们之间的连带关系就得到确认，同时也就是宣告它们之间的平等。如果我们取消海关，那么联合的原则从政府达到省、从省达到城市并从城市达到工厂的过程就不会太慢了。但是到了这个时候，作家和艺术家的特权将变成怎样呢？发明、创作、改革、改进执照和专利证还有什么用处呢？如果我们的议会议员在制定一条把海关打开一个宽大裂口的法律的同时，又制定一条著作权法律的话，他们事实上就自相矛盾，就是用一只手来推翻他们用另一只手建设起来的东西。如果没有海关，著作权就不存在了，我们那些挨饿的作家的希望也就消失了。因为，您一定不会同善良的傅立叶的意见一样，期望著作权将有利于一个法国作家而在中国友生效力；并且也不会期望拉马丁的一首短诗，由于享有在全世界出售的专卖权而给它的作家带来成百万的金钱！诗人的作品是他生活在那里的地方所特有的；在其他任何地方，他的作品的翻版，既然没有市价，就应当是免费和免税的。可是怎么啦！难道各国有必要为了那些诗句、塑像和药酒的缘故而把它们自己放在互相监视的情况下吗？那么我们永远将要有国产税、城市通行税、进口税和通过国境税，以及最后是海关了；并且，作为对独占的一种反作用，还会有走私。

走私！这个词使我想起所有权的一种最可怕的形式。“走

私,"您说过,[1]先生,"是一种从政治上创造出来的罪行;它是天然的自由权的行使,在某些场合由君主的意志界说为一种犯罪行为。走私者是一个豪侠的人,一个刚强的人,他高兴地忙着为他的邻居用很低的代价买进一件珠宝、一条围巾或者任何其他的必需品或奢侈品;国内的专卖使得这些物品变得非常昂贵。"然后,您在写了一篇关于走私者的很有诗意的专论之后,又补充了这个忧郁的结论——说走私者是属于曼德林[2]家族的,他的家应该在帆桨并用的划船上!

但是,先生,您没有叫人注意以所有权的名义用这种方法进行的可怕的剥削行为。

据说——我举出这个传说不过是作为一个设想和一种例证,因为我对它并不置信——据说当今的财政大臣的钱财是靠走私得来的。据说斯特拉斯堡的许曼先生从法国运出大量的糖,为此他得到了政府所答应给予的出口奖励金;然后,他把这批糖私运回来,重新再输出,得到了第二次的出口奖励金,并且照样地反复做下去。请注意,先生,我不是把这段话当作事实来陈述的:我不过是照原话复述人家的传说,不加肯定或者甚至还对它并不相信。我唯一的打算是想用一个例子来把这个观念在思想上确定下来。如果我相信一位大臣犯了这样的罪行,也就是说,如果我凿凿可据地亲身知道他做过这样的勾当,我一定要向众议院告发财政大臣许曼先生,大声疾呼地要求把他逐出内阁。

① 1841年1月15日的演讲。

② 曼德林,十八世纪法国有名的盗首。——译者

对于许曼先生来说无疑是捏造的事件，对于那些和他一样富有、在荣誉上不比他低的其他的人来说却是真实的。由那些吃人肉的人大规模地组织起来的走私，是他们轻率的牺牲者冒着艰难困苦和生命危险为了少数巴夏的利益而进行的。懒惰的所有人拿出他的商品来出售；实际的走私者，则把他的自由、名誉和生命作孤注一掷。如果事情获得成功，勇敢的仆人就可以得到他的那趟旅行的费用；利润则落进那个懦怯的人的腰包。如果厄运或叛卖把这可恶的运货的工具送到海关官员的手中，走私的主使人所受的损失不久就可从另一次比较幸运的航行中得到补偿。那个被宣告为坏人的代理人则被扔进监狱去同强盗做伴；与此同时，他的光荣的保护人——一个审查员、选举人、议会议员或大臣——却正在制定关于没收、专卖和海关的法案！

在这封信的开头，我曾表示将在我的笔下毫不放松地抨击所有权，我唯一的目的是举出一般的互相攻讦来向公众证明我的意见是正确的。但我不能不斥责这样一种可憎的剥削方式，并且我相信这段短短的题外之言是会被原谅的。我希望所有权不会因走私所受的损害而进行报复。

反对所有权的密谋是普遍的；它是彰明昭著的；它占据了所有的人的思想，激励了我们的一切法律；它是一切理论的根源。这里，无产阶级在街上追逐所有权，那里，立法者对它设置了一道禁令；如今，一位拿了报酬来给它辩护的政治经济学或工业立法的教授①，以重重的打击在暗中破坏它；另一个时候，一个学院把它交

① 布朗基先生和沃洛夫斯基先生。

付讨论[①],或者查考它的废止过程的发展情况[②]。今天,没有一种思想、没有一种见解、没有一个宗派不在梦想把所有权控制起来。谁也不肯坦白承认这一点,因为谁也没有对它有所领会;简直没有什么人能够自发地抓住这个原因与后果、原理与推论的整体,而我是试图根据这个整体来说明所有权不久就将消失的;另一方面,一般对于这种权利所具有的观念过于分歧并且界说得太不严密,以致不容易很快就认可相反的学说。因此,在文学和哲学的中下级阶层,正如在普通人民中间那样,都以为废除了所有权就谁也不能享受自己的劳动果实了;谁也不能保有专属于自己的东西了;在家庭和自由的废墟上将建立起一种专横的共产制了!——这是一些在某一个时期内还能起着支持那种特权的作用的妄想。

但是,在确切地界说所有权的观念以前,在从种种学说的矛盾中找出那个应当成为新权利基础的共同要素以前,让我们匆匆地注视一下所有权在历史上的不同阶段所遭遇到的变迁。各国的政治体制就是这些国家的信条的表现。这些体制的易变性、它们的变革和毁灭,都是一些重大的经验,给我们指出了种种观念的价值,并且可以从那些变化无穷的风俗习惯中逐渐找出绝对的、永恒的和不变的真理。现在我们将要看到,各种政治制度必然地趋向于使地位平等起来,并且违背了这个趋势就会灭亡;无论何时何地,境遇的平等(像权利的平等一样)一向是社会的宗旨,不论是平

① 那个学院——道德和政治科学学院——的四年级所提出的命题:“按照现代社团的观念,劳动组织对于工人阶级会产生什么影响?”

② 贝桑松学院提出的命题:“关于子女平分遗产的立法迄今在法国经济上和道德上所产生的后果以及将来在这些方面可能产生的后果。”

民阶级力图利用所有权去取得政权，或者是他们——已经成为统治者——利用政权去推翻所有权。总之，根据社会的进步，我们将看到，正义的实现在于消灭个人所有权。

为了简洁起见，我不拟提起宗教史和基督教神学的记述：这个主题值得另写一篇单独的论文，我打算以后再来谈这个问题。摩西和耶稣基督曾在高利贷和不平等①的名称之下排斥各种盈利和利息。教会本身在其最纯洁的教义中始终是谴责所有权的；当我不仅攻击教会当局而且还攻击它对正义的不忠实时，我这样做是为了宗教的光荣。我要引起一个断然的答复并给基督教的胜利铺平道路，尽管它现在已成为无数攻击的对象了。我希望有一个辩解者立即起来，根据《圣经》、古代基督教著作家的著述、教会法典以及教皇主持的会议和他们的宪章，来说明教会一向总是维护平等的学说的，并把教会在教规中的自相矛盾之处归诸于暂时的必要性。这样的一种努力既可以给宗教运动效劳，也可以给平等运动效劳。迟早我们一定会知道基督教是否能够在教会中或在教会之外得到革新，这个教会是否接受对它所施的憎恨自由和反对进步的责备。在这以前，我们将暂时不加判断，安心于把历史的教训放在传教士的面前。

当莱克古斯着手给斯巴达制定法律时，他发现这个共和国是在什么样的情况之下呢？在这一点上，所有历史家的意见都是一致的。人民和贵族失和。那个城市处于混乱的状态，并分裂成为两派——穷人的一派和富人的一派。社会几乎还没有摆脱英雄时

① Πλεονεξία——较大的所有权。《圣经》拉丁文本把它译成贪婪(Avaritia)。

代的野蛮状态，就很快地衰微下去了。当时的无产阶级反对所有权，而所有权又反过来压迫无产阶级。莱克古斯怎么办呢？他所采取的第一个措施是有关一般安全的措施，我们现今的立法者一想到这种措施就要发抖的。他免除一切的债务；然后，他反复地采用说服和强制的方法劝导贵族放弃他们的特权，把平等重新建立起来。总之，莱克古斯在看到没有别的办法可以调和自由、平等和法律时，他就把所有权从拉栖代孟的境内驱逐出去。我当然不希望法国去模仿斯巴达的榜样；但是值得注意的是，希腊立法者中最老的那个立法者由于彻底了解人民的本性和需要，因而比其他任何人更能评价他在行使绝对权力时所废止的那些债务是否合法；他曾把当时的立法制度进行比较，一个神谕曾经宣扬他的智慧，——我说，值得注意的是，莱克古斯居然断定所有权与自由制度是不相容的，并且他居然认为他有责任通过一次摧毁钱财的一切差别的政变来开始他的立法工作。

莱克古斯完全懂得，由所有权所产生的奢侈、爱好享受和钱财上的不平等，都是社会的祸根；不幸的是，他用来维持他的共和国的方法是由政治经济学上捏造的观念和对于人心的肤浅的了解所提示给他的。因此，这位立法者错误地把财富和所有权相混淆，后者又和他力图排斥的无数邪恶一起重新进入那个城市；这一次斯巴达就彻底地腐化了。

“财富的输入，”巴斯托雷先生说，“是他们所经历到的不幸的主要原因之一。但是，法律对于这些不幸采取了异乎寻常的预防方法，其中最好的就是反复进行倾向于克服欲念的道德教育。”

一切预防方法中最有效的方法应该是预先使欲望得到满足。

占有是对于贪欲的至高无上的救药，一种对于斯巴达来说是危险性最小的救药，因为在那里，钱财差不多是平等的，地位也都差不多是相同的。大体上，持斋和戒酒是适度行为的不良教师。

"当时有一条法律，"巴斯托雷先生又说，"禁止富有的人穿着比穷人较好的衣服、吃较为优美的食品并拥有较为优雅的家具、花瓶、地毯、精致的房屋"等等。所以莱克古斯希望采用使财富成为无用的方法来维持平等。如果他按照他的军事纪律把工业组织起来，并教育人民用自己的劳力来获得他白费气力地企图使他们不得享受的东西，那他就会比原来聪明得多。在这种情况下，公民由于享有中肯的思想和愉快的情感，除了由那位立法者努力给他启发的欲望——对名誉和光荣的爱好、才干和德性的优胜——之外，就不会再有其他的欲望了。

"妇女们不许佩戴金饰和各种装饰品。"荒谬！莱克古斯死后，他的制度就败坏了；纪元前四百年间，过去的朴素精神就已经一点痕迹也不留了。奢侈和对于黄金的渴望早就在斯巴达人中间有了发展，其强烈的程度，根据他们那种被迫的穷苦生活和不娴于工艺的情况来看，是完全可以想象到的。历史家责备坡舍尼亚斯、莱桑德、亚吉西老斯和其他一些人由于把战争中获得的财富运入国内而败坏了他们祖国的道德。那是一种诽谤。拉栖代孟人的穷苦一旦同波斯人的奢侈和雅典人的风雅相接触，斯巴达人的道德就必然立刻败坏。所以，莱克古斯在试图强制人们过一种徒有其表的、自以为荣的朴素生活来启发宽厚和谦逊的精神时，铸了大错。

"莱克古斯对于懒惰并不感到害怕！当雅典（在这个地方，懒惰是禁止的）的一个公民被认为有罪而被判处刑罚的期间，有一个偶然在那里的拉栖代孟人请求去访问那个由于行使了自由人的权利而被处罚的雅典人……莱克古斯的实行了几百年的原理之一，是自由人不应当从事营利的职业……妇女们厌恶家务劳动；她们不像其他的希腊人那样自己纺绩羊毛(据荷马的记载，她们不是这样做的!)；她们让奴隶为她们缝制衣服。"(巴斯托雷:《法制史》。)

能有什么事比这更矛盾的吗？莱克古斯在公民中间剥夺所有权，把所有权的最恶劣的形式——用暴力得来的所有权——作为维持生计的基础。由于这样，一个不从事实业的懒惰城市变成一个贪婪盛行的地方，那有什么奇怪呢？斯巴达人由于听凭自己的粗鄙习性的摆布，比较容易受到奢侈和亚洲式的放荡淫乐的引诱。当军事上的成就把罗马人带到意大利境外的时候，他们也发生了同样的事情——法布里西乌斯的寓言的作者所不能解释的事情。使道德败坏的不是技艺的培养，而是由他们懒惰的和奢华的富裕所引起的堕落。财产的本性是使台达留斯的勤奋和菲迪亚斯的才干有助于它自己的荒唐的怪想和可耻的欢乐。毁灭斯巴达人的是所有权而不是财富。

当梭伦出现的时候，雅典共和国中由财产所造成的无政府状态已达到了顶点。"阿提卡的居民关于政体的意见颇多分歧。住在山岳地区的人(穷人)喜欢平民政治的体制；住在平原上的人(中产阶级)喜欢寡头政治；住在沿海地带的人则喜欢寡头和民主的混合制。由于钱财的不平等，也发生了一些其他的争执。穷富相互之间的对立状况变得十分紧张，以致单独一个人的政权似乎是唯一可以防止当时威胁着共和国的安全的革命的办法。"(巴斯托雷:《法制史》。)

贫富之间的争吵好像成为平民政治的生活状态了，而在君主政治下，它们是难得发生的，因为一个很稳固的权力可以消除争论。亚里士多德曾经注意到这一点。对受制于土地法或过重捐税的财富的压迫；下层阶级对上层阶级的憎恨（上层阶级永远有被控诽谤罪因而被判处没收财产的危险），——这些就是雅典政治的特色，它们特别使亚里士多德感到厌恶，并使他赞成一种有限度的君主政体。如果亚里士多德活在我们这个时代，他是会拥护立宪政体的。但是尽管对这位斯塔吉拉[①]人怀有崇高的敬意，一个为了所有人的生活而牺牲无产者的生活的政府，和一个为了支持无产者而劫夺所有人的政府同样是不合理的；它们两者中的任何一个都不会得到自由人的支持，更不会得到哲学家的支持。

梭伦仿效了莱克古斯的榜样。他用废除债务——就是破产——来庆祝他的立法工作的开始。换句话说，梭伦把政府机构当作钟表那样使用，上发条时按利率的多寡调整时间的长短。因此，当弹簧松弛和链条脱开的时候，共和国就不免要或是覆灭或是用第二次破产来恢复自己的力量。所有的古人都采用了这种独特的政策。在占领了巴比伦之后，尼赫迈——犹太民族的领袖——废除了债务；莱克古斯废除了债务；梭伦废除了债务；罗马人民在把那些国王赶走以后直到那些皇帝即位为止，一直为了争取废除债务而同元老院进行斗争。后来，在共和国快要灭亡的时候以及在帝国建立以后经过很长一段时期，农业被抛弃了，并由于过高的利率，各省人口都减少了，因而那些皇帝就把土地无偿地赠送给任

① 斯塔吉拉，亚里士多德的诞生地。——译者

何愿意耕种的人——这就是说，他们废除了债务。除了走到另一极端的莱克古斯之外，谁也不曾觉察到，重要的问题不在于用一次政变来使债务人免除债务负担，而在于防止将来负债。相反地，最民主的政府则始终是专门以个人所有权为基础的；因此，所有这些共和国的社会因素是公民之间的斗争。

梭伦曾经通令调查所有的钱财，根据结果调整了政治上的权利，给予大的所有人以较大的势力，建立了权力的平衡——总之，把纷争的最积极的因素规定在宪法中；仿佛他不是人民选举出来的立法者，而是人民的最大的敌人似的。事实上，把平等的政治权利给予地位不平等的人们，岂不是鲁莽到极点了吗？如果一个制造商在把他的全体工人结合在一个合股公司里的时候，把咨询权和审议权给予其中的每一个人——就是说使他们全都成为工厂的主人——那么，这个主人地位的平等会保证使工资不平等的情况继续下去吗？那就是用最简单的说法表述的梭伦的整个政治体系。

“在给予所有权一种公正的优势时，”巴斯托雷先生说，“梭伦尽其所能地补救他最初的职务上的行为——债务的废除……他认为他是依靠治安才能在既得权利和天然的公平方面作出这种重大的牺牲的。但是，侵犯个人所有权和书面契约的行为，是公法的一篇不好的序言。”

事实上，这样的侵犯行为总是受到很大的惩罚的。在1789和1793年，贵族和教士的财产被没收，聪明的无产者发了财；如今，这些人成为贵族之后，正在使我们对于我们祖先的劫掠行为付出昂贵的代价。那么现在该怎样办呢？我们不应该侵犯权利，而应该恢复权利。现在,如果剥夺某一个人的财产而把它赠给别人,并且事情就到此为止,那是一种侵犯正义的行为。我们应当逐步降低利率,组织实业,使劳动者和他们的职能结合起来,并对巨额的钱财进行一次调查登记,其目的不是为了给予特权,而是为了让我们可以采用给予它们的所有人一笔终身年金的办法来赎买这些钱财。我们应当大规模地应用集体生产的原则,给予政府以支配一切资本的优越地位,使每个生产者负起责任来,废除海关,把各行各业转变为一种公共的职能。这样,巨额的钱财就可不必通过没收或暴力而归于消失;个人占有制就可不必经过共产制而自动地在共和国的监督之下建立起来;并且地位的平等将不再单纯由公民的意志来决定了。

在从事写述罗马人的作者中,包胥埃和孟德斯鸠在第一流的行列中占有卓越的地位;前者通常被认为是哲学史的创始人,而后者则被认为是法学和政治学方面的最渊博的作家。但是应当指出,这两位伟大的作家由于都沾染着他们同时代的和他们职位上的偏见,完全没有能够说明罗马人的兴衰的原因。

只要包胥埃限于作一些描述,他总是值得钦佩的:例如,除其他一些篇章外,他给我们描述了波斯战争以前的希腊情况,这段文章好像曾使台莱马克斯得到了启发;雅典和斯巴达之间的对比,这从包胥埃以来已经作过二十次了;关于古罗马的风俗和特性的叙述;最后是结束《论世界史》的那篇高超的结论。但是,当这位著名的历史家在论述原因时,他的理论是有错误的。

“护民官始终是赞成把略取的土地或由出卖这些土地所得的收入分给公民的。元老院则坚决反对那些使国家遭受损失的法案，要把土地的代价拨归国库。”

这样，按照包胥埃的说法，受到内战的最早的和最大的祸害的，乃是人民；这些快饿死的人民要求把他们流血略取的土地分给他们去耕种。那些买了土地来把它们交给奴隶的贵族，对于正义和公共利益却较为重视。对人们的见解的影响是多么渺小呀！如果把西塞罗和格拉古兄弟所扮演的角色调换过来，那么，不是由护民官的叫嚷而是由那伟大演说家的雄辩唤起其同情心的包胥埃，就会用一种完全不同的目光来看待土地法了。这时他就会懂得：国库的利益不过是一种借口；当略得的土地提出拍卖时，贵族赶快买进，以便从这些土地的收益中得到好处——而且他们确信迟早可以收回付出的代价，以换取他们供给共和国的粮食，或者换取群众只能向他们购买的生活必需品，而这些群众有时是由于所提供的劳务、有时是由于穷困而获得国家的酬劳或贴补的。因为一个国家并不从事积蓄；相反地，公家的资财总是回到人民的手中去的。所以，如果某一部分人是主要必需品的唯一出卖者，那么结果就是，国库在他们的手中来回经过时，就会把不动产在那里存储和积累起来。

当米尼聂乌斯给人民讲述他的关于四肢和胃的寓言时，如果有人对这个讲故事的人说，胃把它无偿地接受的营养物质无偿地给予四肢，而那些贵族却只肯在支付现金的条件下才把东西给予平民，只肯在高利贷的条件下才借钱给平民，那么，他无疑地会使那个诡计多端的元老哑口无言，并且会把人民从一个巨大的负担下拯救出来。元老院的元老只是他们自己的系统的元老。至于普通人民，他们都被当作一种血统不纯的族类，可以加以剥削，可以向他们征收捐税，可以听凭主人的高兴和安排而使他们从事劳动。

按一般的情况说，包胥埃对人民是不怎么关怀的。他的君主政治的和神学的本能，只知道权力、顺从和在慈善的名义下的施舍。这种不幸的气质经常使他把征象误认为原因；他那深受赞扬的渊博知识是从他的作家那里抄袭得来的，毕竟没有什么了不起。例如，当他说“共和国的纷争以及最后它的崩溃是由公民的嫉妒和他们的发展到了不可容忍的极点的对于自由的爱好所造成”的时候，我们是不是不禁要问他这种嫉妒是什么造成的呢！——什么东西使人民激发起对于自由的极端的不能容忍的爱好呢？如果回答说，这是由于道德的败坏，由于不顾过去的穷困，由于放荡、奢侈和阶级嫉妒，由于格拉古兄弟的反叛性格等等，那是不中用的。为什么道德会败坏呢，贵族与平民之间的那些永恒的纷争是从哪里产生的呢？

在罗马，像在所有其他的地方一样，富人与穷人之间的纷争并不是直接由对财富的欲望造成的（就一般的情况来说，人们并不垂涎他们认为不应当得到的东西），而是由于平民的一种天然的本能，这种本能使他们到共和国的宪法中去寻求他们的苦难的原因。这就是我们今天正在做的事情；我们不是要求变更我们的公共经济，而是要求来一次选举上的改革。罗马人民希望恢复社会契约制度，他们要求改革，请求修订法律和设置新的官职。那些丝毫不感到不满的贵族则反对任何革新。财富总是保守的。可是人民克服了元老院的抵抗；选举权得到了很大的扩展；平民的权利得到了增加，——他们有了自己的代表、自己的护民官和自己的执政官；但是纵然有了这些改革，共和国没有能够得救。当一切政治上的应变方法已经用尽，当内战使人民陷于枯竭，当罗马那些皇帝把他们染有鲜血的外衣脱下来掩盖那正在毁灭帝国的毒瘤时——由于积累的财产始终受到尊重，并且因为战火永远不熄，所以那个国家就不得不在火焰中灭亡。皇权是一种妥协的办法，它保护富人的财产，并从非洲和西西里运进小麦来养活无产者；它是一个双重的谬误，因为它靠多血症摧毁了贵族，并用饥饿摧毁了平民。最后只剩下一个真正的所有人——皇帝，每一个公民都变成他的臣属、谄媚者、帮闲或奴隶；并且当这个所有人崩溃的时候，那些从他桌子底下拾取面包碎屑的、当他放声笑谑时陪着他欢笑的人也就随着灭亡了。

孟德斯鸠在探索罗马衰亡的原因时，所得的成就并不比包胥埃的更好；事实上，我们可以说，这位审判长只是发展了那个主教的观念。如果罗马人在他们的征略行动中较有节制，对他们的同盟军较为公正，对战败者较为人道；如果贵族的贪心比较小一些，皇帝的不法行为比较少一些，人民的猛烈性格比较差一些，各阶级的腐化程度浅一些；如果……等等——帝国的尊严也许可以得到保全，罗马也许可以保持世界的王座！这就是从孟德斯鸠的学说中所能推断出来的全部内容。但是历史的真实情况不在这里；世界的命运不是由这样一些不重要的原因决定的。人们的热情，像时间的偶然性和气候的变化那样，可以用来维持那种推动人类前进并产生一切历史变革的力量；但是那种热情不能说明这些力量。帕斯卡所说的一粒沙子只能造成一个人的死亡，如果先前的行动没有规定那些由这个死亡作为先导的事件的话。

孟德斯鸠博览群书；他精通罗马的历史，十分熟悉他所讲到的民族，清楚地知道为什么他们能够战胜敌人并统治世界。在阅读他的文章的时候，我们赞美罗马人，但是我们并不喜欢他们；我们看到他们的胜利而并不感到高兴，我们看到他们的衰亡而并不感到悲哀。孟德斯鸠的著作像所有法国作家的著作那样，是精巧地组织起来的，——生气勃勃，妙语连珠，并且充满着有见识的解说。他令人喜悦，使人感到兴趣并获得教益，但是没有能发人深思；他不是用深奥的思想来取胜的；他不是用高超的理智或恳切的情感来提高思想的。如果我们要在他的著作中寻求古代的知识、原始社会的特征或者关于其风俗和偏见直到共和国末期还存在的英雄时代的记述，那是徒劳的。维哥在描述具有可怕特征的罗马人时，把他们说成是可以原谅的，因为他指出：他们的一切行为都是受原先存在的思想和习惯的支配的，他们可以说是受他们所没有意识到的一位地位较高的神灵的怂恿的；罗马人的残忍引起孟德斯鸠的反感，但是没有得到解释。所以，作为一个作家，孟德斯鸠给法国文学带来了较大的光荣；作为一个哲学家，他敌不过维哥。

在罗马，财产原来是国有的，不是私人的。努马是通过分配那些由罗墨路斯掠得的土地而建立个人财产的始作俑者。努马所实行的这次分配的实数多少？对于个人规定了哪些条件，国家保留了哪些权力？什么也没有说明。存在着钱财的不平等，共和国根本放弃它对公民财产的优越的支配权——这就是努马的分派土地的初步结果，公正地说，他可以被当作是罗马历次革命的发起人。正是他规定了对于台尔米努斯神——私有财产的保护者和意大利最古老的神之一——的崇拜。正是努马，他把财产放在朱匹忒的保护之下；他摹仿伊特鲁里亚人，希望使土地测量员充当祭司；他给地籍工作创制了一套礼拜仪式，给划定地界的工作规定了供奉的仪式，——总之，他造成了一种财产的宗教。① 如果这个神圣的国王没有忘掉一件主要的事情，即确定每个公民能够占有的数量和根据什么条件他才能够占有，那么，所有这些异想天开的想法就会利多于弊。因为，既然财产的本质是通过附加和利润而不断增加，既然出租人将利用各种机会来应用财产所固有的这条原则，那么由此就可以推断，财产利用它们的天然潜力和保护着它们的宗教外貌而趋向于互相兼并，钱财有无限度地增减的趋势——一种必然导致人民破产和共和国崩溃的过程。罗马的历史不过是这条规律的产物。

塔尔昆王族刚被逐出罗马，君主政体刚被废除，等级之间便立刻开始争吵。公元前494年，平民脱离其他的阶层到圣山去，这就导致了护民官职位的设立。那些平民感到不满意的是什么呢？他们所不满意的是：他们穷困，他们由于偿付所有人——高利贷者(faeneratoribus)——的利息而弄得筋疲力尽；为了贵族的利益而管理国事的共和国丝毫不给人民做事；平民被交给他们的债权人随意处置，这些债权人可以出卖他们本人和他们的子女，并且他们既没有炉灶又没有家，他们维持生计的要求遭到拒绝，同时利率则保持在它的最高点等等。有五个世纪之久，元老院的唯一政策就是回避这些合理的控诉；虽然有护民官的毅力，虽然有格拉古兄弟的雄辩，虽然有马里乌斯的暴力和凯撒的胜利，这种可恶的政策竟

① 同样的或类似的风俗在各国都曾有过。除其他一些著作外，可参考米歇莱所著《法国法律的起源》和格林姆所著《德国法律的古制》。

然大获成功。元老院一味拖宕；护民官提出的措施可能是好的，但它们是不合时宜的。大家一致承认应当要有所作为；但首先人民必须重新开始履行他们的责任，因为元老院不能对暴力让步，并且武力只能根据法律来行使。如果人民由于尊重法治而采纳这个美丽的劝告，那么元老院就凭空制造困难；改革的措施被搁置起来，它也就此没有下文。相反地，如果无产者的要求变得过于迫切的话，元老院就来一次对外宣战以维持罗马贵族，那些邻邦也就被剥夺了自由。

但是，战争的阴谋不过使平民流于穷困的过程停止一下。从被征服的国家没收得来的土地立即被列为国家的地产，即作为国有土地(ager publicus)；并且这样的土地是为了国库的利益而进行耕种的；或者，像常常发生的情形那样，它们被拍卖出去。它们之中没有一块是给予无产者的。这些无产者和贵族及骑士不同，他们不能依靠胜利而得到用来买进这些土地的款项。战争从来没有使兵士发过财：大规模的掠夺一向都是将军们干的事。奥什罗和其他二十个将军的先锋队在我们的军队中是闻名的；但是从来没有听说有一个士兵发了财。在罗马，最司空见惯的控诉是：侵占公款、勒索、挪用款项、掠夺，这些行为在外省是由军队带领发生的，还有是在其他的公职上发生的。所有这些控告都是由于法官的舞弊、受贿或者由于原告放弃追诉而沉寂下来的。到了最后，罪犯总是被允许平安地去享受他的赃物；他的儿子只是由于他父亲的罪行而受到更多的尊敬。并且事实上也不能不是这样。如果每一个议会议员、上议院议员或公职人员可以被传唤去说明他的钱财的来源的话，我们将产生什么结果呢？

“贵族们擅自独占地享受国有土地；并且像封建主那样，把他们土地中的某些部分赠送给他们的下属——赠与人随意可以收回的一种完全不稳固的让与物。相反地，平民则仅有权享受留给他们公用的一小块牧场：一种极不公平的情况，因为，由于这样的结果，穷人所担负的捐税——户口捐(census)——就比富人来得重。事实上，贵族总是豁免他们本应缴纳的作为国有土地出让的代价和凭证的什一税的，并且，在另一方面，如果只有公民的财产才被课税(我们有充分理由可以这样相信)，贵族的占有物却是不纳税的。”(拉布赖：《财产史》。)

为了彻底了解上面这段引文，我们必须知道，只有公民的地产——就是说，无论是在努马分地时买到的或是后来从财务总管手中卖出来的与公共土地无关的地产——被当作财产；对于这些财产，征收一种捐税、即户口捐。相反地，由于公共土地的租让而得到的地产(须付一笔轻微的租金)则被叫做占有物。因此，在罗马人中间，有一种所有权和一种占有权约束着全部地产的管理。现在，无产者的愿望是什么呢？他们认为应当利用公共的土地而显然不是私人的财产来把占有权利——单纯的占有权——扩展到他们身上。总之，无产者要求成为他们在征战中得来的土地的租户。贵族由于他们的贪婪始终不愿同意这个要求。他们在尽量买进这种土地之后，还想方设法取得其余的土地作为占有物。在这些土地上，他们使用奴隶进行耕作。由于富人的竞争，人民既买不到土地，又租赁不起土地，因为——用他们自己的双手去耕种——他们不能保证提供一笔与土地在奴隶耕种下所产生的收益相等的租金，所以人民永远得不到占有物和财产。

内战在某种程度上减轻了群众的痛苦。“人民投军到野心家的麾下，以便用武力得到法律所拒绝给他们的东西——财产。一块殖民地就是得胜的兵团的酬报。但它已经不再是国有土地了；整个意大利都处于那些兵团的任意处置之下了。国有土地几乎完全消失了……但是祸害的根源——积累起来的财产——却比以前更有力了。”（拉布赖：《财产史》。）

我所援引的作者没有给我们说明，为什么内战之后的分割土地的过程并没有制止积累起来的财产的并吞现象；这个遗漏是容易补充的。从事耕种所必需的东西不仅仅是土地；流动资本也是必要的——牲口、工具、马具、一所房屋、一笔垫款等等。从独裁者手里得到报酬并被解散出来的殖民者从哪里去得到这些东西呢？从高利贷者的钱袋中；也就是说，从贵族的钱袋中；最后，由于高利迅速增加和地产被扣押，所有这些土地终于都回到贵族手中。萨鲁斯在他关于卡提利纳的密谋的陈述中，告诉我们这个事实。那些参加密谋的人都是苏拉部下的老兵，他们从他那里得到了坐落在阿尔卑斯山脉以南的高卢地区、托斯卡那地区和那半岛上的其他地区的土地，作为他们效劳的报酬。自从这些从债务中解放出来的殖民者离开了他们的队伍并开始从事耕种起不到二十年，他们就已经被高利贷弄得焦头烂额，差不多破产了。由债权人的勒索所造成的穷困就是这次密谋的起因。这次密谋几乎煽动了整个意大利，并且如果有一个比较卓越的领袖和比较充足的财力，本来是可能成功的。在罗马，人民群众是赞助密谋者的——平民都赞成卡提利纳的密谋（Cuncta plebes Catilinæ incepta probabat）；同盟者对于贵族的强盗行为都感到厌恶；从阿洛勃罗奇人（萨瓦的

居民)那里来的代表为了他们债台高筑的同胞到罗马来向元老院提起上告;总之,反对大所有人的控诉是具有普遍性的。“我们请求人们和天神们前来作证”,卡提利纳的兵士、即没有奴隶的罗马公民说,“证明我们拿起武器来既不是为了反对祖国,也不是为了攻击任何人,而是为了保卫我们的生命和自由。我们大部分人悲惨、穷困,失去了故乡,由于高利贷者的强暴和残忍,我们都被剥夺了名誉和钱财,我们没有权利,没有财产,没有自由。”

卡提利纳的坏名声,以及他的凶狠的计策、他的同谋者的鲁莽、几个人的叛变、西塞罗的策略、伽图的发怒和元老院所造成的恐怖,破坏了这个计划。这个计划作为向富人进军的先例,本来是可以拯救共和国并给予世界以和平的。但是罗马躲避不了它的命运;它的放纵的漫游还没有达到终点。从来没有一个国家能够通过突然的、意外的转变而避免应受的惩罚。要知道,那个“永恒的都市”的长期不断的罪行是不能单凭屠杀几百个贵族就了结的。卡提利纳阻碍了神所安排的报应,所以他的密谋失败了。

大的所有人借助高利贷、田租和种种利润来并吞小的所有人的行为在帝国各处都是常事。最诚实的公民都以高额的利率来投放他们的金钱。[①] 伽图、西塞罗、布鲁土斯,所有以节俭闻名的斯多噶派,俭朴的人(viri frugi),——塞奈卡,有德性的老师,——都在外省以高利贷的名义征收巨额租税;值得注意的是,共和国的一些最后的保卫者、即豪迈的庞培家族,都是放高利贷的贵族和对穷人的压迫者。但是仅仅杀死了一些人的法尔萨鲁斯战役没有触动

① 百分之五十、六十和八十。——布朗基的教程

那些制度，大批产业的并吞行为一天比一天活跃了。从基督教开始存在时起，神父们一直是竭力反对这种侵占的。他们的著作充满着对这高利贷的罪行的愤激咒骂，可是基督教徒在这种罪行上并不总是无辜的。圣西普里安就控诉过他同时代的某些主教，因为他们专心致力于可耻的、买卖证券的交易，放弃了他们的教堂，到各省去用诡计和欺骗手段取得土地所有权，同时出借金钱，利上滚利。在这种累积财产的狂热中，为什么公共土地的占有就没有像私有财产那样集中在少数人的手里呢？

按照法律，国有土地是不能出让的，因而占有权总是可以收回的；但是执政官的指令把这种占有权无限止地延续下去，所以贵族的占有物终于变成绝对的财产，虽然占有物这一名称对它们是依然适用的。这种由元老院的贪婪所促成的转变之所以能顺利实现，完全是由于那种最可悲的、最轻率的政策。提贝留斯·格拉古想把每个公民占有的国有土地限制在五百英亩之内，如果在他那个时候曾把这个占有的数额按照每户所能耕种的英亩数确定下来，并在租予土地时明文规定，占有人必须自己耕种，不得出租，那么帝国就决不会被大地产弄得满目荒芜了；并且这种占有不但不能增加财产，却反而把财产兼并掉。在那个时候，地位和钱财的平等的建立和维持是由什么来决定的呢？取决于国有土地的较为公允的分割和占有权的较为明智的分配。

我强调这一点，它是极关重要的，因为它给我们一个机会去考察这种个人占有的历史，我在我的第一篇论文中曾经在很多地方提到过这种占有，而我的读者似乎还没有什么人懂得这一点。罗马共和国——它确实具有完全支配它的土地和对占有人规定条件

的权力——是比以后的任何国家都较为接近于自由与平等的。如果元老院是明智和公正的,——如果那次向圣山隐退的时候,不是由米纳尼乌斯·阿格里巴来扮演那出可笑的滑稽戏,而是由每个公民在得到他一份占有时起来做一次放弃取得所有权的严正声明——那么,以占有物的平等和劳动义务为基础的共和国在获得它的财富时,就不至于发生道德上的退化;法布里西乌斯就可不必去控制擅长技艺的人而享受到技艺的好处;古代罗马人的征服就会成为散播文明的手段,而不是像它们实际所发生的那样,成为一系列的杀戮和掠夺了。

但是,具有积聚和出租的无限权力的财产,由于新的占有物的增加而与日俱增。从尼禄那个时代起,仅仅六个人就拥有半个属于罗马的非洲。在第五世纪,一些富有的家族竟有两百万以上的收入:有几家占有多至两万名的奴隶。所有论述罗马共和国衰亡原因的作家的意见是一致的。埃克斯地方的奇洛先生①引证了西塞罗、塞奈卡、普卢塔克、奥林比奥道罗斯和福蒂乌斯的证言。在维斯帕西安和蒂塔斯的两个朝代,博物学家普利尼曾经感叹说:"巨大的地产已使意大利破产,并且正在使各省破产。"

但是,从来没有人了解到,正像今天一样,在那个时代财产的扩张是在法律保护之下并根据宪法而实现的。当元老院把夺取的土地交付拍卖时,那是为国库和公共福利打算。当贵族买进占有物和财产时,他们实现了元老院的命令的意旨;当他们以高额租率出租时,他们利用了法律所规定的权利。"所有权"放款人说,"是

① 《对于罗马人的所有权的研究》。

甚至可以达到滥用程度的享受权，使用和滥用的权利（Jus utendi et abutendi）；这就是说，借贷时可以收取利息的权利——租借、买进，然后再出租和放贷。”但是所有权也是交换、移转和出卖的权利。所以，如果社会是那样的一种情况，就是被高利贷弄得破产的所有人可能被迫出卖他的财产、他谋生的手段，那他就会把它出卖；而依靠法律，积累起来的财产——贪婪的和吃人的财产——就会确立起来。①

所以罗马人衰微的直接的和次要的原因是共和国内部两个阶级——贵族和平民——之间的纷争，这些纷争引起了内战、排斥和自由的丧失，并且终于导致了帝国；但是他们衰微的主要的和间接的原因则是努马建立起来的财产制度。

有一本我已经引证了好几次的、最近在道德和政治科学学院得奖的著作；我摘录其中的一段来结束这部分的论述。

“财产的集中”，拉布赖先生说，“在造成极端穷困的同时，迫使那些皇帝去养活和安慰人民，以便使他们忘却自己的苦难。面包和游戏（panem er circenses）：那是对于穷人的罗马法；无论在哪里，只要存在着一个拥有土地的贵族阶级，就会产生可怕的、也许

① “它的贪得无厌的本性利用法律的麻痹迅速地活动着。它准备立刻去兼并任何东西。请看那个关于牛皮的有名的双关语，当牛皮被割成皮条的时候，它大到可以把迦太基的原址全部圈进去的程度……自从狄多之后；这个传说一再出现……人们对于土地就有这样的爱好。受坟墓所限制的、用人体的四肢、用大拇指、脚和手臂来丈量的土地，尽可能地与人的大小相符合。人还不以此为满足：他吁请上帝来证明那块土地是他的；他力图给他的土地定出方位，使它具有天堂的形式。……在极度陶醉的心情下，他使用那些用来形容万能的上帝的语句来形容财产——卓绝的、伟大无比的地产（fundus optimus maximus）。……他将使它变成他的卧榻，彼此永不分离，——*Και εμιγνύντο φιλότητι.*”——米歇莱：《法国法律的起源》

是必然的祸害。

“为了养活这些饥饿的人口，谷物是从非洲和各省运来并无偿地分配给贫民的。在凯撒时代，就有三十二万人受这种供养。奥古斯都看到这样的措施会直接导致农业的破产；但是取消这些配给就等于把武器放在抢先觊觎政权的人的手里。那个皇帝想到这里就害怕了。

“当谷物是无偿地发放的时候，就不可能维持农业。耕种让位给畜牧，这是人口减少的另一个原因，甚至在奴隶中间也是如此。

“最后，日益发展的奢侈使意大利土地上盖满了精美的别墅，它们占用了整个整个的村庄。花园和苑林代替了田地，自由的人民群众都逃到城市中去。农业差不多完全绝迹了，和农业一起绝迹的是农民。非洲供应小麦，希腊供应葡萄酒。提贝留斯悲哀地诉说着这个祸害，因为它让罗马人民的生命听凭风浪的摆布：那就是他的忧虑。过了一天，三十万饥民走上了罗马市的街道：那就是一次革命。

“意大利和各省的这种衰微没有停止。在尼禄朝代之后，像在安提乌姆和泰仑都姆那样有名的城市中，人口也开始减少。在贝尔蒂纳克斯当政时期，有那么多荒芜的土地，以致那个皇帝把这种土地，甚至是属于国库的，放弃给所有愿意耕种的人，另外还免除农民为期十年的缴纳租税的义务。元老被迫把他们三分之一的钱财投资于意大利境内的地产中；但是这个措施只能加重他们所要加以救治的祸害。强迫富人在意大利境内购置财产就是增加使国家破产的巨大地产。最后，我是否必须说，奥雷利安希望把俘虏送到伊特鲁里亚的荒芜的地方去，以及华伦蒂尼安被迫把阿勒曼尼族安置在波河两岸的富饶土地上去呢?”

如果读者在匆匆浏览这本书的时候抱怨说,书中见到的只是一些从别人著作中引证的文字、报纸和公开讲演的摘要、关于法律的注解和释义,那么我要提醒他,这篇论文的目的本身就在于证明我的关于所有权的见解与人们普通主张的见解是相符合的;我的主要研究工作决不是想要提出一种似是而非的论据,而是去听从全世界人士的意见;并且,最后,我唯一的要求是把一般的信念清楚地表述出来。我不能过分频繁地重复这一点,——并且我以自豪的心情坦白承认——我绝对不提倡任何新的东西;如果有谁能言之成理地批驳我所提倡的学说,我是会根本否定我的学说的。

现在让我们探讨“野蛮人”中间的所有权的变革。

在日耳曼部落住在森林里的时期,他们没有想到要分割土地并据为己有。土地是共同保有的:每一个人都可以犁耕、播种和收获。但是,当那帝国一旦被他们侵入之后,他们就想起要分享土地,正像他们在胜利之后分享掠获物那样。“因此”,拉布赖先生说,“就有了布尔戈尼哥特族的份地(Sortes Burgundiorum Gothorium)和汪达尔人的土地(*Κληροι Ουανδίλων*)等的用语;因此德语中就有了自主地(allod)和地皮(loos)这两个词,它们在现代的语言中都是用来指命运所赠给的礼物的。”

当时,自由地财产,至少对于广大的共有人来说,原来是份额相等的;因为所分配的收获是相等的,或者至少是等价的。这种财产,像罗马人的财产那样,完全是个人的、独立的、专属的、可以移转的,因而是可以积累和侵占的。但是它没有像在罗马人中间所发生的那样成为巨大的财产,这种巨大的财产通过利息和高利贷使小型财产处于从属地位并加以兼并；在野蛮人中间——他们爱好战争甚于财富，热衷于对人的支配而不热衷于对物的占有——奴役其敌人的，是以武力的优势为凭借的战士。罗马人要的是物品，野蛮人要的是人。因而，在封建时代，租金差不多等于零——只是由一个小女孩送来的一只兔子、一只鹧鸪、一块糕，几品脱[①]的酒或在宗主势力所及得到的地区内插上一根庆祝节日的花竿。作为报答，臣仆或供职人员必须跟随主人去打仗(一种几乎每天都发生的事)，并且必须用自己的钱来装备自己和养活自己。“日耳曼部落的这种精神——这种结伙和联合的精神——像支配个人那样支配着土地。那些土地，像人那样，是通过互相保护、互相忠实的纽带而附着于一个首领或一个封建主身上的。这种臣服状况就是日耳曼时代产生封建制度的费力工作。每一个不能当首领的所有人被迫用正当的或不正当的手段去做一个封臣。”(拉布赖：《财产史》。)

每一个不能当师傅的技工必须用正当的或不正当的手段去做一个工匠；每一个并不从事侵占的所有人会受到侵占；每一个不能通过剥削别人而提供低于其真正价值的产品的生产者会失去工作。公会和工头制是所有权固有的竞争主义的必然结果；它们受到这样深刻的憎恨，但是如果我们不当心的话，它们是会重新出现的。它们的组织过去是摹仿封建等级制的组织的，而这种等级制是人和财物的隶属作用的结果。

给封建制的出现和大所有人的重现铺平道路的时期，就是屠

① 品脱，英美液量名，一品脱等于中国0.56升。——译者

杀和最可怕的无政府状态的时期。杀戮和强暴过去从来没有对人类造成这样的破坏。如果我记得不错的话，在其他的世纪中间，第十世纪被称为**残酷的世纪**。小所有人的财产、生命和他的妻子、儿女的荣誉永远处于危险状态；他急于向他的领主表示敬意并把某些物品赠送给他自由保有的不动产所在地的教会，以期获得保障和安全。

“事实和法律两者都证实了，从第六到第十世纪，一些小的自由保有的不动产的所有人逐渐受到掠夺，或者由于大所有人和伯爵们的侵害而降到臣属或纳贡者的地位。法令汇编中充满着限制性的条款，但这些威胁的不断重复只能说明那祸害的顽强性和政府的软弱无力。此外，压迫的方法没有什么改变。自由的所有人的诉苦与格拉古兄弟时代平民的呻吟是完全一样的。据说，只要一个穷人不肯把他的地产给予主教、神甫、伯爵、法官或百人队队长，这些人就立即找寻机会使他破产。他们让他去服兵役，直到他彻底破产以后，被说好说歹地劝诱放弃他的自由保有的不动产为止。”（拉布赖：《财产史》。）

有多少小的所有人和工厂主没有被大所有人和大工厂主通过诡计、诉讼和竞争而弄得破产呢？计谋、强暴和高利贷——这些就是所有人掠夺劳动者的方法。

因此，我们可以看到财产在任何时代和在任何形式下都根据它的原则在相反的两端间摆动着——极端的分散和极端的积聚。

在它的第一端，财产差不多是无足轻重的。当财产为私人所利用时，它不过是潜存着的财产。在它的第二端，它十分完善地存在着；这时它才真正是财产。

当财产被广泛地分配时，社会就繁荣、进步、成长并很快地上升到它的势力的顶点。所以，那些犹太人跟着爱斯德拉斯和尼赫迈一起离开巴比伦之后，不久就变得比在他们的国王统治下更加富裕和更有权势。莱克古斯死后的两三百年期间，斯巴达显出一片强大和繁荣的景象。雅典的最美好的日子就是波斯战争中的那些日子；罗马的居民一开头就分为两个阶级——剥削者和被剥削者——他们不知道和平是怎么回事。

当财产被集中起来的时候，那个糟蹋自己的、也可以说是堕落了的社会就逐渐腐化起来，日趋衰竭——我将怎样来说明这种可怕的观念呢？——沉浸在长期不断的和致命的奢侈中。

当封建制度被建立起来的时候，社会不得不亡于那种在罗马皇帝统治下使社会遭到毁灭的同样的祸害——我的意思是指积累起来的财产。但是，为了一种永恒的命运而被创造的人类是不会灭亡的；使人类骚扰不安的种种革命是一些起净化作用的危机，随后总是产生精力比较旺盛的健康局面。在第五世纪，蛮族的入侵把世界部分地恢复到天然平等的状态。在第十二世纪，一种普及到整个社会的新精神把自由给了奴隶，并通过正义把新的生命注入到各民族的心中去。人们曾经说过并且屡次重复地说，基督教使世界得到了更生。那是真实的；但据我看来，这好像在时间上弄错了。基督教对于罗马社会没有发生影响；当蛮族来到时，那个社会已经灭亡了。因为上帝就是这样来谴罚财产的；每一种以人剥削人为基础的政治组织都得灭亡：奴隶劳动是暴君之辈的致命伤。罗马贵族像封建家族那样、像一切的贵族所必然的那样绝灭了。

在中世纪时代，当一种反抗的运动在开始暗中破坏积累起来的财产时，首先充分地发挥了作用的是基督教的影响。封建制度的摧毁，农奴转变成为平民，自治市镇的解放，以及第三等级的容许参加政权，都是基督教单独完成的事业。我说的是基督教，而不是教会；因为神甫和主教本身就是大的所有人，并且往往就以这种身份对农奴进行迫害。没有中世纪的基督教，现代社会的存在是无法得到解释的，并且也是不可能的。这个主张的真实性已由拉布赖先生所援引的事实本身所说明，虽然这位作家是具有相反见解的倾向的。[①]

“解雇你的年老的工人吧”，拥护财产学说的经济学家说，“辞退那个有病的仆人、那个已经没有牙齿的衰老的女仆吧。休掉那已经不中用的美人；把那些饭桶送到收容所去吧！”

“在皇帝的时代，这些可怜虫的状况改善得不多；安东尼乌斯的长处充其量不过是他禁止了不能容忍的残忍行为，认为那是对于财产的滥用。盖雅斯说，任何人不得滥用他的财产这一规定，是符合于共和国的幸福的(Expedit enim reipublicæ ne quis re sua male utatur)。

“当教会召开宗教会议时，它立即咒诅那些曾对奴隶行使这种可怕的生杀之权的奴隶主。那些奴隶，由于教会的庇护权和他们自身的穷困，难道不是宗教的最亲爱的被保护人吗？把基督教的

---

① 基佐先生认为奴隶制的取消不应单纯归功于基督教，“达到那个结果，”他说，“许多原因是必要的，即文明的其他思想和其他原理的演变。”这样一般化的论断是无法驳斥的。他本来应该指出其中的一些思想和原因，使我们可以判断，它们的根源是否完全是基督教的抑或至少是基督教的精神没有深入，因而也就没有使它们开花结果。大部分的解放宪章开头都是这句话：“为了对上帝的爱慕和我们灵魂的得救。”可是，我们是在福音公布之后才开始爱慕上帝并想到我们的得救的。

伟大理想体现在法律中的君士坦丁，把奴隶的生命看得和自由人的生命一样重，宣布故意处死他的奴隶的奴隶主要负杀人的罪责。这条法律与安东尼乌斯的法律之间，在道德观念上发生了一次彻底的革命；奴隶过去是一件物品；宗教使他成为一个人。”

请注意最后的一句话：“福音的法律与安东尼乌斯的法律之间，在道德观念上发生了一次彻底的革命；奴隶过去是一件物品；宗教使他成为一个人。”所以，那次使奴隶变为公民的道德上的革命是在蛮族踏上帝国的国土以前，就由基督教完成了的。我们只需就社会的人员方面去探索这次道德革命的进步意义。“但是，”拉布赖先生说得很对，“事物的情况不是一时一刻之间就可以改变的，人的情况也是一样；在奴隶制和自由之间，有过一个不能一天就填平的深渊；过渡的步骤是劳役制。”

那么，什么是劳役制呢？它和罗马的奴隶制有什么不同呢？这种区别的根源是什么呢？让这同一位作者来回答吧。

1. 罗马人之间的奴隶制。——“罗马的奴隶在当时法律的观点上，不过是一种物品，——正如一头牛或一匹马一样。他既没有财产、家庭，也没有人格；对于他的主人的残暴、荒唐和贪婪，他是无法抵御的。‘把你那些已经没有用处的牛卖掉吧’，伽图说，‘把你的小牛、羔羊、羊毛、皮张、旧犁、废铁、年老的奴隶和有病的奴隶，以及一切于你没有用处的东西卖掉吧。’当奴隶主找不到市场去出卖那些因疾病或老年而变得衰竭的奴隶时，就听任他们挨饿。克劳第乌斯是这种可耻的习惯的第一个辩护人。”

2. 关于劳役制。——“我在领主的庄园中看到那些负责家务的奴隶。有些是用来伺候主人本人的；其他的负责操作家庭事务。

妇女纺绩羊毛；男人研磨谷子、烘制面包或为了封建主的利益而从事他们懂得不多的工艺。主人想要惩罚他们就可惩罚他们，他可以杀死他们而不受处罚，可以像对付家畜那样出卖他们和他们的一切。奴隶没有人格，因而也没有他自己所独有的伤亡罚款[①]：他是一件物品。那笔伤亡罚款是作为财产上的损害赔偿而归奴隶主所有的。无论奴隶被杀死或被偷走，赔款不变，因为所受的伤害是一样的；但是这种赔款可以按照农奴的价值或增或减。在所有这些方面，日耳曼人的奴隶制和罗马人的奴役制是相类似的。”

这个相似之处是值得注意的。无论在一个罗马人的别墅中或者在一个蛮族的农庄中，奴隶制总是一样的。像牛和驴一样的人是牲畜的一部分；在他的头上规定一个价格；他是一种没有良心的工具、一种没有人格的动产、一种既无权利又无义务的、无罪的、不负责任的存在物。

他的地位为什么改善呢？

“在好年成……”(什么时候？)“农奴开始被当作一个人了；正因为这样，在基督教思想的影响下，西哥特人的法律对于任何使农奴成为残废或杀死他的人处以罚款或驱逐出境的刑罚。”

总脱不了基督教，总脱不了宗教，虽然我们只想提到法律。西哥特人的博爱精神的初次出现是在福音的传播以前还是以后呢？这一点必须把它弄清楚。

“在征服以后，农奴就散布在蛮族的大地产上，每一个人有他

① 伤亡罚款(Weregild)，一种因为杀死了一个人而须偿付的罚款。杀死一个伯爵是多少，一个男爵是多少，一个自由人是多少，一个传教士是多少；一个奴隶却什么也得不到。对他的赔偿是付给他的主人的。

的房屋、他的一份土地和他的个人财产;作为报答,他缴纳地租并服劳役。当他们的土地被出卖时,他们很少和他们的住处分开;他们和他们所有的一切都成为买主的财产了。法律不许把农奴出卖到外乡去的规定有利于这种变卖农奴的方式。”

什么事情引起了这种不仅摧毁奴隶制而且还摧毁了财产本身的法律的呢?因为,如果奴隶主不能从他的领地上把他曾经安置在那里的奴隶遣走的话,结果是奴隶就会像主人一样,成为所有人了。

“蛮族,”拉布赖先生又说,“是首先承认奴隶的家庭权和所有权的,——这两种权利是和奴隶制不相容的。”

但是,这种承认是在各日耳曼民族改信基督教以前就在他们之间流行着的劳役制的必然的后果呢,还是和宗教一起灌输进来的正义精神的直接结果呢?根据这种精神,领主不得不尊重农奴具有一个和他自己相平等的灵魂,不得不把农奴当作一个由于受同样的洗礼而得到涤罪的、由于“上帝之子”以人的形式作出同样的牺牲而得到赎罪的耶稣基督名义下的弟兄。因为我们不应当无视于这样的事实,就是:虽然蛮族的伦理学以及他们的领主(这些领主主要是忙于战争和打仗,很少或完全不注意农业)的愚昧无知和轻率,可能对农奴的解放很有帮助;但是,这种解放的主要原则基本上还是基督教的。假定说蛮族仍然是异教徒世界中的异教徒。他们既然没有改变福音,他们也就不会改变多神的风俗;奴隶制就会保持原状;他们就会继续杀死那些渴望自由、家庭和财产的奴隶;所有的民族就会降低到斯巴达人的奴隶的地位;现世的舞台上除了演员之外,就什么也不会改变了。蛮族不像罗马人那样自私、傲慢、荒淫和残忍。这就是在帝国崩溃和社会革新之后基督教所要影响的自然状态。但是,这种自然状态过去是建立在奴隶制和战争的基础之上的,它依靠自己的活力,可能除了战争和奴隶制之外,什么也不会产生。

“逐步地,那些农奴得到了按照和他们主人同样的标准接受审判的权利……”

他们是在什么时候、怎样和以什么名义获得这项权利的呢?

“逐步地,他们的义务被规定下来了。”

这些规定是从哪里来的呢?谁具有引用这些规定的权力呢?

“奴隶主使用农奴一部分的劳力——例如三天——把其余的日子留给农奴自己。至于星期日,那是属于上帝的。”

如果不是宗教,星期日怎么会规定下来呢?由此我可以推断,担当起暂时休战并减轻农奴的义务的那种权力,也就是为奴隶规定司法审判并创制一种法律的权力。

但是这个法律本身是以什么为根据的呢?——它的原则是什么呢?——当时的宗教会议和教皇对于这个问题的哲学是什么呢?由我单独来对这些问题作出答案是不会被信任的。拉布赖先生的权威将给我的话带来信任。奴隶们在每件事情上都曾深受其惠的这种神圣的哲学,这种对福音的祈求,就是对于所有权的咒诅。

那些零星的自由保有的不动产的所有人是中间阶层的自由民,他们由于贵族的虐政而堕入比佃户和农奴更恶劣的境地。“农奴所负担的战争费用比自由民来得轻,至于法律上的保障,那么由农奴的同辈来对他进行审判的领主法庭则远胜过村议会。与其由

贵族来当法官，还不如由他来做领主。”

同样地，今天与其让一个拥有大资本的人成为竞争的对手，还不如让他成为合伙人。诚实的佃户——每星期可以获得一笔有限的但经常的工资的农业劳动者——的地位，要比一个独立的但是小的农民或者一个获有许可证的穷苦技工值得羡慕些。

在那个时候，所有的人不是领主便是农奴，不是压迫者就是被压迫者。“那时在修道院或领主的塔楼的保护下形成了一些新的社会；它们的人手使土地变得肥沃，它们就在这土地上不声不响地散布开来；它们从消灭自由阶层的过程中取得权力，并把这些阶层吸收到自己这方面来。作为佃户，这些人对于他们为懒惰的、掠夺成性的主人耕种的土地一代一代地取得了神圣的支配权。社会上的骚动平息得愈快，就愈有必要去尊重这些农奴的结合和继承财产，因为他们用自己的劳动，已经确实为他们自己的利益而规定了土地的时效。”

请问，这里既然已经存在着相反的权利和占有，怎样才能取得时效呢？拉布赖先生是一个律师。那么，他在哪里看到过奴隶的劳动和佃户的耕种可以损害一个每天在起着所有人作用的公认的主人，而为他们自己的利益来规定土地的时效呢？让我们不要隐瞒事实吧。佃户和农奴财发得愈快，他们就愈加希望取得独立和自由；他们开始联合起来，举起他们的地方自治的旗帜，盖造了钟楼，在他们的市镇建筑了防御工事，拒绝向他们的领主偿付欠款。他们是完全有理由这样做的；因为，他们的景况确实是不能忍受的。但是在法律上——我的意思是指罗马法和拿破仑的法律——他们拒绝服从他们的主人并拒绝向这些人缴纳贡税是不合法的。

可是，平民的这种觉察不出来的霸占财产的行为是由宗教所鼓动起来的。

领主使农奴束缚在土地上；宗教则答应农奴享有支配土地的权利。领主向农奴征收捐税；宗教则确定了捐税的范围。领主可以杀死农奴而不受惩罚，可以夺取他的妻子、强奸他的女儿、掠夺他的房屋并抢劫他的积蓄；宗教则遏制他们的强暴行为；它把领主驱逐出教。宗教是粉碎封建所有权的真正原因。为什么如今它就没有足够的勇气坚决地去谴责资本主义的所有权呢？自从中世纪以来，社会的经济制度除形式以外没有变更；它的种种关系始终没有改变。

农奴解放的唯一结果是所有权易手；或者说得更恰当些，造成了一些新的所有人。权利的扩大非但不能匡救弊害，而且迟早要做出不利于平民的行动。可是，那种新的社会组织并不在所有的地方都遇到同样的目的。例如在伦巴迪亚，人民通过工商业很快地变得富裕起来，不久就获得了甚至可以把贵族排斥在外的权力——最初是贵族变穷了，地位降低了，并且不得不为了生活和维持他们的信用而争取加入行会；后来，由于所有权的照例的使人屈服的作用导致了钱财的不平等、富裕和穷困、嫉妒和憎恨，那些城市迅速地从最繁茂的民主变成少数野心领袖所控制的地方。这就是伦巴迪亚地区大部分城市——热那亚、弗洛伦斯、波伦亚、米兰、比萨等等——的命运；后来这些城市的统治者常常更换，但从此以后它们一直没有朝向有利于自由的方向发展。人民容易避免暴君的虐政，但是他们不懂得怎样去摆脱他们的暴虐的后果；正如在我们躲开了凶手的钢刀的同时，我们却死于一种体质遗传病那样。一个国家一旦成为所有人，它就必然趋于灭亡，或者必然有一次外来的侵略迫使它重新开始它的迂回的进化路程。①

“自治市镇一经组织起来，国王就把它们看作高级的藩臣一样。可是，正像下级的臣属除非通过直属的藩臣就不能和国王往来那样，那些平民除非通过自治市镇也就不能提起申诉。

“同样的原因产生同样的结果。每个自治市镇成为一个由少数公民统治着的单独的小国家；他们力求扩展自己的权力来支配其他的公民；后者跟着就向那些没有公民权的不幸的居民进行报复。在没有得到解放的国家中的封建主义和自治市镇中的寡头政治造成了差不多同样的损害。在自治市镇中，存在着一些分区协会、联谊会、商人协会，在大学中存在着各学院。压迫很重，自治市镇的居民请求取消自治市镇的事情在当时是并不稀奇的……”（梅伊埃：《欧洲的司法制度》。）

在法国，革命比较缓和得多。托庇于国王的保护之下的自治市镇发现这些国王是主人而不是保护人。当封建主义在黎塞留手中受到致命的打击时，那些自治市镇的自由早就丧失了，或者可以说是它们的解放已经停顿了。于是自由停滞不前了；拥有藩属的诸侯掌握着独占的完整的权力。贵族、教士、平民、议会，总之是除

① 鼓舞着自治市镇的暴虐和专权的精神没有躲开历史家的注意。“平民团的组织”，梅伊埃说，“不是从真正的自由精神出发，而是从想要免除领主所加的负担的愿望、从个人利益和对于别人的福利的羡慕……中生长出来的。每一个自治市镇或公会都反对创立任何一个别的自治市镇；并且这种精神增强到这样的一种程度，以至于英国国王亨利五世于 1432 年在冈城创办了一所大学，巴黎和巴黎大学都反对这个敕令的注册。”

了少数表面上的权利之外，一切都受国王的控制；这个国王像他以前的祖先那样，经常地并且差不多总是透支地消耗着他的领土上的收益——那个领土就是法国。最后，到了1789年；自由重新开始前进；曾经用了一个半世纪才使封建所有权的最后的形式——君主政体趋于衰落。

法国的革命可以界说为物权代替了身份权；这就是说，在封建主义时代，财产的价值是由所有人的身份来决定的，在革命之后，对于人的尊重是按照他的财产的比例而定的。现在，我们已从上文所陈述的内容看到，这种对于劳动者的权利的承认曾经是农奴和自治市镇的坚定的目的，是他们作出种种努力的内心的动机。1789年的运动只是那个长期叛乱的最后阶段。但是在我看来，我们好像没有充分注意到这样的事实：由同样的原因所鼓动的、由同样的精神所鼓舞的、通过同样的斗争而得胜的1789年革命，在意大利早在四个世纪以前就已完成。意大利是第一个对封建主义发出了作战信号的国家；法国已经跟上；西班牙和英国正在开始行动；其余的国家还在睡觉。如果真要给世界做出一个伟大的榜样，那么就该把苦难的日子大加缩短。

请注意下列从罗马帝国时代直至现今的历次所有权的革命的简表：

1. 第五世纪。——蛮族入侵；帝国土地分成一些独立的部分或自由保有的不动产。

2. 从第五到第八世纪。——自由保有的不动产的逐步集中，或者小块的、自由保有的不动产转变为采地、封地、从属的采地等等。巨大的所有权，小型的占有。查理曼(771—814)通令规定一切自由保有的不动产都从属于法国国王。

3. 从第八到第十世纪。——国王与高级侍从之间的关系发生破裂；后者就成为自由保有不动产的所有人，同时较小的侍从不再承认国王而依附于最近地区的藩主。封建制度。

4. 第十二世纪。——农奴争取自由的运动；自治市镇的解放。

5. 第十三世纪。——在意大利，身份权和封建制度的废除。意大利的各共和国。

6. 第十七世纪。——在法国黎塞留内阁时期封建制的废除。专制政治。

7. 1789年。——出身、等级、省区和公会等一切特权的废除；人身平等和权利平等。法国的民主政治。

8. 1830年。——个人所有权所固有的集中原则受到注意。社团观念的发展。

我们对这一系列的转变和变迁思考得愈多，我们就愈加清楚地看到，这些转变和变迁在它们的原则上、表现上和结果上都是必然的。

那些渴望得到自由的、缺乏经验的征服者把罗马帝国分成无数像他们自己那样自由和独立的领地，那是必然的。

这些爱好战争甚至比爱好自由更甚的人将顺从他们的领袖，并且由于自由保有的不动产所代表的是人，因而财产会侵犯财产，那是必然的。

在不作战时经常闲荡的贵族的统治下，会产生许多劳动者，他们依靠生产力以及财富的分配和流通，会逐渐赢得对于商业、工业和一部分土地的控制权，并且当他们成为富人时，他们也会渴望得到权力和权威，那是必然的。

最后，当获得了自由与权利平等，而由劫掠、穷困、社会不平等和压迫等伴随的个人所有权依然存在时，就会有人探究这个弊害的原因，并产生一种普通联合的观念，因而在劳动条件下，所有的利益都会得到保障和巩固，那也是必然的。

扼要地重复说一下。

"当弊害达到过分严重的程度时，"一个博学的法律家说，"它是会自行矫正的；而那种旨在增加国家权力的政治革新，则最后会屈服于它本身工作的效果。日耳曼人为了要获得他们的独立，曾经推选了领袖；不久他们就受到他们的国王和贵族的压迫。君王为了要控制自由人，用志愿兵把自己包围起来；并且他们觉得自己是从属于他们的傲慢的侍臣了。总督(Missi dominici)是为了维持皇帝的权势和保护人民不受贵族的压迫而被派到各省去的；他们不但在很大程度上篡夺了皇权，而且对待居民更加严酷。自由人为了避免兵役和法院方面的义务而去充当侍臣；而他们就立即被牵涉到他们领主的一切个人纠纷中去，被迫在这些领主的法庭中履行陪审的义务……国王保护城市和自治市镇，希望使它们不受高级侍臣的支配，并使他们自己的权力更为绝对化；把立宪政权在欧洲的一些国家中建立起来的就是这些自治市镇，它们现在使王权受到了遏制并且引起了普遍的要求政治改革的愿望。"(梅伊埃：《欧洲的司法制度》。)

什么是封建主义？大领主反对农奴和反对国王的联盟。[①] 什么是立宪政府？资产阶级反对劳动者和反对国王的联盟。[②]

封建主义是怎样灭亡的呢？是在自治市镇和国王权力的结合中灭亡的。资产阶级的贵族将怎样灭亡呢？将在无产阶级和主权的结合中灭亡。

自治市镇和国王反对封建主的斗争的直接结果是什么呢？就是路易十四的君主统一。无产阶级和主权结合起来反对资产阶级的斗争的结果将会是什么呢？国家和政府的绝对的统一。

还须注意到单一的和最高的国家在它的行政机关和中央的权力机关中是否由一个、五个、一百个或一千个人来代表；这就是说，还须注意到，设了防栅的王权是否想依靠人民来维持它自己，还是

① 在精神上和它的天意的定命上，封建主义是人类的个性对于欧洲在中世纪时代就已蔓延起来的僧侣共产主义的长期反抗。在异教徒的狂欢作乐之后，利己主义被基督教引导到相反的极端——用一种无限的克己精神和对于世间欢乐的绝对漠视来冒它自己生命的危险。封建主义是起着平衡作用的力量，这种力量曾把欧洲从宗教公社和摩尼教派相结合的势力下挽救出来。那些摩尼教派自第四世纪起就以不同的名称在不同的国家中萌芽起来。现代的文明，在关于人身、婚姻、家庭和国家等观念的确立上，是应当归功于封建主义的。（关于这个论题，参阅基佐：《欧洲文明史》。）

② 在1830年7月和以后的岁月中，这点就变得明显了，在这个时期，拥有选举权的资产阶级为了要控制国王而完成了一次革命，并为了约束人民而镇压了叛乱。资产阶级利用陪审官、地方长官、它在军队中的地位和它的市政机关中的专制主义，统治着国王和人民。比任何其他阶级更为保守和更为退化的，就是资产阶级。制造内阁和推翻内阁的，就是资产阶级。摧残上议院的势力并在不满时即推翻国王的，就是资产阶级。国王正是由于想取得资产阶级的欢心才使自己失去民心的。对于人民的希望感到烦恼并阻碍改革的，就是资产阶级。资产阶级的报纸是向我们宣传道德和宗教，同时却又为自己保留着怀疑主义和冷淡态度的报纸；它们攻击个人负责的政府，并且赞成不让那些没有财产的人享有选举权。资产阶级宁可接受任何事情而不愿无产阶级解放。一旦它认为自己的特权受到威胁时，它就立即和王权团结起来；谁不知道，就是在这种时刻，这互相对立的两方面才停止争吵的呢？……这是一个所有权的问题。

不想依靠人民，并且路易－菲力浦是否愿意他的王朝成为有史以来最著名的王朝。

我曾尽可能简略地但同时也要尽可能确切地作了这个说明，把事实和细节略去不提，以便我可以更多地注意社会的经济关系。因为研究历史犹如研究人体构造；正像后者具有可以分别研究的组织、器官和机能那样，前者同样具有它的整体、它的工具和它的原因。当然，我并不硬说贫困的原则完全概括了一切社会力量；但是，像在那个我们称之为身体的奇妙的机器方面，整体的协调容许我们从研究一个单独的机能或器官的过程中得出概括的结论那样，在讨论历史原因时，我们同样能够从单独一类的事实进行绝对正确的推理工作，因为我确信在这个特殊种类和世界史之间存在着完善的相互关系。一个国家有怎样的所有权，它就有怎样的家庭、婚姻、宗教、民政和军事组织以及立法和司法制度。从这个观点看来，历史是一种十分重要的和崇高的心理研究。

那么，先生，在我撰文反对所有权时，我是否只是引述历史的语言呢？我曾对现代的社会——以前各种社会的女儿和承继人——说过，做你所做的事情吧（Age quod agis）：去完成六千年来你在上帝的启发和命令下一直在做的工作吧；赶快走完你的路程吧；既不要向右转，也不要向左转，而是要顺着你面前的这条路前进！你寻求理性、规律、统一和纪律；但是从今以后，你只有把你童年的面纱扯掉，不再遵循本能的指导，你才能找到它们。唤醒你那睡着的天良吧；睁开眼睛去看看沉思和科学的纯洁的光芒吧；看清楚那个在梦寐中惊扰着你的、长期使你处于一种难以形容的痛苦状态的鬼怪吧。认识你自己吧，啊，你这长期受骗的社会！认识你的敌人吧！……我已经抨击了所有权。

我们往往听到土地所有权的辩护人在为他们的见解作辩护时援引了各国和历代的证据。我们可以根据刚才所说的话，来判断这个历史的论证同真正的事实和科学的结论符合到怎样的程度。

为了完成这个辩解，我必须考察各种不同的学说。

如果没有一种具体的学说来明确政治、立法和历史的原理并揭示它们的规律，总之，如果没有一种哲学，那么既不能说明这些政治、立法和历史，也不能了解它们。要知道，至今还使全世界的注意力分散开来的那两个主要的学派，都不能满足这个条件。

第一种学派在其性质上主要是**实践的**，它限于说明事实，并且由于埋头学习，很少注意到人类是根据怎样的规律而自行发展的。对它来说，这些规律是万能的上帝的奥秘，如果没有上天的委托，谁也不能探测它们的究竟。在把历史事实应用到政治上去的时候，这个学派没有进行推理；它没有作任何预测；它不把现在和过去作一番比较来预言将来。按照它的见解，经验的教训只是教我们去重复旧的错误，它的全部哲学在于永久不变地追溯古代的证迹，而不是永远按照这些证迹所指出的方向勇往直前。

第二种学派可以称为**宿命论的**或**泛神论的**。对它来说，那些帝国的运动和人类的革命都是万能的上帝的表现和体现。同神的本体相一致的人类在出现、形成和毁灭所构成的循环中旋转着；这个循环必然是排斥绝对真理的观念和摧毁天道及自由的。

相当于这两种历史学派，存在着两种同样相反的并且具有相同特征的法律学派。

1. 实践的和传统的学派，对于这个学派来说，法律永远是立法者的一种创造、他的意志的表示、他所恩赐的特权，总之，应当被看做一种明智而合法的恩赐的断言，不问它所宣告的是什么。

2. 有时被称为历史学派的宿命论的和汎神论的学派，它反对第一种学派的专制主义，主张法律像文学和宗教那样，永远是社会的表现——它的表示、它的形式、它那动的精神和不断变更着的灵感的外部的实现。

这两种学派都否认绝对，从而都拒绝承认一切实证的和先验的哲学。

现在，显然可以看出，无论我们对于这两个学派的理论采取怎样的看法，它们都完全不能令人满意；因为如果把它们对立起来，它们却不能形成一个两端论法——这就是说，如果其中一个是错误的，我们并不能够因此说另一个是正确的；如果把它们联合起来，它们又不能构成真理，因为在它们的心目中都没有绝对，而没有绝对就没有真理。它们分别构成了一个正题和一个反题。所以还须找寻的是合题，这个断定有绝对存在的合题可以辩明立法者的意志是正当的，可以说明法律的变化，消灭人类的循环运动的学说并证实人类的进步。

法律学家虽然抱有固执的偏见，却由于他们所从事的研究工作的性质，曾经不可抗拒地表示怀疑，法学上的绝对是否像一般人所设想的那样是属于空想的；这种怀疑是从他们对于立法者有责任加以调整的各种关系进行比较时产生的。

得到学院的很高荣誉的拉布赖先生用下面的话来开始他的《财产史》：

“如果那个只是规定人与人之间的相互利害关系的契约法几世纪以来没有变动（除非在涉及证据较多而涉及义务的性质较少的某些形式下），那个规定公民之间相互关系的关于财产的民法却发生过几次剧烈的改变，并在改变的过程中同社会上所有的变迁采取同一的步调。契约法在本质上坚守着深入人心的永恒正义的原则，所以它是法学的不变的因素，在某种意义上说也就是它的哲学。相反，财产则是法学的可变的因素，是它的历史，它的政策。”

了不起！在法律上，因而在政治上，存在着某种可变的东西和某种不变的东西。不变的因素是义务，正义的约束，责任；可变的因素是财产——就是法律的外部的形式，契约的主题。由此可以推断，法律可以改变、变更、改革和判断财产。如果您可以的话，请您把这种说法同一种永恒的、绝对的、永久的和完整无缺的权利的观念调和一下看。

可是，当拉布赖先生又说出下列的话语时，他就和他自己的心意完全一致了：“土地的占有，在社会着手加以处理以前一直只是以暴力为根据的，并且是和占有人的主张结合起来的。”①稍后他又说：“所有权不是天然的，而是社会的。法律不仅保护财产：它们

① 最近，一位非常值得尊敬的议会议员高奇埃先生在讲坛上发表了同样的见解。“大自然，”他说，“没有把地产给予人们。”如果把只能指明一个种类的形容词土地的改为可以说明整个属类的形容词资本主义的，那么高奇埃先生就变成一个平等主义者的信徒了。

还产生财产,"等等。要知道,法律可以废除它所规定的事项;尤其是因为按照拉布赖先生——历史学派或汎神论学派的一个公开的成员——的意见,法律不是绝对的,不是一种观念,而只是一种形式。

但是,为什么财产是可变的,并且和义务不同,不能明定它的意义和加以澄清呢?在未免有些大胆地肯定说在权利上没有绝对原理(难以想象的最危险的、最不道德的、最专横的——总之是最反社会的——断言)以前,应该使所有权受到一次彻底的查考,以便证明它的可变的、专断的和偶然的因素以及它的永恒的、正当的和绝对的因素;于是,在完成了这步手续之后,那就容易来解释法律并纠正所有的法典了。

现在,我声明我已对所有权做了这种研究,并且是十分详尽的;但是,或者是由于公众对一本没有经过推荐的和并不动人的作品不感兴趣,或者是——这一点更有可能——由于说明的软弱无力以及缺少那种可使作品具有特色的天才,所以第一篇关于所有权的论文没有得到重视;只有极少数的共产主义者在翻阅之后肯惠予非难。只有您,先生,不计较我在对您的经济学前辈所作的一次过于严格的批评中所表示的怠慢态度,——只有您对我作了公正的判断;虽然我不能,至少逐字逐句地,接受您第一次的判断,但是对一个过于模棱两可而不能认为是最后的裁决,我还是只有向您提起上诉。

我不打算现在就开始讨论原理,我将满足于从这个简单明了的绝对的观点来评价我们这一代所产生的关于所有权的学说。

关于所有权的最确切的观念是罗马法给予我们的,在这方面古老的法学家是忠实地遵循了罗马法的。所有权是一个人对一件东西的绝对的、专属的、独断独行的支配权——一种由于长期占用而开始的、通过占有而维持下来的、最后借助于时效而在民法上得到批准的支配权；一种使人和物等同起来的支配权，以致所有人可以说："凡是使用我的田地的人实际上就是强迫我为他劳动；所以他应当给我补偿。"

我把可以获得所有权的次要方式——传统、出卖、互换、继承等等略过不提，因为它们和所有权的起源毫无共同之处。

因此，包梯埃说财产支配权而不单纯说财产。最博学的法学著作家——仿效那承认有一种所有权和一种占有权的罗马大法官——曾把支配权同用益权、使用权和住居权仔细地区别开来。后面这三种权利归结到它们的自然范围，就是正义的表现；并且，按照我的看法，它们会排挤掉支配权，并终于构成全部法学的基础。

但是，先生，您该惊叹那些体系的粗陋或者毋宁说是逻辑的灾难！罗马法和所有受它启发的学者教导说，所有权按其根源来说是被法律批准的先占权，另一方面，一些不满足于这个粗暴定义的现代法学家却断言所有权是以劳动为基础的。他们立刻推论说，一个不再劳动而使另一个人代替他劳动的人就丧失了享受后者的收入的权利。根据这一原则，中世纪的农奴要求取得对于财产的合法权利，并因而要求享受政治权利；1789 年教士们被剥夺了巨大的地产，得到了一笔补助金作为交换；在复辟时期自由主义的议会议员反对十亿法郎的赔款。"国家"，他们说，"通过二十五年的劳动和占有而取得了移民们由于放弃和长期怠惰而被没收的财产:为什么贵族应该受到比教士更为有利的待遇呢?”①

一切不是从战争中产生的霸占行为都是由劳动造成的并且是得到它的支持的。从罗马帝国灭亡起直到今天,全部现代史都证明了这一点。并且好像是要给予这些霸占行为一种合法的核准似的,那种破坏所有权的劳动学说就在罗马法中在时效的名称之下被讲解得十分详尽。

据说,从事耕种的人可以使土地变成他自己的;因而所有权就不再存在了。旧的法学家清楚地看到了这一点,他们不是没有高声地反对过这种新鲜事物;在另一方面,那个年轻的学派则嘲骂先占学说的荒谬。其他一些人出来企图把这两种见解综合起来进行调停。他们像世界上所有主张中庸之道的人那样失败了,并且因为他们的折衷主义而受到了嘲笑。现在发生恐慌的是在老派学说的阵营里;从一切方面传开了为所有权的辩护、对所有权的研究、关于所有权的学说,其中的每一项既然都是与其他各项矛盾的,这就给所有权带来一次新的创伤。

的确,不妨看看那些鲁莽的所有权辩护人这样轻率地使自己陷入的不可救药的困难、矛盾、谬误和奇怪的胡说。我看中了折衷

① 一位比较法的教授勒米尼埃先生更趋极端。他竟敢说,国家拿走了教士的全部财产,不是因为懒惰,而是因为不相称。“你们曾使世界文明,”这位平等的提倡者在对教士讲话时高声说,“就是为了这个缘故你们得到了财产。在你们手中,它们立即成为一种工具和一种酬报。可是现在你们不应当得到它们,因为你们早就不再使任何事物文明了。……”

这个立场和我的原理是完全符合的,我衷心赞成勒米尼埃先生的愤怒;但是我不知道曾否有过一个所有人确实因为他是不相称而被剥夺了财产;尽管这件事情看起来很合理、合乎社会性、甚至很有益处,它却是和财产的用途和惯例完全相反的。

主义者，因为把这些人杀死了，其他的人也就活不长了。

法学家特罗普隆先生在《法学》期刊的编辑的心目中被当作是一个哲学家。我告知《法学》期刊的先生们，根据哲学家们的意见，特罗普隆先生不过是一个律师；我可以证明我这个断言。

特罗普隆先生是一位进步的保卫者。“法典上的话，”他说，“是十八世纪的古典作品中洋溢着的有益的精华。想要取消它们……那就是侵犯进步的规律，就是忘记了前进的科学是一种成长着的科学。”①

现在，像我们所已经看到的，那部分容易变动的和进步的法律，是关于财产的部分。如果你们问起，在所有权方面应该采取哪些改革，特罗普隆先生没有答复；可以希望得到什么样的进步？没有答复；在全世界联成一体时财产将遭到什么样的命运？没有答复；在财产方面，什么是绝对的和什么是偶然的，什么是真实的和什么是虚假的？没有答复。关于财产，特罗普隆先生赞成不动和维持原状。在一个进步的哲学家的思想中，还有什么比这更加非哲学的呢？

可是，特罗普隆先生是想到过这些事情的。“在现代作家关于财产的学说中，”他说，“存在着许多缺点和过时的思想；杜利埃和杜兰东两位先生的著作可以作证。”于是，特罗普隆先生的学说就作出诺言，要提供一些有力的论点，一些先进和进步的思想。让我们来查看一下；让我们来研究一下：

“人在面对着一件使他可以满足生活需要的物体时，就感到一

① 《论时效》。

种对于这个物体的权力。他身为无生命的、无智慧的万物之王，觉得他具有一种改变它们、支配它们并使之适合于他的用途的权利。从这里就产生了财产的主体，它只有在对事物行使时才是合法的，如果对人行使的话，它就永远不是合法的。”

特罗普隆先生没有多少哲学家的气息，因此他甚至不了解他所卖弄的哲学用语的含意。他把物体说成是财产的主体；他应当说的是客体。特罗普隆先生使用了解剖学家的语言，因为解剖学家是把主体一词用来代表在他们实验中所采用的人类的肢体的。

我们的作家在后面又重复了这个错误：“自由，它制胜了物体，财产的主体，等等。”财产的主体是人；它的客体是物体。但是连这一点也不过是很小的烦恼；我们立刻将要受到某些大的苦难。

因此，按照刚才所援引的那段文字，财产的原理就非到人的良心和人格中去找寻不可。这个学说有没有什么新的创见呢？显然，从西塞罗和亚里士多德以至更早的时代起，那些主张物件属于先占者的人从来没有想到，占用是可以由一些缺乏良心和人格的生物来实行的。人性虽然像物体是财产的客体那样，可以是财产的要素或主体，但它不是条件。现在我们最需要知道的就是这个条件。到此为止，特罗普隆先生没有比他的老师告诉我们更多的事理，他用来修饰他的文体的那些辞藻也丝毫没有使旧思想增加什么新的内容。

那么，财产包含三项：主体、客体和条件。关于前两项，没有什么困难。至于第三项，即财产的条件，直到今天对于希腊人也像对于蛮族一样，曾经是先占行为的条件。进步的博士，现在您对这一点有什么高见呢？

"当一个人第一次把双手放在一件无主物上的时候，他完成了一次在人与人之间极为重要的行为。这样取得和占有的物体就成为，可以这样说，持有它的人的人格的一部分。它就像他自身一样成为神圣的了。要把它拿走，就不能不侵犯他的自由，或者要把它搬走，就不能不粗暴地侵犯他的人身。当台奥奇尼斯说'别挡住我的光线！'的时候，他不过表示了这种直觉的真理。"

很好！但是这位犬儒学派的巨擘，这位很会批评人的、很傲慢的台奥奇尼斯本人，因为另一个犬儒主义者占据了阳光之下的同一块地方，是否就有权向他索取一块钱的地租作为占用二十四小时的代价呢？造成所有人的就是这一点，您没有能够辩明的也是这一点。在从人格和个性推究到所有权时，您就不知不觉地构成了一个三段论式，在这个论式中，和亚里士多德所规定的定律相反，结论所包含的内容多于前提。人类个人的个性可以证明和集体占有(communio)相对立的原先叫做独有(proprietas)的个人占有。它产生了你的和我的之间的区别，这两个词是真正的平等的符号，其中丝毫不含任何隶属的意义。"从模棱两可的话到模棱两可的话"，米歇莱先生说，[①]"财产会慢慢地走到世界的末日；如果人自身不是它的范围的话，他就不能限制它。人和财产在哪里发生冲突，那里就是财产的限界。"总之，生物的个性摧毁了共产主义的假设，但它并不因此而产生所有权——根据这个所有权，一样东西的持有人对于代替他的地位的人可以行使一种要求付款和宗主的权利，这种权利向来被当作和财产本身是同一的。

① 《法国法律的起源》。

此外，对于那个合法地取得占有而不损害任何人的人不得撤销他的占有，否则就不免是彰明昭著的非正义的行为，这不是特罗普隆先生所说的直觉的真理，而是和财产毫无关系的内在感觉的真理。①

还有，特罗普隆先生承认占用是财产的一个条件。在这一点上他是同罗马法一致的，也是同杜利埃和杜兰东两先生一致的；但是按照他的意见，这个条件不是唯一的，就在这一点上他的学说越出了那两位先生的学说的范围。

“但是，不论从单独占用得来的权利具有怎样的专属性，当人已经用他的劳动塑制了物品，当他已经在它里面放进了他自己的一部分，用他的劳力加以改造并在它上面盖上了他的智慧和努力的印鉴时，上述权利的专属性是不是更要浓厚呢？在所有的获得行为中，这是最正当的一种，因为它是劳动的代价。谁要是使一个人不能享受这样改造的、这样赋予人性的物品，他就会侵犯这个人本身，就会使他的自由受到最深重的创伤。”

特罗普隆先生在讨论劳动和勤勉时，炫耀了他整个的丰富的辩才，我把这些很美丽的解说略过不提。特罗普隆先生不仅是一个哲学家，他又是一个演说家、一个艺术家。他善于向良心和热情作呼吁。如果我要详细批评的话，我可以把他的辞藻批驳得体无

① 尊敬自己的父母，感激自己的恩人，既不杀人也不偷窃，这些都是内在感觉的真理。服从上帝胜于服从人，使人各得其所应得；整体大于部分、直线为两点间最短的途径，这些都是直觉的真理。两者都是先验的：但是前者是被良心所感觉到的，并且只意味着心灵的单纯动作；后者则是被理智所觉察到的，意味着比较和关系。总之，前者是情感，后者是观念。

完肤；但是目前，我只限于谈他的哲学。

如果特罗普隆先生在抛弃占用这一根本事实并大谈其劳动学说以前，只要懂得如何思考和思索的话，他就会自问："占用是什么呢？"那么他也许会发现：占用不过是个一般的名称，可以用来表示各种的占有方式——强占、暂驻、永居、居住、耕种、使用、消费等等；因而劳动不过是占用的一千种方式中的一种。他也许终于会懂得，从劳动中产生出来的占有权，像由简单的掌握物品的行为所产生的占有权那样，是受同样的一般法则的支配的。在他应该推理时，他却进行狡辩，他不断地把他的譬喻误认为法律上的定理，他甚至不知道用归纳法去求得一般概念并形成一个范畴，像他这样的人是一种什么样的法学家呢？

如果劳动与占用是等同的话，它使劳动者所能得到的唯一利益，就是对于他劳动的对象的个人占有权；如果它与占用有所不同，它就产生一种只能与它本身相等的权利——这就是说，一种和占用人的劳动一起开始、一起继续和一起终了的权利。正由于这个缘故，用法律上的用语来说，人们不能单靠劳动而获得对于一件东西的合法权利。他还必须在一年零一天的期间内保持着它，才能被当作是它的占有人；或者占有它满二十年或三十年，才能成为它的所有人。

这些初步说明一经确立，特罗普隆先生的整个结构就由于它自己的重量而崩溃了，他试图作出的论断也就消失了。

"财产一旦由于占用和劳动而被取得之后，它就不但用同样的手段，而且还由于持有人不肯放弃权利，自然而然地保存下来；因为根据财产已经上升到一个权利的高度这一事实来看，它就具有永久保持下去并在一个不定时期内继续存在的性质……从一种理想的观点来考虑时,权利都是不灭的和永恒的;只能对偶然事件发生影响的时间,像它不能伤害上帝本身那样,不能对这些权利有所妨碍。"令人惊奇的是,我们这位作家在谈到理想、时间和永恒时,在他的语句中没有运用在现今的哲学著作中非常时髦的柏拉图的神翼。

除了谎话之外,在世界上的一切事物中,我最恨无意义的谬论。财产一旦被取得之后!好吧,如果它是被取得的话;但是,既然它不是被取得的,它就不能被保存下来。权利是永恒的!不错,在上帝的眼光中,正像柏拉图主义者的原型的观念那样。但是在地球上,权利只能在主体、客体和条件的面前才能存在。如果去掉这三者的任何一种,权利就不再存在。所以个人的占有在主体死亡时、在客体毁灭时或者在交换或放弃时,就不再存在。

但是,让我们姑且同意特罗普隆先生的意见,承认财产是一个绝对的和永恒的权利,除非根据契约和所有人的意愿,它是不能被毁灭的。随着这种见解而来的后果是什么呢?

为了说明时效的正当和效用,特罗普隆先生假设了一个久已被人遗忘的甚或人们所不知道的所有人要想排除一个实际占有人的占有的情况。"在开始时,占有人的错误是可以原谅的,但不是无法补救的。在占有继续进行和逐渐年代久远之后,它给自己全身穿上标志着真实的鲜艳衣服,高声地讲着正义的语言,并包含许多可靠的利益,因此我们大可以问一下,回复到真实的情况是否会比核准它(这无疑是一种错误)一路所散布的虚构造成更大的混乱呢?当然会造成更大的混乱;我们必须毫不犹豫地承认,医疗的办法会比疾病更糟，如果加以采用，它势必会导致对权利的最粗暴的侵犯。”

从什么时候起功利成为法律的一个原则的呢？当雅典人根据亚里斯泰提斯的意见拒绝一个对他们的共和国非常有利但是十分不公正的建议时，他们比特罗普隆先生表现了更为敏锐的道德感和更大的贤明。财产是一种永恒的权利，它不受时间的影响，除了所有人的行为和意愿之外，它是不为任何事物所破坏的；而现在，人们却从所有人那里夺走这个权利，并且是根据什么理由呢？我的老天爷！根据人不在这个理由！法学家在争夺权利的时候难道不是真的受任性的支配的吗？当这些先生高兴的时候，懒惰、不相称或人不在就可以使一种权利失效，而在完全类似的情况下，劳动、居留和德行又不足以取得这个权利。法学家拒绝承认绝对，这是不足为奇的。他们的最大的乐事就是法律，他们的乱七八糟的想象是法学方面发生演变的真正原因。

“即使名义上的所有人说不知道，他的主张也丝毫不见得更为有效。事实上，他的不知道可能是无可原谅的疏忽等等所造成的。”

哎哟！为了通过时效而使剥夺行为合法化，您就假定所有人犯有过失！您谴责他人不在，——这种情况可能是出于无奈的；您谴责他的疏忽，而并不知道造成这个疏忽的原因；您谴责他的漫不经心，——这是您自己的毫无根据的设想！这是荒谬的。只要作一番很简单的观察，就可以摧毁这种理论。他们对我们说，社会为了秩序对占有人另眼相看而不利于原先的所有人，所以它应当给予所有人一种赔偿；因为时效的特权只不过是为了公共福利而实行的没收。

但是这里有一些较为强烈的语句：

“在社会中，一个地位是不能一直无忧无虑地空着的。原来的人失踪了或外出了，在他的地位上来了一个新人；他把他的生存带到这里来，全神贯注地致力于这个他发现被抛弃的岗位。这时，难道那个逃兵可以来同这个为了他认为是正当的事业而汗流满面地从事战斗并负起日常重任的兵士争执胜利的荣誉么？”

当一个律师的舌头一旦开始转动的时候，谁知道它到哪里才停止呢？特罗普隆先生承认那种在所有人不在的情况下所发生的霸占行为，并凭空假定所有人犯有疏忽的过失而为这种霸占行为作辩护。但是，当疏忽是有凭据为证的时候；当抛弃行为是被严肃地、自愿地表明在推事面前的一纸契约中的时候；当所有人敢说“我不再耕种了，但是我仍然要分享一份产品”的时候；——那个不在的人的所有权却得到了保障；占有人的霸占就会是一种犯罪的行为；田租成为懒惰的酬报。这种法律的正义性（我姑且不说它的一致性）在哪里呢？

时效是民法的产物，立法者的创造。为什么立法者不以其他方式来确定那些条件呢？——为什么要规定二十年或三十年而不规定仅仅一年就可以发生时效呢？——为什么不把故意的不在和自承的怠惰看作同非故意的不在、无知或漠不关心一样，是剥夺的有效根据呢？

但是，如果我们要求那位哲学家特罗普隆先生告诉我们时效的根据，那是徒劳的。关于法典，特罗普隆先生并不作任何推论。“解释者”，他说，“必须就事论事，就社会目前的情况来理解社会，就法律被制定的情况来观察法律；这是唯一合理的出发点。”好了，那么您可以不必著作更多的书了；您可以不再责备您的那些前辈的落后了——因为他们像您一样，目的只在于解释法律；您不必再多谈哲学和进步了，因为谎话梗在您的喉咙里。

特罗普隆先生否认占有权的现实性；他否认占有曾经被当作一个社会原理而存在过；他引证了德·沙维尼先生的言论，而后者则恰巧是抱有相反的见解的，对于这种见解，特罗普隆先生宁可不加答辩。有一个时候，特罗普隆先生主张占有和财产是同时的，它们是同时存在的，这就意味着所有权是以占有的事实为根据的——一个显然是荒谬的结论；在另一个时候，他否认占有在历史上先于财产而存在——这个断言是与下列事实相矛盾的：许多民族按照习惯在尚未使土地私有化的情况下即从事耕种，罗马法把占有和所有权区别得很清楚，我们的法典本身规定二十或三十年的占有是取得所有权的条件。最后，特罗普隆先生甚至主张，所有权与占有毫无共同之处（Nihil commune habet proprietas cum possessione）这句罗马成语——这句成语很明显地含有指国有土地的占有而言的意义，并且它迟早是会再度无条件地被接受的——在法国法律上仅仅表达一个审判的原则，一条禁止把请求占有之诉与请求确认所有之诉合并提起的简单的规定，——一种既是退步的又是非哲学的见解。

在讨论请求占有之诉时，特罗普隆先生是非常不幸或为难，因此他由于不能理解经济的意义而肢解了经济。“正像财产引起了请求返还之诉那样，”他写道，“占有——占有权（jus possessio－nis）——同样是提起关于占有的抗辩的根据。……以前有两种关于占有的抗辩权，请求恢复占有的抗辩权（interdict recuperandæ possessionis）和请求保留占有的抗辩权（interdict retinendæ possessionis）——它们相当于我们现行的那种关于永佃土地的占领或新土地占有行为提出异议之诉（complainte en cas de saisine etnouvelleté）。还有一个第三种的关于占有的抗辩权——取得占有的抗辩权（interdict adipiscendæ possessionis），这在罗马的法学著作中是在涉及其他两种关于占有的抗辩权时提起的。但实际上这种抗辩权是不属于占有权的：因为想要通过抗辩权而取得占有的人现在并不占有并且以前也没有占有过；而已经取得的占有是行使占有抗辩权的条件。"为什么不能像恢复占有的抗辩权那样想象有一种取得占有的抗辩权的存在呢？当罗马的平民请求分割从征战中得来的土地时，当里昂的无产者提出他们的口号"在劳动中生存，否则就在斗争中死亡"（vivre en travaillant ou mourir en combattant）时；当现代经济学家中最开明的人士主张人人都有劳动和生存的权利时，他们不过是提出这种取得占有的抗辩权，这种抗辩权却使得特罗普隆先生感到非常狼狈。我从事反对所有权的辩论，其目标如果不是为了得到占有，那又是为了什么呢？既然这种占有的抗辩权是另外两种的必要补充，并且这三者结合起来就构成一个不可分割的三位一体——恢复、维持、取得，那么，为什么身为法律家、演说家、哲学家的特罗普隆先生就看不出，从逻辑上讲，非承认这种占有的抗辩权不可呢？打破这个系列就是造成空白，破坏事物的天然综合，也就是效法那种试图只用长与宽来构想一个立体的几何学家的榜样。但是，当我们想到特罗普隆先生拒绝承认占有的本身时，他拒绝承认第三种的占有抗辩权就不足为

奇了。在这方面,他完全受他的偏见的控制,所以他就不知不觉地把关于请求占有之诉和请求确认所有权之诉等同起来。而不是把它们结合起来(在他看来,这会是可怕的)。这是不难加以证明的,如果它不是过于烦琐而一味卖弄这些形而上学的令人费解的词句的话。

特罗普隆先生作为一个哲学家没有什么成就,作为一个法律的解释者,他同样也没有什么成就。只要举出他在这一方面的才能的一个例子,也就够了:

《民事诉讼法》第23条:“只许那些根据一种不能被取消的权利而占有至少已有一年之久的人在纠纷开始时起的一年内提起请求占有之诉。”

特罗普隆先生注释道:

“当一个既不是所有人又不是一年以上的占有人被一个对该项地产没有权利的第三者驱逐出去的时候”,我们是否应该——像杜帕尔克、普兰和朗奇耐要我们做的那样——维持那条“被剥夺者应优先恢复权利”(Spoliatus ante omnia restituendus)的法则呢?我以为不然。《法典》第23条的规定是一般性的:它绝对要求提起请求占有之诉的原告具备至少已平安地占有了一年的条件。那是一个不变的原则:它无论如何不能被变更。为什么要把它撇开呢?原告没有占领土地,他没有优先的占有,他只有一种暂时性的、不足以保证有利于推定他有所有权的占用;这个推定使一年以上的占有变得非常宝贵。现在,他已丧失了这个事实上的占用;另一个人却取得了它;占有操在新来的人的手中。现在对于这种情形,不就可以适用“两造的理由相等时,应当认为占有人的主张更为有力

(In pari causa possessor portior habetur)的原则吗？实际的占有人不是比被逐出的占有人更应该获得优先权吗？他不是可以用下面的话来应付他对方的控诉吗：‘你应当证明你在我之前曾经是一个满一年的占有人，因为你是原告。就我来说，我不必告诉你我是怎样占有的，也不必告诉你我占有了多久。占有权就是由占有而来(Possideo quia possideo)。我没有别的答复，没有别的答辩。当你证明了你的起诉是可以被受理的时候，我们将看到你是否有权揭开那块掩盖着我的占有的起源的面幕。’”

这就是被光荣地称为法律学和哲学的东西——强权的复辟。什么！当我已经“用我的劳动塑制了物品”[我引证特罗普隆先生的话]；当我已经“在它里面放进了我自己的一部分”[特罗普隆先生]；当我“用我的劳力加以改造并在它上面盖上了我的智慧的戳记”[特罗普隆先生]，——根据我没有占有它满一年为理由，一个陌生人就可以剥夺我的占有，并且法律也不给我保护！如果特罗普隆先生是法官的话，他就会判决我败诉！如果我反抗我的对方——如果，为了这一小块我可以称之为*我的田地*而他们要想从我手中夺走的泥地，在两个敌手之间爆发一场战争的话——立法者将严肃地等待着，直到较为强大的一方杀死了另一方之后再完成一年的占有为止！不，不，特罗普隆先生！您不了解法律的文字：因为我与其怀疑立法者的公正，还不如怀疑您的智慧。在您应用“两造的理由相等时，应当认为占有人的主张更为有力”这一原则时，您是错了；在这里，与占有的现实性有关的，是纠纷发生时的占有人而不是控诉时的占有人。当法典规定在占有不满一年的情况下不得受理请求占有之诉时，它的意思不过是：如果在一年的期

间届满以前，持有人放弃了占有并实际上不再去亲自(In propria persona)占用的话，那他就不能利用机会对他的后继人提起请求占有之诉。总之，法典对待不满一年的占有的态度，和它应当对待一切占有的态度一样，无论它已经存在多久——这就是说，所有权的条件应该不仅是一年为期的占领，而且是永久的占领。

我不打算更进一步来作这种分析。当一个作者把他的两册曲解法律的著作安置在这样不可靠的基础之上时，我们可以大胆地说，无论它里面炫耀着多少学问，这个作品是一盆不值得批评家注意的、毫无意义的大杂拌。

说到这里，先生，我好像听见您在责备我这种自高自大的独断之论，这种无理的傲慢态度，这种态度不尊重任何事物，要求垄断正义和正确的见解，并擅自当众谩骂任何敢于持相反意见的人。他们告诉我，这个对于一位作家来说要比任何其他的缺点都更为可憎的缺点，曾经是我第一篇论文中十分突出的特征，我应当好好地加以纠正。

根据这个谴责来为自己剖白，是我的辩护获得成功的关键；因为我虽然觉察到在我身上有着其他性质不同的缺点，但在这件事情上我还是坚持我那喜欢争论的格调，所以我应当提出我为什么这样做的理由。我是根据必要而不是根据我的性癖来行动的。

因此我说，我像现在这样去对待我的那些作家，有两种理由：道理方面的理由和意向方面的理由。

1. 道理方面的理由。当我宣传钱财的平等时，我并不提出一种或多或少是大致如此的意见、一种或多或少是异想天开的乌托邦、一种只是依靠想象力而孕育在我脑子里的观念。我写下来的是一种绝对的真理，关于这个真理，迟疑不决是不可能的，谦逊是多余的，怀疑是可笑的。

但是，您会不会问，什么东西可以保证我所发表的话是正确的呢？什么东西给我保证，先生？就是我所采用的、通过先验的推理已证明其为正确的逻辑的和形而上学的方法；我拥有一种为我的作家们所不熟悉的、不会发生错误的调查和验证方法这个事实；最后，对于一切有关所有权和正义的事项，我已找到一个公式，可以用来解释所有立法上的变迁并提供解决一切问题的线索这个事实。可是，在杜利埃先生、特罗普隆先生和这一群乏味的、几乎像法典本身那样缺乏理智和是非之心的注释家那里，有一些可以称为方法的影子吗？难道您能把一种按照字母顺序排列起来的、年表式的、类推式的或者仅仅是名称上的主题分类法叫做方法吗？难道您能把这些罗列在一个任意决定的题目之下的几段文章的一览表、这些诡辩的空想、这一堆自相矛盾的引证和见解、这种令人作呕的语调、这种在律师界十分普通的但在别处难得见到的夸张的辞藻，叫做方法吗？难道您把这种空谈、这种用少许学者的装饰品打扮起来的不能容忍的讼棍手法当作哲学吗？不，不！一个有自尊心的作家是决不愿意去同这些误称为法学家的法律改篡者比较的；就我来说，我就反对作任何比较。

2. 意向方面的理由。就人们准许我泄露这个秘密这一点来说，我是一次庞大的革命的同谋者。这次革命使江湖骗子和暴君、剥削穷人和老实人的剥削者、一切领取薪金的懒汉、政治上的万应膏药和寓言的贩卖者、总之是思想和见解的暴虐统治者感到恐怖。我努力把个人的理智鼓动起来去背叛当局者的理智。

我是社会成员之一，根据这个社会的法则来看，一切加害于人类的邪恶都是从相信肤浅的教诲和对于权力的顺从中滋生出来的。不必到我们自己的世纪之外去找寻，譬如说，法兰西之被掠夺、嘲弄和压制，难道不就是因为它是在群众中间而不是就个人来发表意见的么？法国人民被分为三、四群关在栏里，这些人群从一个领袖那里接受信号，与一个领导人的言论相呼应，并且正好像这个领导人所说的那样来进行思考。据说，某一家报纸拥有五万个订户，假定每户有六个读者，我们就有三十万头在同一个饲草架边上吃草和吁叫的绵羊。您如果把这个计算方法应用到全部的定期刊物上去，您就会发见，在我们自由的、明智的法兰西就有两百万个生物每天早晨从报刊上接受精神上的牧草。两百万！换句话说，整个的民族让一二十个小人物牵着鼻子来领导。

先生，我决不否认新闻记者的才干、学问、对于真理的爱好、爱国心以及其他等等。他们是一些很优秀的聪明人，如果我有机会认识他们的话，无疑地我是愿意去效法他们的。我所不满的以及使我成为一个同谋者的是，这些先生不是启迪我们，而是命令我们，把一些信条强加在我们头上，并且那样做是不经过说明或验证的。例如，我问起巴黎的城防要塞是为了什么，在过去的时代，在某些偏见的影响下，以及由于一些为了论证的缘故而假定其为存在的非常情况的凑合，这些要塞也许是可以用来保护我们的，但是我们的后代将来是否用得着它们，那是有疑问的，——又如我问起，他们根据什么理由把将来和一种假设的过去看成是同一回事，这时，他们回答说，具有伟大智力的梯也尔先生曾对这个问题写了一篇风格优美的异常明晰的报告。对于这个话，我发怒了，并且反驳说梯也尔先生不懂得他在那里说些什么。为什么七年以前我们不要那些孤立的要塞，今天却又要起它们来了呢？

“唉！去你的吧，”他们说，“是有很大区别的；先前的要塞距离我们太近；有了这些，我们就可以受不到炮轰了。”你们受不到炮轰；但是你们可以被封锁起来的，只要你们动一动，你们就将受到封锁。哎哟！为了从巴黎人那里得到一些封锁的要塞，只要使他们对炮轰的要塞产生偏见就够了！并且他们想要哄骗政府！啊，人民的主权！……

“去你的吧！比你更聪明的梯也尔先生说，认为一个政府会对人民作战，并且会不顾人民的意愿而用武力来维持自己那是荒谬的。那是荒谬的！”也许是这样：这种事情发生过不只一次，也许还会发生。而且，当专制制度强大的时候，它看起来几乎总是合法的。无论如何，那些用炸弹来威胁我们的人在 1833 年撒过谎，在 1841 年又撒了谎。因此，如果梯也尔先生对于政府的意向很有自信，他为什么不在范围扩大以前就希望建筑要塞呢？如果政府和梯也尔先生之间没有策划一个阴谋，为什么会产生这种对政府的怀疑气氛呢？

“去你的吧！我们不希望再受到一次侵略。如果巴黎曾在 1815 年建有防御要塞的话，拿破仑就不至于被打败！”但是，我告诉你们，拿破仑不是被打败的，而是被出卖的；如果巴黎在 1815 年已经设了防，这些要塞也会发生像在打仗时受到迷惑的格鲁希的三万人那样的情况的。放弃要塞比起领导兵士来更加容易。自私和卑怯的人们还会找不到投降敌人的理由吗？

“但是你不看到外国的专制朝廷对我们的要塞感到激怒

吗？——这是它们并不抱有你那种想法的证据。”你相信那个；而就我这方面来说，我相信这些朝廷对于那件事实际上是完全漫不经心的；如果它们似乎是在取笑我们的大臣的话，那么它们这样做不过是为了给予这些大臣一个拒绝的机会。专制朝廷对待我们的立宪君主政治的态度总比我们的君主对待我们的态度要好些。基佐先生不是说，法国对内和对外都需要加以防卫吗？对内！反对谁？反对法国。唉！巴黎人啊！自从你们要求战争以来，只是过了六个月，而现在你们只想在街道上设置防御工事了。当你们连自己都控制不住时，那些联盟者为什么要害怕你们的学说呢？……当你们为了一个女演员的缺席而流泪时，你们怎能经得起一次围城的战役呢？

“但是，最后，难道你不懂得，由于现代战争的规律，一个国家的首都总是它的进攻者的目标吗？假定我们的军队在莱茵河畔打败了，法国被侵入了，没有设防的巴黎陷落在敌人的手中了。行政权力就会垮台；如果没有首脑，它就不能生存。首都既被占领，国家就非屈服不可。对于这一点，你有什么可以说的呢？”

答复很简单。为什么社会要按照这样的一种方法来构成，以致国家的命运决定于首都的安全呢？如果我们的国土受到侵犯，巴黎受到包围，为什么立法、行政和军事的机构不能在巴黎以外行使职权呢？为什么法国全部的生命力要这样地局限于一个地方呢？……请你们别再大嚷大叫地反对地方分权吧。这种陈腐的斥责只会使你们的智慧和诚意丧失信用。这不是一个地方分权的问题；我所攻击的是你们政治上的偶像崇拜。为什么要把全国的统一维系于某一个地点、某一些公务人员、某些刺刀上呢？为什么要使莫贝尔广场和杜勒里宫成为法国的保障呢?

现在让我来作一个假设。

假定在宪章上载明,“万一祖国又遭侵犯,巴黎被迫投降,政府覆灭,国民议会横遭解散,则选举团体可以不经其他正式通知而自动重新召集,以便指定新的议会议员,这些议员得在奥尔良组织临时政府。如果奥尔良失守,政府就应通过同样程序在里昂自动重新组成;然后在波尔多;然后在贝荣讷,直到法国全部沦陷或敌人被赶出法国为止。因为政府可以覆灭,但民族是永远不会灭亡的。国王、上议院议员和下议院议员可以被屠杀,法兰西万岁!”

你是否认为在宪章上加了这么一条,比巴黎四周的城墙和碉堡更能保障国家的自由和完整?那么,此后在行政、实业、科学、文艺等方面,你就应当去实行宪章对于中央政府和一般国防所应当规定的事项。与其努力使巴黎变成坚不可破的城堡,还不如设法使巴黎的陷落成为无关重要的事件。与其把专门学校、大学各院系、一般学校以及政治、行政和司法的中心聚集在一处;与其由于这种致命的凝聚而阻止各省文化的发展并削弱它们的爱国心——难道你不能在保持国家统一的前提下把社会的职能分配给各个地方和各个个人吗?这样一种体系——即允许各省都参加政权和政治活动,并使实业、智慧和力量在祖国各部分得到平衡——可以同等地确保人民的自由和政府的稳定,以反对国内外的敌人。

那就请你区别一下职能的集中和机构的集中;区别一下政治上的统一和它的实质上的表征吧。

“哦,这办法看起来是合理的,但它是不可能的!”——这就意味着巴黎市不打算放弃它的特权,并且意味着在那里这还是一个所有权的问题。

废话！祖国由于处在一种被巧妙地造成的恐慌状态中，曾经要求建立要塞。我敢肯定它已经放弃它的主权了。所有的党派都应当对这个自杀行为负责——保守党人，由于他们同意政府的计划；王朝的友人，因为他们希望不要反对那使他们感到高兴的事情并且因为一次人民的革命会把他们消灭掉；民主党人，因为他们希望接下来由他们统治。① 大家都乐意要得到的是将来镇压的工具。至于说到保卫祖国，他们是并不对此操心的。暴虐的观念在大家的思想中生了根，并且它把各种形式的自私心都一起带到一个阴谋中去了。我们希望社会更新，但是我们使这个愿望服从于我们的思想和便利。因为我们快要举行婚礼，因为我们的事业可以获得成功，因为我们的见解可以占据上风，我们就把改革拖延下去了。褊狭和自私的心理使我们给自由戴上了镣铐；并且，因为我

① 阿尔芒·卡勒尔可能是赞成首都设防的。《国民报》曾经一再把它的老编辑的姓名同拿破仑和服邦的姓名并列起来。这种把一个反人民的政客从坟墓里发掘出来的做法说明什么呢？它说明了，阿尔芒·卡勒尔希望使政府成为一种个人的和不能移动的、但通过选举产生的财产，并且说明了他希望这个财产不是由人民而是由军队选举产生的。卡勒尔的政治体系不过是罗马执政官的卫队的改组。卡勒尔也憎恶公民。在七月革命中他感到悲哀的，据说不是人民的叛乱，而是人民的战胜兵士。这就是为什么卡勒尔在1830年之后永远不肯支持爱国者的缘故。他曾问道："你们是不是用几个旅团来回答我？"阿尔芒·卡勒尔把军队——军权——当作法律和政府的基础。这个人无疑地在他的内心有一种道德感，但是他肯定没有正义感。如果他还活在世上，我也要大胆地指出这一点来。自由不会有比卡勒尔更大的敌人了。

据说，在这个关于巴黎设防的问题上，《国民报》的编辑部是不同意的。这就可以证明，如果需要证明的话，一家报纸可以造成错误和撒谎，而谁也没有资格去控告它的编辑人员。一家报纸是一种抽象的存在，实际上没有一个人对它负责，它之所以能够存在全靠互相让步。这个观念应当使有地位的公民感到害怕，他们因为抄袭报上的意见，认为他们是属于一个政党的，而丝毫没有怀疑他们实际上并没有首脑。

们不能迎合上帝的一切愿望，如果决定权操在我们手里，我们就宁可使天命停止运行，而不愿牺牲我们自己的利益和利己主义。这不是一个可以引用所罗门所说“邪恶欺骗了它自己”这句话的实例吗？

由于这个缘故，先生，我就投入到一种为反对任何形式的统治群众的权能而作的斗争中去了。作为无产阶级的哨兵，我同当今的著名人物，以及间谍和骗子进行交锋。可是，当我正在同一个有名的敌人交战的时候，我难道应当像讲坛上的演说家那样，在讲了每句话之后要停顿一下，说一声“博学的作家”、“流利的写作家”、“渊博的政论家”以及一百句其他的通常用来嘲弄人的陈腔滥调吗？据我看来，这些礼貌对于被攻击的人是一种侮辱，对于攻击者也是同样不光彩的。但是，当我谴责一个作家，对他说“公民，您的学说是荒谬的，如果能证明我的说法是对您的一种攻击，我就罪有应得了”的时候，那个听的人就立刻耳聪目明了；他全神贯注起来了；并且，如果我没有能够说服他的话，那么我至少可以触动他的思想，给他树立一个敢于怀疑和进行自由检查的有益榜样。

所以，先生，请您不要以为我在挑出您那非常博学的和很可尊敬的同事特罗普隆先生的哲学中的毛病时，我没有重视他作为一个作家的才能（据我看来，他做一个法学家是游刃有余的）；也不要以为我不重视他的学识，虽然他的学识过于局限在法律的条文上和旧书的阅读上。在这些方面，特罗普隆先生所犯的错误与其说在于不足，还毋宁说在于过分。此外，请您不要以为我是因为对他有什么私怨而激动起来的，或者以为我有想伤害他的自尊心的任何愿望。我不过是通过特罗普隆先生的那篇《论时效》的文章才了解他的。我希望他没有写过这篇文章;至于我的批评,无论特罗普隆先生或者任何我重视其意见的人都不会过目的。再说一遍,我唯一的目的是尽可能地向这不幸的法国证明:那些制定法律的和解释法律的人,都不是具有一般的、不涉及个人的、绝对的理性的永不错误的机体。

您在工艺学院中的同事沃洛夫斯基先生最近发表了为所有权作辩护的半官方性的言论,我曾决定使这言论受到一次有系统的批判。抱着这个目的,我曾开始收集为了解他每次演讲所必要的文件;但不久我就觉察到那位教授的思想是不连贯的,他的论据自相矛盾,一个断言总是被另一个断言所推翻,并且在沃洛夫斯基先生的那些精心作出的论证中,好的总是和坏的混杂在一起。由于天性有点多疑,我突然想起沃洛夫斯基先生是一个伪装起来的平等的提倡者,他不由自主地落入像俗话所说的那种两头落空(inter duas clitellas)的境地,也就是大主教雅可布用来形容他的一个儿子所处的境地。用比较慎重的话来说,我分明看出沃洛夫斯基先生处于一方面是他的深刻的信念和另一方面是他的职责之间的左右为难的境地,并且为了要维持他的地位,他不得不有某种偏颇。所以,当我看到一位本来应当清晰而精确地讲授理论的法制学教授经常被迫采取保留的态度、婉转的语言、譬喻和讽刺话的时候,我就感到十分痛苦;并且我就开始咒骂那个不让诚实人坦率地说出他的想法的社会。先生,您从来没有想到过有这样的苦痛:我好像是在给一位思想家的殉道行为作证。我在下文就要使您了解一下这些惊人的演讲会或者毋宁说是这些悲哀的场面。

1840年11月20日,星期一。——那位教授简短地说,1.所

有权不是以占用而是以人的印迹为基础的；2.每个人对于物品都有一种天然的和不可夺取的使用权。

现在，如果物品可以据为私有，并且虽然如此，如果所有的人都保留使用这种物品的不可夺取的权利，那么财产是什么呢？——如果物品只有靠劳动才能据为私有，这个私有化的作用将持续多久呢？——这些问题是会使无论哪一类的法学家都感到困惑和混乱的。

于是沃洛夫斯基先生就引证他的权威人士的话。我的老天爷！他提出来的是怎样的一些证人啊！首先是特罗普隆先生，就是我们曾经讨论过的那位伟大的形而上学者；然后是路易·勃朗先生，《进步评论》的编辑，他因为发表了他的那本《劳动组织》而几乎受到陪审官的审讯，并且他只是用了一种魔术家的手法[①]，才没有被检察官抓住；科里纳，——我指的是德·斯塔埃尔夫人——她在用一首短诗把陆地和波浪、田间的犁沟和水面上的船迹作了颇有诗意的对比后说，"只有在人留下了痕迹的地方才存在财产，"这就使财产从属于适合生存的境界的稳固性；卢梭，他是自由和平等的提倡者，但是按照沃洛夫斯基先生的说法，卢梭只是作为一种笑谈并且是为了指出一个自相矛盾的理论才攻击财产的；罗伯斯比尔，他禁止分割土地，因为他认定这种措施是财产的更新，并且他在等待共和国的确定组织的期间，

① 在沃洛夫斯基先生所宣读的一篇很短的文章中，路易·勃朗先生实质上是说：他不是一个共产主义者(这是我不难相信的)；攻击所有权的人一定是疯子(但他没有说明理由)；谨防把所有权和它的弊害混淆起来是很必要的。当伏尔泰推翻基督教的时候，他曾经一再公开地说，他对宗教没有憎恶而只是反对它的流弊罢了。

把全部财产放在人民的监督管理之下——这就是把最高支配权从个人移转给社会；巴贝夫，他要把财产给予国家，把共产主义给予公民；孔西台朗先生，他赞成把地产分成许多份——这就是说，他希望使财产变成名义上的和假定的：这一切都混杂着戏谑和俏皮话，以讥笑那些反对所有权的人（无疑是打算转移人们的敌对的批评）！

十一月二十六日。——沃洛夫斯基先生假设了这个反对的论据：土地像水、空气和日光一样是生活上所必需的，所以它是不能被据为私有的；并且他回答说：不动产的重要性随着工业力量的增大而减低。

好啊！这个重要性减低了，但是它并没有消失；并且这本身就说明了不动产是不合理的。这里，沃洛夫斯基先生假装认为那些反对财产的人所涉及的仅仅是不动产，同时他们只是把它当作进行比较的一个项目；在他异常清楚地指出了他使这些反对者所处的荒谬境地时，他找到了一种把听众的注意力移转到另一主题上去而不违背他应份加以否认的真理的方法。

“财产”，沃洛夫斯基先生说，“是使人有别于禽兽的东西。”这可能是对的；但我们要把这话看做是颂扬呢还是讽刺呢？

“穆罕默德，”沃洛夫斯基先生说，“曾经用命令规定了财产”。成吉思汗、帖木儿以及所有蹂躏各国的人都是这样办的。他们是什么样的立法者呢？

“财产从人类的原始时期起就一直存在的。”是的，并且还有奴隶制专制政治；还有多妻制和偶像崇拜。但是这种古代的制度能够说明什么呢？

以波尔塔利斯先生为首的那些参政院的议员在他们关于法典的讨论中没有提起所有权合法性的问题。“他们的沉默”，沃洛夫斯基先生说，“是支持这种权利的先例”。既然那个意见是我提出的，我可以把这个答复当做是直接对我个人发出的了。我回答说，“只要一个见解能够得到普遍的承认，信念的普遍性本身就可以用来作为论据和证据。当这同样的见解被攻击时，以前的信条就什么也不能证明了；我们必须依靠理智。不论愚昧无知有多久的历史，也不论它怎样可以原谅，它永远不能胜过理智。”

沃洛夫斯基先生坦白承认，所有权有它的种种流弊。“但是，”他说，“这些流弊正在逐渐消失。今天，它们的原因已被得知。它们都是从一种虚假的所有权学说中滋生出来的。在原则上，所有权是不可侵犯的，但是它可以并且必须加以抑制和受到惩戒。”这就是那位教授的结论。

当一个人仍然这样地停留在云端里的时候，他用不着担心会说出模棱两可的话来。虽然如此，我还愿意他把所有权的这些流弊加以明确，指出它们的原因，解释一下这个无从产生流弊的正确学说；总之，我愿意他告诉我，用什么办法可以不必摧毁所有权而使它为了全体人民的最大幸福而受到支配。“我们的民法法典，”沃洛夫斯基先生在谈到这个问题时说，“有很多要修改的地方”。我以为这个法典把每件事情都置之不理。

最后，沃洛夫斯基先生一方面反对资本的集中和由此而产生的兼并现象；另一方面他又反对土地的极端的分散。我认为我在第一篇论文中已经说明，大规模的积累和微细的分散是经济学上的三位一体的头两个论题——正题和反题。但是，如果说沃洛夫斯基先生对于第三题、即合题什么话也没有说，从而听任那个结论悬空着，那么我却曾经指明，这第三题就是协会，它意味着所有权的消灭。

十一月三十日。——著作权。沃洛夫斯基先生承认，同意才干享有某些权利（这同平等是毫不抵触的）是合乎正义的，但他竭力反对那种使著作者的继承人获得利益的、天才作品的永久和绝对的著作权。他主要的论据是，社会对于各种精神方面的创造拥有集体生产的权利。要知道，我在我的那篇《关于所有权和政治的探讨》中所阐明的，正就是这种集体力量的原理，并且我曾在这个原理上建立起一个新社会组织的完整的大厦。就我所知，沃洛夫斯基先生是第一个把这条经济上的定律应用到立法上去的法学家。不过，在我把集体力量的原理扩展到各种产品上去的同时，沃洛夫斯基先生却比我一向所持的审慎态度更为谨慎，把这个原理局限于中间范围。所以，对于我十分大胆地就其整体来说明的问题，他只是满足于肯定它的一部分，让聪明的听众自己去填补空白。虽然如此，他的论证却是深刻的和严密的。人们会觉得，这位教授由于自己感到只涉及所有权的一个方面可以比较安心，已经让他的智力自由发挥出来，并正在向着自由突进。

1. 绝对的著作权会妨碍别人的活动力并阻塞人类的发展。那就会是进步的灭绝；那就会是自杀。如果最初的一些发明——犁、水平仪、锯子等等——曾经被私有化的话，会发生什么情况呢？

这就是沃洛夫斯基先生的第一个论题。

我回答说：在土地和工具方面的绝对所有权妨碍人类的活动力，阻塞进步和人的自由发展。在罗马和一切古老的国家发生了什么事情呢？在中世纪发生了什么事情呢？今天在英国，由于生产资源的绝对所有权的结果，我们看到的是什么情况呢？人类的自杀。

2.不动产和动产是和社会利益相符合的。由于著作权的缘故，社会利益和个人利益就永远发生矛盾。

这个论题的说明中含有为那些不能充分和完全享有言论自由的人所共有的修辞上的辞藻。这种辞藻就是说反话（anti-phrasis）或故意把真话反过来说（contre-vérité）。按照杜马尔赛和那些最优秀的人类学家的看法，这种辞藻在于说一件事情的时候意思是指另一件事情。沃洛夫斯基先生的论题，如果自然而然地说出来的话，就可以作如下的理解：“正像不动产和动产在本质上是与社会相敌对的，同样地，由于著作权的缘故，社会利益和个人利益也就永远发生矛盾。”

3.德·蒙达朗贝尔先生在上议院里怒气冲冲地抗议把著作家和机器发明家等同起来；他认为这种视同一体的办法是对著作家有妨害的。沃洛夫斯基先生回答说：如果没有机器，著作家的权利就等于零；如果没有造纸厂、铸造铅字的冶炼厂和印刷所，那就不会有诗和散文的出售；许多机械学上的发明——例如指南针、望远镜或蒸汽机——具有完全和一本著作同样的价值。

在德·蒙达朗贝尔先生之前，沙尔·孔德先生曾经嘲笑那些合乎逻辑的思想一定会从著作家所享有的特权中推论出来的那种偏袒机械发明的论断。孔德先生说,“那个首先想出并实行把一块木头变成一双木屐,或把一张兽皮变成一双凉鞋的念头的人,本来可以因此而获得为人类做鞋的专利权!”在私有制的体系下,无疑是这样的。因为事实上,你们这样地加以挖苦的木屐是制鞋匠的创造、他的天才的作品、他的思想的表现,对他来说,这双木屐是他的一首诗,正像《国王取乐》是维克多·雨果先生的剧本一样。应当公正地对待一切相类的事情。如果你们拒绝给予制鞋匠一张专卖的特许证,你们就等于拒绝把特权给予诗人。

4. 使一本书占有重要地位的,是作者和他的作品以外的一件事实。如果没有社会的智慧,没有它的发展以及它与那些作者之间在思想上、感情上和利害关系上的某种共同性,那些作家的作品就会一钱不值。一本书所以有交换价值,与其说是由于书中所展示出来的才能,还不如说是由于社会条件。

的确,我好像是在抄写我自己的话语似的。沃洛夫斯基先生的这一论题含有一种对于概括而绝对的思想的特殊措辞,一种反对所有权的最强烈的和最明确的措辞。为什么艺术家能够像技术人员那样找到维持生活的手段呢?因为社会曾使美术像最粗陋的工业那样,成为消费和交换的对象,因而它们是受一切商业上的和政治经济学上的定律支配的。而这些定律的第一条就是职能之间的平衡关系,也就是同事之间的平等关系。

5. 沃洛夫斯基先生常常喜欢讽刺那些著作权的请愿者。“有一些著作家，”他说，“渴望得到作者的特权，他们为了这个目的而指出乐剧的威力。他们谈到高乃依[①]的侄女在一个靠她伯父的作品发财的戏院门口求乞……为了满足著作界的贪婪，就会有必要确立著作权的继承办法，并制定整套例外的法典。”

我喜欢这种善良的讽刺。但是沃洛夫斯基先生并没有把问题所牵涉到的那些困难发挥无余。首先，国家花钱请来发表讲演的古尚、季佐、维叶门、达米容各位先生和他们的同行将通过书商再获得第二次的报酬，这难道是公平的吗？——我既然有权报告他们的讲演，难道就不应当有把这些讲演印刷出来的权利吗？诺埃尔和夏普沙尔两位先生是大学的监督，他们利用自己的势力把他们从一些著作中选出来的东西卖给那些由他们两位收受薪金而奉命监督其学业的青年，这是不是公平的呢？如果是不公平的，那么就不应该拒绝把著作权给予任何身居公职和领取年俸或干薪的作者吗？

此外，作家的特权是不是应当扩展到那些只想去腐化人心和模糊理解力的反宗教的作品和不道德的作品呢？如果给予这种特权，那就等于是用法律来许可不道德的行径；如果加以拒绝，那就是挑剔作家。在现社会的不完善的状况之下，既然不可能防止一切侵犯道德律的行为，那就有必要设立一个审定书籍和道德的颁发许可证的办事处。但是，在这个时候，我们的著作界将有四分之三被迫去进行登记；并且，既然此后根据他们自己的供认而被认为

① 比埃尔·高乃依（1606—1684），法国杰出的剧作家，十七世纪古典主义剧作的创始者，著有悲剧《西得》、《贺拉西》、《庞培之死》等。——译者

是卖淫者，他们将必然是属于公众的。我们把夜度资付给娼妓；我们并不给她特权。

最后，剽窃行为是否应列入伪造行为的一类呢？如果你回答说“是的”，那你就是预先把书上所讨论的一切主题据为己有；如果你说“不”，那你就是把整个的问题交给法官去作出决定。除了秘密翻印的情形之外，法官将怎样从援引、摹仿、抄袭甚或巧合中辨别出伪造来呢？一位学者花两年的时间去计算出一张具有九位或十位小数的对数表。他把它印了出来。两星期之后，他的书就以半价出售；这就无法说明这种结果是由于伪造还是由于竞争。法院能做些什么呢？如果发生疑问，法院是否应当把著作权判给先占人呢？等于是用抽签来解决问题。

不管怎么样，这些都是不值得多加考虑的；但我们有没有看到，在把一种永久性的特权给予作家和他们的继承人时，我们实际上是对他们的利益给了致命的打击呢？我们打算使书商从属于作家——这岂不是梦想？书商会联合起来反对著作和著作所有人的。反对著作的办法是拒绝推广它们的销路，用拙劣的摹仿作品来代替它们，用上百种间接的方法来翻印它们；谁也不知道剽窃和巧妙摹仿的手法可以达到怎样的程度。还有反对著作所有人。难道我们不知道这样的事实，即十几本的销路能够使一个书商卖出一千，用五百册一版的书籍他能供应一个王国三十年的需要吗？在书商的这种彻底的同盟面前，那些可怜的作家能有什么办法呢？我愿意把他们可能的出路告诉他们。他们会受雇于他们现在视同海盗的那些人；并且为了保证得到利益，他们会变成工资劳动者。

这是对于卑鄙的贪婪和不知满足的骄傲的适当酬报①。

6.反对的意见。——占用的土地的所有权可以移转给占用人的继承者。作家们说，“为什么天才的作品就不应该以同样的方式传给那个天才的人的继承者呢?”沃洛夫斯基先生回答说：“因为先占人的劳动是由他的继承人接续下去的，而一个作家的继承人却

① 在作家和艺术家之中，所有权的狂热达到了顶点，奇怪的是，我们的立法者和文人竟以心安理得的态度来关爱这种毁灭性的热情。有一个艺术家出卖一幅画，接着在交货以后借口他在出卖原本时没有出卖他的图案，擅自阻止购买人卖出雕版。在玩赏者和艺术家之间关于事实和法律就发生了争执。教育部大臣维叶门先生在人们向他征求关于这个特殊案件的意见时，认为画家是有理的；不过在契约中本来应当特别保留图案的所有权：所以实际上维叶门先生承认那位艺术家有权出让他的作品同时又有权防止它传布；这样就与法律上的定理相矛盾：一个人不能同时让与和保留。维叶门先生是一个奇特的理论家！一个含糊的原理导致谬误的结论。维叶门先生不是放弃那个原理，而是赶快承认那个结论。在他看来，归谬证法(reductio ad absurdum)是一个令人信服的论证。这样，他就成为著作权的官方辩护人，确实可以得到一帮游手好闲者的谅解和支持，而这些人则是著作界的耻辱和公共道德的祸患。那么，维叶门先生为什么如此热衷于充当著作界的领袖，在参政院中为了著作界的利益扮演特里索旦的角色，并成为一帮自称为文人的败类的助手和同伙呢？这些败类十多年来是费尽心机来破坏公众的精神并通过歪曲思想来腐蚀人心而获得可悲的成就的。

矛盾中的矛盾！“天才是世界上伟大的平等论者，”德·拉马丁先生高呼说，“所以天才应该是一个所有人。著作权是民主政治的财富。”这不幸的诗人，当他不过是乱吹一气时，却自以为是渊博的。他的辩才不过是把那些互相冲突的概念成双地结合在一起：圆的方形、黑暗的太阳、堕落的天使、传教士和爱情、思想和诗文、天才和财富、公平和所有权。作为答复，让我们告诉他，他的心是一个黑暗的发光体；他的每一篇讲话是一种杂乱无章的配合；无论是在诗篇或散文中，他所有的成就全靠采用非常的事物来处理最普通的命题。

《国民报》在答复德·拉马丁先生的报告时，力求证明著作权具有一种与不动产迥不相同的性质；好像所有权的性质是以它所影响的对象而不是以它行使的方式和它存在的条件为转移似的。但是《国民报》的主要目的是要取得一部分所有人的欢心，这些人对于所有权的扩张感到烦恼：这就是为什么《国民报》反对著作权的缘故。它是否愿意斩钉截铁地告诉我们它是赞成平等还是反对平等呢？

永远不会对他的作品有所更改或增添。在不动产方面，劳动的继续性说明了权利的继续性。”

是的，如果劳动是继续下去的话；但如果劳动没有继续下去，权利就停止了。沃洛夫斯基先生所承认的以本人劳动为基础的占有权就是如此。

沃洛夫斯基先生决定赞成让作者对其作品享有若干年的著作权，从作品第一次发表的那一天算起。

以后几次关于发明专利权的讲演，虽然混杂着一些为了要使有益的事实更加动听而插入的可怕的矛盾言论，却是同样有教育意义的。简练的必要性迫使我不无遗憾地就在这里结束这项考察。

由此可见，在那两位试图为所有权辩护的折衷主义的法学家中，一个是陷入了一套没有原则或方法的教条，并经常说一些没有意义的话；另一个则有计划地放弃了所有权的主张，以便在相同的名称下提出个人占有的学说。当我断言在法学家之间普遍存在着混乱状态时，难道我是错了吗？我曾指出，他们的这门科学以后犯有虚妄之罪，它的光荣被掩蔽了起来，难道因此我就应该受到法律上的迫害吗？

由于法律方面的普通手段不再够用，他们已经请教了哲学、政治经济学和各种体系的拟订者。所有那些被求助过的先知，始终是令人失望的。

那些哲学家在今天不见得比在折衷学派盛行时期较为明朗；可是，通过他们的神秘的箴言，我们可以辨别进步、统一、联合、团结一致、友爱这些名词；这些名词当然都是使所有人感到不安的。

这些哲学家之一、比埃尔·勒鲁先生写过两部巨著,他在这些书里自称要通过一切宗教的、立法的和哲学的体系来说明,既然人们是互相负责的,地位平等就成为社会的最终定律。固然,这位哲学家承认一种所有权;但是由于他让我们去想象所有权在平等面前会变成什么样子,我们可以大胆地把他列入收益权的反对者之类。

在这里,我必须坦率地声明——为了避免暗中纵容的嫌疑,而暗中纵容是和我的天性不相容的——我是十分同情勒鲁先生的。这并不是因为我信从他的准毕达哥拉斯派的哲学(关于这个问题,倘使一位戴着臂章的老兵不轻视一个新兵的意见,我就有很多意见可以向他提出),也并不是因为我对这位作家的反对财产的主张有任何特殊的体恤而感到受他的约束。依照我的意见,勒鲁先生能够并且甚至应当更加清楚地和更加合乎逻辑地来说明他的立场。但是我喜欢、我钦佩勒鲁先生是我们哲学方面受人崇拜的人物的反对者,是不符其实的名望的清除者,是对于因其古老而受人尊重的一切事物的无情的批评家。这就是我对勒鲁先生怀有高度敬意的理由;这就是在这盛行结社的时代我愿意组织的唯一的作者协会的原则。我们需要像勒鲁先生那样的人来非难社会原理,——不是去散布关于这些原理的怀疑心理,而是使它们加倍地可靠;我们需要那种能以大胆的否定来刺激思想并以灭绝的理论使良心感到震动的人们。勒鲁先生叫道,“既没有天堂,也没有地狱;恶人不会受到处罚,好人也不会获得奖赏。人类啊!不要再存什么希望和畏惧吧;你们在现象的圈子里旋转:人类是一棵不朽的树,它的先后枯萎的树枝用它们的碎片滋养着永远年青的树根!”有谁听见这种叫喊而不发抖的呢?有谁听到这种关于信心的凄凉

的自白而不惊惶地发问:"这样说来,我难道真的不过是一个由未知的力量造成的原素的聚合体,一个被人在短暂的时刻中体会的概念,一个发生和消失的形式吗?难道我的思想真的不过是一个谐音,我的灵魂不过是一个旋涡吗?什么是自我?什么是上帝?什么是社会的制裁?"

在从前,勒鲁先生会被当作是一个大罪犯,只配(像瓦尼尼[①]那样)被处死刑和受到全世界的唾骂。今天,勒鲁先生正在完成一件救世的使命,无论他会说些什么,他将因此而获得奖赏。心境很坏的病人经常唠叨着他们快要死亡,当医生的意见证实了他们确有死亡的可能时,他们就会晕倒,同这种情形一样,当我们的唯物主义的社会听信了哲学家的这种令人震惊的命令"你非死不可!"的时候,它就会发生动摇并惊慌起来。因此荣誉应当归诸于把伊壁鸠鲁派的卑怯给我们揭露出来的勒鲁先生;荣誉应该归诸于使那些哲学上的新的解答成为必要的勒鲁先生!荣誉应当归诸于这位反折衷主义者,归诸于这位平等的提倡者!

在他那本《论人道》的著作中,勒鲁先生开头就断定财产的必要性:"你们希望废除财产;但是你们没有看到你们会因此而消灭人并且甚至消灭人的名称吗?……你们希望废除财产;但是没有身体你们能够生存吗?我并不是要告诉你们,说你们必须支持这个身体;……我要告诉你们的是,这个身体本身就是一种财产。"

为了清楚地了解勒鲁先生的学说,我们必须记住有三种必然

① 留契里奥·瓦尼尼(1585—1619),意大利哲学家,由于他具有唯物主义和反宗教的思想并且抨击封建制度,在图卢兹受宗教裁判,处以火刑。他的最重要的著作《论大自然的神奇秘密——世人的女王和女神》(1617年)公开宣传无神论。——译者

的和根本的社会形式，——共产制、私有制和我们今天可以正当地称之为社团制的制度。勒鲁先生首先否定共产制并尽其所能地反对它。人是一种有人格的和自由的生物，因而需要一个独立和个人活动的范围。勒鲁先生在强调这一点时补充说："你们既不希望有家庭，又不希望有国家，也不希望有财产；所以就不再有父亲，不再有儿子，也不再有弟兄了。这就是你们所寻求的处境，在时间上和任何生物不发生关系，因而没有姓名；这就是你们所寻求的处境，在地球上十亿人中间孑然独处。你们怎能期望我在空间、在这许多人中间把你们辨别出来呢？"

如果人是无法加以辨别的话，他就等于零。现在，只有通过专门归他使用的某些事物——像他的身体、他的官能和他所使用的工具——他才可以被辨别，才能同其他的人区别开来。"由此也可以看出，"勒鲁先生说，"私有化是必要的；总之，财产是必要的。"

但是在什么条件下的财产呢？这里，勒鲁先生在谴责了共产制之后，接着又指斥了财产所有权。他整个的学说可以总括在这个单纯的论题中：**财产可以轮流地使人变成一个奴隶或一个暴君。**

这一点确定之后，如果我们要求勒鲁先生告诉我们在怎样的财产制度下人既不致成为奴隶又不致成为暴君，而只是一个自由的、公正的公民，勒鲁先生就在他那部《论人道》的著作的第三卷中回答说：——

"有三种办法可以摧毁人和他的同类以及和宇宙的通同关系……1. 在时间上把人隔离开来；2. 在空间上把他隔离开来；3. 分割土地或者按照一般的用语来说，分割生产工具；使人依附于物品，使人类属于财产，使人成为所有人。"

我们必须坦白地说，这番话所带有的极端形而上学（这位作者往往达到这种地步）的和古尚学派的气息未免太浓厚了一些。可是据我看来，这十分清楚地说明，勒鲁先生是反对生产工具被专属地私有化的；不过他把生产工具的这种非私有化叫做建立财产的**新方法**，而我则按照以前所说的那些话，把它叫做财产的毁灭。事实上，如果没有工具的私有化，就不成其为财产。

“直到现在为止，由于单纯考虑财产，我们已经局限于指出财产的专横的特色并和它们进行斗争。我们没有看到，财产的专横性是与人类的划分有相互关系的；……财产不是按照可以使人便于和他的同类以及和宇宙发生无限通同关系的那种方法加以组织，而相反地却已被用来反对这种通同关系了。”

让我们把这一段文字译成商业上的措辞。为了摧毁专横和地位的不平等起见，人们应当停止竞争并且应当把他们的利益结合起来。让雇主和雇员（现在他们是敌人和对手）成为伙伴。

现在，不妨问问任何工业家、商人或资本家，如果他要把他的收益和利润同那些有人建议使他们成为他的伙伴的广大工资劳动者一起分享，他是否还愿意认为自己是一个所有人。

“家庭、财产和国家都是有限的东西，应当为了无限而把它们组织起来。因为人是一种渴望达到无限境界的有限的生物。对他来说，绝对的有限性是坏事。无限是他的目的，无定限是他的权利。”

如果我把这些奥秘经文式的话语轻轻放过而不加解释，那么恐怕我的读者就谁也不懂这些话语。勒鲁先生是要用这个宏伟的公式来说明：人类是一个单一的、庞大的社会，这个社会在它的集体的统一中代表着无限；每一个民族、每一个部族、每一个自治区镇和每一个公民，在不同程度上都是这个无限社会的片段或有限的成员，在这个社会中，祸害完全是由个人主义和特权造成的——换句话说，是从无限隶属于有限而产生出来的；最后，为了达到人类的目的和意向，每一部分都拥有一种无定限地逐渐发展的权利。

"所有加害于人类的祸害都是从社会的等级中产生的。家庭是一种幸福；家庭的等级（贵族）是一个祸害。国家是一种幸福；国家的等级（最高者、专权者、战胜者）是一个祸害；财产（个人占有）是一种幸福；财产等级（包梯埃、杜利埃、特罗普隆等等的财产所有权）是一个祸害。"

因此，按照勒鲁先生的说法，存在着财产和财产——一种是好的，另一种是坏的。可是，由于我们理应用不同的名称来称呼不同的事物，如果我们把"财产"这个名称保留给前面那一种，我们就必须把后面那一种叫做盗窃、掠夺、劫掠。相反地，如果把"财产"这个名称保留给后面那一种，我们就必须用占有这一名称或其他某一个相等的名词来称呼前面那一种；不然的话，我们会为了一个不愉快的同义词而感到烦恼的。

如果哲学家们敢于有一天在倾吐他们的想法时肯用普通人的话语来表达，那该多么好哇！各个国家和统治者就可以从他们的讲演中得到大得多的益处，并且在把同样的名称应用于同样的概念时，也许就可以开始互相了解。我大胆地声明，关于财产，我的见解就是勒鲁先生的见解；但是如果我用哲学家的语气跟着他重复说，"财产是一种幸福，但是财产等级——财产的现状——是一种祸害”，那么我就一定会被所有那些给刊物写稿的学士捧做天才了。① 相反地，如果我宁愿采用罗马人的古典语言和民法法典上的用语，并因此说“占有是一种幸福，但所有权是窃盗”，那么上述的那些学士就立即会大叫大嚷来反对想象中的怪物，法官也会来恫吓我。啊，语言的力量多大呀！

在叩问到他们的时候，经济学家们建议把资本和劳动联合起来。先生，您知道那是什么意思。如果我们深入到那个学说的实质中去的话，我们不久就可以发见它的结果是财产的兼并，而这种兼并不是通过公有，而是通过一种全面的和永久的股份公司，因此所有人的地位与工人的地位的不同就仅仅在于可以领取较高的工资。这个制度加上一些特别的附加条款和修饰就是关于法郎吉的思想。但显然可以看出，如果地位的不平等是财产的属性之一，它也不是财产的全部。像某一位哲学家（我不知道是谁）所说的，使财产成为一种可爱的东西的，乃是这样一种权力，人们利用这种权力不但可以随意支配自己的财物，而且还可以支配它们的特性，任

① 勒鲁先生由于他曾经给财产进行辩护而在一个刊物上受到了崇高的赞美。我不知道这位辛苦的、涉猎颇广的学者是否对那颂扬感到高兴，但是我知道得很清楚，如果我处于他的地位，我是会为理智和真理悲叹的。

另一方面，《国民报》则嘲笑了勒鲁先生和他关于财产的观念，用无谓的重复和幼稚等评语加以指摘。《国民报》不愿进行了解。有必要引起这家报纸的注意，它没有权利去嘲弄一位固执己见的哲学家，因为这家报纸本身就没有一种学说。《国民报》根本是阴谋家和叛徒的养成所。它屡次坚持要警告它的读者。这张民主主义的报纸与其悲叹它的一切没有尽到职责的地方，还不如对它自己进行谴责，坦白承认它的理论的肤浅。这个宣传人民利益和选举改革的机关报什么时候才不再雇用怀疑派和散播疑惑呢？我不必详加推论就可以打赌，那位批评勒鲁先生的莱翁·杜罗歇先生是某一个资产阶级的甚或贵族阶级的报纸的匿名的或用假名的编辑。

意加以利用，把它们收藏起来和封闭起来，像比埃尔·勒鲁先生所说的那样，把人类排斥在外：总之，就是可以按照情欲、利害关系甚或任性所提示的那样去利用它们。占有钱币，占有一个农业或工业企业的股票或者一张政府公债的利息票，同一个人在自己的房屋和庭园中、在自己的葡萄藤和无花果树下面做主人翁所感到的那种无限乐趣比起来，又算得什么呢？特罗普隆先生所引证的一位作家说，"占有财产是多么幸福啊！"认真地说来，这句话能应用到一个在世界上除了市场和他口袋中的钱币之外别无所有的有收入的人的身上去吗？这好像是硬说一个饲料槽就是一片养牛场似的。多妙的改革方法！那些经济学家永远不停地谴责黄金欲和本世纪的日益滋长的个人主义；而且，在种种矛盾中最不可思议的是，他们准备把各种财产变成一种财产——钱币的财产。

此外，我必须谈一谈最近多少花了一点心血提出来的一个关于财产的学说：我指的是孔西台朗先生的学说。

傅立叶主义者并不是那种为了要明确一种学说是否和他们的体系有抵触才去研究这个学说的人。相反地，每逢一个敌手没有看见或注意他们就从旁经过的时候，他们总是非常欣喜并且唱起胜利的歌曲来。这些先生需要直接的驳斥，因为如果他们吃了败仗，他们至少可以拿曾被提起这一点聊以自慰。好吧，让他们如愿以偿吧。

孔西台朗先生对于逻辑学具有最高傲的自负。他的程序的方法总是大前提、小前提和结论的方法。也许他情愿在他的帽子上写出，"三个全称肯定的命题组成的三段论"（Argumentator in barbara）。但是他过于聪明和机警，所以不易成为一个好的逻辑学家，像他显然曾把三段论法当作逻辑学这一事实所证实了的那样。

凡是对哲学上的珍品发生兴趣的人都知道，三段论法是人类思想上的第一个和永久的诡辩——虚妄所喜爱的工具，科学的绊脚石，罪行的鼓吹者。三段论法造成了所有那些曾被寓言作家这样雄辩地谴责的祸害，并且丝毫没有做过好事或有益的事情：它缺乏真理，同时也缺乏正义。我们大可以引用圣经上的话来形容它："信任他的人就将灭亡。"所以，最优秀的哲学家们早已加以谴责；如今除了理性的敌人以外谁也不愿把三段论法作为他的武器。

然而，孔西台朗先生已经把他的关于财产的学说建立在三段论法之上。他是否愿意像我准备把整个的平等学说孤注一掷地放在我对傅立叶主义的驳斥上那样，把这个体系作为他的那些论据的赌注呢？这样的一次决斗应该是与孔西台朗先生的那种好战的和骑士式的兴趣相称的，并且公众将因此而得到好处；因为，在两个敌手有一个倒下去的时候，就不会再有人提到他，世界上也就会少一个爱发牢骚的人。

孔西台朗先生的学说具有这个显著的特色，就是在设法同时满足劳动者和所有人双方的要求时，它同样地侵犯了前者的权利和后者的特权。首先，这位作家提出下列各点作为原则：1. 土地的使用权属于人类的每一个成员；它是一种天然的和不因时效而消灭的权利，在各方面都类似那种取得空气和阳光的权利。2. 劳动权同样是根本的、天然的和不因时效而消灭的。我曾经指出，承认这双重权利就会意味着所有权的灭绝。我向所有人揭发孔西台朗先生！

但是孔西台朗先生却硬说劳动权创造了所有权，下面就是他的推理方法：——

大前提。——“每个人可以合法地占有他的劳动、他的技能——或者以较为一般的用语来说，他的行为——所创造的东西。”

对于这句话，孔西台朗先生用注解的方式补充说：“当然，土地既然不是人所创造的，那么由此可以推论，根据财产的根本原则，即土地既然是给予人类所共有的，它就决不能成为并非这个价值的创造者某某人的专属的和合法的财产。”

如果我没有弄错的话，没有一个人不觉得这个命题乍看起来和就其整体而论是完全无可辩驳的。读者，请您不要相信这个三段论法。

首先，我觉得合法地占有这个词组在作者的思想上表示成为合法的所有人；不然的话，那个目的在于证明财产的合法性的论证就没有意义了。我也许可以在这里提出所有权和占有之间的差别问题，要求孔西台朗先生在进一步论述以前先把这两者划分清楚；但是我让它过去算了。

这第一个命题是双重地虚妄的，因为：1. 它肯定了创造的行为是财产的唯一根据。2. 它认为这个行为在一切情况下都是足以授予所有权的。

并且，首先，如果人可以成为并不是他创造的而只是他杀死的猎获物的所有人；成为并不是他创造的而只是他采集得来的果实的所有人；成为并不是他创造的而只是他种植的菜蔬的所有人；成为并不是他创造的而只是他豢养的禽兽的所有人，——

那么不难设想，人们也可同样地成为并不是他创造的而只是他加以开垦和施肥的土地的所有人。所以，创造的行为对于取得所有权来说并不是必需的。我可以更进一步说，单是这个行为永远是不够的，并且我可以利用孔西台朗先生的第二项前提来加以证明：——

小前提。——“假定在一个孤岛上、在一个国家的土地上或者在地球的整个地面上（行为的场面的大小并不影响我们对于事实所作的判断），人类的一代第一次致力于工业、农业、制造业等等。这一代人依靠他们的劳动、智慧和活力，创造了产品，发展了在未经耕种的土地上以前所不存在的价值。如果把那由一切人的活动生产出来的价值或财富按照各人在总的财富的创造中所贡献的力量分配给生产者，那么这勤劳的一代的财产不是十分明显地将以权利为基础吗？这是不成问题的。”

这是完全成问题的。因为这个由一切人的活动所生产出来的价值或财富，根据它的创造过程本身，是集体的财富，这种财富像土地一样，是可以分割使用的，但它作为财产则始终是没有分割的。为什么说这个所有权是没有分割的呢？因为从事创造活动的社会本身是不可分割的，——一个永久的、不能化成许多零碎部分的单位。并且，使土地成为共有财产的，以及像孔西台朗先生所说的那样，使每一个个人对它的使用权成为不因时效而消灭的，正就是社会的这种统一性。事实上，假如在一个特定时间要平均分割土地，那么这种分割如果授予所有权的话，立刻就会变成不合法的。万一在移转的方法上稍有不规则的情况，人们、即社会的成员、亦即不因时效而丧失权利的土地占有人就可能一下子让人把所有权、占有权和生产手段都剥夺掉。总之，成为资本的财产是不可分割的，因而也是不能出让的，这并不一定在资本还没有被创造时是如此，而且在资本是共有的或集体的时也是如此。

我就利用孔西台朗先生的三段论法的第三项来证实上述反对他的理论：——

结论。——“这一代人所完成的劳动的成果可以分为两类，把这两类清楚地加以区别是重要的。第一类包括属于这第一代人的土地的产物，这第一代人对于土地具有用益权人的资格，而土地则由于他们的劳动和经营得到增加、改进和改良。这些产物不是消费品就是劳动工具。显然，这些产品都是那些通过活动把它们创造出来的人的合法财产……第二类。——这一代人不但创造了刚才提到的那些产品（消费品和劳动工具），而且还通过耕作，通过盖造房屋，通过一切被完成的、能产生持久后果的劳动，在土地的原始价值上有所增添。这项附加的价值显然就成为一种产品的本质——一种由第一代人的活动所创造的价值；并且，如果这种价值的所有权不论通过何种方法公允地——就是说按照每个人所提供的劳动的比例——分配给社会的成员，每个人将合法地占有他所得到的那一部分。于是他就可以按照他认为合适的方式来支配这个合法的私有财产——把它交换、出让或移转；另一个个人或其他个人的集体——即社会——都不能对这些价值提出任何要求。”

由此可见，每个同伙或者根据他自己的权利或者根据他祖先的权利，都拥有一种可以使用集体资本的不因时效而丧失的和不

可分割的权利，而由于这种集体资本的分配，在法郎斯特尔中，像在1841年的法国那样，就存在看穷人和富人；有些人生活奢侈，他们像费加罗[①]所说的那样，只要想办法被诞生下来就万事大吉，还有其他一些人，对于这些人来说，人生的境遇只是有机会生活于不断的穷困中；游手好闲的人拥有巨额的收入，而工人的幸运则永远寄希望于不可知的未来；一些人由于出身和社会地位享有特权，而社会底层的人民所享有的公民权和政治权则只是劳动权和土地权。因为我们不应该受到欺骗；在法郎斯特尔中，每件事物像今天的情形一样，都是所有权的对象——机器、发明、思想、书籍、艺术品、农产品和工业品；牲畜、房屋、栅栏、葡萄园、牧场、森林、田地——总之，除了未经耕种的土地以外的一切事物。现在，你们是否想知道，按照提倡所有权的人的说法，未经耕种的土地有多大的价值？沙尔·孔德先生说："一平方利格的土地还不足以维持一个野蛮人的生活。"如果把这野蛮人的可怜的生活费用估计为每年三百法郎，我们就可以发见，他生活所需的一平方利格的土地对他来说十足可以用十五个法郎的地租来代表。在法国有二万八千平方利格的土地，根据这种估计，它们的地租总额应该是四十二万法郎；当这些法郎被分给大约三千四百万人口时，可以使每个人得到一又四分之一生丁的收入。这就是傅立叶的伟大天才替法国人民发明的、他的第一个门徒希望用以改革世界的新权利。我向无产阶级揭发孔西台朗先生。

① 费加罗(1809—1837)，西班牙讽刺作家、剧作家和杂文作家马里亚诺·何塞·德·拉尔腊的笔名。——译者

如果孔西台朗先生的学说至少实际上可以保障这项他所十分关爱的所有权的话，我也许是会原谅他的三段论法（这确实是他生平所能列出的最好的三段论法）中的缺点的。但是，不：孔西台朗先生认为是所有权的，不过是享有额外报酬的权利。在傅立叶的体系中，无论是创造出来的资本或是土地的增殖的价值，都没有以任何有效的方法来加以分割和私有化：劳动工具，无论是创造出来的或者不是创造出来的，都还保留在法郎吉的手中；那个徒负虚名的所有人只能支取息金。对于他的那份股份，不论是怎样的性质，他既不能加以变卖，又不能专属地加以占有，也不能加以管理。会计员把股息付给所有人；而所有人如果办得到的话，就只有把它全部吃掉！

傅立叶主义是不会使所有人感到满意的，因为它取消了所有权的最令人喜爱的特色——自由支配自己的财物。它也不会更好地使共产主义者感到愉快，因为它包含着地位的不平等。由于它那通过取消占有、家庭和国家——人类人格的三重表现——而抹杀人类的特征和个性的倾向，它也是被那些赞成自由联合和平等的人所厌弃的。

在所有我们的活跃的政论家中，我觉得没有一个人比孔西台朗先生具有更丰饶的机智、更充裕的想象力、更丰富多彩的风格了。不过，我怀疑他是否会着手重建他的关于财产的学说。如果他有这种勇气，那么这就是我想对他说的："在写您的答复以前，请您仔细地考虑一下您的行动计划；不要扫荡乡间；不要依靠您的任何普通的权宜办法；不要埋怨文明；不要讽刺平等；不要颂扬傅立叶主义。请您别打搅傅立叶和那些已经去世的人，而只是努力来重新整理您的三段论法的各个部分。为了这个目的,您应该首先仔细分析您的敌手的每一个命题;第二,或者用直接的驳斥或者用反证的办法来指出错误;第三,用论证来反对论证,以便在异议和答辩迎面相对时,较强的一方可以压倒较弱的一方,把它打成粉碎。只有用这种方法,您才能自夸您已经战胜,并迫使我承认您是一个道地的理论家和一个好炮手。"

如果我所承担的清扫的责任和维护我的作家尊严的必要性没有叫我对于《法郎吉》的记者对我而发的责备置之不理,那么再容忍傅立叶主义的这些怪想就会是不可原谅的了。"我们最近才看出,"这位记者说,[①]"虽然蒲鲁东先生一向对傅立叶所创立的科学非常热心,他无论现在或将来还会热烈宣传其他任何的学说的。"

如果宗派主义者有权去责备别人改变自己的信念,这个权利一定不会属于傅立叶的门徒,因为他们总是那样急切地想给各党各派的叛离分子举行傅立叶主义的洗礼的。但是,如果他们是诚恳的话,为什么要把它当作一种罪行呢?一个人对于永远不变的真理是否坚定,有什么关系呢?与其教导人们固执自己的偏见,还不如启发他们的思想来得好些。难道我们不知道人是脆弱的和易变的,他的心中充满着谬见,他的嘴是妄言的酿造厂吗?人人都是说谎的(Omnis homo mendax)。不论我们愿意与否,我们都有一个时候充当我们每天感到它的势力的这一真理的工具。唯有上帝

① 贝桑松的《公正报》。

是不变的，因为他是永恒的。

这就是在通常的情况下一个诚实人有权经常作出的、也许我应当赞成把它作为一种辩解而提出的答复；因为我不比我的先辈更好些。但是，在一个像我们这种充满着怀疑和变节的世纪中，当我们有必要在发言上给予弱小者一个坚强和诚实的榜样时，我不应该让我作为一个公开攻击所有权者的名誉受到污辱。我应该叙述一下我以前的见解。

因此，在我就有关傅立叶主义的这个指责而检查我自己并努力想起以往的事情时，我觉得，既然在我的研究工作中和交往上我曾和傅立叶主义者发生过关系，我就有可能在不知不觉中成为傅立叶派的一员。祈罗姆·拉朗德[1]曾把拿破仑和耶稣基督列在他的那张无神论者的名单中。傅立叶主义者和这位天文学家是相像的，如果有谁偶然对现有的文明表示不满，并承认傅立叶主义者的批评意见有些是对的，他们就不管他是否愿意，立即把他登记在他们的学派中了。虽然如此，我并不否认我曾经是个傅立叶主义者；因为，既然他们这样说，当然就可能是这样的。但是，先生，我旧日的伙伴所不知道的并且无疑地将要使您吃惊的是，我曾经有过很多别的关系——在宗教方面，我曾经先后是新教徒、天主教徒、阿里乌斯教徒和半阿里乌斯教徒、摩尼教徒、神授派教徒、亚当派教徒并且甚至是前亚当派教徒、怀疑论者、庇雷杰厄斯派教徒、索西

① 约瑟夫·祈罗姆·勒·弗朗赛·德·拉朗德(1732—1807)，法国天文学家，曾任法国天文台台长，研究行星理论，著有《天文学专论》、《法国天文史》以及关于航海的论文多种。——译者

奴斯派教徒、反三位一体论者和新基督教徒①：在哲学和政治学方面，我曾先后是唯心主义者、泛神论者、柏拉图主义者、笛卡儿主义者、折衷主义者（即一种中庸主义派）、君主主义者、贵族政治论者、立宪派、巴贝夫的信徒和共产主义者。我曾漫游过形形色色的体系。先生，在所有这些体系中，我曾有一个短时期是傅立叶主义

① 阿里乌斯教徒否认基督是神。半阿里乌斯教徒和阿里乌斯教徒之间只有若干微妙的不同之处。比埃尔·勒鲁先生由于把耶稣基督看做是一个人，但认为在他的身上已注入了上帝的精神，因而他是一个真正的半阿里乌斯教徒。

摩尼教徒承认有两个并存的和永恒的主体——上帝和物质、精神和肉体、光明和黑暗、善和恶；但是与妄图把两者调和起来的傅立叶主义者不同，摩尼教徒对物质进行斗争，并竭尽全力通过谴责婚姻和禁止生殖来摧毁肉体——可是这并不妨碍他们耽湎于最强烈的欲念所能想象到的一切淫乐；在这最后一点上，傅立叶主义者的道德上的倾向是完全同摩尼教派一样的。

神授派教徒和初期的基督教徒没有区别。像他们的名称所表明的那样，他们把自己看做是具有灵感的。傅立叶对于梦游病者的视觉持有独特的见解，相信有可能把催眠术的力量发展到那种能使我们同看不见的存在物相交谈的程度；如果他还活着的话，他也可能被当作一个神授教派的教徒的。

亚当派教徒出于贞洁的动机，举行完全裸体的礼拜仪式。让·雅克·卢梭把感官的静止状态当作贞洁，认为朴实不过是欢乐的一种净化的表现，他是倾向于亚当派的。我知道有这样一种宗派，它的成员通常穿着女神维纳斯的出浴服装庆祝他们的圣餐礼。

前亚当派的教徒相信在亚当以前人就已经存在的。我曾遇到一个前亚当派的教徒。老实说，他是一个聋子并且是一个傅立叶主义者。

庇雷杰厄斯派教徒否认天惠，把善行的全部功绩归诸自由。傅立叶主义者教导说：人的本性和情欲是善良的，这和庇雷杰厄斯派的说法是相反的；他们把一切归功于天惠而丝毫不归功于自由。

索西奴斯派教徒在其他一切方面是自然神论者，承认有一次原始的启示。如今很多人是索西奴斯派，但他们并不知道自己是这种教派，并且以为他们的见解是新的。

新基督教教徒是一些因为基督教拥有钟铎和教堂而对它表示崇拜的脑筋简单的人。新基督教徒具有卑鄙的灵魂、颓废的精神、放荡的思想和情感，特别追求外表上的形式，并且像他们爱慕女人那样赞扬宗教的自然美。他们相信即将到来的启示和天主教教义中基督的变貌。他们将在法郎斯特尔里的伟大场面中歌唱弥撒。

者，您以为这是值得惊奇的吗？就我来说，我完全不感到奇怪，虽然我现在想不起有这回事。有一件事情是肯定的，那就是我的批评家们以责难的口吻认为是我一生中信仰傅立叶主义的那个时期，也正便是我的迷信和轻信达到顶点的时期。现在我抱有的是一些与此完全不同的见解。我的内心不再承认那种用三段论法、类推法或譬喻等傅立叶主义的方法所作的论证了；而是要求一种可以排除错误的概括和归纳的方法。对于我过去的那些见解，我丝毫不加保留。我已经获得了一些知识。我已不再相信了。我或者是知道或者就是不知道。总之，在寻求事理时，我知道我曾是个唯理主义者。

无疑地，从我已经结束的地点开始，本来是比较简单的。但是，如果人类的思想规律就是这样的话；如果六千年来整个社会除了陷于错误以外毫无作为；如果整个人类依然埋没在信仰的黑暗中，被他们的偏见和情欲所欺骗，只受他们领导人的本能的支配；如果控诉我的人本身没有从宗派主义（因为他们自称傅立叶主义者）中解放出来；——那么难道单单我一个人，因为在我自己的内心中，在我良心的秘密审判中，曾经重新开始我们可怜的人类的旅程，就成为不可宥恕的了吗？

当然，我决不想否认我的谬误；但是，先生，使我有别于那些忙着把作品出版的人的，在于这样的事实：虽然我的思想有了很多变化，我的著作却没有什么改变。即使是今天，在无数的问题上，我也被上千种过高的和矛盾的见解所缠绕；但是我没有把我的见解刊印出来，因为公众和这些见解是毫无关系的。在我向我的同胞发表意见以前，我要等待光明在我的纷乱的思想上突然出现的时刻，以便使我所能说的话，虽不是全部真理（这是谁也无法知道的），也纯粹是真理。

我的思想具有一种奇特的倾向，即起初为了更好地了解一个体系而使自己和这体系合而为一，然后为了检验它是否合理又对它进行反复的思考；也就是这种倾向使我厌弃傅立叶并使我不再看重这个社会主义学派。事实上，要成为一个忠实的傅立叶主义者，你就必须抛弃你的理智，从一个老师那里接受一切东西，包括学说、解释和应用。孔西台朗先生的过分的褊狭心理排斥所有不服从他的至高无上的决定的人，因此他对傅立叶主义就没有别的想法。他不是已被任命为傅立叶在世间的代表和一个教会的教皇了吗？不幸的是，这个教会对它的使徒来说，永远是不属于这个世界的。被动的信仰是一切宗派主义者、特别是傅立叶主义者的神学上的德性。

不错，这就是我所遭遇到的事情。在研究傅立叶的期间，当我试图用论证来证明我已成为其信徒的宗教时，我突然觉察到，通过推理，我逐渐变得不相信了；对于信条的每一条款，我的理智都和我的信仰发生矛盾，并且我的六星期的劳动全部白费。我看到，傅立叶主义者——尽管他们有那种无尽无休的唠叨和想要决定一切的自负态度——既不是学者，又不是论理学家，甚至也不是有信念的人；他们是科学方面的江湖医生，指导他们为宗派的胜利而工作的，是他们的利己心理而不是良心，并且对他们来说，只要能达到目的，一切手段都是好的。于是我懂得了，他们为什么对享乐主义者就答应给予女人、醇酒、音乐和无限的奢华；对严肃的人就答应保障婚姻、道德的纯洁性和节制；对劳动者就答应给予高额工资；

对所有人就答应给予巨大的进款;对哲学家就答应给予只有傅立叶本人才知其奥秘的解决方案;对传教士就答应给予费用浩大的修道生活和壮丽的节日;对学者就答应给予难以想象的学问;事实上就是答应给予每个人他所最希望得到的东西。在开头,我认为这是可笑的;到了最后,我觉得这是极端的无耻。不,先生,还没有一个人知道傅立叶主义的体系所含有的愚蠢和丑恶。这是我决意在结束了对于所有权的论述之后立即要加以讨论的问题。[①]

谣传傅立叶主义者想要离开法国到一个新世界去创办法郎斯特尔。当一所房屋快要倒塌的时候,老鼠就逃跑了;那是因为它们是老鼠。人干得好些;他们会把这所房屋重新盖造起来。不久以前,圣西门主义者由于他们的祖国不注意他们而感到失望,傲慢地掸去了脚上的尘土,动身到东方去为妇女的自由而进行斗争了。骄傲、刚愎、狂妄的自私!真正的仁慈,像真正的信仰那样,是不会发愁,也永远不会绝望的;它所追求的既不是它自己的荣誉,又不是它的利益,也不是绝对统治权;它做的每一件事都是为了大家,他欣然地诉诸理智和意志,希望只用劝导和牺牲来制胜。傅立叶主义者,如果你们所关怀的只是人类的进步,那就请你们留在法国吧!这里比起新世界来有更多的事情可做。如果不是这样的话,那就请你们走吧!你们不过是说谎者和伪善者!

---

① 应当了解的是,上面只是谈到傅立叶的道德和政治的学说——这些学说像所有哲学的和宗教的体系那样,是从社会本身获得它们的根源和存在的理由的,因此是值得加以研究的。我把傅立叶和他的宗派关于宇宙进化论、地质学、博物学、生理学和心理学的特殊理论,留待那些认为有责任认真驳斥“蓝胡子”和“驴皮”等荒唐故事的人去注意。

以上的说明决不包含对所有权的前途起威胁作用的一切政治的因素、一切见解和趋势;但是,凡是懂得怎样分清事实和怎样推论出那些事实的规律或支配那些事实的思想的人,都应当对此感到满意。现存的社会好像已被放弃给虚妄和倾轧的魔鬼似的,并且正是这种悲惨的景象使得许多在旧时代所处的时间太长以致不了解我们这个时代的卓越思想家感到深刻的悲哀。现在,目光短浅的旁观者开始对人类失望,变得心烦意乱,并对他所不懂的事情发出咒骂,从而陷于怀疑论和宿命论的深渊;另一方面,真正的观察家则相信那个支配着世界的精神,力求了解并参透上帝。贝桑松学院的奖金获得者去年发表的那篇关于"所有权"的论文,不过是这种性质的研究罢了。

现在应该由我来叙述这篇不幸的论文的历史了,因为这篇论文已经使我深感懊恼并使我失去众望。但是,就我来说,当时写这篇论文是并非出于本意的,也不是考虑成熟的,所以我敢于肯定,没有一个经济学家、哲学家、法学家不比我罪大百倍。在导致我去攻击所有权的途径上,存在着某种十分奇特的情况,所以,先生,如果您听了我这段伤心的历史之后,仍要坚持您的谴责的话,我希望您至少不得不可怜我。

我从来没有妄想成为一个大政治家;相反地,我对于政治性质的争论还始终抱有极大的反感;如果在我那篇《论所有权》的文章中,我有时曾经讥笑我们的政治家,那么先生,请您相信,当时支配我的心情的,与其说是我对自己的浅薄知识的骄傲,还不如说是我对那些政治家的无知和极端空虚所怀有的深切感觉。由于我对上帝的信赖超过对人们的信赖;起先并不怀疑政治学像其他各种科学一样，含有绝对真理；同样赞成包胥埃和让·雅克·卢梭的意见——因此我曾顺从地接受了人类苦难中的我的一份，甘愿祈求上帝赐给我们一些善良的议会议员、一些正直的大臣和一个诚实的国王。由于性之所好，同时也由于审慎和对于我的力量缺乏信心的关系，我当时正在慢慢地在语言学上进行一些平凡的研究，还掺杂着研究一些形而上学，在这个时候，我突然碰到历来的哲学家所研究过的最重大的问题；我指的是确实性的标准问题。

在我的读者中，凡是不熟悉这个哲学术语的，一定会高兴听到我用几句话告诉他们这个标准是什么，因为它在我的著作中起着很大的作用。

按照那些哲学家的意见，确实性的标准一经发现，将成为确定一个见解、一个判断、一个理论是真是伪的颠扑不破的方法，差不多像用试金石来辨识黄金，像铁的接近磁石，或者说得更确切些，像我们应用证明来证实一个数学的运算那样。对社会来说，到现在为止，时间是被用来作为一种标准的。所以，原始的人们在看出他们在体力、英俊和劳动上并不都是相等的时候，曾经正确地断定他们有些人是天生要去履行简单的、普通的职能的；但是他们决定，而这就是错误的所在，同样这些智力较差的、天资比较有限的和个性较为软弱的人都注定要侍候别人；这就是说，当别人休息的时候他们必须劳动，并且必须以别人的意志为意志；从这种人与人之间天然存在着隶属关系的观念，就产生了家务操作，而这种原先是自愿地接受下来的工作在不知不觉中就变成可怕的奴役了。时间使这个错误比较容易为人所觉察，它已经引起了正义的呼声。各国在付出了代价之后，懂得了人对人的驯服是一个错误的观念、一种谬误的理论，它对奴隶主和奴隶都是有害的。可是，这种社会制度已经存在了几千年，有名的哲学家都曾为它辩护，甚至今天，在比较缓和的方式下，各种各样的诡辩家还在支持并称赞这种制度。但是经验正在使它趋于灭亡。

所以时间是各种社会的标准；如果从这方面看，历史就是根据归谬法的论证来确证人类的谬误的。

形而上学的学者所探求的标准，可能具有立刻辨明每一个见解究竟是真是伪的优点；所以，例如在政治上、宗教上和道德上，真实的和有益的东西既然可以立即加以认识，我们就不必再去等待时间的惨痛经验了。显然，这样的一种秘密会致诡辩家于死命，——那一群可恶的家伙，他们在不同的名义下引起各国的好奇心，并且，由于很难分清他们巧妙地构成的学说中的真理和谬误，就把那些国家导入致命的冒险行动，扰乱它们的和平，使它们充满着这种异乎寻常的偏见。

直到今天为止，确实性的标准依然是一种不可思议的东西，这是由于接二连三地提出来的标准很多。有些人把感官的证明当作一种绝对的和确定不移的标准，其他一些人则认为直觉是标准，这些人看中证据，那些人看中论据。拉门奈先生[①]断言，除了一般的

① 斐利西德·罗贝尔·德·拉门奈（1782—1854），法国教士兼哲学家，《前途》和《人民制宪报》报刊的创办人，提倡在宗教问题上可以自由讨论的政策，遭到教士们的反对和谴责。他的卷帙巨大的哲学著作是《论对宗教问题的漠不关心》（共四卷）。——译者

理智以外，没有别的标准。在他以前，德·包纳德先生[1]认为他已经在语言中发见了标准。最近，布歇兹先生把道德提了出来；还有，折衷主义者为了把各种说法调和起来，就说：既然有多少特殊种类的知识就有多少标准，所以要想寻求一个绝对标准是荒谬的。

关于所有这些假设，我们可以看出，感官的证明不是标准，因为那些只能使我们和现象发生关系的感官不能给我们提供观念，直觉则需要外部的证实或客观的确实性；证明需有证据，而论据则需验证；一般的理智已经不止一次地发生错误；语言可以用来同样表达真或伪；道德像所有其他的项目一样，需要证明和定律；最后，折衷主义的想法是最不合理的，因为，如果我们一个标准也提不出来，那么说存在着几个标准是没有用处的。我非常担心人们会像看待点金石那样来看待标准；担心它将被认为不仅是无法兑现的并且是妄想的，因而终于被放弃掉。所以，我并不抱有已经找到了它的希望；可是我不能断言某一个比较有本领的人不会发现它。

不论关于一个标准或许多标准有怎样的说法，总还存在着一些证明的方法，当这些方法被应用于某些问题时，它们可以导致一些未知的真理的发见，阐明一些至今还没有想到的关系，并且可以把一种似非而是的论据提高到确实性的最高度。在这种情况下，要判断一个体系，就不能根据它的新奇，甚或不能根据它的内容，而是要根据它的方法。因此，评论家应该仿效最高法院的榜样，它对于所审讯的案件，决不研究事实，而只是研究诉讼程序的形式。

---

① 路易·加布里埃·德·包纳德子爵(1754—1840)，法国政治家兼哲学家，法国革命时期逃亡国外，1806 年回国，1806 年在拿破仑手下任教育部长，主张极端的保守政策。——译者

那么，那个诉讼程序的形式是什么呢？就是一种方法。

于是我就注意去查考，哲学在没有标准时借助于特殊的方法曾获得了怎样的成就，并且我必须说，虽然有人虚张声势地大声宣扬，我却发现不出它曾产生任何真有价值的东西；最后，在我对那哲学的废话感到厌烦时，我就决计重新去探求标准。我坦白承认，结果使我感到愧羞的是，这个愚蠢的行为持续了两年之久，到现在我还没有完全摆脱掉。这好比是大海捞针似的。我浪费了很多时间来一再考虑三段论法，像爬到梯子顶上那样上升到一个归纳过程的顶点，把一个命题插进两难论法，好像我能用筛子筛分抽象概念似的从事分解、区别、析离、否定、肯定、确认，而这种时间我是本来可以用来学习中国语或阿拉伯语的。

我选择了正义作为我的实验的题材。最后，经过了一千次的分解、重新合成和双重合成的过程之后，我在那分析坩埚的底部所找到的，不是确实性的标准，而是一篇形而上学政治经济学的论文，它所得出的结论的性质使我不去考虑用较为艺术的、或者您也可以说是较为明了的方式把这些结论发表出来。这本书在所有各阶级的思想上所产生的反应，使我认清了我们这个时代的精神，而并没有使我对于自己的文体所具有的那种慎重的和科学的晦涩感到遗憾。今天，当我的行为具有这种崇高德性的明显特征时，我怎么会不得不为了我的意向进行辩护的呢？

先生，您阅读过我的那本著作，您也了解我那本令人生厌的迂阔的著作的要旨。在考虑到人类的历次革命、帝国的兴亡、所有权的变迁以及正义和公理的不可胜数的形式时，我问道："我们身受的祸害是我们作为人的处境所固有的呢，还是它们只是从一个错误中产生出来的呢？大家公认为社会上种种困难的根源的钱财不平等，是像有些人断言的那样，应归诸大自然的影响呢；抑或在劳动产品和土地的分配上可能发生了某种计算上的错误呢？每个劳动者所得到的，是否是他应得的全部和纯粹是他应得的部分呢？总之，在现今的劳动、工资和交换的情况下，难道没有一个人受到不公正的待遇吗？——账目都是算得清清楚楚的吗？——社会的平衡没有问题吗？”

于是我就着手做一种最辛苦的调查工作。必需整理简略的笔记，讨论互有矛盾的权利，答复吹毛求疵的断言，驳斥荒谬的主张，描述虚构的债务、不诚实的交易和欺诈的账目。为了战胜诡辩者，我必须否认习惯的权威，查考立法者的论据，使科学反对科学本身。最后，所有这些事情做完之后，我还必须作出公平的判断。

因此，我把我的手放在心上，向上帝和人们声明，社会不平等的根源有三：1. 集体财富的无偿地私有化；2. 交换过程中的不平等；3. 利润或收益权。

既然这三重的勒索方法就是财产所有权的本质，我就否认所有权的合法性，宣告它和窃盗是同一回事。

这就是我唯一的罪过。我曾对所有权进行研究；我曾寻找正义的标准；我曾证明的不是钱财平等的可能性而是它的必要性；我没有让我进行人身攻击，也没有让我打击政府，因为我比其他任何人都更加是政府的临时皈依者。如果有时我曾使用所有人这个名词，我是把它用来作为一个形而上的存在物的抽象名称，这个存在物的现实性生存在每一个人身上——不仅是在一小撮享有特权的人身上。

可是，我承认——因为我希望我的坦白自承是诚恳的——我的那本著作的一般语气曾经受到严厉的谴责。他们所不满意的，是一种与一个诚实人不相称的、对于讨论这样一个重要问题完全不相当的狂热和谩骂的气氛。

如果这个责备是有很好的根据（我既不可能否认它，也不可能承认它，因为在我自己的案件中，我是不能做裁判员的）的话，如果，我说，我应当受到这种责备的话，我就只能低首下心，承认我自己犯了一个无心的过错；因为我所能提出的唯一的辩解理由在性质上是不能公诸于世的。我所能说明的是，我比任何人更懂得不公正所造成的愤怒可以使一个作者在他的批评中变得多么粗暴和激烈。当一个人在二十年的辛勤劳动之后，仍然发现自己处于饥饿的边缘，并且这时突然在一句模棱两可的话语中、在一个计算的错误中发现那个使他和千百万同胞同受折磨的祸害的根源时，他是难以抑制自己不发出悲哀和惊愕的呼声的。

但是，先生，虽然我的粗鲁可能冒犯了骄傲，我却不是向骄傲道歉，而是向那些也许已经被我诽谤的无产者、向那些天真的人道歉的。我的愤怒的辩论可能对某些平和的人产生了不良的影响。某一个穷苦的劳动者（我的讥刺比我的论证的力量更使他受到感动）也许已经得出结论说，所有权是统治者对被统治者不断玩弄权术的结果，——这是我的著作本身就已痛加驳斥了的一个可悲的错误。我曾专门用两章来表明所有权是怎样从人类的个性和从个人与个人之间的比较中产生出来的。然后，我说明了所有权的永久性的限制；并且，在贯彻同样的思想时，我预言了所有权即将灭亡。因此《民主评论》的编辑们既然在其所写的经济学的论文中全部内容差不多都是从我这里抄袭去的，怎么敢说："那些握有土地和其他生产资料的人或多或少是大规模盗窃行为中的蓄意的帮凶，他们是专门收受和分享赃物的人"呢？

所有人蓄意犯了盗窃的罪行？

这种杀人的语句从来没有见诸我的笔墨；我的心里从来没有想过这种可怕的念头。谢天谢地！我不知道怎样去中伤我的同胞；我具有探求事理的强烈愿望，因此决不愿意相信犯罪的共谋。百万富翁并不比每天为了三角钱而工作的劳动者更受到所有权的腐蚀。在两方面，错误是相等的，意向也是相等的。以后果来说，虽然在前者是积极的，在后者是消极的，它也没有什么不同。我谴责了所有权：我没有指摘所有人，因为这样做是荒谬的；我感到难过的是，在我们中间存在着如此邪恶的意愿和如此紊乱的思想，以致他们只注意那种有助于他们实行奸计的事实。这就是我对于我的愤怒所感到的仅有的遗憾；这种愤怒虽然发泄得也许过于厉害，但它至少是诚实的，从它的根源上来看也是正当的。

可是，在我这篇自愿递交给伦理学学院的论文中，我曾经做了些什么呢？在我，从社会上那些不确实知道的事情中寻找一个定则时，我曾把一切次要的、目前争论得这样激烈和意见这样分歧的问题都追溯到一个基本的问题上去。这个问题就是所有权。

然后，在把所有现行的学说相互比照并从它们中间析解出它们的共同点时，我曾努力去发现那个在所有权观念中是必要的、不变的和绝对的因素；在经过可靠的验证之后，曾经断言这个观念可以归结到个人的和可以遗传的占有的观念；这种占有可以交换，但不能出让；以劳动为基础而不是以虚拟的占用或无益的空想为基础的。此外，我曾经说，这个占有的观念是我们的革命运动的结果，——所有的见解在逐渐抛弃了它们的矛盾因素以后向之集中的顶点。并且我曾力图用法律的精神、政治经济学、心理学和历史来证明这一点。

教会中的一个神父在写完了一篇关于天主教义的博学的诠释文章时，怀着满腔信诚的热情喊道，“如果我的宗教是虚妄的，那就应该由上帝负责(Domine，si error est，a te decepti sumus)。”完全像这个神学家一样，我可以说，“如果平等是无稽之谈，那么，我们的行动、思想和存在所依凭的上帝，用永恒的法律统治着社会的上帝，奖赏公正的国家并责罚所有人的上帝——就只有上帝是作恶者：上帝说了谎。不能把错误归罪于我。”

但是，如果我推论错了，那就应当给我指出错误，把我从错误中引导出来。这种麻烦肯定是值得的，我认为我应当得到这种待遇。没有剥夺权利的理由。因为，用那位不喜欢断头台的国民公会议员的话来说，处死不是答复。直到现在，我还坚持把我的著作看做是有用的、有社会意义的、对于国家的官员充满着教育意义的——总之，是值得奖赏和鼓励的。

因为有一个我所深信不疑的真理，——各国人民是依靠绝对观念而不是依靠大致是如此的和片面的观念生活的；所以需要有一些人能够把原理明确下来，或者至少能够在火热的争论中加以检验。法则就是这样，——首先是观念，纯粹的观念，关于上帝的法律的知识，理论：随后是缓步前进的、审慎的、注意事实的来龙去脉的实践过程；在趋向这个永恒的顶点时务必体会最高理性的指示。理论和实践的合作可以在人类中得到秩序的实现，——绝对真理。①

只要我们还活着，我们各人都被要求按力量的大小从事这一崇高的工作。它使我们担负的唯一的责任，就是不要通过隐瞒真理、使真理适应时代的风气或者为我们自己的利益而加以利用等办法来把真理据为己有。我经常想到这一如此重要和如此简单的良心的原则。

先生，请您确实想一想我本来可以做到而不愿去做的事情。我是根据最正当的假设推理的。当时什么东西阻止我在此后几年中把有关钱财平等的抽象学说隐瞒起来，同时阻止我批评宪法和法典；阻止我指出在现今或过去的法律中所存在的绝对的和偶然的因素、不变的和暂时的因素、永恒的和转瞬即逝的因素；阻止我建立一个新的立法体系并把这一屡毁屡建的社会大厦建立在一个坚固的基础之上呢？在我提出诡辩家的种种定义时，也许我没有清楚地指出他们的矛盾和不可靠性的根源并同时补充他们的结论的不足吧？也许我没有用大量的历史阐述来肯定这种工作吧？在

① 一位给激进派报刊写稿的作者，路易·雷博先生，在他那本《当代改革家研究》的著作的序言中说："谁不知道道德是相对的呢？除了少数很显著是出于本能的伟大的思想感情之外，人类行为的衡量尺度是随着国家和气候的不同而发生变化的，只有文明——种族的进步教育——能够导致普遍的德性……绝对存在不是我们的因事而异的和有限的本性所能理解的；绝对存在是上帝的秘密。"愿上帝使路易·雷博先生能够躲开邪恶！但是我不禁要指出，政治上一切变节者都是以否认绝对存在为出发点的，这种否认实际上就是否认真理。一个表示相信怀疑论的作家和激进的见解有什么共同之处呢？他对他的读者有什么话可说的呢？他有什么权利给当代的改革家作出判决呢？雷博先生以为摹仿一下法学家的一种由来已久的傲慢态度就显得更加聪明似的，并且以为可以用来作为辩解的理由。我们全都有这些弱点。但是使我感到惊奇的是，像雷博先生这种研究各种体系的绝顶聪明的人居然看不到他应当首先认识的事情——即，那些体系是人类的思想向绝对存在的迈进。

这种阐述中，财产的专属作用和积累作用的原理、集体财富的私有化以及发生在交换中的根本弊害，本来可以被表明是暴政、战争和革命的经常的根源的。

您会说，“这本来是应该做的。”请您不要怀疑，先生，这样的工作所需要的不是天才而是耐心。既然有了我已经加以分析的社会经济的原理，我本来只要动手耕地并顺着畦沟前进就行了。法律的评论家觉得最难办的事情是确定正义的涵义：单是这件工作就需要较长的时间。啊，如果我曾遵循这种灿烂的方向，并曾像那燃烧着的灌木林里的人一样，有一天满脸兴奋地用深沉而庄严的口气，献给自己很多新的食物，那就会找到一些愚人来崇拜我，一些蠢物来赞美我，一些懦夫来把独裁者的职位奉献给我；因为，在群众痴迷的状态下，没有什么事情是办不到的。

但是，先生，在做了这种充满着傲慢和骄傲的业绩之后，据您看来我在上帝的法庭上和自由人的判断中会受到什么奖赏呢？先生，死亡和永恒的斥责！

所以，当我看到了真情实况，我就立即把它说了出来，只是为了使它得到适当的表达才耽搁了一段时间。我指出了错误，以便让每一个人自行改正并使他自己在工作上做出更大的贡献。我曾说存在着一个新的政治因素，以便我的伙伴们在改正的过程中同心协力地加以发展时，能够更迅速地达到原理的统一，而只有这种统一才能保证社会过更美好的日子。我当时希望，即使不是为了我的那本著作，也至少为了我的值得表扬的行为，可以得到共和主义者一次小小的热烈欢呼。可是，您瞧！新闻记者攻击我，学院的院士咒骂我，政治冒险家（哎哟！）认为只要表明他们与我不同就可以使自己为人所原谅！我列出一个可以据以科学地改造整个社会大厦的公式，可是最果断的人责备我只能从事破坏。其余的人轻视我，因为我是一个无名小卒。当那篇《论所有权》的文章落到革新派的阵营中去的时候，有人问道："谁的言论？是阿拉哥吗？是拉门奈吗？是米歇尔·德·布尔奇呢还是加尔尼埃－巴杰斯呢？"当他们听到的是一个新人的姓名时，他们就会回答说："我们不认识他。"这样，思想的垄断，理智的所有权，就不但压迫着资产阶级，也压迫着无产阶级。对于恶人的崇拜甚至在犹太神堂的台阶上也是占着优势的。

但是，我在这里说的什么呀？如果我责备那些可怜虫，就让上帝叫我遭殃吧！啊！让我们不要轻视那些宅心仁厚的人；他们在爱国热情的激动下，总是匆忙地把他们领袖的言论和真理等同起来的。让我们宁可鼓励他们的天真的轻信，愉快地和温和地启发他们的可贵的真诚，留下箭来去射那些自以为了不起的人们，那些人总是夸奖自己的天才，用各种不同的话来笼络人民，为的是好去统治他们。

仅仅是由于这些原因，我不得不对《人民报》(1840 年 10 月 11 日出版)关于所有权问题所得出的奇特而肤浅的结论提出反驳。因此，我撇开那位记者而只对他的读者发言。我希望，如果在群众面前我不提起某一个人的话，那个作者的自尊心不致受到冒犯。

你们，《人民报》的无产者说，"就是因为存在着人和物品的缘故，所以总会有一些愿意占有物品的人；因此什么东西都摧毁不了所有权。"

在这样说的时候，你们就不知不觉地完全按照古尚先生的方式进行辩论，因为他总是从占有推论到所有权上去的。可是这个巧合并不使我惊奇。古尚先生是一位颇有才智的哲学家，而你们这些无产者，则具有更多的智力。当然，即便是对于一个哲学家来说，成为你们犯错误的同伴也是荣幸的。

所有权一词原来是特有的或个人的占有的同义词。它表示每一个人使用一件物品的特殊权利。但是，当这种对于其他享有用益权的人来说虽然是不起作用的（如果我可以这样说的话）权利，却变得活泼和居于首要地位的时候，——也就是说，如果享有用益权的人把他的亲自使用物品的权利变成由他邻人的劳动来利用该项物品的权利——那么所有权就改变了它的性质，它的概念也变得复杂了。法学家对于这一点是知道得很清楚的，但他们不是像理所当然的那样去反对这种利润的积累，却全盘地加以接受和承认。由于租佃权必然包含着使用权——换句话说，根据大者包括小者的原则，利用一个奴隶的劳动来耕种土地的权利包括着一个人自己来加以耕种的权力——所有权这个名称就专门被用来代表这种双重的权利，而占有这一名称则被用来代表使用权。由此，所有权便开始叫做完善的权利、支配的权利、高超的权利、英雄的或罗马公民的荣誉权利——拉丁文是 Jus perfectum，jus optimum，jus quiritarium，jus dominii——同时占有则与田地的租赁相同化了。

现在，所有的哲学家都承认，个人占有是根据公道或者说得更确切些是根据自然的必要而存在的，并且是不难加以证明的；但是当我们摹仿古尚先生的说法而认为占有是所有权的基础时，我们

就陷入所谓含糊的、说得更确切些就是模棱两可的诡辩（sopisma amphiboliæ vel ambiguitatis）中去了；这种诡辩在于用一种双关语来改变那个意义。

人们往往自以为十分渊博，因为借助于一些具有极度概括性的词句，他们就好像上升到绝对观念的顶点，从而欺骗那些没有经验的人；并且，更糟糕的是，这就是普通所说的检验的抽象概念。但是通过相同事实的比较而形成的抽象概念是一回事，而从同一名词的不同意义推论出来的抽象概念却完全是另一回事。前者提供普遍的观念、定理、定律；后者则表示各种观念产生过程的次序。我们的一切谬误都是由于经常混淆这两种抽象概念而造成的。在这方面，语言和哲学都同样是有缺点的。一个成语愈不普通，它的措辞愈是晦涩，它就成为愈加丰富的产生错误的源泉：一个哲学家的诡辩的程度是与他对于任何可以消灭语言中的这种缺点的方法的无知成正比的。如果有一天能发现那种用科学方法纠正语言的谬误的技巧，那么哲学就找到了它的确实性的标准了。

现在，既然所有权和占有之间的区别已得到了很好的证明，并且根据我刚才举出的理由，前者必然会消灭这一点也已得到了解决，那么，为了恢复一个语源的微不足道的利益，难道最好是把所有权这个词保留下来吗？我认为这样做是很不聪明的，并且我愿意说明理由。我从《人民报》上摘录了下列的一段文字：

“限制所有权，规定取得、占有和遗传财产的条件的权是属于立法机关的……无可否认，继承、查定税额、商业、工业、劳动和工资需要极重要的修正。”

无产者们，你们希望限制所有权；那就是说你们希望摧毁所有权，把它变为占有权。因为，未经所有人的同意就去限制所有权，那就是否认所有权；使雇员和所有人联合起来，那就是摧毁高超的权利；取消甚或一般地限制田租、房租、收入和收益，那就是消灭完善的所有权。那么，当你们为了建立平等而以这种值得赞扬的热忱辛勤工作时，你们为什么要保留这样一个词句，即它的模棱两可的意义永远会是你们成功道路上的障碍的词句呢？

从这里你们就可以看出我们所以不但要抛弃财产这个东西、而且还要抛弃其名称的第一个理由——一个完全是哲学上的理由了。而这就是政治的理由、亦即最高的理由。

每一次社会革命——古尚先生会告诉你们——都只是为了要实现一种政治的、道德的或宗教的思想而发生的。当亚历山大征服亚洲时，他的思想是为希腊的自由对东方的专制制度的侮辱进行报复；当马里乌斯和凯撒推翻了罗马贵族时，他们的思想是把面包给予人民；当基督教在世界上进行革命时，它的思想是解放人类并用对一个上帝的崇拜来代替伊壁鸠鲁和荷马的许多神祇；当法兰西在 1789 年起义时，它的思想是在法律面前的自由和平等。古尚先生说，真正的革命都是有它的思想内容的；所以，凡是在没有一种思想甚或不能正式表达一种思想的地方，就不可能发生革命。这种地方会有乱民、谋叛者、暴徒、弑君者，但不会有革命家。缺乏思想的社会只会在原地旋转和打滚，并在它的无益的努力中趋于灭亡。

可是，你们都觉得革命就将来到，并且觉得单是你们本身就能完成革命。那么，支配着你们的是什么样的思想呢，十九世纪的无产者？——因为我实在不能把你们叫做革命家。你们想些什么？——你们相信什么？——你们需要什么？请小心地作出答复。我曾诚心诚意地阅读了你们所喜爱的报刊，你们最尊敬的作家的作品。我到处只看到一些空虚的和幼稚的实体，而找不到一种思想。

我要解释一下实体这个词的意义——对于你们大部分人来说，这无疑是个新词。

所谓实体，一般都了解为一种想象力所能理解的但非官感和理智所能辨认的东西。因此，斯加纳列尔所说的鸦片的麻醉力和古代医学上的病态的黏液都是实体。实体是那些不愿自承无知的人的支柱。它是不可思议的；或者像圣保罗所说的，是不明了的论证（Argumentum non apparientium）。在哲学上，实体往往只是对思想内容毫无增益的一些字眼的重复。

例如，当比埃尔·勒鲁先生——他曾说过这么多美妙的话，但据我看来，他过分喜欢他那些柏拉图式的公式——向我们断言说，人类的祸害是由于我们对生活的无知时，比埃尔·勒鲁先生就说了一个实体，因为很明显的是，如果我们是邪恶的，那是因为我们不知道怎样生活；但是了解这个事实，对于我们是没有价值的。

当埃德加·基内[①]声称，法国之所以遭受苦难和衰微，是因为人与人和利益与利益之间存在着对立状态时，他所宣告的是一个实体，因为问题是要去发现这个对立状态的根源。

当拉门奈先生大声地宣传自我牺牲和爱时，他宣告了两个实

① 埃德加·基内（1803—1875），法国作家兼政治家，曾在德国研究哲学，并广泛游历希腊、意大利和西班牙等国。著有《意大利革命》、《奴隶们》、《1815 年战争史》、《新精神》等。——译者

体,因为我们需要知道在什么条件下自我牺牲和爱能够产生和存在。

同样地,无产者们,当你们谈论自由、进步和人民的主权时,你们也就把这些当然可以懂得的东西在空间造成了这么多的实体:因为一方面,既然1789年的关于自由的定义已经不再能满足需要了,我们就需要一个关于自由的新的定义;另一方面,我们必须知道社会应该朝着什么方向前进,才能求得进步。至于人民的主权,那是比理性的主权更大的实体;它是实体中的实体。事实上,既然在人民之外和理性之外都不能设想有主权,那么我们还必须加以确定的是,在人民之中应该由谁来行使主权;并且,在这么许多思想中间,哪些应该是最高的。说人民应当选举他们的代表,就等于是说人民应当承认他们的元首,这丝毫也没有把困难消除掉。

但是,假定在出身上平等了,在法律上平等了,在人格上平等了,在社会职能上平等了,你们也就会希望得到地位上的平等。

假如在看出无论从事生产、交换或消费的人们的一切相互关系都是彼此公平相待的关系——总之,就是社会关系;假如我说,你们在看出这一点的时候,要想给予这个天然的社会一种合法的存在并用法律来确定这一事实——那么我说,你们就需要对于你们整个的思想有一个清楚的、具体的和确切的表达方式,即能立刻说明原则、手段和目的的表达方式;而我要补充说明的是,那个表达方式就是联合。

既然人类的联合至少可以正当地说是从世界开始时就存在的,并且曾经不断地抛弃它的奴隶制、贵族制、君主专制、特权政治和封建制等等这些消极因素,从而逐步把自己建立起来并使自己趋于完善，——那么我说，为了消灭社会的最后的消极因素，提出最后的革命思想，你们就必须改变旧日的号召的口号，把**废除专制**、**废除贵族**、**废除奴隶**！变为**废除所有权**！……

但是，我知道使你们惊愕的是什么，你们这些被穷困之风所摧残的、被你们的恩人的傲慢所压倒的可怜虫：这就是其后果使你们感到害怕的**平等**。我们怎么——你们在你们的报纸上说——我们怎么可以“梦想一种既然是不自然的、因而就是不合乎正义的划一的地位呢？我们该怎样去偿付一位科尔默南①或一位拉门奈的劳动日呢？”

平民们，请你们听着！在萨拉密斯海战②之后，当雅典人集会讨论给予勇士奖赏时，在把选票收集起来之后，发现每一个战斗员都得了一票头奖的选票，西米斯托克利斯③得到了全部二奖的选票。米涅瓦女神④的人民是用他们自己的手来加冕的。真正英勇的人们！他们都有资格得到橄榄枝，因为他们都敢于为自己要求得到它。古人赞美了这种崇高的精神。无产者们，请你们学会去尊重你们自己并重视你们的尊严。你们希望得到自由，但你们不

① 德·拉厄·科尔默南(1788—1868)，法国律师兼政论家，著有《行政法》、《村治问题》等。——译者

② 公元前480年在萨拉密斯岛附近古希腊的舰队(350艘)和波斯舰队(800艘)之间的海战。希腊人利用自己军舰的机动性采取了冲撞和接舷战的战术，使波斯人遭受重大损失。这一战役对于希腊人获得最后胜利具有巨大意义。——译者

③ 西米斯托克利斯(前527？—前460?)，雅典政治家兼将军，曾劝使雅典人增强海军力量，公元前480年指挥雅典舰队在萨拉密斯岛附近战胜了波斯人。——译者

④ 罗马女神，手艺和艺术、学校教师和医生的保护神，人们一般把她与希腊女神雅典娜混为一谈。按雅典娜是战争和胜利的女神，又是智慧、知识、艺术和技艺的女神，被推崇为雅典城的守护神。——译者

懂得怎样去做一个公民。现在，无论谁说“公民们”，必然就是说平等的人们。

如果我自己名叫拉门奈或科尔默南，并且某一个报纸在提起我的时候突然发出无可比拟的天才、高超的智力、完美的德性、高贵的性格这些夸张的语句，我就会对此感到不快，并且就会抱怨——首先，因为这样的一些颂词永远是不相称的；其次，因为它们提供了一个坏的榜样。但是，为了使你们相信平等的原则，我愿意为你们衡量一下我们这个世纪中在著作方面最伟大的人物。如果我，一个平等的保卫者，按其本身的价值来估量那些受到普遍钦佩的、我比任何人都懂得怎样加以认识的才干，那么，无产者们，请你们不要责备我是出于嫉妒。一个矮子总是能够丈量一个巨人的：他只要一根码尺就行。

你们已经看到《一种哲学的概要》这本书的自以为了不起的预告，并且信以为真地叹赏了这本著作；因为你们不是没有读过，或者就是读过的话也没有能力加以判断。所以请你们自己去熟悉一下这个辉煌的而不是可靠的空论；在叹赏作者的热忱的同时，不要再去怜惜那些单是习惯和参加人数的众多就使之成为不足挂齿的有用的工作。我将说得很简略；因为尽管主题很重要，作家也确有天才，我所要说的话没有什么了不起。

拉门奈先生是从上帝的存在开始讲起的。他是怎样论证的呢？根据西塞罗的论据——也就是根据人类的赞同。这里面丝毫没有新的内容。我们还须找出人类的信念是不是合理的；或者，像康德所说的，我们还得找出上帝存在的主观确实性是否与客观真理相符合。可是，这一点并没有使拉门奈先生感到为难。他说，如果人类相信了，那就是因为他们有相信的理由。所以，拉门奈先生在宣告了上帝这个名字后，唱了一首赞美诗；这就是他的论证。

在肯定了这第一个假设之后，拉门奈先生就接着提出了第二个；即上帝有三位。但是，如果说基督教仅以启示为根据来传授三位一体的教义，那么拉门奈先生就是主张单纯靠论据来达到这个目的的；他没有看出他的所谓论证彻头彻尾是神人同形同性论——也就是说，把人类精神上的能力和自然的权力归属于神体。一些新的歌曲、新的赞美诗！

这样论证了上帝和三位一体之后，这个哲学家就进而谈到创造——第三个假设，这位永远是雄辩的、多彩的和卓越的拉门奈先生用这假设来论证上帝既不是凭空，又不是用某种东西，也不是用他自己来创造世界的；他是可以自由创造的，然而他却不得不创造；在物质中存在着一种不是物质的物质；在神的意念中，关于世界的原型观念是通过划分而彼此分开的；这个划分是不鲜明的和难以理解的，然而又是实在的和真实的，它含有可理解性等等。关于邪恶的根源，我们遇到的是一些同样的矛盾。为了解释这个问题——哲学上最深奥的问题之一——拉门奈先生在一个时期否认有邪恶，在另一个时期使上帝成为邪恶的制造者，而又在另一个时期在上帝之外寻求一个不是上帝的造物主——一堆多少有些不相连贯的实体的混合物，这是从柏拉图、普罗克鲁①、斯宾诺莎，我甚至可以说是从一切哲学家那里抄袭来的。

① 普罗克鲁(410—485)，古希腊的神秘主义哲学家，晚期新柏拉图主义的代表人物。——译者

在这样建立了他的三个一组的假设之后，拉门奈先生就用一条并不怎么连贯的类推的链锁，从那里推论出他的整套哲学。特别是在这里，我们注意到他所独有的那种诸说混合主义。拉门奈先生的学说包括所有的体系并且支持所有的见解。您是一个唯物论者吗？您可以把上帝的三位作为无用的实体而加以取消；然后直接从热、光、电磁出发——按照那位作者的意见，这三者是三种本原的流体，就是意志、智慧和爱的三种根本的、外部的表现，——您就可以得到一种唯物论的和无神论的宇宙形成说。相反地，您是坚定的唯灵论者吗？那么抱定物体的非物质性的学说，您就能够到处只见到神灵。最后，如果您是倾向泛神论的，那么您将在拉门奈先生那里得到满足，因为他以前教导说，世界不是从上帝那里发散出来的东西——这纯粹是泛神论——而是上帝的洋溢。

可是，我并不想否认那部《概要》含有某些出色的成分；但是，根据作者的声明，这些成分并不是他的创见；只有体系才算是属于他的。无疑是由于这个缘故，拉门奈先生才如此轻蔑地谈论他的哲学前辈，不屑指出他所引据的那些原文的出处。他以为，既然那本《概要》包含着全部真正的哲学，如果那些老哲学家的姓名和著作不再存在，世界上也不会有丝毫的损失。拉门奈先生虽然用美丽的歌曲歌颂上帝，却不知道如何以同样公正的态度去对待他的同行。他的严重的错误是把知识据为己有的行为，这就是那些神学家所说的哲学上的罪过或者冒犯圣灵的罪过——一种既不会使你们这些无产者、也不会使我受罚的罪过。

总之，那部《概要》作为一种体系来加以判断，以及抛开它的作者从先前的体系中抄袭得来的一切之外，是一部平庸的著作，它的方法在于不断地用未知的东西来解释已知的东西，拿实体来代替抽象概念，拿无谓的重复代替证据。它的全部的神正论是一种不属于天才的而是出于想象的作品，是新柏拉图思想的一件补缀品。心理学的部分等于零，因为拉门奈先生公开地嘲笑这种性质的工作；可是没有这种工作，形而上学是不可能的。这部书在讨论逻辑学和逻辑学的方法方面是没有力量的、含糊的和肤浅的。最后，我们在拉门奈先生从他的三位一体的宇宙形成说推论出来的物理学和生理学的理论中，发现一些严重的谬误，即：蓄意使事实去适应理论和差不多在每种情况下都用假设来代替实际。第三卷讨论工业和艺术，读起来最能使人发生兴趣，也是最好的部分。的确，拉门奈先生除了他文章的风格之外，是没有什么可以夸耀的。作为一个哲学家，他对前辈哲学家的思想没有丝毫补充。

那么，为什么被当作思想家的拉门奈先生会有这种非常平庸的性格，一种在发表《论漠不关心》时就已流露出来的平庸的性格呢？这是因为（好好地记住这一点，无产者们！）大自然并不创造真正十全十美的人，某些才能的发展差不多总是排斥相反才能的同等发展的；这是因为拉门奈先生显然是个诗人，一个多情善感的人。你们看看他的文笔，——华丽、响亮、生动、热情，充满着夸张和谩骂，——就可以相信，具有这种文笔的人决不会是一个真正的形而上学理论家。这种谁都赞美的丰富的表达方式和例证，在拉门奈先生那里变成他在哲学上虚弱无力的不可救药的病根。他那流畅的语言和容易感动的天性使他的想象力误入歧途，因此，当他不过是在重复他自己的话语时，他却认为他在推理，并且往往把一个描写当作是逻辑上的一个推论。他对于具体观念的厌恶，他的分析能力的薄弱，他对空泛的类推、文字上的抽象描写、假设的广泛应用、总之对于各种实体的十分明显的爱好，也是由这方面产生的。

此外，拉门奈先生整个的一生就是他的非哲学天才的确凿的证明。他甚至信奉神秘主义，成为一个热烈的教皇全权论者、一个褊狭的神权政治论者；起初，他受到了盛行于本世纪初期的宗教反动和文学理论的双重影响，接着又退回到中世纪和格雷哥里七世的时代去；然后他突然变成一个进步的基督教徒和一个民主主义者，逐渐倾向于唯理主义并且最后陷入于自然神论。现在，人人都在活板门那里等待着。就我来说，虽然我不能保险，我却倾向于认为已经被怀疑论所迷惑的拉门奈先生将在一种漠然无动于衷的状态中死亡。他对自己早期发表的论文之所以有这种赎罪的举动，是由于个人的理由和有计划的怀疑。

有人曾经认为，拉门奈先生虽然有时提倡神权政治论，有时提倡普遍的民主政治，但始终是前后一致的；又说，他在不同的名义下，始终一贯地寻求同一的东西——统一性。这是替一个在自相矛盾的行为中当场被拆穿的作者所做的可怜的辩解！一个先后充当过路易十六专制政治下的臣仆、和罗伯斯比尔在一起的煽动家、皇帝的朝臣、复辟时期十五年中的顽固分子、1830 年以来的保守分子，竟敢说他自己以前只希望一件事——公共秩序——对于这样的人能够有什么想法呢？难道不应该把他十足当做是一切党派的叛徒吗？公共秩序、统一、全世界的福利、社会的和谐、各国之间的团结——关于这些事项中的任何一项，不可能有不同的见解。人人都希望取得这些事项；政论家的身份只是决定于他为了取得这些事项而提出的方法。但是为什么希望拉门奈先生具有一种他自己所否认的见解上的坚定性呢？他不是说过“思想是没有法律的；我今天所相信的东西就是我昨天所不相信的；我不知道明天我会不会相信它”这类的话吗？

不；既然所有的才干和才能永远不会结合在一个人身上，在人们中间就不会有真正的优越性。这一个人具有思考的能力，那一个人具有风采和想象力，另一个人则具有工业和商业上的才干。由于我们的本性和所受的教育，我们不过只拥有一些相当有限的特殊才能，这些才能在深度和强度上增加得愈大，也就愈加成为必要。才能像机能一样是互为补充的，谁敢把它们分成等级呢？根据他的存在和发展的规律来看，天才愈是优秀，他就愈加仰赖于把他创造出来的社会。谁敢使光荣的儿童成为一个神呢？

“造就人的不是力气，”市集上的一个大力士对着惊奇的观众说，“而是性格。”那个只有体力的人轻视力气。无产者们，这是一个很好的教训；我们应当通过它而有所收获。造就人的不是才干（这也是一种力），不是知识，不是美。这是精神、勇气、意志、德性。现在，如果在使我们成为人的方面我们是平等的话，次要才能的偶然的分配情况怎能毁损我们的人格呢？

请你们记住，特权自然地和不可避免地是弱者的命运；不要被那种伴随着某些才干的声名所欺骗；这些才干的最大的价值在于它们的稀有性，以及一种长期的和辛苦的学习过程。对于拉门奈先生来说，背诵一篇攻击别人的演说或者按照柏拉图的风格吟咏一首人道主义的短诗，比发现一个有用的真理较为容易；对于一个经济学家来说，应用生产和分配的规律，比写出十行具有拉门奈先生的风格的文章较为容易；对于他们双方来讲，说比做来得容易。那么，既然你们用双手从事劳动，只有你们是真正的创造者，为什么你们希望我来承认你们的劣等性呢？但是，我在说些什么呀？是的，你们是劣等的，因为你们缺乏德性和意志！你们虽然准备去从事劳动和进行斗争，但当自由和平等成为问题时，你们是既没有勇气又没有性格的！

在他那本论《国家和政府》的小册子的序言中，以及他在陪审团面前所作的辩护中，拉门奈先生坦白地承认自己是财产的拥护者。由于体恤那位作者和他的不幸，我将不去描述这个声明并且不去研究这两篇可悲的作品。拉门奈先生好像只是一个准激进党的工具，这个党派为了利用他而恭维他，并不照顾到一个荣誉的、但从此以后失去力量的老年人。这种信仰的表示有什么意义呢？从《前途》的第一期到《一种哲学的概要》之间，拉门奈先生始终是赞成平等、联合甚至一种含糊和不明确的共产主义的。拉门奈先生在承认所有权时，同他过去的事业发生矛盾，否认他的那些最浓厚的倾向。那么在这位曾经受到过于粗暴的待遇的、但也太容易被人笼络的人身上，才力的寿命就真的已经超过了意志力的寿命吗？

据说，拉门奈先生曾经拒绝他的几个朋友试图为他得到从轻处理的建议。拉门奈先生宁可服满他的刑期。这不会是与他承认所有权同一来源产生的虚假的坚忍主义的矫揉造作吧？当印第安的休伦族人被俘时，他就对他的征服者辱骂和恐吓——这是野蛮人的英勇气概，殉道者则为他的行刑人进行祈祷，愿意从他们那里得到他的生命——这是基督教徒的英勇气概。为什么爱的提倡者变成忿怒和复仇的提倡者呢？难道《效法耶稣》的译者已经忘记了，冒犯仁慈的人是不会重视德性的吗？虽然伽利略跪在宗教法庭面前收回他的关于地球运动的邪说，并以这种代价重新得到自由，在我看来似乎要比拉门奈先生高出百倍。什么！如果我们为了真理和正义而受苦，难道我们在报复时必须把我们的迫害者推出人类社会的范围之外吗？并且，当我们被判处了不公正的刑罚时，如果有人提出可以免除，难道因为少数卑鄙的帮闲喜欢称之为饶赦，就必须加以拒绝吗？这不是基督教的智慧。但是我忘记了，在拉门奈先生面前，已经不再提出这个名称了。但愿《前途》的那位预言家不久就恢复自由并重新和他的朋友们在一起吧；但最主要的是，但愿他从此以后只从他的天才和勇气中去得到他的灵感吧。

啊，无产者们，无产者们！这种报复和不共戴天的仇恨的精神还要使你们牺牲多久呢？这种精神是由你们的虚伪的朋友煽动起来的，并且它给革新观念的发展所造成的损害，也许比政府的腐败、无知和恶意所造成的还要多。请相信我，现在人人都应当受到谴责。的确，在意向上或者在范例上，大家都被发现是不够的，你们没有责备任何人的权利。国王本身（上帝饶恕我！我不想给国王辩护）——国王本身，像他的祖先那样，不过是一种观念的化身，并且，无产者们，这还是一种支配着你们的观念。国王最大的错误在于他希望这个观念能够全部实现，而你们则希望它部分地实现，——因此，他的最大的错误在于他的政治是合理的；而你们呢，则在于你们的埋怨根本是不合理的。你们吵吵嚷嚷地要求再来一次杀死国王的行动。凡是你们之中没有罪过的——让他来对百万富翁投掷第一块石头吧！

如果，为了影响人们，你们曾经打动人们的自尊心——如果，为了改变组织和法律，你们曾经使自己处于组织和法律的范围之内，那么你们本该得到多大的成就！据说，五万条法律构成我们政治上和民事上的那些法典。在这五万条的法律中，两万五千条是保障你们的，两万五千条是反对你们的。岂不是显而易见，你们的责任是用前者去反抗后者，从而利用矛盾的论证使特权陷于绝境吗？这种行动方法既然是唯一合乎道德的和合乎理性的方法，也就是今后唯一有效的方法。

就我来说，虽然我不想在未来的共和国起领导作用，但如果我能引起我由于出生和偏爱而深感眷恋的祖国的注意，我将指导劳动大众通过规章制度和法律诉讼去征服所有权；到社会的最上层的等级中去寻找帮凶和同谋者，并利用一切特权阶级所共有的对于权力和声名的欲望而使他们覆灭。呼吁改革选举的请愿书已经得到二十万人签名，那位有名的阿拉哥预告我们会有一百万人签名。当然，那将是很好的收获；但是，从这一百万个既愿意投票赞成平等又愿意投票赞成皇帝的公民中，我们能不能挑选一万个签名——我指的是忠诚的签名呢？这些签名的人要能够阅读、写字、书写阿拉伯数字，甚至还能稍稍思考的，并且我们在文字和口头上对他们作适当的解释之后，可以请他们在下面这样的请愿书上签名：

“致内政部大臣阁下：——

“大臣先生——当国王宣布创办模范国营工厂的敕令在《通报》上披露的那一天，下列为数一万的签名人都愿前往杜伊勒里王

宫，并在那里用他们肺部的全部力量，高呼‘路易-菲利浦万岁！’

“在《通报》告知公众这个请愿书遭到拒绝的那一天，下列为数一万的签名人将在他们的内心悄悄地说，‘打倒路易-菲利浦！’”

如果我没有弄错的话，这样的请愿书会产生一些效果的。[①]因人民的欢呼而感到的愉快将是值得牺牲几百万法郎的。他们之所以不孚众望，是颇有渊源的！所以，如果这个民族，在恢复了它的1830年的希望之后，觉得有责任来遵守它的诺言——它是会遵守的，因为这个民族所说的话，像上帝的话一样，是神圣的——

① 人们不断地说，选举的改革不是目的，而是手段。这是没有疑问的；但是目的是什么呢？为什么不对它的目标提供一个毫不含糊的解释呢？如果人民事先不知道他们选举代表的宗旨以及他们委托给那些代表的任务的目标，他们怎能选择自己的代表呢？

但是，据说，那些被人民选举出来的人的工作本身就是去找出改革的目标。

这是一种诡辩。什么东西会阻碍那些将来可能当选的人首先去寻求这个目标，然后，在他们找到以后，又使他们不能让人民知道这个目标呢？改革家们说得好，如果改革选举的目标仍然是很不明确的话，那么这种改革不过是把权力从一些小暴君的手中移转到另外一些暴君手中的手段。我们已经知道，一个民族由于贸然相信它只是在遵从它自己的法律，可能受到怎样的压迫。在一切国家中，普选的历史就是自由权被群众和在群众的名义下受到限制的历史。

还有，如果选举改革在其目前形式下是合理的、可以行得通的、可以为纯洁的良心和正直的思想所接受的话，那么支持它的人即使对它的目标是无知的，或许还是可以原谅的。但是，不；那个请愿书的原文什么也没有确定，没有作出任何区别，也不要求条件和保证；它确定了没有义务的权利。“每一个法国人是选举人和公职候选人。”好像就是说：“每一把刺刀都是有智慧的，每一个野蛮人都是文明的，每一个奴隶都是自由的。”以它空泛的概论来说，那个改革的请愿书是抽象概念中最薄弱的，或者可以说是最高形式的政治背叛。因此，开明的爱国者们彼此互不信任和互相轻视。当今最激进的作家——他的经济学说和社会学说都无可比拟地是最先进的——勒鲁先生采取了反对普选和民主政府的大胆立场，并且写了一篇批评卢梭的极深刻的文章。这无疑地说明了勒鲁先生何以不再成为《国民报》的哲学家的缘由。这个报纸像拿破仑一样，不喜欢思想家。可是，《国民报》应当懂得，谁反对思想，谁就会被思想所消灭。

我说，如果这个民族用这一行动和那具有爱国心的君主政体达成和解，从而把它的欢呼和誓愿带到王座跟前，并且在那庄严的时刻推举我去以它的名义发言，那么下面就是我发言的内容：——

“陛下——这是全国人民愿意向您陛下所说的话：

“啊，国王！您知道要赢得公民们的赞扬必须拿出多大的代价。您是否愿意我们今后把‘如果我们帮助国王，国王就会帮助我们’作为我们的口号呢？您是否希望人民高呼‘国王和法兰西民族’呢？那就抛弃这些贪婪的银行家、这些爱好争吵的律师、这些卑鄙的资产阶级、这些丑恶的作家、这些可耻的人吧。陛下，所有这些人都恨您，他们不过是因为惧怕我们才继续支持您。完成我们那些君王的事业吧；扫除贵族和特权吧，征求这些忠实的无产者的和全国的意见吧，只有他们能够尊崇一个君王并诚恳地高呼，‘国王万岁！’”

先生，其余我要说的话是专对您个人说的；别人是不会了解我的。我知道您不但是个经济学家，而且还是一个共和主义者，并且您一想到要向当局提出一个默认路易－菲力浦政府的请愿书，您的爱国心就会感到厌恶。“国营工厂！最好能设立这样的机构，”您想道，“但爱国人士是决不愿意从一个贵族政府，也决不愿意通过一个国王的恩典而接受它们的。”无疑地，您的旧日的偏见又死灰复燃了，并且您现在只把我当作一个诡辩家，认为我随时准备向当权者献媚，正像随时准备把平等和博爱的原则推向极端，从而使它们遭到污辱一样。

我该同您说些什么呢？……由于我居然这样轻率地损害我那些学说的前途，这种归诸于我的巧妙的诡辩实际上一定是完全无足轻重的事，或者就是我的信念一定是十分坚定，以致剥夺了我的自由意志。

但是，不必再进一步强调在行政权和人民之间有妥协的必要，据我看来，先生，您在怀疑我的爱国心时，好像在推理上完全没有定见，您的判断也好像是极其鲁莽的。先生，您固然表面上为政府和所有权进行辩护，却被容许成为一个共和主义者、改革家、傅立叶主义者等等；相反地，当我显然只要求在公共经济方面稍稍有一点改革时，我就被判定是一个保守分子和当今朝廷的朋友。我不能给自己解说得更清楚了。我十分坚定地相信既成事实和现有政府形式的原理，因此，我认为与其摧毁现存的东西并把过去的事情重新从头做起，还不如纠正每一件事情而使之合理化。的确，我所建议的那些纠正措施虽然注意形式，最后却是有助于改变所纠正的事情的本质的。谁能否认这一点呢？但这正就是构成我的维持现状说的东西。我不和象征、表象或幻象开战。我尊崇稻草人并屈服于吓人的东西。一方面，我要求让所有权原样不动，但各种资本的利息必须逐步减低并最后加以废除；另一方面，我要求让宪章保持现状，但方法必须应用到行政部门和政策中去。就是这一些。可是，在服从现存的一切时，虽然我并不对此感到满足，我却力求遵从已经建立起来的秩序，并把属于凯撒的东西归还给凯撒。比如说，难道可以认为我喜欢所有权吗？……很好；我有一些债权人，我每年要忠实地向他们偿付一大笔利息，这一事实就证明我自己是一个所有人并对收益权表示敬意。对政治学来说也是一样。既然我们是一个君主国，我就宁愿高呼“国王万岁”，而不愿受到死亡的痛苦；可是这并不能使我不提出要求，全国人民的一定不移

的、不可侵犯的、世袭的代表应当和无产者采取一致行动来反对特权阶级；总之，国王应当成为激进党的领袖。这样一来，我们这些无产者就可以得到一切；并且我确信，以此为代价，路易－菲力浦也许就可以为他的家族获得共和国的永久的总统的职位。这便是为什么我要这样思考的缘故。

如果在法国只存在着一个重大的、职能上的不平等，而这位公职人员的责任既然是一年到头在客满的宫廷中接待学者、艺术家、军人、议员、监察官等等，那么显而易见，他们任上的开支就应该是国家的开支；并且，由于把宫廷的费用转变为由消费群众来享受的费用，我所说的那种重大的不平等就会和全国人民构成一个等式。对于这一点，没有一个经济学家是需要加以论证的。因此，既然不可能再规定新的不平等，那就不必再害怕宗派、弄臣和亲王的采地了。作为国王来说，这位国王就会有一些朋友（从未听到过的事情），但是不会有家族。如果他的亲属或亲戚——直系亲属和其他的血亲（Agnats et cognats）——是愚蠢的，那么他们对他来说是无足轻重的；并且，除了法定继承人之外，在任何情况下，甚至在宫廷中，他们也不会比其他的人享受更多的特权。不会再有族阀主义，不会再有偏私，也不会再有卑鄙的行为了。除非是由于职务上的需要或由于特殊荣誉而有此必要，谁也不能到宫中去；既然所有的地位都是平等的，所有的职务都是同样地受到尊敬的，所以除了功勋和德行的竞赛之外，不会再有别的竞赛。我希望法国国王能够毫无愧色地说，“我的兄弟是园丁，我的嫂子是挤牛奶的，我的儿子是太子，我的儿子是铁匠。”他的女儿很可以是一个艺术家。这会是美好的，先生：这会是高贵的；除非是一个小丑，谁也不会不理

解这一点。

这样，我已经开始想到，王权的种种形式是可以使其与平等的要求相符合的，并且已经给我的共和主义精神赋有一种君主政体的形式。我已经看出，法国决没有像一般人所想象的那样多的民主主义者，并且我已经和君主政治妥协了。可是我并不是说，如果法国需要一个共和国的话，我就不能使我自己适应得一样好，甚或更好些。从本性上，我讨厌一切特殊荣誉的标记、十字勋章、金绶带、制服、礼服、爵位等等，尤其是检阅仪式。如果我能完全按照自己的心意去做，那就没有一个将军应该和士兵有所区别，也没有一个法国参议员可以和农民有所区别。为什么我从来没有参加过检阅典礼呢？因为我可以愉快地说，先生，我是国家保安队的一个兵士；世界上除了这个之外我没有别的东西了。因为检阅典礼总是在我所不喜欢的地方举行的，因为他们派了蠢材来充当我不得不唯命是从的军官。您知道，——这不是我历史上最出色的，——虽然我具有保守见解，我的一生是对于共和国的永久的牺牲。

可是，我不知道这种愚直的作风是否能迎合法国人的虚荣心，以及那种使法兰西民族成为世界上最轻浮的民族的对于荣誉和谄媚的过度的爱好。拉马丁先生在《对波拿巴的考察》这部巨著中，把法国人叫做布鲁土斯之流的民族。我们不过是纳尔西苏斯之流的民族。在1789年以前，我们具有贵族的血统；那时每一个资产阶级分子都看不起平民，都希望自己成为贵族。后来，特殊荣誉就以财富为基础了，资产阶级由于羡慕贵族阶级并对自己的钱财感到骄傲，便利用1830年来提高有钱的贵族阶级而决不是自由的地位。当通过事变的力量和社会的自然规律（对于这些规律的发展，法兰西提供了充分自由活动的余地），平等得以在职能上和钱财上建立起来的时候，美男子和美女、学者和艺术家就会组织新的阶级。在这高卢族的国土中存在着追求名声和荣誉的普遍的和固有的欲望。我们必须有一些特殊的荣誉，不论它们是什么——贵族阶级、财富、才干、美貌或衣着。我疑心阿拉哥和加尔尼埃－巴杰斯先生具有贵族的风度，并且我想象到，我们那些伟大的新闻记者在他们的专栏中固然对人民非常客气，却在他们的印刷所里对排字工人拳打脚踢。

《国民报》在谈到卡勒尔时曾说，"这个人我们已经宣告为第一执政！……"君主政治的原则依然盘踞在我们那些民主主义者的心中，他们需要普选是为了使自己成为国王，这难道不是实情么？既然《国民报》因为比《辩论日报》抱有更确定的见解而感到自豪，我就可以推断，由于阿尔芒·卡勒尔已经去世，现在该由阿尔芒·马拉斯特先生当第一执政，加尔尼埃－巴杰斯先生当第二执政了。在无论什么事情上，议会议员必须对新闻记者让步。我不谈阿拉哥先生，因为我相信，尽管有人诽谤，从学问上说他充任执政是游刃有余的。这样也好。虽然我们拥有执政，我们的地位没有改变多少。倘使那两位指定的执政，阿尔芒·马拉斯特和加尔尼埃－巴杰斯先生，在开始就任时宣誓废止所有权并决不高傲的话，我准备把我的那一份主权让给他们。

老是许多诺言！老是许多誓约！当国王们发假誓的时候，为什么人民要信任讲坛上的话呢？唉！像在约翰王的时代那样，君王们的嘴里再也没有真话和实话了。整个的上议院已经犯了重罪，并且，由于某种不可理解的原因，统治者的利益永远是和被统治者的利益相冲突的，所以议会连绵不绝，而全国人民则死于饥饿。不，不！再也不要保护者了，再也不要皇帝了，再也不要执政了。我们与其通过代理人，还不如自己来处理自己的事务吧。我们与其向垄断者乞求，还不如把我们的各种工业联合起来吧；既然共和国不能缺少德性，我们就该为我们的改革而努力。

所以，这就是我行为的方针，我对无产者宣传解放；对劳动者宣传联合；对有钱的人宣传平等。我不遗余力地用一切手段——言语、笔墨、印刷品——通过行为和榜样，把革命推向前进。我的一生是一种继续不断的宣传者的生活。

是的，我是一个改革者；这话我是老老实实地从内心说出来的；并且，免得我以后再由于我的自负而受到责备，我希望改变世界。这个空想很可能是从一种也许已经变成狂谵的热烈的自豪感中产生出来的；但至少可以承认，我有很多同伴，并且我的疯狂不是一种偏执狂。今天，人人都愿意被当作是贝朗热①笔下的狂人中的一个。且不说充斥在我们街道上和工厂中的巴贝夫之流、马拉之流和罗伯斯比尔之流，古代的一切伟大的改革家又都在我们这个时代的最著名的人物身上复活了。一个是耶稣基督，另一个是摩西，第三个是穆罕默德：这个是奥尔菲斯，那个是柏拉图或毕达哥拉斯。格雷哥里七世同福音传道师和使徒们都一起从坟墓中出来了；结果可能发现，连我都是那个从主人家里逃出来以后立即由圣保罗任命为主教兼改革家的奴隶。至于贞女和圣女，她们天

① 比埃尔·贝朗热（1780—1857），法国抒情诗人，在政治见解上同情自由派。——译者

天被盼望着，目前我们却只有一些阿斯贝夏[①]和娼妓。

在各种疾病方面，病的征候是随着气质而发生变动的，同样地，我的疯狂也有它独特的情况和与众不同的特征。

一般说来，改革家们是爱惜他们的地位的；他们不能容忍竞争的对手，他们不要伙伴；他们有门徒而没有协作者。相反地，我却希望把我的热情传给别人，并尽量使它带有传染性。我希望大家都成为像我自己这样的改革家，为的是可以不再产生宗派；同时希望基督、非基督和伪基督都被迫去互相了解和取得一致的意见。

而且，每一个改革家是一个魔术家，或者至少是希望成为一个魔术家的。所以摩西、耶稣基督和使徒们都用奇迹来证实他们的使命。穆罕默德在努力完成了一些奇迹之后，对这些奇迹加以嘲笑。较为狡猾的傅立叶答应在地球上布满法郎斯特尔时给予我们奇迹。至于我自己，我对奇迹像对权威那样抱有重大的厌恶心情，而目的只在于逻辑。所以我不断地探求确实性的标准。我努力从事于思想的改造。如果他们觉得我枯燥而严肃，那是没有关系的。我立意要通过勇敢的斗争来克敌制胜，或者在攻击中死亡；无论是谁要来为所有权辩护，我发誓要迫使他像孔西台朗先生那样来进行辩论或者像特罗普隆先生那样来用哲理推究。

最后——这就是我和我的那些同行大相径庭的地方，——我不相信为了达到平等，就有必要把什么事情都颠倒过来。据我看来，主张只有来一次彻底的毁灭才能导致改革这一意见，乃是构造一个三段论法，是在未知的领域中寻找真理。我是赞成概括、归纳

① 公元前五世纪的希腊美女。——译者

和进步的。我认为一般的剥夺所有权是不可能的:从那一点着手,普遍联合的问题在我看来似乎是难以解释的。所有权是像希腊神话中大力士赫克里斯所杀死的那条龙似的;要摧毁它,必须抓住它的尾巴而不是抓住它的头——那就是说,要抓住利润和利息。

我就此打住了。我所说的话足以使任何能够阅读和了解的人感到满意。政府能够用来挫败阴谋和解散党派的最可靠的办法就是占有科学,在一个已经可以觉察得出的距离上给全国人士指出那正在升起的平等旗帜;对那些讲坛上的和报纸上的政客(他们的无益的争论已经使我们付出了昂贵的代价)说,"你们虽然对于废除所有权盲无所知,却在向前猛冲;但政府是睁着眼睛前进的。你们用横蛮无理的和不诚实的争论来促进未来;但政府是知道这个未来的,它用一种巧妙的和和平的转变把你们引导到那里去。在作为各文明国家的指导者和模范的法国重新获得它的地位和合法势力以前,目前的这一代人还不会凋零哩。"

但是,唉!那个政府本身——应该由谁去开导它呢?对于平等的学说,甚至最豁达的人都是不敢承认它的可怕的但明确的公式的,那么,谁能诱导政府来接受这个学说呢?……当我想到,有三个人——是的,这三个人以教导和解释为己任——就足以使舆论活跃起来,就足以改变信仰和确定命运的时候,我感到浑身发抖。那三个人是否能找到呢?……

我们能否抱有希望呢?对于那些统治着我们的人,我们应该有怎样的想法?在无产者所活动的伤心世界里,在对当权者的意向毫无所知的地方,我们可以说绝望的情绪占着优势。但是您,先生,——由于职务上的关系您是属于官方世界的;人民认为您是他们最高尚的朋友而把所有权看作他们最狡黠的敌人——对于我们的那些议会议员、大臣和我们的国王,您将说些什么呢?您相信当局对我们是友善的么?那就让政府来表明它的立场吧;如果它表示相信平等,我就无话可说了。不然的话,我将继续作战;对方表现得愈加固执和愈加怀有恶意,我一定要愈加再接再厉地提高我的毅力和胆量。以前我曾经说过,我现在再重复声明,——我没有对着短剑和骷髅,在墓窟的恐怖环境中在血肉模糊的人们面前发誓;但是我曾对着我的良心宣誓,我一定要追击所有权,既不让它得到安宁,也不让它得到休息,直到我看见它到处受到诅咒为止。关于所有权,我已经发表的话还不到我要说的一半,并且最精彩的部分也还没有发表出来。如果有谁不是用退却而是用其他方法战斗的话,那就让所有权的随从武士准备每天经受一次新的示威和控诉吧;让他们不是披挂着诡辩而是武装着理智和知识走进决斗场中来吧,因为最后总会得出公平的判断的。

"我们必须享有自由,才能明白事理。单有自由就够了;但必须是那种对一切公共事务能运用理智的自由。

"可是我们还从各方面听到各种各样的、各级的当权者在叫喊:'不要讲道理!'

"如果要求有区别的话,这里就是:——

"理智用之于公,永远应该是自由的,但用之于私则永远应当加以严格的限制。所谓用之于公,我是指用在科学和文学方面而言;所谓用之于私,就是指那种可能被民政官员或国家公务员利用的理智而说的。既然政府机器必须使之运转,以保障统一和达到我们的目的,我们就不应进行推理;我们必须服从。但是,根据这一观点而必须消极服从的同一个人，有权以公民和学者的资格发言。他可以诉诸公众，把他对于四周或他上面的等级中所发生的事件的看法向公众提出，但要注意避免那种应该受到惩罚的冒犯行为。

“所以，你愿意怎样推理就怎样推理吧；但是必须服从。”（康德：《略论思想自由和出版自由》。狄索的译文。）

那位伟大哲学家的这些话概括地给我说明了我的义务。我曾把标题为《什么是所有权？》的这本著作的再版工作拖延下来，以便把辩论提高到哲学的高度，而可笑的吵闹已经把它从这个高度拉下来了；同时也希望通过一种对问题的新的提法，我可以打消善良公民们的疑惧。现在我重新开始把我的理智用之于公，并使真理得到充分的发挥。关于所有权的第一篇论文的第二版将在这封信发表之后立即付印。在另外发表任何东西以前，我将等待我的评论家的批评以及人民和平等的朋友们的合作。

到现在为止，我的言论是以我自己的名义和在我个人负责的情况下发表的。这是我应尽的义务。我曾力求促使人们去注意古人所不能发现的原理，因为古人对于揭露这些原理的科学——政治经济学——是毫无所知的。所以我已经就**事实**作了证明；总之，我已经做了一个**证人**。现在我的任务改变了。我还得推断那些已经宣布的事实的实际后果。**检察官**的职位是我今后宜于担当的唯一职位，我将以**人民**的名义来总结这个案件。

先生，我怀着对您的才干和声望所应有的一切敬意。

您的很卑微的和最忠诚的仆人，

比·约·蒲鲁东，

贝桑松学院的得奖人，

1841 年 4 月 1 日于巴黎。

附启——在 4 月 2 日那次会议期间，众议院以绝大的多数否决了著作权的法案，因为它不了解这种权利。可是，著作权不过是大家所要了解的所有权的一种特殊的形式。让我们希望这个立法上的先例不致对平等的运动毫无益处，议会表决的结果是资本主义所有权——不可思议的、自相矛盾的、不可能的和荒谬的所有权——的废除。

译名对照表

Ⅰ.人地名对照表

三　画

大卫（David）

马拉（Marat）

马盖尔，罗贝尔（Macaire，Robert）

马卡洛克，约翰·腊姆赛（Mac Culloch，John Ramsay）

马尔萨斯（Malthus）

马里乌斯（Marius）

马拉斯特，阿尔芒（Marrast，Armand）

四　画

比萨（Pisa）

比利牛斯山脉（the Pyrenees）

孔德，弗朗斯瓦·沙尔·路易（Comte，François-Charles-Louis）

孔西台朗（Considérant）

巴比伦（Babylon）

巴贝夫（Babeuf）

巴拉圭（Paraguay）

巴斯夏（Bastiat）

巴斯托雷（Pastoret）

巴比尼埃努斯（Papinianus）

巴仑-杜夏特莱（Parent-Duchatelet）

尤斯塔歇（Eustache）

以扫（Esau）

瓦尼尼，留契里奥（Vanini，Lucilio）

贝尔多，爱美（Berthod，Aimé）

贝荣纳（Bayonne）

贝桑松（Besançon）

贝朗热，比埃尔（Béranger，Pierre）

贝雷耐（Perennés）

贝尔格曼（Bergmann）

贝仑-唐丹（Perrin-Dandin）

贝里公爵夫人（La Duchesse de Berry）

贝尔蒂纳克斯（Pertinax）

贝纳蒂克图斯（Benedictus）

冈城（Caen）

乌纳穆诺，米盖尔·德（Unamuno，

Miguel de)

五　画

宁录（Nimrod）
古尚，维克多（Cousin，Victor）
圣山（Mons Sacer）
圣西门（Saint-Simon）
圣保罗（St. Paul）
圣康坦（Saint-Quentin）
圣路易（Saint Louis）
圣巴西勒（Saint Basile）
圣让达克（Saint Jean d'Acre）
圣祁罗姆（Saint Jérôme）
圣克来门（Saint Clément）
圣克劳德（Saint-claude）
圣西普里安（St. Cyprian）
圣奥古斯丁（Saint Augustine）
圣安布鲁阿士（Saint Ambroise）
圣让-克里索斯多姆（Saint Jean-Chrysostome）
尼禄（Nero）
尼古尔（Nicole）
尼古拉（Nicholas）
尼尼微（Niniveh）
尼赫迈（Nehemiah）
加来（Calais）
加尔尼埃-巴杰斯（Garnier-Pagès）
卢梭，让·雅克（Rousseau，Jean-Jacques）
布尔奇，米歇尔·德（Bourges，Michel de）
布恰南（Buchanan）
布朗基，阿道夫（Blanqui，Adolphe）
布歇兹（Buchez）
布尔戈尼（Bourgogne）
布罗卡尔（Brocard）
布鲁土斯（Brutus）
弗鲁伦（Flourens）
弗洛伦斯（Florence）
弗朗歇-孔戴（Franche-Comté）
卡居斯（Cacus）
卡勒尔，阿尔芒（Carrel，Armand）
卡提利纳（Catilina）
卡里克利斯（Callicles）
卡西奥道路斯（Cassiodorus）
包胥埃（Bossuet）
包梯埃（Pothier）
包纳德子爵，路易·加布里埃·德（Bonald，Vicomte Louis Gabriel de）
台阿纳（Tyana）
台西利埃（Dessirier）
台达留斯（Daedalus）
台夏尔登，阿尔都尔（Desjardins，Arthur）
台尔米努斯（Terminus）
台莱马克斯（Telemachus）
台奥奇尼斯（Diogenes）
皮拉斯基人（Pelasgians）
皮涅罗-费雷拉（Pinheiro-Ferreira）
叶卡捷琳娜二世（Екатерина Ⅱ）

艾奈肯,安都昂·路易·玛丽(Hennequin,Antoine-Louis-Marie)

艾奈肯,维克多·安都昂(Hennequin,Victor-Antoine)

六　画

米兰(Milan)

米尼(Migne)

米涅瓦(Minerva)

米歇莱(Michelet)

米尼聂乌斯(Menenius)

西农(Sinon)

西顿(Sidon)

西西里(Sicily)

西密斯(Themis)

西塞罗(Cicero)

西蒂亚(Scythia)

西哀耶斯,艾曼纽尔·约瑟夫(Sieyès,Emmanuel Joseph)

西斯蒙第,德(Sismondi,de)

西米斯托克利斯(Themistocles)

毕丰,若尔日(Buffon,Georges)

毕达哥拉斯(Pythagoras)

亚当(Adam)

亚哈(Ahab)

亚历山大(Alexander)

亚拿尼亚(Ananias)

亚吉西老斯(Agesilaus)

亚里士多德(Aristotle)

亚历山大里亚(Alexandria)

亚里斯泰提斯(Aristides)

休伦(Huron)

吉约姆(Guillaume)

托勒密(Ptolemy)

托斯卡那(Tuscany)

达米容(Damiron)

达达尼尔(Dardanelles)

达朗贝尔(d'Alembert)

达谟克利斯(Damocles)

达尔布里埃奇(Tarbouriech)

朱匹忒(Jupiter)——即宙斯(Zeus)

多米埃(Daumier)

伏尔泰(Voltaire)

优里赛斯(Ulysses)

安提乌姆(Antium)

安东尼乌斯(Antonius)

色西提斯(Thersites)

伊狄发斯(Œdipus)

伊丽莎白(Elisabeth)

伊壁鸠鲁(Epicurus)

伊特鲁里亚(Etruria)

华尔维尔,布里索·德(Warville,Brissot de)

华伦蒂尼安(Valentinian)

伦巴迪亚(Lombardy)

许曼(Humann)

吕埃莱(Ruellet)

吕克索尔(Luqsor)

七　画

苏拉(Sulla)

苏格拉底(Socrates)

劳西（Rossi）
杜当，约瑟夫（Dutens，Joseph）
杜诺（Dunod）—即弗朗斯瓦·伊格纳斯·杜诺·德·沙尔纳日（François-Ignace Dunod de Charnage）
杜兰东，亚历山大（Duranton，Alexandre）
杜利埃（Toullier）
杜罗歇，莱翁（Durocher，Léon）
杜普来（Duprez）
杜福尔，阿尔芒（Dufaure，Armand）
杜韦尔热（Duvergier）
杜奴瓦耶（Dunoyer）
杜帕尔克（Duparc）
杜马尔赛（Dumarsais）
杜勒里宫（Palais des Tuileries）
杜夏台尔伯爵（Comte Duchâtel）
李维，狄特（Livius，Titus）
李特利（Littré）
李嘉图，大卫（Ricardo，David）
里昂（Lyons）
里本勋爵（Lord Ripon）
希波（Hippo）
希罗多德（Herodotus）
伽图（Cato）
伽利略（Galileo）
狄多（Dido）
狄索，克劳德·约瑟夫（Tissot，ClaudeJoseph）
努马（Numa）
汪达尔（Vandal）
沙维尼，德（Savigny，de）
沃尔夫（Wolf）
沃洛夫斯基（Wolowski）
克莱尔（Clerc）
克利苏斯（Crœsus）
克洛维斯（Clovis）
克劳第乌斯（Claudius）
克里斯普斯（Crispus）
那波利（Naples）
伯沙撒（Balthasar）
亨利五世（Henry V）
君士坦丁（Constantine）
君士坦丁堡（Constantinople）
庇雷杰厄斯（Pelagius）
麦罗温王朝（Mérovingiens）
纳尔西苏斯（Narcissus）
库能-格里台纳（Cunin-Gridaine）

八　画

法盖，艾米尔（Faguet，Emile）
法兰克（Frank）
法尔萨鲁斯（Pharsalus）
法布里西乌斯（Fabricius）
法朗西斯一世（François Ⅰ）
波河（the Po）
波尔多（Bordeaux）
波伦亚（Bologna）
波埃蒙德（Bohémond）
波尔塔利斯（Portalis）
雨果，维克多（Hugo，Victo）

杰逊（Jason）
奇洛（Giraud）
奇里庸（Geryon）
服邦（Vauban）
房多姆（Vendôme）
拉丰登（La Fontaine）
拉布赖（Laboulaye）
拉尔腊，马里亚诺·何塞·德（Larra，Mariano Jose de）
拉门奈，斐利西德·罗贝尔·德（Lamennais，Felicité Robert de）
拉马丁（Lamartine）
拉朗德，约瑟夫·祁罗姆·勒·弗朗赛·德（Lalande，Joseph Jérome le Français de）
拉歇尔（Rachel）
拉栖代孟（Lacedaemon）
拉克坦歇斯（Lactantius）
拉奥梯埃尔，李夏尔·德（Lahautière，Richard de）
居拉松（Curasson）
居维埃，若尔日（Cuvier，Georges）
居维埃，弗雷德里克（Cuvier，Frédéric）
阿拉哥（Arago）
阿尔诺（Arnaud）
阿提卡（Attica）
阿尔维赛（Alviset）
阿里乌斯（Arius）
阿伽门农（Agamemnon）
阿契里斯（Achilles）
阿格里巴，米纳尼乌斯（Agrippa，Menenius）
阿盖尔曼（Ackermann）
阿勒曼尼（Alemanni）
阿斯贝夏（Aspasias）
阿斯特莱（Astrea）
阿尔戈诺特（Argonautes）
阿尔卑斯山脉（The Alps）
阿波洛尼乌斯（Apollonius）
阿洛勃罗奇人（Allobroges）
昂西雍（Ancillon）
图卢兹（Toulouse）
帕斯卡（Pascal）
所罗门（Solomon）
奈美西斯（Nemesis）
孟德斯鸠（Montesquieu）
罗墨路斯（Romulus）
罗伯斯比尔（Robespierre）
罗特希尔德，德（Rothschild，de）
季斯卡尔，罗贝尔（Guiscard，Robert）
坡舍尼亚斯（Pausanias）
迦太基（Carthage）
杨逊（Janson）
该亚法（Caiaphas）
庞培（Pompey）
耶夫德（Jephthah）
耶路撒冷（Jerusalem）
凯撒（Cæsar）

九　画

洛克 (Locke)
勃朗,路易 (Blanc,Louis)
威廉 (William)
威尼斯 (Venice)
段茨,西门 (Deutz,Simon)
段茨,埃马努尔 (Deutz,Emmanuel)
美第奇,科斯姆·德 (Medici,Cosmo de)
柏拉图 (Plato)
柏拉马基 (Burlamaqui)
查理曼 (Charlemagne)
查理二世 (Charles Ⅱ)
查理十世 (Charles Ⅹ)
胥阿尔 (Suard)
显尔堡 (Cherbourg)
科里纳 (Corinne)
科尔默南 (Cormenin)
保路斯,尤里乌斯 (Paulus,Julius)
茹弗洛阿,泰奥多尔 (Jouffroy,Théodore)
贺拉斯 (Horace)
费加罗 (Figaro)
费德路斯 (Phædrus)

十　画

高卢 (Gaul)
高乃依,比埃尔 (Corneille,Pierre)
高奇埃 (Gaugier)
泰尔 (Tyre)
泰仑都姆 (Tarentum)
哥特 (Goth)
哥白尼 (Copernicus)
夏隆,比埃尔 (Charron,Pierre)
夏尔蒙,约瑟夫 (Charmont,Joseph)
夏尔来蒂 (Charléty)
夏普沙尔 (Chapsal)
埃罗,厄内斯特 (Hello,Ernest)
埃克斯 (Aix)
埃杰克斯 (Ajax)
埃斯科巴尔 (Escobar)
埃巴米依达斯 (Epaminondas)
拿伯 (Naboth)
拿破仑 (Napoléon)
热那亚 (Genoa)
格林姆 (Grimm)
格拉古 (Gracchus)
格拉古,提贝留斯 (gracchus,Tiberius)
格鲁希 (Grouchy)
格老秀斯 (Grotius)
格雷哥里七世 (Gregory Ⅶ)
桑-叔西 (Sans-Souci)
桑显士 (Sanchez)
爱丁堡 (Edinburgh)
爱德华 (Edward)
爱斯德拉斯 (Esdras)
爱德华三世 (Edward Ⅲ)
特拉西,德斯杜特·德 (Tracy,Destutt de)
特罗亚 (Troy)

特里索旦（Trissotin）
特罗普隆（Troplong）
唐·米盖尔（Don Miguel）
索西努斯（Socinus）
海奈克栖乌斯（Heineccius）——即海奈克（Heinecke）
荷马（Homer）
莫诺（Monnot）
莫里斯（Maurice）
莫哈特拉（Mohatra）
莫贝尔广场（Place Maubert）
朗奇耐（Lanjuinais）
莱茵河（the Rhine）
莱桑德（Lysander）
莱克古斯（Lycurgus）
诺埃尔（Noel）
陶奈（Doney）
陶克维尔，德（Tocqueville，de）

十一画

康德（Kant）
康莫德斯（Commodus）
密尔，詹姆斯（Mill，James）
密尔，约翰·斯图亚特（Mill，John Stuart）
基内，埃德加（Quinet，Edgar）
基佐（Guizot）
勒鲁，比埃尔（Leroux，Pierre）
勒鲁阿，马克西姆（Leroy，Marxime）
勒米尼埃（Lerminier）
梭伦（Solon）
第戎（Dijon）
盖雅斯（Caius）
梯也尔，路易·阿道夫（Thiers，Louis Adolphe）
梅伊埃（Meyer）
曼德林（Mandrin）
堂吉诃德（Don Quixote）
笛卡儿（Descartes）
维哥（Vico）
维弗扬（Vivien）
维叶门（Villemain）
维洛默（Villiaumé）
维纳斯（Venus）
维琪尔（Virgil）
维斯巴西安（Vespasian）
萨瓦（Savoy）
萨伊（Say）
萨鲁斯（Sallus）
萨拉密斯（Salamis）
萨尔梅歇斯（Salmasius）
菲迪亚斯（Phidias）

十二画

普兰（Poullain）
普利尼（Pliny）
普卢塔克（Plutarch）
普芬道夫（Puffendorf）
普罗克鲁（Proclus）
斯密，亚当（Smith，Adam）
斯坦，达尼埃尔（Stern，Daniel）
斯巴达（Sparta）

斯谷巴（Scopas）
斯卡利杰（Scaliger）
斯芬克斯（Sphinx）
斯宾诺莎（Spinoza）
斯塔吉拉（Stagirite）
斯塔埃尔，德（Staël，de）
斯加纳列尔（Sganarelle）
斯特拉斯堡（Strasbourg）
斯特拉福特伯爵夫人（Comtesse de Strafford）
雅克（Jacob）
雅典（Athens）
提修士（Theseus）
提贝留斯（Tiberius）
黑格尔（Hegel）
傅立叶（Fourier）
富兰克林（Franklin）
富尔尼埃尔（Fournière）
塔尔昆（Tarquin）
塔西佗（Tacitus）
蒂塔斯（Titus）
奥什罗（Augereau）
奥尔良（Orleans）
奥古斯都（Augustus）
奥尔菲斯（Orpheus）
奥特维勒，唐克莱德·德（Hauteville，Tancrede de）
奥雷利安（Aurelian）
奥奇埃-拉里贝，米歇尔（Augé-Laribé，Michel）
奥林比奥道罗斯（Olympiodorus）
鲁滨孙（Robinson）
道尔（Dol）

十三画

塞纳（Seine）
塞奈卡（Seneca）
塞克西斯（Xerxès）
雷纳（Rennes）
雷博，路易（Raybaud，Louis）
雷德，托马斯（Reid，Thomas）
路易，保尔（Louis，Paul）
路易十三（Louis XIII）
路易十四（Louis XIV）
路易十六（Louis XVI）
路易十八（Louis XVIII）
路易-菲利浦（Louis-Phillippe）
路易-拿破仑·波拿巴（Louis-Napoléon Banaparte）——即拿破仑三世（Napoleon III）
福蒂乌斯（Photius）
歇瓦利埃，米歇尔（Chevalier，Michel）
詹姆斯二世（James II）
魁奈（Quesnay）
蒙达尔特（Montalte）
蒙达朗贝尔，德（Montalembert，de）
蒙贝利亚尔（Montbéliard）

十四画

赫米斯（Hermes）
赫克里斯（Hercules）
赫勒斯滂（Hellespont）

蒲格来（Bouglé）

蒲鲁东，比埃尔·约瑟夫（Proudhon，Pierre Joseph）

蒲鲁东，让·巴蒂斯特·维克多（Proudhon，Jean Baptiste Victor）

十五画

摩尼（Manes）

摩西（Moses）

撒非喇（Sapphira）

撒玛利亚（Samaria）

黎塞留（Richelieu）

德罗茨（Droz）

德萨米（Dézamy）

德莫隆布（Demolombe）

德·布罗萨尔将军（le Général de Brossard）

墨尔本勋爵（Lord Melbourne）

十六画

霍布斯（Hobbes）

十七画

魏斯（Weiss）

Ⅱ.书刊名对照表

一　画

《1815年战争史》（《Histoire de la Campagne de 1815》）

《一种哲学的概要》（《l'Esquisse d'une Philosophie》）

二　画

《人民报》（《Journal du Peuple》）

《人权宣言》（《la Declaration des Droits》）

《人民制宪报》（《le Peuple Constituant》）

《人民论坛报》（《Tribun du Peuple》）

《七月王朝》（《la Monarchie de Juillet》）

《十八世纪哲学史》（《Histoire de la Philosophie du XVIIIe Siècle》）

《十九世纪的政治学家和道德学家》（《Politiques et Moralistes du XIXe Siècle》）

三　画

《三个真理》（《les Trois Verités》）

《马札尼埃罗》（《Mazaniello》）

四　画

《天城论》（《De Civitate Dei》）

《天文学专论》（《Traité d'Astronomie》）

《公正报》（《Impartial》）

《公法讲义》（《Cours de Droit Public》）

《公法原理》(《Principes de Droil Politique》)

《历史哲学原理》(《Principes de la Philosophie de l'Histoire》)

《什么是第三等级?》(《Qu'est-ce que le Tiers État?》)

《以民法为根据的法国法律教程》(《Cours de Droit Français Suivant le Code Civil》)

《从大革命到现在的法国社会主义史》(《l'Histoire du Socialisme en France depuis la Révolution jusqu'à nos Jours》)

《从历史的角度评介海奈克栖乌斯的〈罗马法原理〉》(《Introduction Historique aux 〈Eléments de Droit Romain〉d'Heineccius》)

《从古代到现在的欧洲政治经济学史和法国的工人阶级》(《l'Histoire de l'Économie Politique en Europe, depuis les Anciéns jusqu'à nos Jours et les Classes Ouvrières en France》)

《比埃尔·约瑟夫·蒲鲁东,他的一生,他的著作,他的学说》(《P.-J. Proudhon, Sa Vie, SesŒuvres, Sa Doctrine》)

《比埃尔·约瑟夫·蒲鲁东和所有权。一种对农民的社会主义》(《P.-J. Proudhon et la Propriété. Un Socialisme pour les Paysans》)

《贝里克利斯传》(《Life of Pericles》)

五　画

《正义》(《la Justice》)

《立法论》(《Traité de législation》)

《立法研究的引言》(《Introduction à l'étude de la législation》)

《立宪政体的公法学原理》(《Principes du Droit Public Constitutionnel》)

《可兰经》(《le Koran》)

《民法论》(《Droit Civil》)

《民主评论》(《Révue Démocratique》)

《民法法典》(《le Code Civil》)

《民法释义》(《Droit Civil Expliqué》)

《民法的变革》(《les Transformations du Droit Civil》)

《民事诉讼法》(《Code of Civil Procedure》)

《奴隶们》(《les Esclaves》)

《北美通讯》(《Lettres sur l'Amerique du Nord》)

《永远管业论》(《Traité de la Mainmorte》)

《平等主义者》(《l'Égalitaire》)

《圣西门学说》(《Doctrine de Saint-Simon》)

《外省人来信》(《Provinciales》)

《对波拿巴的考察》(《Meditation on Bonaparte》)

《对于文法分类的研究》(《Sur les Catégories Grammaticales》)

《对于罗马人的所有权的研究》(《Recherches sur le Droit de Propriété chez les Romains》)

《对于政治经济学的进展的推理分析》(《Analyse Raisonnée des Progrès de l'Économie Politique》)

《弗雷德里克·居维埃的观察结果的撮要分析》(《Résumé Analytique des Observations de F. Cuvier》)

六 画

《西得》(《le Cid》)

《忏悔录》(《Confessiones》)

《刑法论》(《Cours de Droit Penal》)

《行政法》(《Droit Administratif》)

《伊里亚特》(《Iliad》)

《伊泥易德》(《Æneid》)

《动物界导论》(《Introduction au Règne Animal》)

《自然法原理》(《Principes de Droit Naturel》)

《自然法则和政治法则的原理》《(The Elements of Law, Natural and Politique》)

《当代改革家研究》(《Studies of Contemporary Reformers》)

《关于所有权的论文》(《Mémoire sur la Propriété》)——即《什么是所有权?》

《关于星期日的讲话》(《Discours sur le Dimanche》)——即《论星期日举行宗教仪式的好处等等》

《关于所有权和盗窃的研究》(《Recherches sur le Droit de Propriété et sur le Vol》)

《关于人的身份和关于民法法典绪论的研究,论用益权、使用权、居住权和地面权,论公产或主要是与公产有关的财产分类》(《Traité sur l'État des Personnes et sur le Titre Préliminaire du Code Civil, Traité des Droits d'Usufruit, d'Usage, d'Habitation et de Superficie, Traité du Domaine Public ou de la Distinction des Biens Considérée Principalement par Rapport au Domaine Public》)——简称《论用益权》(《Traité des Droits d'Usufruit》)

《地球报》(《le Globe》)

《论人道》(《De l'Humanité》)

《论时效》(《De la Prescription》)

《论利息》(《De Usuris》)

《论财产》(《Traité de la Propriété》)

《论借贷》(《De Mutuo》)

《论货币》(《De re Nummaria》)

《论智慧》(《Traité de la Sagesse》)

《论世界史》(《Discours sur l'Histoire Universelle》)

《论漠不关心》(《Essai sur l'Indiffer-

ence》)——即《论对宗教问题的漠不关心》

《论判例和立法》(《Traité de Législation et de Jurisprudence》)

《论美国的民主》(《De la Democratie aux États-Unis》)

《论战争与和平法》(《De Jure Belli et Pacis》)

《论巴黎市内的卖淫》(《De la Prostitution dans la Ville de Paris》)

《论自然法和国际法》(《Traité du Droit de la Nature etd es Gens》)

《论带息的银行贷款》(《De Fœnore Trapezitico》)

《论革命和宗教中的正义》(《De la Justice dans la Revolution et dans l'Eglise》)

《论对宗教问题的漠不关心》(《Essai sur l'Indifference en Matière de Relgion》)

《论人类不平等的起源和基础》(《Discours sur l'Origine de l'Inégalité parmi les Hommes》)

《论财产支配权,论占有权的续篇》(《Du Droit de Domaine de Propriété Joint au Traité du Droit de Possession》)

《论慈善事业和社会经济的关系》(《Traité de la Chrité dans ses Rapports avec l'Économie》)

《论星期日举行宗教仪式的好处等等》(《De L'Utilité de la Celebration du Dimanche,etc.》)

《论大自然的神奇秘密——世人的女王和女神》(《De Admirandis Naturae Reginae Deaeque Mortalium Arcanis》)

《论自杀的风气和反叛精神;它们的原因和救药》(《De la Manie du Suicide et de l'Esprit de Révolte;de leurs Causes et de leurs Remèdes》)

七　画

《启示录》(《Apocalypse》)

《时效论》(《Traité des Prescriptions》)

《进步评论》(《Revue du Progrès》)

《劳动组织》(《Organisation de Travail》)

《村治问题》(《les Entretiens de Village》)

《社会主义史》(《Histoire Socialiste》)

《社会契约论》(《le Contrat Social》)

《财产史》(《History of Property》)

《财产论》(《Traité de la Propriété》)

《评论》(《le Censeur》)

《诉讼法法典》(《le Code de Procédure》)

八　画

《法学》(《le Droit》)

《法制史》(《Histoire de la législation》)

《法郎吉》(《la Phalange》)

《法国天文史》(《Histoire Céleste Fran-çaise》)
《法国语文汇刊》(《Journal de la langue Française》)
《法国法律的起源》(《Origines du Droit Français》)
《法律。试论民主制度下的法权的学说》(《La loi. Essai sur la Théorie de l'Autorité dans la Démocratie》)
《国民报》(《le National》)
《国王取乐》(《le Roi S'amuse》)
《国家和政府》(《le Paye et le Gouvernement》)
《欧洲文明史》(《Histoire de la Civilisation en Europe》)
《欧洲的司法制度》(《Judicial Institutions of Europe》)
《所有权的学说》(《Théorie de Propriété》)
《抵押制度的分析》(《Dissertation sur le Régime des Hypothèques》)
《实用政治经济学教程》(《Cours Complet d'Économie politique》)
《孟德斯鸠:〈论法的精神〉注释》(《Commentaire sur〈l'Esprit des Lois〉de Montesquieu》)
《英属印度史》(《History of British India》)
《垂死的基督教》(《L'Agonie du Christianisme》)
《现代法国史》(《l'Histoire de France Contemporaine》)
《试论心理学》(《Essai sur la Psychologie》)
《试论所有权》(《Essai sur la Propriété》)
《试论成为幸福者的艺术》(《Essai sur l'Art d'Être Heureux》)
《经济矛盾的体系》(《Système des Contradictions Économiques》)——即《贫困的哲学》(《La Philosophie de la Misère》)
《诗学的语根的量及其本质的理论》(《Théorie de la Quantité Prosodique et de Linguarum Origine atque Natura》)
《庞培之死》(《La Mort de Pompée》)

九 画

《前途》(《l'Avenir》)
《神学通论》(《Patrologie》)
《美学教程》(《Cours d'Esthétique》)
《政治经济学》(《Economie Politique》)
《政治经济学概要》(《Elements of Political Economy》)
《政治经济学的哲学》(《la Philosophie de l'Économie Politique》)
《政治经济学新原理》(《Nouveaux Principes d'Économie Politique》)
《政治经济学及赋税原理》(《Principles of Political Economy and Tax-

ation》)

《契约和债权概论》(《Traité des Contrats et Obligations en Général》)

《思想意识的原理》(《Eléments d'Idéologie》)

《按照法典上的次序讲解的法国民法》(《Droit Français selon l'Ordre du Code》)

《贺拉斯》(《Horace》)

《给那出卖一个妇女的人》(《Al'Homme qui a livré une Femme》)

十　画

《爱弥儿》(《Emile》)

《效法耶稣》(《L'Imitation de Jesus-Christ》)

《哲学零篇》(《Fragments Philosophiques》)

《哲学杂论》(《Mélanges Philosophiques》)

《哲学简史》(《Histoire Abrégée de la Philosophie》)

《海洋自由论》(《De Mari Libero》)

《捐税的理论》(《Théorie de l'Impôt》)

《拿破仑法典》(《Code Napoléon》)

《高尔基阿斯篇》(《Gorgias》)

《通报》(《le Moniteur》)

《通信集》(《Correspondance》)

十一画

《黄昏集》(《les Chants du Crépuscule》)

《商业财富论》(《Richesse Commerciale》)

《略论思想自由和出版自由》(《Fragment on the liberty of Thought and of the Press》)

十二画

《寓言集》(《Fables》)

《博物学》(《L'Histoire Naturelle》)

《奥德赛》(《Odyssey》)

《道德哲学》(《Philosophie Morale》)

十三画

《新精神》(《L'Esprit Nouveau》)

《意大利革命》(《les Revolutions d'Italie》)

《蒲鲁东的社会学》(《La Sociologie de Proudhon》)

十五画

《德国法律的古制》(《Antiquities of german Law》)

十六画

《辩论日报》(《Le Journal des Débats》)

图书在版编目(CIP)数据

什么是所有权:或对权利和政治的原理的研究/(法)蒲鲁东著;孙署冰译.—北京:商务印书馆,2017
(汉译世界学术名著丛书:120年纪念版:珍藏本)
ISBN 978-7-100-14520-6

Ⅰ.①什… Ⅱ.①蒲…②孙… Ⅲ.①经济思想—所有权—研究—法国 Ⅳ.①F095.65

中国版本图书馆CIP数据核字(2017)第153960号

汉译世界学术名著丛书
(120年纪念版·珍藏本)
什么是所有权
或
对权利和政治的原理的研究
〔法〕蒲鲁东 著
孙署冰 译

商 务 印 书 馆 出 版
(北京王府井大街36号 邮政编码100710)
商 务 印 书 馆 发 行
北京市十月印刷有限公司印刷
ISBN 978-7-100-14520-6

2017年12月第1版　　开本 710×1000 1/16
2017年12月北京第1次印刷　　印张 33½
定价:165.00元